시작하며

이 책은 수리적 구조와 정교한 자연 형상의 알고리즘을 후디니 중심의 알고리즘 기반으로 디자인하여 시각화하는 책입니다.

알고리즘 디자인(Algorithmic Design)의 기본은 만들어내는 단위들의 형상이나 결과물이 정교한 값을 사용하는 "알고리즘(Algorithm)"이며, 이를 구현하기 위해 경량의 컴퓨터 그래픽과 프로그래밍 도구 로 사용합니다.

이 책은 다양한 알고리즘 디자인(Algorithmic Design)의 기본 개념을 설명하고, 컴퓨터 그래픽 프로그램인 강력하게 설계되는 후디니(Houdini)를 사용하여 알고리즘의 시각과 결과를 실험적이고 시각적으로 이해하는 것이 목적입니다.

이 책을 통해 더 많은 분들이 알고리즘 디자인의 묘미에 재미있게 빠져보시기 바랍니다.

자, 준비되셨다면 공부지금.

시작합시다.

Contents

왜 이 책이 필요할까? 005
왜 후디니일까? 005
누가 이 책을 읽어야 할까? 006
이 책의 운영환경 008
레시피(예제데이터) 다운로드에 관해서 009

Chapter 1
알고리즘 디자인 (Algorithmic design)

1-1 알고리즘 디자인이란 012
1-2 디자인 모티브를 찾는 방법 013
1-3 알고리즘을 찾는 방법 015
1-4 알고리즘의 이해 017
1-5 후디니를 사용한 알고리즘 구현 018

Chapter 2
알고리즘 디자인을 위한 후디니 기초 지식

2-1 파라미터의 등록 022
2-2 어트리뷰트(속성)의 기초 025
2-3 VEX의 기초 028
2-4 Expression 함수의 기초 036
2-5 For-Each 노드의 기초 037
2-6 Solver 노드의 기초 040

Chapter 3
레시피(Recipe) 편

01 **Mandelbulb** 만델벌브 __044
02 **Chladni Pattern** 클라드니 패턴 __056
03 **Reaction Diffusion** 반응확산 시스템 __070
04 **Diffusion-Limited Aggregation** 확산율속응집(확산제한집합) __084
05 **Iris** 홍채 네트워크 __098
06 **Magnetic Field** 자기장 __112
07 **Space Colonization** 공간 군체 __132
08 **Curve-based Voronoi** 커브 기반 보로노이 __150
09 **Differential Growth** 분화(차등) 성장 __164
10 **Strange Attractor** 스트레인지 어트랙터 __176
11 **Fractal Subdivision** 프랙탈 서브디비전 __186
12 **Swarm Intelligence** 군집 지능 __202
13 **Frost** 서리 성장 효과 __222
14 **Edge Bundling** 에지 번들링 __254
15 **Snowflake** 눈의 결정 __272
16 **Thermoforming** 진공 성형 __300

참고 문헌 __318

왜 이 책이 필요할까?

평소 자연계에서 볼 수 있는 현상의 숨은 이면에는 어떤 구조적 시스템이 있는지 항상 궁금했습니다. 그 현상을 인공적으로 재현하여 시스템을 깊이 이해하면 새로운 현상을 만들어 낼 수 있다고 생각합니다.

학술 실험을 하려는 것은 아니지만, 재현할 수 있는 절차로 시각적인 결과를 얻을 수 있다면 좋겠다고 생각을 해 왔습니다. 그 실험 매체는 컴퓨터이고 재현 할 수 있는 절차는 알고리즘이 될 것입니다. 알고리즘의 구조에 따라 차이가 있겠지만, 자연계의 많은 현상들이 알고리즘에 의해 설명되고 있습니다. 스스로 알고리즘을 만들겠다면 먼저 세상의 다양한 알고리즘을 접하고 수많은 시행착오를 거듭하면서 발전시키는 방법이 지름길이라고 생각합니다.

이 책은 이러한 알고리즘을 여러 개 모아서 그 구조와 개념을 설명합니다. 구조와 개념을 이해하고 컴퓨터에서 시각화할 수 있는 구체적인 방법을 전달하는 것이 이 책의 핵심입니다. 그래서 SideFX사의 후디니 (Houdini)라는 3D 툴이 필요합니다.

왜 후디니(Houdini)일까?

필자는 시각적 현상을 시스템적으로 구현하기 위해 컴퓨터 그래픽과 프로그래밍 언어를 선택했습니다.
MIT 미디어랩에서 만든 비주얼 생성 프로그래밍 언어인 Processing를 시작으로 지금까지 다양한 언어와 CG 툴을 사용해왔습니다. 하지만, 각각 장단점이 있는 언어와 툴이다 보니 이번 '자연계의 물리 현상을 구현하는 시스템을 만든다'는 이번 목적에 부합한 방법을 찾기란 쉽지 않았습니다. 예를 들어, Processing 같은 프로그래밍 언어로는 다이나믹 시뮬레이션과 2차원 영상을 쉽게 만들 수 있지만, 3차원 모델링을 지원하는 기능이 부족하기 때문에 만들기 어려운 부분도 있습니다. 반대로 Autodesk사의 Maya같은 툴은 복잡하고 자유로운 3차원 모델링에는 수월하지만, 수학적으로 정확하게 제어해야 하는 다이나믹 시뮬레이션이나 수리적인 컨트롤이 쉽지 않다는 단점이 있습니다.

이런 상황에서 만난 툴이 후디니(Houdini) 입니다. 후디니는 메쉬를 주로 다루는 3D 범용 툴이면서 노드 기반의 비주얼 프로그래밍 툴입니다. 특히 노드 기반이기 때문에 다른 메쉬 툴에 비해 진행 과정의 이력을 쉽게 제어할 수 있고, 순차적인 절차를 간단하게 재조합 할 수 있다는 점에서 알고리즈믹 디자인에 적합한 툴이라고 할 수 있습니다.

또한, 후디니의 데이터 구조는 다른 툴에 비해 특수합니다. 메쉬의 정점(Point)마다 데이터를 저장할 수 있는 '속성(Attribute)' 개념 덕분에 자칫 복잡해 질 수 있는 시뮬레이션 데이터를 손쉽게 관리할 수 있습니다. 이러한 특성으로 인해 후디니는 알고리즈믹 디자인에 더 없이 이상적인 도구라고 할 수 있습니다. 하지만, 속성의 데이터 구조를 최대한 활용하려면 [VEX]라는 후디니의 스크립트 언어를 숙지하고 있어야 하기에 초보자들에게 진입 장벽이 있는 것도 사실입니다.

누가 이 책을 읽어야 할까?

자연 현상의 알고리즘에 관심이 있는 사람이라면 누구나 이 책을 즐겨볼 수 있지만, 특히 레시피(튜토리얼)를 진행할 때 알아두어야 할 사전 지식이 필요합니다. 레시피 자체는 순서대로 따라하면 누구라도 구현할 수 있습니다만, 후디니의 기본적인 개념과 기초 이해가 있다는 전제 하에 진행됩니다. 따라서, 후디니의 기본기를 배운 후 그 다음 단계의 책을 찾고 있는 분들에게 추천합니다.

또한 이 책은 VEX라는 후디니 스크립트 언어로 프로그래밍을 자주 합니다. 이 과정은 알고리즘을 재현하기 위해 피할 수 없는 과정입니다. VEX 자체를 마스터하고 있을 필요는 없지만, 어떠한 종류든 프로그래밍 언어에 익숙하다면 그만큼 개념과 이해도 깊어질 것입니다. 덧붙여, 이 책에서 여러 가지 수식과 기호가 나오지만, 구체적인 정의와 설명은 생략하고 있습니다. 그렇다고 해도, 모두 고등학교 수학 범위 내에서 이해할 수 있는 내용이므로, 이해가 되지 않거나 불확실한 경우 고교 수학 참고서를 확인해 보는 것도 추천합니다.

이 책의 내용 중 수식까지 완전히 이해하기 위해 알아 두면 좋은 수학 지식은 다음과 같은 것이 있습니다.

- ◎ 연립방정식
- ◎ 로그
- ◎ 벡터
- ◎ 미분적분
- ◎ 수열
- ◎ 삼각함수
- ◎ 공간도형
- ◎ 행렬
- ◎ 복소수
- ◎ 확률 분포

이 책에서 사용하고 있는 운영 체제

이 책의 설명은 아래와 같은 환경에서 실시하였습니다.
◎ Houdini 17.5 Apprentice
◎ macOS Mojave / Microsoft Windows 10

레시피 (예제) 에 대해서

제 3 장에서 소개하고 있는 16종의 레시피 예제데이터는 다운로드로 제공합니다.

◎ 이 책은 2019년 3월의 정보를 바탕으로 작성되었습니다.
◎ 상기 버전 외의 환경에서는 제대로 작동하지 않을 수 있습니다.
◎ 다운로드 데이터는 책 구매자만 이용이 가능합니다. 또한 데이터의 재판매는 엄격히 금지됩니다.
◎ 저자와 출판사 모두 다운로드 데이터의 실행 결과에 대해 일체의 책임을 지지 않습니다. (개인 책임)
◎ 이 책에 포함된 URL, 버전 등은 예고없이 변경될 수 있습니다.
◎ 이 책에 기재 되어있는 상품명, 회사명 등은 각 소유자의 자산입니다.

레시피(예제) 다운로드

이 책에서 소개하는 예제들을 원활하게 진행하려면 레시피의 예제데이터가 필요합니다.
아래 예제데이터 다운로드 방법을 참고하셔서 예제데이터를 미리 준비해주세요.

DVD의 잦은 파손을 방지하고 예제데이터의 원활한 업데이트를 위해서 예제데이터의 다운로드 시스템을 제공하고 있습니다. 책을 구입하신 분들은 반드시 예제데이터를 다운로드하셔서 진행에 불편함이 없으시기를 바랍니다.

이 책을 구입하신 후 꼭 해야 할 2가지!

1. 예제데이터 다운로드 하기

비엘북스 홈페이지에서 예제데이터를 다운로드 합니다.
· 비엘북스 | http://www.vielbooks.com

2. 예제데이터 비밀번호 해제하기

예제데이터는 암호화 압축되어 있습니다.
· 비밀번호 'hdn320'을 입력하면 압축 해제됩니다.

압축해제는 윈도우 OS 환경에서 '알집' 또는 '반디집'을 이용해주세요.

문의사항

예제데이터의 다운로드 및 압축해제 오류 등의 문제는 아래 연락처로 문의해주세요.

· 전 화 | 070-7613-3606
· 메 일 | vielbooks@vielbooks.com
· 블로그 | http://blog.naver.com/xsi2maya

추천합니다!

현대의 컴퓨터 그래픽은 창작자들의 상상을 마법처럼 만들어냅니다. 관객들마저 컴퓨터 그래픽 기술은 한계가 없다고 믿고 있습니다. 모든 것이 가능하다는 믿음은 창작자들이 한 번도 본 적 없는 그 무엇에 도전할 수 있도록 이끌고 있습니다. 우리는 이것을 예술이라고 부릅니다. 컴퓨터 그래픽으로 아트에 도달하는 방법은 지극히 논리적인데 후디니는 이러한 창조적인 아이디어를 논리적으로 표현하는데 가장 적합한 소프트웨어라고 할 수 있습니다.

후디니는 작은 단위의 레고 블럭과 같은 노드를 사용하여 무한대의 가능성을 실험해 볼 수 있습니다. 노드의 순서를 바꾸는 것만으로도 컴퓨터가 계산하는 시간을 단축시킨다는 것을 인지하게 되면서 컴퓨팅의 '알고리즘' 연구에 관심을 갖게 됩니다. 사실 아티스트 입장에서 '알고리즘'을 공부하는 것은 쉽지 않습니다. 특히 공학을 전공하지 않은 아티스트가 논문의 수학 공식을 공부하여 프로그래밍으로 바꾸고 자신의 작품에 적용한다는 것은 안갯속을 걷는 것처럼 막막합니다.

이 책은 이러한 갈증이 있는 아티스트들에게 기다려 온 책인지도 모르겠습니다. 알고리드믹 디자인(Algorithmic Design)이라는 주제(컴퓨터 그래픽스에서 복잡한 Geometry를 아주 작은 단위의 데이터로 표현하는 방법)를 다루고 있습니다. 각 주제별 핵심이 수학 기호와 함께 설명되어 있고, 그것을 후디니 VEX 프로그래밍 언어로 설명합니다. 또한 작가의 생각과 사고의 흐름을 이해하기 쉽도록 번역이 되어 있는데, 실제 일본의 VFX 스튜디오에서 근무하고 있는 송창현 후디니 아티스트가 독자들의 니즈를 이해하면서 번역을 했기에 가능했으리라 생각합니다. 저자인 Junichiro Horikawa의 유튜브 채널에서 책의 내용을 담은 동영상 강의를 보면서 배울 수 있다는 것도 이 책의 큰 장점으로 꼽을 수 있습니다.

현대의 컴퓨터 그래픽은 어느 때보다도 Procedural한 제작 방법을 요구하고 있습니다. 한 번 보고 접어두는 책이 아니라 곁에 두고 필요할 때마다 꺼내 보는 '레시피' 같은 책으로써 추천을 드립니다.

최길남 웨타디지털 | ILM | Digital Domain | MPC / Houdini Effect TD

이 책은 꽤 오래 전부터 알고 있었어요. 매일 매일 후디니로 작업을 하며 다양한 알고리즘을 접하는 테크니컬 아티스트인 저는 이 책이 상당히 흥미로워 보여서 정말 읽어 보고 싶었습니다. 원서가 일본어로 되어 있었기에 조금 아쉬웠지만, 때마침 비엘북스에서 번역서를 출간한다기에 기쁜 마음으로 기다리다가 이 책을 접하게 되었습니다.

이 책은 후디니를 시작하는 분들에겐 조금 어렵게 느껴질 수 있습니다. 그림과 일러스트로 자연현상의 개념과 알고리즘을 설명하면서 독자들의 이해를 도우려고 하지만 사실 여전히 쉬운 분야는 아닙니다. 하지만 책을 보면서 부족한 부분을 채워 가며 공부하다 보면 자신의 역량이 한 단계 오르는 것을 느끼게 될 것입니다. 책을 보다가 막히면 함께 공개된 원본 Hip 파일을 열어보면서 후디니에서 어떻게 알고리즘이 구현되어 있는지도 볼 수 있어서 많은 도움이 됩니다.

알고리즘을 이용하여 멋진 패턴을 만드실 아티스트 분들을 응원합니다!

최장환 Sony Pictures Imageworks | Senior FX TD

이 책에서 소개된 알고리즘 디자인은 컴퓨터그래픽을 시작하시는 분들께 수학적 표현과 프로그래밍 언어를 배워볼 수 있는 매우 좋은 자료입니다. 특히 후디니는 이를 프로시주얼(procedural) 방식을 이용하여 효과적으로 시각화시켜 주는 툴입니다. 후디니를 통해 수학과 코딩이 어떻게 사용되는지 궁금하신 분들께 특별히 추천합니다. 어려운 파트도 분명히 있지만 예제파일과 동영상을 참고하면서 결과물을 하나씩 완성한다면 수준 높은 VFX 아티스트가 될 수 있을 것입니다.

정재화 VFX 아티스트 | 후디니스트 운영자

Chapter 1

알고리즘 디자인
(Algorithmic Design)

이 장에서는 알고리즘 디자인에 대해서 간략히 소개하고,
저자가 알고리즘에 접근하고 해결하는 방식에 대해서 설명합니다.

알고리즘 디자인이란 ___012

디자인 모티브를 찾는 방법 ___013

알고리즘을 찾는 방법 ___015

알고리즘의 이해 ___017

후디니를 사용한 알고리즘 구현 ___018

1-1 알고리즘 디자인이란

알고리즘 디자인(Algorithmic Design)이란 '알고리즘'이라 부르는 수리적 절차로 재현되는 기하학적 모양이나 현상을 디자인하는 것입니다. 알고리즘으로 절차적인(Procedure) 코딩을 하면 비교적 적은 양의 데이터로 복잡한 형태(shape)를 재현할 수 있게 됩니다. 자연계에서 볼 수 있는 형태나 현상의 메커니즘을 면밀하게 관찰해 보면 어떠한 규칙성을 가진 경우가 많습니다. 복잡해 보이더라도 실제는 단순한 규칙의 조합이거나 동일한 규칙을 여러 번 반복시켰을 뿐인 경우도 있습니다. 알고리즘 디자인은 이러한 규칙성을 가진 무언가를 찾아내고 재현하는데 매우 적합합니다.

알고리즘 디자인 기술은 건축 디자인 분야에 특별히 관심을 가지고 개발되어 왔습니다. 예를 들어, 건축 디자인에 컴퓨터를 도입하여 생체 유기적인 건축 디자인을 목표로 했던 그렉 린(Greg Lynn)과 형태에 국한하지 않고 건축의 다양한 구조적 알고리즘을 해석학적으로 접근하여 디자인을 시도한 코스타스 타지디스(Kostas Terzdis) 등의 활약에 의해 알고리즘 디자인이 널리 알려지게 되었습니다. 지금은 많은 사람들이 사용하는 PC에서도 복잡한 형태를 쉽게 만들 수 있기 때문에 건축학도들 사이에서도 꽤나 인기 있는 기법 중 하나가 되었습니다.

다만, 실제 건축으로 완성되기까지는 아직 현실적인 장벽이 있다 보니, 실무에서의 활용성은 그다지 높지 않습니다. 특히, 바이오몰픽(biomorphic) 형태에 관해서는 건축에서의 유용성이 아직 인정되지 않아서 새로운 알고리즘의 발견과 함께 기존 알고리즘의 개선이 지연되고 있는 느낌입니다.

알고리즘을 사용한 디자인이 단지 건축 분야에서만 사용할 수 있는 것은 아닙니다. 처음 발견한 사람이 건축에 관련된 사람이였을 뿐, 이 기술 자체는 건축 분야를 넘어 다양한 분야에서 사용할 수 있는 가능성이 있습니다. 예를 들어, 3D 프린터로 제품을 성형하여 출력하는 것은 이제 손쉽게 접할 수 있는 환경입니다. 즉, 알고리즘 디자인으로 만든 복잡한 형태를 제품으로 출력할 수 있는 가능성이 제기되고 있는 것입니다. 또는 실물로 출력하지 않더라도, 최근에는 AR이나 VR이 발전되어 가상의 3D 모델이 실제 거리감을 가진 형태로 가볍게 다룰 수 있습니다. 만일 물리적/경제적 제한으로 현실 공간에 출력할 수 없더라도 가상 공간에서라면 어떤 것이든 출력할 수 있습니다.

비디오 및 게임 등의 산업에서는 알고리즘 디자인으로 부르진 않지만, 이미 보편화되어 있는 것 같습니다. 예를 들어, 특정 자연 현상을 현실적으로 보이게 하기 위해 필요한 시뮬레이션 알고리즘 데이터, 그리고 지형을 만들 때 산맥이나 강, 숲 등의 관계성만 설정하여 무수히 다양한 패턴을 지원하는 것 등은 모두 알고리즘 디자인의 범주에 있다고 볼 수 있습니다. 매년 시그라프(Siggraph : 컴퓨터 그래픽에 관한 국제 회의)에서 수많은 알고리즘이 발표되고 있으며, 형상디자인에도 활용할 수 있는 알고리즘도 발표 되고 있습니다.

한 가지 고민하는 부분은 시그라프와 같은 회의에서 발표된 알고리즘 형식이 수식 기반의 논문이 대부분이라서 샘플 프로그래밍 코드라도 있으면 그나마 좋은 편입니다. 다시 말해, 필자처럼 디자인 출신에게는 그 논문을 읽고 해석하는 것 자체가 하나의 장애물이 되며, 직접 디자인 기법으로 적용하기까지는 좀처럼 쉽지 않습니다. 그러다보니 알고리즘 디자인을 하고 싶은 사람들은 어디서부터 어떻게 접근해야 할지 잘 모르는 분위기가 되어 버립니다.

개인적으로는 지금까지 사용해 본 적이 없거나 사용했어도 잘 이해하지 못했던 알고리즘을 가지고 디자인을 만들고 설명하는 동영상을 유튜브(YouTube)에 올려 공유하고 있습니다. 큰 동기로는 최종적으로 자신만의(독자적) 알고리즘으로 다양한 형태를 구현하고 싶어서 연습 삼아 기존 알고리즘을 3차원 비주얼로 만들어 보는 노력을 하고 있습니다.

이 책에서는 필자가 어떻게 알고리즘 디자인 모티브를 찾아내는지, 모티브의 구현에 필요한 알고리즘은 또 어떻게 접근하는지, 그리고 최종적으로 어떻게 알고리즘 디자인으로 적용하는지에 대한 과정을 설명합니다.

1-2 디자인 모티브를 찾는 방법

아무것도 없는 무(無)에서 출발하여 무언가를 만들기는 어렵기에 먼저 모티브를 찾는 것부터 시작합니다. 저자가 주목하는 것들은 특별히 물의 파장이나 지표면의 균열 같은 자연 현상에서부터 미세한 자연의 형태, 생물의 골격이나 껍질의 모양, 식물의 줄기에서 산맥의 형태에 이르기까지, 다양한 자연 현상에서 발견되는 모든 규모의 형태입니다. 또한, 이러한 자연 현상을 변형시킨 기하학적인 도형 등에도 주목합니다.

자연 현상은 겉으로 복잡하고 랜덤하게 보여도 실제는 작고 단순한 요소의 반복적인 조합들로 이루어져 있거나, 하나의 수식으로 표현될 수 있는 기하학적 도형들, 또는 시간 경과에 따라 단순한 모양 변화가 누적된 것뿐인 경우가 많아서 알고리즘화시키기 쉬운 형태들이 많습니다. 사실, 많은 현상에 관한 구현 알고리즘들이 발표되고 있어서 그것들을 적극적으로 사용해 볼 것입니다.

그러나, 자연이라고만 하면 너무 광범위해서 처음에는 제작 테마가 아직 명확하지 않더라도 어느 정도 범위를 좁혀 둘 필요가 있습니다. 따라서 무엇을 만들지 결정해야 하는 단계에서. 평소 저자가 이 모티브에 접근하는 과정을 소개해 보겠습니다.

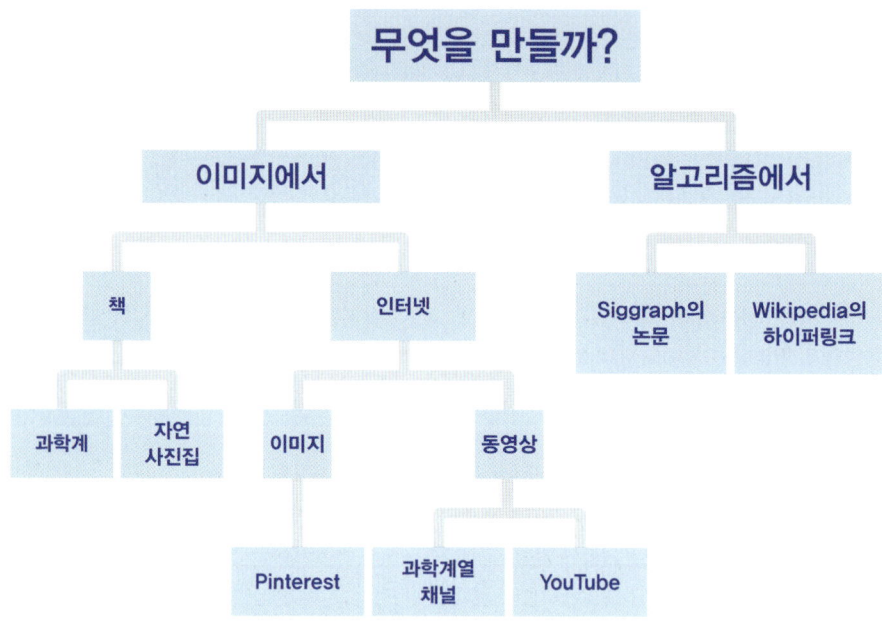

저자가 모티브를 찾는 방법의 핵심은 우선 이미지에서부터 시작할지, 아니면 알고리즘에서부터 시작할지를 선택하는 것입니다. 그리고 어느 쪽을 선택하더라도 방대한 선택지에서 고를 수 있도록 많은 자료를 모아둡니다. 이렇게 하면 비슷한 외형을 가진 것이 여러 개 있더라도 다양한 각도에서 디테일을 확인할 수 있고, 고해상도의 매력적인 비주얼을 보고 동기 부여가 되기도 해서 여러 모로 좋습니다.

이미지에서 모티브를 찾을 때는 지금까지 구입했던 자연 생태 사진집 또는 과학책이나 잡지들을 훌훌 넘기면서 관심있는 주제를 찾습니다. 예를 들어 산호에 호기심이 생기면 인터넷의 이미지 검색으로 시각적인 레퍼런스를 수집합니다. 이때 특히 추천하는 것은 Pinterest(이미지 검색 및 수집 서비스)입니다. 이 서비스는 관심 이미지를 하나 선택하면 추천 알고리즘이 해당 이미지와 유사한 이미지를 선별해줍니다. 이런 방식으로 관심 있는 산호의 이미지를 대량으로 수집하고 추려서 범위를 좁혀갑니다. 그 다음에는 그 형태를 만들기 위한 알고리즘을 찾기 시작합니다.

만약 알고리즘에서부터 접근한다면, 사용할 구조를 결정한 후 최종 형태를 결정하는 흐름이 되기 때문에 이미지에서 시작하는 것과는 반대의 프로세스가 됩니다. 다만, 이 경우 출력 결과는 알고리즘에 따라 정해져 있으므로 (때로는, 구조는 재미있지만 출력되는 이미지가 약한 경우도 있기 때문에) 비주얼이 아름답게 보이도록 만들려면 알고리즘 자체를 약간 수정해야 할 경우도 있습니다.

1-3 알고리즘을 찾는 방법

모티브가 없는 경우

앞서 설명한 대로 알고리즘을 찾을 때, 만들고 싶은 이미지는 아직 없지만 알고리즘부터 찾는 경우와 만들려는 것이 정해진 이후에 알고리즘을 찾는 두 가지 방식이 있습니다.

아직 만들고 싶은 이미지가 없다면, 가끔 시그라프 등에서 발표된 컴퓨터 그래픽스의 논문을 읽거나 소개 동영상을 찾아봅니다. 개인 웹사이트지만, 케센 황(Ke-Sen Huang)의 웹사이트는 컴퓨터 그래픽 분야에서 발표된 각종 논문을 정리해 두고 있어서 지금까지 소개된 자료들을 확인할 때 매우 유용합니다.

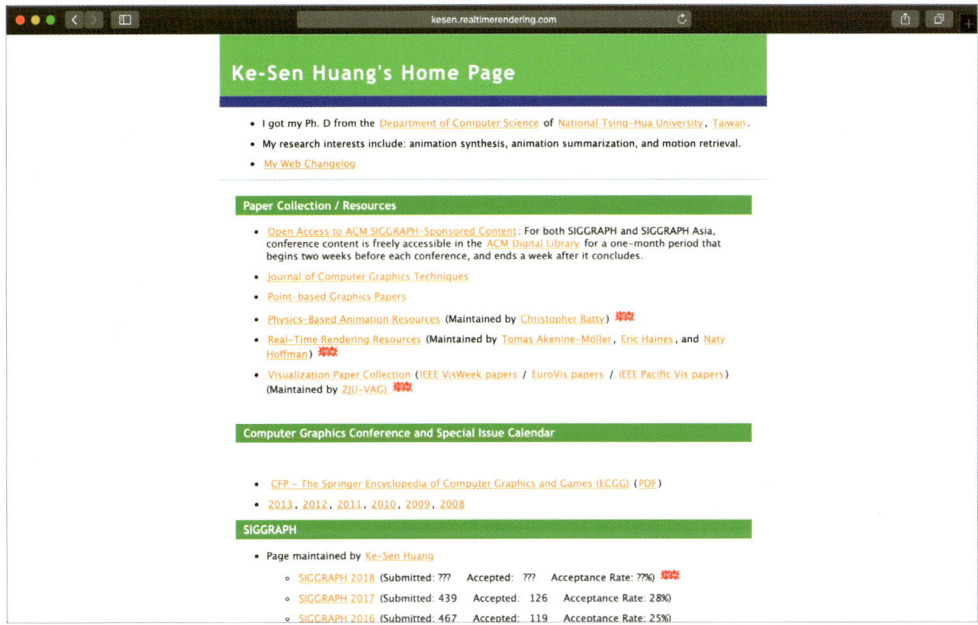

Ke-Sen Huang's Home Page: http://kesen.realtimerendering.com/

알고리즘을 찾는 또 다른 방법은 Wikipedia의 하이퍼 링크를 이용하는 것입니다. 예를 들어 Wikipedia의 범주 중 하나인 [Computer graphics algorithms] 페이지에는 컴퓨터 그래픽에 적용할 수 있는 알고리즘이 정리되어 있습니다.

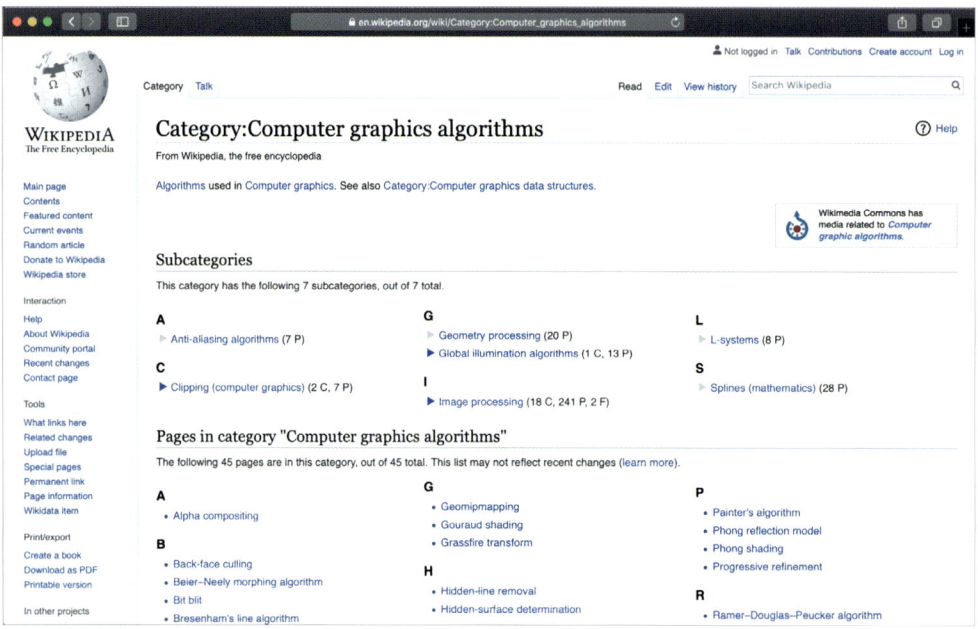

Wikipedia Category: Computer graphics algorithms: https://en.wikipedia.org/wiki/Category:Computer_graphics_algorithms

이 카테고리에 있는 리스트가 현재 모든 알고리즘은 아닐 것입니다. 해당 링크를 따라가보면 다양한 알고리즘을 만날 수 있습니다. 예를 들어 이 페이지에서 Marching cubes라는 페이지로 링크타고 가면 CT나 MRI 스캔으로 찍은 이미지 데이터를 3차원으로 재구축하는 알고리즘에 대한 설명이 있습니다. 그리고 페이지 내용 중 isosurface 단어의 링크를 따라가면 isoline에 다시 링크 표시가 되어 다시 그 링크를 따라 들어가고…… 이 같은 과정을 반복하면서 관심 있는 알고리즘을 하나씩 순서대로 확인해 보는 것입니다. 실제로 수학적으로 어떤 형태를 만들 때 하나의 알고리즘만 사용하는 것은 거의 없으며, 복합적이고 다양한 알고리즘을 조합하는 것이 일반적입니다. 어떤 방법이 있는지를 아는 것만으로도 수학적 모델링의 폭이 넓어질 수 있는 것입니다.

모티브가 있는 경우

그럼, 내가 만들고 싶은 이미지가 이미 정해져 있다면?

이런 경우 알고리즘을 찾는 방법은 또 달라집니다. 여기서 중요한 것은 바로 인터넷 검색 능력입니다.
예를 들어 관심 있는 산호의 이미지를 발견했는데 그 산호의 이름이 [Brain Cora(뇌 산호)] 였다고 가정해 봅시다. 이 경우 가장 먼저 해야 할 일은 Google에서 "brain coral algorithm"(뇌 산호 알고리즘)을 검색하는 것입니다. 지극히 단순하게 들리겠지만 대부분 이 단계에서 원하는 알고리즘을 찾을 수 있습니다. 현재까지 한국어로 검색하면 알고리즘을 얻을 수 있는 수식 정보는 매우 낮으므로, 영어로 검색하는 방법을 추천합니다. (중국어를 할 수 있다면 더 좋습니다.)

위에서 설명한 대로 Google에서 [brain coral algorithm](뇌 산호 알고리즘)을 검색하면 논문 개요 페이지 링크가 나오거나, 유명한 알고리즘이라면 해당 알고리즘만을 위한 페이지가 만들어져 있기도 합니다. 이 링크를 따라가서 관련 논문과 페이지를 가급적 많이 수집합니다.

자료를 수집한 후에는 원하는 결과물을 만들 수 있을 것 같은 알고리즘을 면밀히 조사합니다. 그렇다고 해도, 필자처럼 디자인쪽에 익숙하고 평소 숫자와 수학 수식에 친하지 않은 사람은 수학적 표현을 보고 한 번에 이해할 수 없기 때문에 기본적으로 논문과 페이지에 포함되어 있는 이미지를 보고 판단합니다. 이렇게 해서 최종적으로 사용할 알고리즘의 기반을 다져갑니다.

그럼, 논문도 찾지 못하고, 검색을 해도 이미지 페이지만 나오는 경우는 어떻게 할까요?

이런 경우 알고리즘의 이름이나 검색하는 대상물의 별명으로 2차 검색을 합니다. 예를 들면, [brain coral](뇌산호)의 경우 검색 결과로 differential growth라는 키워드가 나오는데 이를 다시 검색하면 이번에는 그 방법까지 소개된 사이트가 검색 결과로 나올 것입니다.

또는, 원하는 결과의 아웃풋을 내는 논문이 아니더라도, 그 논문이 참조하는 타이틀에 키워드 힌트가 숨겨져 있는 경우도 많습니다. 결국, 얼마나 그 형태와 관계있는 키워드를 추출할 수 있는지가 관건이라 할 수 있겠습니다.

중요해 보이는 키워드를 추출했다면, 전 세계 사람들이 작성한 프로그래밍 코드를 공유하는 서비스인 github에서 검색하는 것도 추천합니다. 게시되는 코드의 정확성은 천차만별이지만, 훌륭한 소스를 발견한다면 좋은 스타트를 끊을 수 있습니다.

1-4 알고리즘의 이해

사용하고 싶은 알고리즘을 찾았으면, 이제 그 알고리즘을 이해하는 단계에 들어갑니다.

평소 수식을 접할 일이 없는 필자와 같은 사람들에게 이 단계는 가장 많은 시간을 보내게 됨과 동시에 가장 재미있는 단계이기도 합니다. 처음부터 알고 있는 내용을 복습하는 것은 흥미로운 일이 아니므로 자신이 지금까지 사용한 적이 없거나 / 생각해 보지 않은 방법이나 절차를 제시할 수록 그 재미는 배가 됩니다.

자체 사이트가 있을 정도로 유명한 알고리즘은 (예로 들어 이 책에서도 소개하고 있는 Gray-scott 등) 종종 아마추어도 알 수 있도록 친절하게 가르치고 있는 경우도 많습니다. 그런 자료들을 차분히 읽어보면 이해하는데 큰 어려움은 없을 것입니다.

문제는 논문 속에서만 설명되어 있는 재미있고 마이너한 알고리즘을 이해하기 위해 해당 논문 자체를 해독하는 능력이 필요한 경우입니다. 하지만, 논문을 읽기 쉽게 만드는 방법이 있습니다. 우선 해당 논문이 다른 논문에서 참조되고 있는지 아닌지를 Google Scholar 등으로 검색합니다. 또, 여기서 운이 좋다면 해당 논문을 해설하고 있는 페이지를 찾게 될 지도 모릅니다.

이러한 정보는 논문을 읽는 동안 이해하기 힘든 내용을 만났을 때 보조로 이용하면 좋습니다. 또한 비교적 새로 발행된 논문인 경우, 논문에 첨부된 샘플 프로그램이 일반적으로 C 언어나 Python 등으로 GItHub에

공개되기도 합니다. 알고리즘을 이해함에 있어, 수식을 읽어내는 것보다 프로그래밍을 코드를 읽는 것이 몇 배 더 쉬우므로 그러한 코드가 있다면 적극적으로 참고해야 합니다.

논문을 꾸준히 읽을 때 가장 어려운 것은 수학 공식 자체보다도 문장으로 표현된 알고리즘의 의미를 구체적으로 파악할 수 없는 경우입니다. 거기에 더하여 수학 공식이 함께 쓰여 있는 경우도 많습니다. 수학 공식을 이해하려면 문장을 읽어야 하는데, 문장을 이해하기 위해 역으로 수학 공식을 참조하지 않으면 안 되는 경우도 가끔 있습니다. 수학 공식 때문에 곤란하다고 느끼는 문제점은 대개 기호의 의미를 모르는 정도인 경우가 많고, 찾아보면 대부분은 고등학교 수학 지식(수열이나 복소수, 행렬, 미적분 등) 정도로 대처할 수 있는 것들이라 고등학교 수학을 잊었던 사람이라도 복습하면 어떻게든 따라갈 수 있는 수준인 것들이 많습니다. 이러한 논문에 소개된 알고리즘은 그 자체로 어려운 수학 공식을 사용하고 있는 것은 거의 없고, 풀어보면 대부분 간단한 계산의 조합입니다. 이것만 염두에 두고 시간을 투자하면, 비교적 어떤 내용이라도 이해할 수 있을 것입니다.

1-5 후디니 (Houdini)를 사용한 알고리즘의 시각화 구현

알고리즘이 이해되었다면, 다음은 적용할 차례입니다. 이 책에서는 후디니(Houdini)를 툴로 선택하고 있습니다만, 기본적으로 어떤 언어나 툴을 사용하더라도 생각하는 방식은 같습니다. 해당 언어나 툴에 따라 적합한 문법을 사용하여 이해했던 알고리즘의 순서를 변환하는 작업입니다.

후디니에서 알고리즘을 구현할 때는 알고리즘의 내용에 따라, 그것이 시간을 기준으로 여러 번 계산하는 것인지 아니면 한 번 계산으로 끝나는 것인지, 크게 두 종류로 나눌 수 있습니다. 그리고 순서대로 계산해가며 수행되는지, 아니면 일단 계산을 한 후 한 번에 수행되는지에 따라 크게 두 종류로 나눌 수 있습니다.

시간 축을 따라 계산하며 형태의 변화를 애니메이션으로 보여 주고 싶은 알고리즘은 후디니에서 "SOP Solver"라는 타임라인 기반 시뮬레이션을 자체적으로 만들 수 있는 노드 네트워크로 만들어 갈 수 있습니다.

시간 축에 관계 없이 곧바로 최종적인 알고리즘 계산을 보여주고 싶다면, SOP Solver를 사용하지 않고 단일 프레임 내에서 계산이 끝나는 For Each 노드로 루프(Loop) 중심의 네트워크를 완성해 나갑니다.

* 역자주 : 루프(Loop)는 특정 구간을 반복시키는 것.

단, 어떤 방법을 선택하더라도 알고리즘 디자인을 구현할 때는 Wrangle 노드(Node)라고 부르는 VEX 언어(후디니의 스크립트 언어) 노드를 매번 사용하게 될 것입니다.

이 VEX를 설명하는 Wrangle, SOP Solver 및 For Each 노드는 챕터3의 레시피에서 자주 볼 수 있습니다.

다음 장에서는 후디니를 다루어 본 지 얼마 안 된 초보라도 내용을 이해할 수 있도록 노드에 대한 최소한의 설명도 덧붙여 보겠습니다.

Chapter 2

알고리즘 디자인을 위한
후디니 기초 지식

이 챕터에서는 후디니에서 알고리즘믹 디자인 모델을 구현할 때,
이것만은 알아두었으면 싶은 기초적인 지식을 설명합니다.

파라미터의 등록 ___022

어트리뷰트(Attribute)의 기초 ___025

VEX의 기초 ___028

Expression 함수의 기초 ___036

For-Each노드의 기초 ___037

Solver 노드의 기초 ___040

2-1 파라미터의 등록

후디니의 각종 노드에는 각각 파라미터라고 부르는 사용자가 컨트롤 할 수 있는 파라미터 값이 있습니다. 이 파라미터를 변경함으로써 노드의 기능에 따라 출력되는 내용도 변경될 수 있습니다.

이 책의 각 레시피에서는 자주 사용하는 파라미터를 1개의 노드에 정리하여 다양한 파라미터에 접근하기 쉽도록 하는 것부터 시작하고 있습니다. 이렇게 하면, 형태 변형에 필요한 모든 파라미터에 액세스하려고 할 때 그 노드만 확인하면 되기 때문에 매우 편리합니다.

필자가 자주 사용하는 것 중 하나는 아무 것도 없는 Null 노드로 파라미터를 정리해 주는 것입니다. (Null 노드에 파라미터를 묶어 버리는 것) 또 전체를 볼 때 주요 파라미터가 포함된 노드가 눈에 잘 띄도록 노드의 색상 표시를 변경해 두는 것도 자주 사용합니다. (알기 쉽고 편리합니다.)

Null 노드는 아무런 기능이 없기 때문에 기본적으로(디폴트 상태에서는) 파라미터를 가지고 있지 않습니다. 따라서 필요한 파라미터를 직접 등록해야 합니다. 아래의 단계를 따라하며 파라미터를 등록해 봅시다.

1. Geometry 노드를 만든 후 Geometry 노드를 더블 클릭하여 네트워크로 들어가서 Null 노드를 만듭니다.

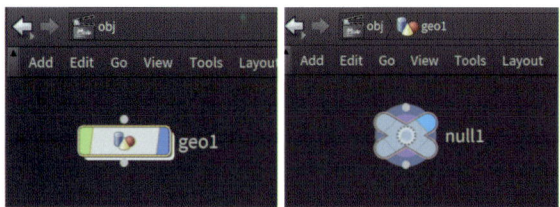

2. Parameter 창(Pane) 오른쪽 상단의 기어 아이콘을 클릭하고, 컨텍스트 메뉴에서 Edit Parameter Interface ...을 선택하여 파라미터 편집 창을 띄웁니다.

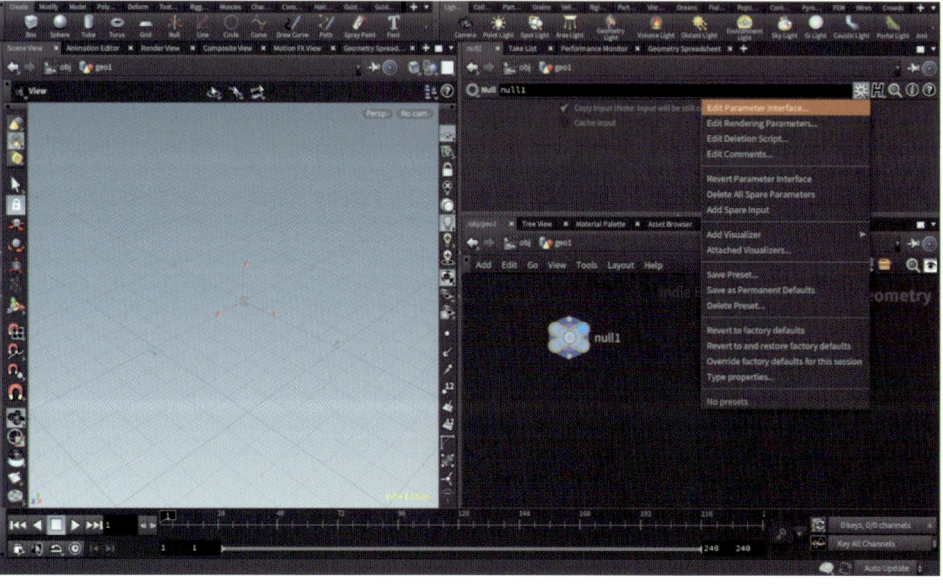

3. 파라미터 편집 창의 왼쪽에 있는 유형 목록에서 하나를 선택하고, 오른쪽 화살표 아이콘을 클릭하여 해당 유형의 파라미터를 추가합니다. 그 다음 이름을 설정하거나 값의 범위를 설정해본 후 Apply 버튼을 눌러 파라미터를 업데이트 합니다.

파라미터 편집 창을 닫으면 파라미터 창(Pane)에 등록한 파라미터가 나타납니다.

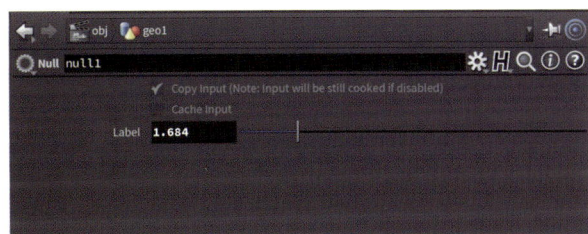

4. 다음으로, 이 파라미터를 실제로 변경하고픈 노드의 파라미터와 링크(Link)시킴으로써, Null 노드에서 파라미터를 원격으로 제어할 수 있게 됩니다. 링크시키려면 먼저 Null 노드의 파라미터 위에서 마우스 오른쪽 클릭하고, 컨텍스트 메뉴에서 Copy Parameter를 선택합니다.

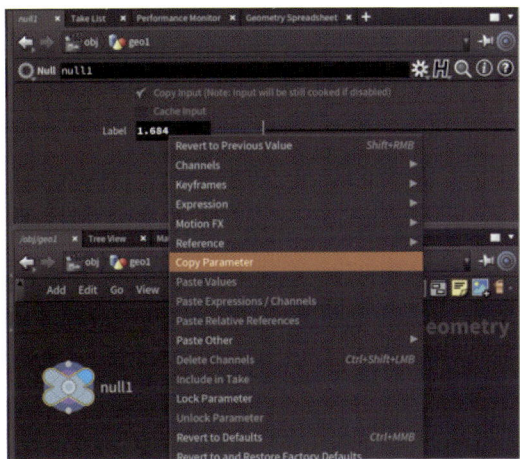

연결하고 싶은 노드의 파라미터에 복사한 값을 붙여 넣습니다. 연결하고 싶은 곳의 파라미터 위에서 마우스 오른쪽 클릭하고 컨텍스트 메뉴에서 Paste Relative References를 선택합니다.

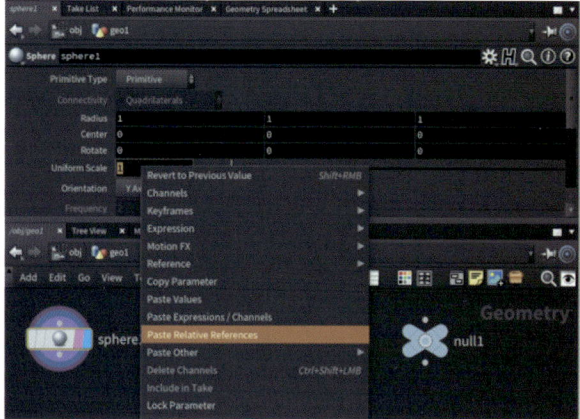

이것으로 파라미터가 연결되었습니다. Null 노드의 파라미터를 변경하면 연결된 파라미터가 Null 노드의 파라미터와 같은 값이 값으로 바뀝니다.

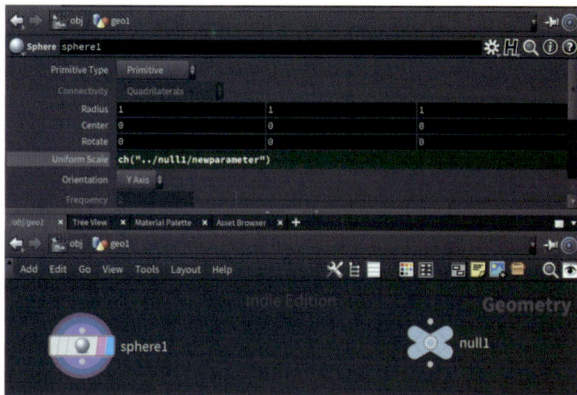

Null 노드의 파라미터에 대한 경로(Path)가 입력되면서 연결이 이루어집니다

2-2 어트리뷰트 (Attribute : 속성) 의 기초

어트리뷰트란?

후디니(Houdini) 뿐만 아니라, 알고리즘으로 지오메트리를 생성할 때는 사용 도구(툴)에서 지오메트리 데이터의 구조를 어떻게 다루는지 반드시 이해해야 합니다. 후디니에서 반드시 알아야 할 지오메트리 데이터 구조에는 어트리뷰트(Attribute : 속성)라는 것이 있습니다.

어트리뷰트란, 지오메트리를 구성하는 포인트(Point)와 프리미티브(Primitive), 프리미티브의 버텍스(Vertex)와 오브젝트 자체에 담고 있는 이름이 붙여진 값을 말합니다. 지오메트리의 각 요소에 저장된 이 어트리뷰트 값은 포인트의 위치 정보나 색상과 같은 속성을 관리하는 매우 중요한 데이터 구조를 이룹니다.

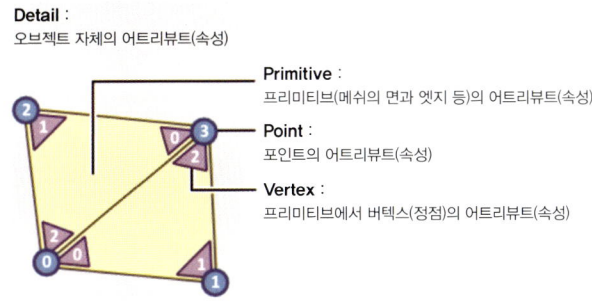

어트리뷰트는 일반적으로 후디니 안에서 정해진 용도로 사용되는 것과 커스텀으로 스스로 설정할 수 있는 것으로 크게 두 종류가 존재합니다. 일반적인 어트리뷰트에는 다음과 같은 것들이 있습니다.

◎ P : 포인트의 위치(Point position)
◎ N : 노멀 방향 벡터(Normal direction vector)
◎ pscale : 균일 스케일 비율(Uniform scale rate)
◎ Cd : RGB 색상 정보(RGB color information)

또한 어트리뷰트는 커스텀으로 만드는 것도 가능합니다. 이 경우 유저가 어느 지오메트리 요소에 어트리뷰트를 저장할 것인지와 어트리뷰트의 형(숫자, 벡터, 문자열 등)과 이름을 정한 후 임의의 값을 저장합니다.

어트리뷰트에 저장되는 값은 지오메트리를 조작하면서 자주 참조되거나 재설정되기도 합니다. 알고리즘 디자인 작업의 대부분은 이 어트리뷰트를 조작해 나가는 것이라고 해도 과언이 아닙니다.

어트리뷰트의 참조나 편집은 나중에 소개할 Wrangle 노드와 Attribute Create 같은 어트리뷰트에 특화된 노드를 이용할 수 있습니다. 책의 과정에서도 자주 사용하기 때문에 어트리뷰트가 후디니의 지오메트리 각 요소에 포함된 값이라는 인식을 가지고 있어야 합니다. 그래서 필요한 데이터가 현재 어디에 있는지를 항상 생각하고 있어야 합니다.

어트리뷰트에 대한 자세한 내용은 SideFX사의 어트리뷰트 문서 페이지를 참고해 주세요.
(http://www.sidefx.com/docs/houdini/model/attributes.html)

Geometry Spreadsheet

지오메트리의 각 요소에 저장되어 있는 어트리뷰트를 확인하고 싶을 때는 Geometry Spreadsheet라는 표를 참조합니다.

이 표에 액세스하려면 화면에 있는 윈도우 창(Pane) 오른쪽 상단에 있는 + 아이콘을 클릭하고, 컨텍스트 메뉴 중에서 New Pane Tab Type > Geometry Spreadsheet를 선택해서 엽니다.

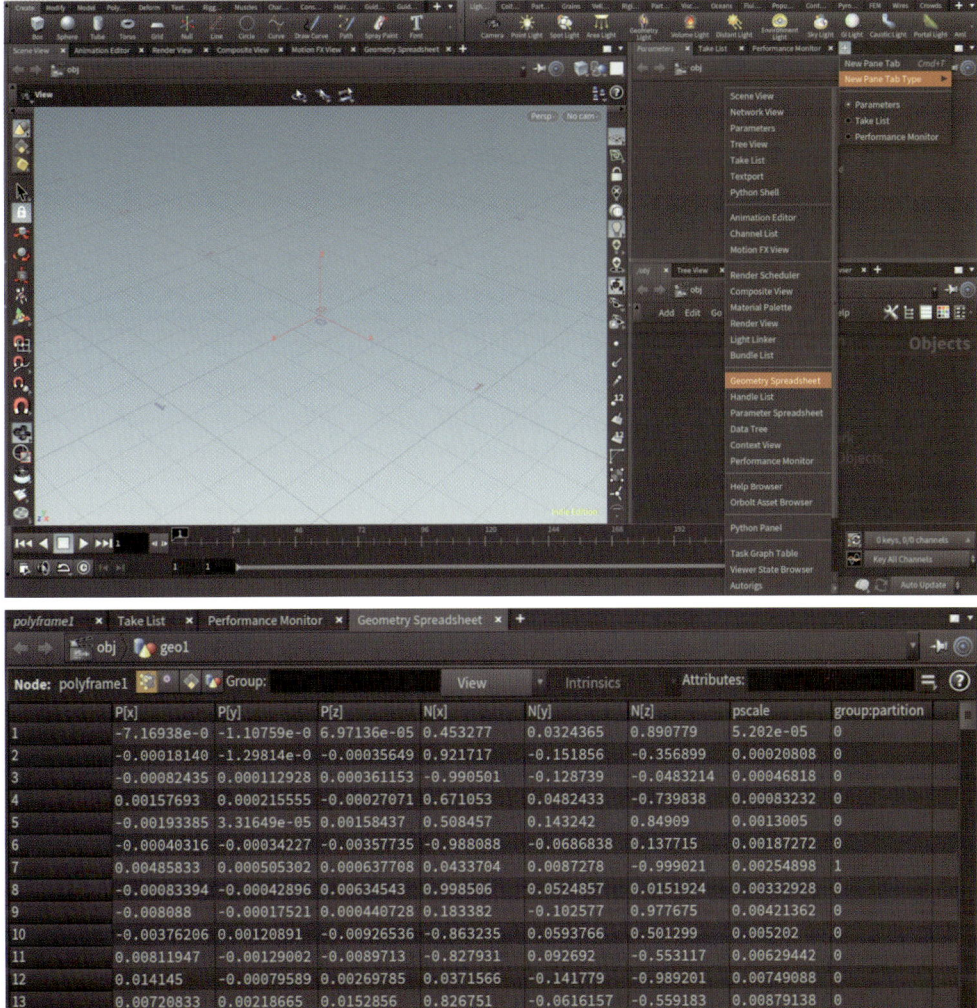

Geometry Spreadsheet 화면

2-3 VEX의 기초

VEX란

VEX는 후디니에서 사용하는 스크립트 언어 중 하나입니다. 매우 계산이 빠르다는 것이 특징이며, 후디니의 다양한 상황에서 사용할 수 있습니다. 이 책에서 다루는 알고리즘 디자인에서는 모델링 부분에 필수라고 해도 좋을 만큼 자주 사용하게 됩니다.

VEX 대한 자세한 내용은 SideFX사의 문서 페이지에서 참고하세요
(http://www.sidefx.com/docs/houdini/vex/index.html).

Wrangle 노드

Wrangle 노드는 VEX를 작성할 수 있는 노드입니다. 특히 모델링을 하는 SOP 네트워크 안에서는 지오메트리 요소(포인트, 프리미티브, 프리미티브의 버텍스, 오브젝트, 볼륨 등)에 따라 다른 Wrangle을 구분하여 사용하게 됩니다. 이 Wrangle 노드를 사용함으로써 기본 노드만으로는 실현하기 어려운 모델링 작업이 가능해집니다.

SOP 네트워크에서 자주 사용하는 Wrangle 노드에는 다음과 같은 것들이 있습니다

◎ Point Wrangle : 포인트를 조작합니다.
◎ Primitive Wrangle : 프리미티브를 조작합니다.
◎ Vertex Wrangle : 메쉬의 버텍스(정점)를 조작합니다.
◎ Volume Wrangle : 볼륨을 조작합니다.

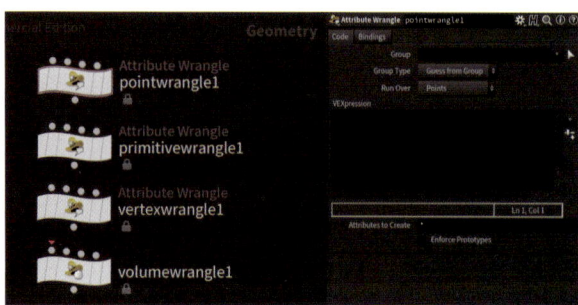

Wrangle 노드의 종류

Wrangle과 VOP

Wrangle 노드에서 VEX로 작성된 코드의 내용은 노드에서 VOP(Vector Operator)을 사용하여 재현할 수 있습니다. 기본적으로 VEX에서 할 수 있는 모든 것은 VOP으로도 수행할 수 있습니다. VOP은 노드 기반이기 때문에 프로그래밍이 필요한 VEX와 비교하면 상대적으로 수월하게 동일한 작업을 수행할 수 있습니다.

그러나 이 책의 레시피 부분에서는 다음과 같은 이유로 VOP을 사용하지 않고 Wrangle 노드에서 VEX를 작성하도록 권하고 있습니다.

- ◎ 동일한 작업을 수행하더라도 VOP으로 만들면 너무 복잡하여 읽기가 쉽지 않다.
- ◎ 루프나 조건부 분기(conditional branch)를 쓰기 어렵다.
- ◎ 오류가 발생하면 문제 부분을 찾기 힘들다. 따라서 디버깅이 어렵다.

변수

변수는 정해진 형식(정수나 문자열 등)의 값을 넣을 수 있고 이름이 부여된 컨테이너입니다. 자주 사용하는 변수는 다음과 같은 것들이 있습니다.

- ◎ 정수 (int)
- ◎ 플로팅 포인트수 (float)
- ◎ 3차원 벡터 (vector)
- ◎ 매트릭스 (matrix)
- ◎ 문자열 (string)

변수는 다음 예와 같이 기술하여 만들 수 있습니다.

```
int a = 123; // a라는 이름의 정수형 변수에 123 값을 넣는다
float b = 10.25; // b라는 이름의 부동 소수점 변수에 10.25 값을 넣는다
vector c = set (1, 2, 3); // c라는 이름의 벡터 변수에 {1, 2, 3} 벡터 값을 넣는다
matrix d = ident (); // d라는 이름의 매트릭스(행렬) 변수에 단위 매트릭스를 넣는다
string e = "abc"; // e라는 이름의 문자열 변수에 abc 값을 넣는다
```

배열(Array)

배열은 동일한 타입(형)의 변수를 저장할 수 있는 컨테이너입니다. 배열을 위해 미리 준비된 함수를 사용하여 배열 속에 값을 넣거나 지정된 위치에 있는 값을 제거할 수 있습니다.

VEX에서 배열은 다음과 같이 사용합니다.

```
// a라는 이름의 정수 배열을 만든다.
int a [] = {1,2,3};

// a라는 이름의 배열에 4를 더한다.
push (a, 4);

// a라는 배열에서 2번째 값을 제거한다.
pop (a, 1);

// a라는 배열의 크기를 얻는다.
int size = len (a);
```

VEX 함수

VEX에는 다양한 기능을 가진 함수가 여러 개 준비되어 있습니다. 함수란 프로그래밍 언어에서 임의로 처리할 것들을 한 곳으로 모아 두고 나중에 불러올 수 있도록 하기 위한 구조입니다.

자주 사용하는 함수의 예를 들겠습니다.

◎ point( ) : 포인트의 어트리뷰트를 얻기 위한 함수
◎ setpointattrib( ) : 포인트의 어트리뷰트를 설정하는 함수
◎ addpoint( ) : 포인트를 추가하는 함수
◎ npoints( ) : 전체 포인트의 수를 반환(Return)하는 함수
◎ chf( ) : 지정된 플로팅 포인트(Floating Point) 파라미터 변수의 값을 얻기 위한 함수

각각의 함수에는 파라미터가 존재합니다.

어떤 함수가 존재하고 어떤 파라미터를 필요로 하는지는 VEX 레퍼런스 페이지에서 확인할 수 있습니다. (http://www.sidefx.com/docs/houdini/vex/index.html).

예를 들어, addpoint( )라는 포인트를 추가하는 함수는 다음과 같이 사용합니다.

```
// {1,2,3}의 위치에 포인트를 만든다.
int pt = addpoint (0, set (1,2,3));
```

addpoint의 레퍼런스 페이지

어트리뷰트(Attribute : 속성)에 액세스(Access : 접근)

Wrangle 노드에 쓴 VEX 코드를 지오메트리 각 요소에 저장된 어트리뷰트 노드에 액세스하여 읽기/쓰기 할 수 있습니다. 이것에는 숏컷을 이용하는 방법과 VEX 함수를 이용하는 방법이 있습니다.

어트리뷰트에 액세스하는 숏컷 버전은 형태(자료형 : Type)에 따라 다음과 같은 종류가 있습니다.

◎ f@abc : abc 이름의 플로팅 포인트(Floating point) 어트리뷰트
◎ i@abc : abc 이름의 정수(Integer) 어트리뷰트
◎ u@abc : abc 이름의 2D 벡터(2D Vector)) 어트리뷰트
◎ v@abc : abc 이름의 3D 벡터(3D Vector) 어트리뷰트
◎ s@abc : 이름이 abc인 문자열(String) 어트리뷰트

숏컷 버전을 사용할 때, 어느 지오메트리 요소의 어트리뷰트를 액세스할지는 이용하는 Wrangle 종류에 따라 다릅니다. Point Wrangle 노드를 사용하는 경우에는 포인트(Point) 어트리뷰트를 액세스하고, Primitive Wrangle 노드를 사용하는 경우에는 프리미티브(Primitive) 어트리뷰트를 액세스하게 됩니다. 예를 들어, Point Wrangle 노드로 지오메트리의 포인트 어트리뷰트에 액세스할 때는 다음과 같이 입력합니다.

```
// abc라는 플로팅 포인트 형식의 어트리뷰트 값을 val이라는 변수에 대입(할당)한다.
float val = f@abc;
```

```
// abc라는 플로팅 포인트 형식의 어트리뷰트에 1.0이라는 값을 넣는다.
f@abc = 1.0
```

만약 Point Wrangle 노드 내에서 지오메트리 프리미티브 어트리뷰트에 액세스하려는 경우에는 숏컷을 사용할 수 없습니다. 이런 경우, 다음과 같이 서술한 VEX 함수를 사용하여 액세스해야 합니다.

```
// Wrangle 노드의 첫 번째 입력(인풋)에 연결된 지오메트리의
//첫 번째 프리미티브의 abc라는 이름의 플로팅 포인트 어트리뷰트를 얻어 abc라는 이름을 가진 첫 번째 프리미티브의
어트리뷰트를 플로팅 포인트 형태로 가져오고
// 그 값을 val이라는 변수에 대입한다.
float val = prim (0, "abc", 0);
// 지오메트리에서 첫 번째 프리미티브의 abc라는 플로팅 포인트 형식 어트리뷰트에
// 1.0이라는 값을 저장한다.
setprimattrib (0, "abc", 0, 1.0);
```

VEX Expressions

VEX를 사용하면, 지오메트리가 가진 일반적인 어트리뷰트와 후디니의 글로벌 변수에 간단히 액세스 할 수 있습니다. 이를 VEX Expressions라고 부릅니다.

자주 사용되는 VEX Expressions에는 다음과 같은 것들이 있습니다.

◎ 3D 벡터 어트리뷰트
@P : 포인트의 위치
@Cd : 지오메트리 요소(Elements)의 색상
@N : 지오메트리 요소의 노멀(Normal) 방향

◎ 정수 어트리뷰트
@id : 지오메트리 요소의 ID
@ptnum : 포인트의 번호
@primnum : 프리미티브의 번호

◎ 플로팅 포인트의 어트리뷰트
@pscale : 지오메트리 요소의 정비례 스케일 %

◎ 글로벌 변수
@ Frame : 현재 프레임 번호

조건 분기(if~else)

조건 분기란 조건에 따라 실행하는 명령을 바꾸고 싶을 때 이용하는 문법입니다.

VEX에서는 다음과 같이 사용합니다.

```
int a = 3; // a라는 이름을 가진 변수를 만들어 3을 대입한다.
int b = 6; // b라는 이름을 가진 변수를 만들어 6을 대입한다.
if (a > b) {
    i@val = 0; // a가 b보다 클 때 val이라는 어트리뷰트에 0을 저장한다.
} else if (a == b) {
    i@val = 1; // a와 b가 같은 값인 경우 val이라는 이름의 어트리뷰트에 1을 저장한다.
} else {
    i@val = 2;  // b가 a보다 클 때 val이라는 어트리뷰트에 2를 저장한다.
}
```

루프(loop)

루프란 지정한 조건을 충족시킬 때 까지 임의의 처리 과정을 반복하기 위한 문법입니다.

VEX에서는 다음과 같이 사용합니다.

```
// 텅 비어있는 정수 배열을 만든다.
int a [] = {};
// 루프를 10번 돌린다. (정수 i가 0에서 9가 될 때까지 1씩 반복하며 값이 오른다)
for (int i=0; i<10; i++) {
    // 배열에 변수 i의 값을 추가한다.
    push (a, i);
}
i[]@vals = a; // vals라는 정수 배열의 어트리뷰트에 a안에 들어 있는 값을 저장한다.
```

함수(function)

함수란 임의의 처리를 한 곳에 모아두고, 나중에 불러올 수 있도록 하기 위한 구조입니다. 함수에는 두 가지 유형이 있습니다. 하나는 값을 반환하지 않는 함수이고, 다른 하나는 값을 반환하는 (함수 자체를 값으로 사용할 수 있는) 함수입니다. 또, 함수에는 임의로 파라미터를 설정할 수도 있습니다.

VEX에서 값을 반환하지 않는 함수는 다음과 같이 작성합니다.

```
// 2개의 정수를 파라미터로 가지는, sampleFunction이라는 이름의 함수를 만든다.
void sampleFunction (int a; int b)
{
    // 2개의 정수 값을 사용하여 계산을 수행한다.
    int c = a + b;
    // 계산 결과 값을 val이라는 어트리뷰트에 저장한다.
    f@val = c;
}
// 1과 2라는 두 개의 정수 값을 파라미터 값으로 하여 sampleFunction 함수를 불러낸다.
sampleFunction (1, 2);
// -> 3이라는 값이 val이라는 어트리뷰트에 저장된다.
```

VEX에서 값을 반환하는 함수는 다음과 같이 작성합니다.

```
// 2개의 정수를 파라미터로 가지는, sampleFunction이라는 함수를 만든다.
int sampleFunction (int a; int b)
{
    // 2개의 정수 값을 사용하여 계산을 수행한다.
    int c = a + b;
    // 계산 결과 값을 함수 자체의 값으로 출력한다.
    return c;
}
// 1과 2라는 두 개의 정수 값을 파라미터 값으로 하여 sampleFunction 함수를 불러낸다.
// 그 결과를 val이라는 어트리뷰트에 저장
f@val = sampleFunction (1, 2);
```

Wrangle 노드의 파라미터 등록 방법

파라미터의 등록 부분에서 설명한 방법으로, Wrangle 노드에도 파라미터를 추가할 수 있습니다. Wrangle 노드의 파라미터 등록 방법은 비교적 간단한 또 하나의 방식이 있기에 그 방법으로 설명합니다.

먼저, VEX 함수에는 "ch"라는 단어가 앞에 붙는 것이 몇 가지 있습니다. 이 함수는 노드의 파라미터 값을 불러(Load)오는데 사용됩니다. 예를 들어 다음과 같은 함수가 있습니다.

- ◎ chi( ) : 노드의 정수 파라미터를 불러오는 함수
- ◎ chf( ) : 노드의 플로팅 포인트 파라미터를 불러오는 함수
- ◎ chs( ) : 노드의 문자열 파라미터를 불러오는 함수

이들 함수의 인수에는 불러오려는 노드의 파라미터 경로(Path)를 문자열로 입력합니다만, 경로 대신, 단일 이름 (예를 들어 : "parm" 등)을 입력하고 Wrangle 노드 위의 다음 이미지에 표시된 버튼을 클릭합니다.

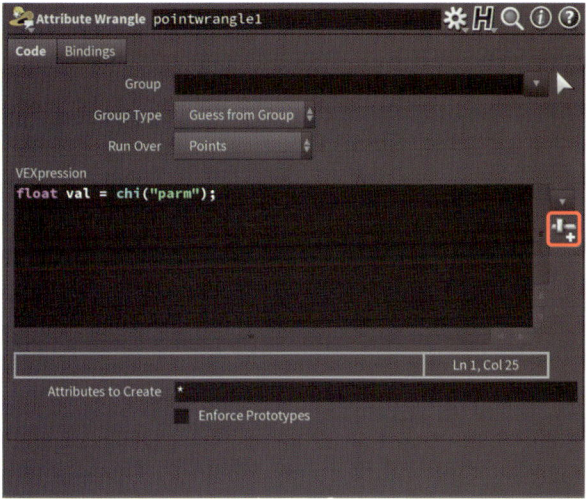

그러면, 그 지정한 이름으로 Wrangle 노드 창에 파라미터가 자동으로 생성됩니다.

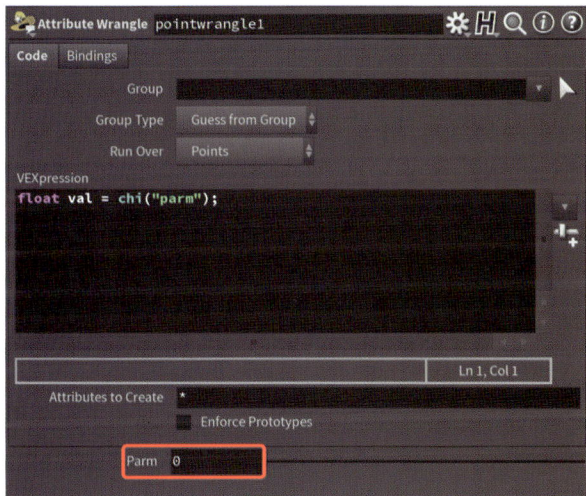

레시피에서도 "ch"라고 이름이 붙은 함수가 자주 나오는데, 기본적으로 이처럼 Wrangle 노드에 파라미터를 만들면 매우 편해집니다.

2-4 Expression 함수의 기초

후디니에서는 VEX 스크립트 외에 HScript라는 오래된 스크립트가 존재하고 있습니다. HScript의 함수는 Expression 함수라고 부르며, 주로 파라미터 채널 안에서 사용되고 채널 내에서 계산을 수행할 때 사용됩니다. 예로 다음과 같은 Expression 함수가 있습니다.

◎ opinput() : 노드의 이름을 가져 오는 함수
◎ sin() : 사인 함수
◎ point() : 포인트의 어트리뷰트에 액세스하기 위한 함수

point()나 opinput()은 예를 들면, 다음과 같이 사용합니다.

```
// 첫 번째 입력(인풋)에 연결된 지오메트리가 가진 가장 첫 번째 포인트의 어트리뷰트에서
// "P"(포인트 위치)의 Y 값을 반환한다
point("../" + opinput(".", 0), 0, "P", 1)
```

VEX 함수와 마찬가지로, Expression 함수를 이용하기 위해 어떤 파라미터를 입력해야 하는지 파악해 둘 필요가 있습니다. Expression 함수의 레퍼런스 페이지 (http://www.sidefx.com/docs/houdini/expressions/index.html)에는 함수 목록이 있으므로 거기서 사용하고 싶은 함수의 페이지 링크로 들어가서 정보를 알아볼 수 있습니다.

opinput 함수 페이지

2-5 For-Each 노드의 기초

VEX의 루프는 편리하고 자주 사용하지만, 루프 처리가 수행되는 것은 어디까지나 VEX 코드 내에 쓰여진 처리일 뿐이며, SOP 노드 자체 기능의 루프에는 사용할 수 없습니다. SOP 노드에 따른 처리를 루프로 돌리고 싶은 경우, For-Each 노드를 사용합니다.

For-Each 노드에는 루프를 돌리려는 대상에 따라 여러 유형의 For-Each 노드가 존재합니다.
다음은 자주 사용되는 3가지 For-Each 노드입니다.

◎ For-Each Number : 지정한 횟수만큼 루프를 돌린다
◎ For-Each Point : 포인트 수만큼 루프를 돌리고, 하나 하나의 포인트를 개별적으로 제어한다
◎ For-Each Primitive : 프리미티브 수만큼 루프를 돌리고, 하나 하나의 프리미티브를 개별적으로 제어한다

For-Each 노드의 종류

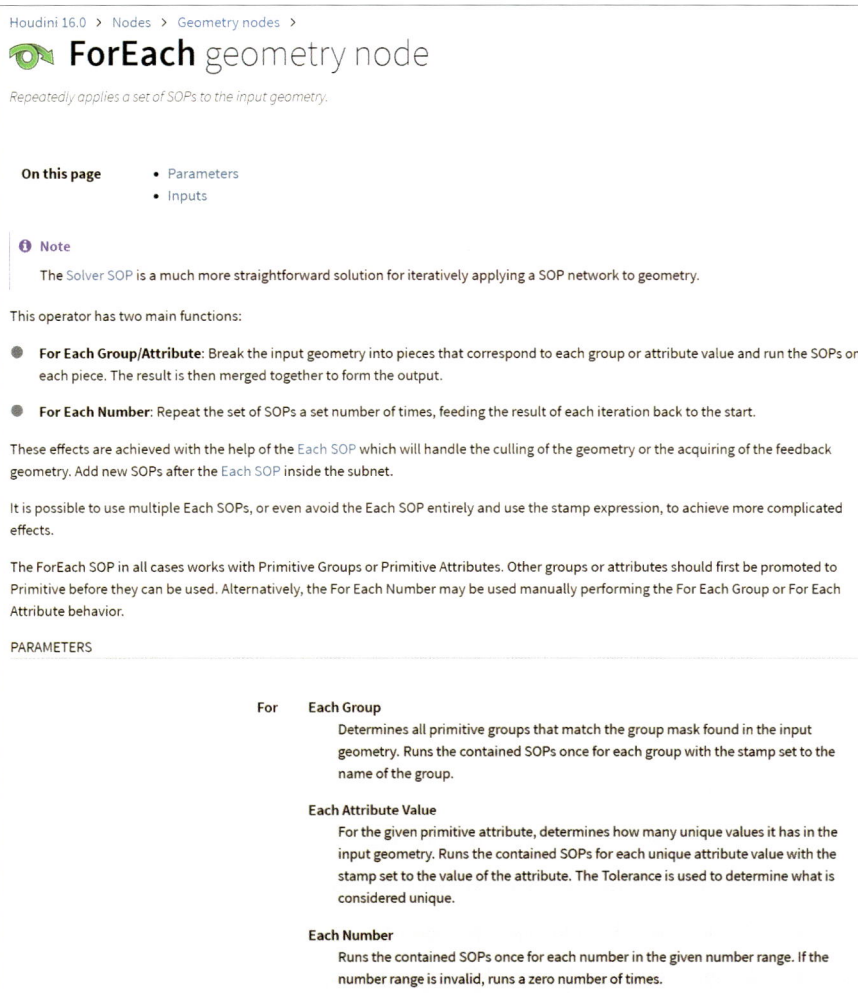

For-Each 노드 중 어떤 한 가지 종류의 노드를 배치하면 그 종류에 따라 2개 또는 3개의 노드가 세트로 배치됩니다. 기본적으로는 foreach_begin이름이 붙은 Block Begin 노드와 foreach_end 이름이 붙은 Block End 노드가 1세트로 배치됩니다. For-Each Number를 배치한 경우 이 두 가지 기본 노드에 덧붙여 foreach_count 이름이 붙여진 Block Begin 노드가 배치됩니다.

foreach_begin 노드와 foreach_end 노드 사이에 루프 시킬 SOP 노드를 넣어줌으로써 루프를 실행할 수 있습니다. 또한 현재의 루프가 몇 번째 루프인지 알고 싶다면, foreach_count 노드의 디테일에 있는 iteration 어트리뷰트에서 값을 얻을 수 있습니다.

For-Each Number를 사용하는 방법의 예로, 1개의 구체를 루프한 수 만큼 조금씩 회전하여 링(Ring)으로 배치시킬 경우를 생각해 보겠습니다. 그림과 같이 노드를 각각 연결하고 Point Wrangle 노드에 다음과 같이 코드를 작성합니다.

```
// Wrangle 노드의 첫 번째 입력에 연결된
// "foreach_count" 노드에서 현재 루프 번호를 가져온다
int iteration = detail(1, "iteration");
// 루프 번호를 이용하여 회전 각도를 만든다
float angle = radians(iteration * 36.0);
// 각도와 삼각함수를 이용하여 구체를 링 모양으로 배치한다
@P = set(cos(angle), 0, sin(angle)) * 5;
```

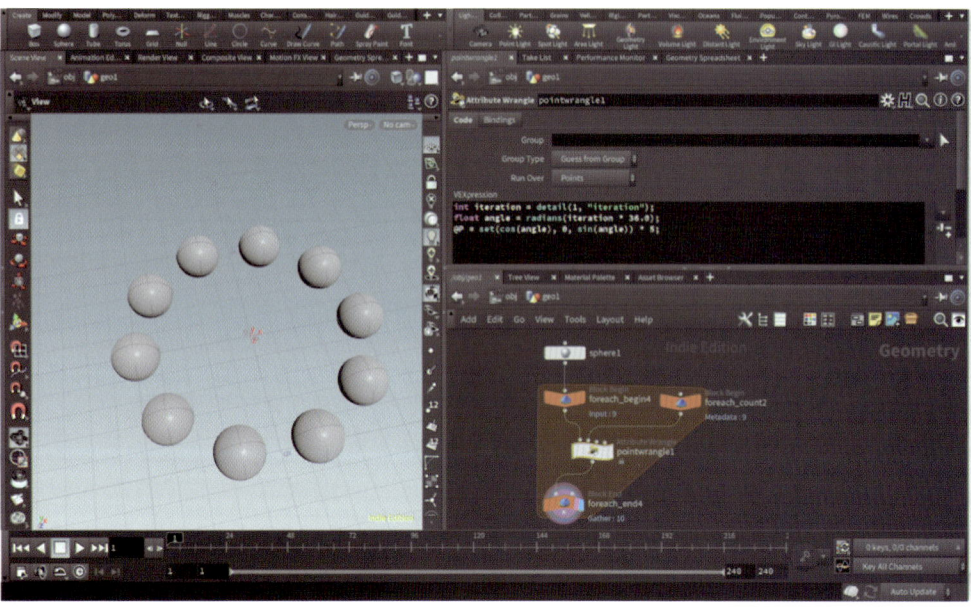

For-Each 노드 자체에도 몇 가지 파라미터를 가지고 있으며, 그 파라미터를 조정함에 따라 디폴트 상태와는 다른 형태로 루프시키는 것도 가능합니다. 특히, 루프의 종류를 결정하는데 있어, 중요한 파라미터는 foreach_begin 노드의 Method라는 파라미터와 foreach_end 노드의 Gather Method라는 파라미터입니다.

이 두 가지 파라미터의 조합에 따라, 예를 들면 프랙탈 모양을 만들기 위한 반복 계산 등도 가능하게 됩니다. 이에 관해서는, 이 책의 몇 가지 레시피에서 파라미터를 기본값에서 변경하여 루프를 행하고 있으므로 그 레시피들에서 구체적인 사용법을 확인해 주시기 바랍니다.

foreach_begin 노드의 Method 파라미터

foreach_end 노드의 Gather Method 파라미터

2-6 Solver 노드의 기초

For-Each 노드에 의한 루프처리는 한 프레임 내에서 완료됩니다. 반면, 유체의 동적 시뮬레이션처럼 진행 상황(도중 경과)을 포함하여 보여줄 필요가 있고, 동시에 이전 상태를 이용하여 다음 계산을 수행해야 할 때는 Solver 노드를 사용합니다. 이 노드를 사용하면 프레임 단위로 계산을 누적할 수 있습니다.

Solver 노드

Solver 노드는 그 안에 독자적인 네트워크를 가지고 있어서, 더블 클릭하면 네트워크에 들어갈 수 있습니다. 이 네트워크 안에서 임의의 처리 과정을 서술하게 됩니다.

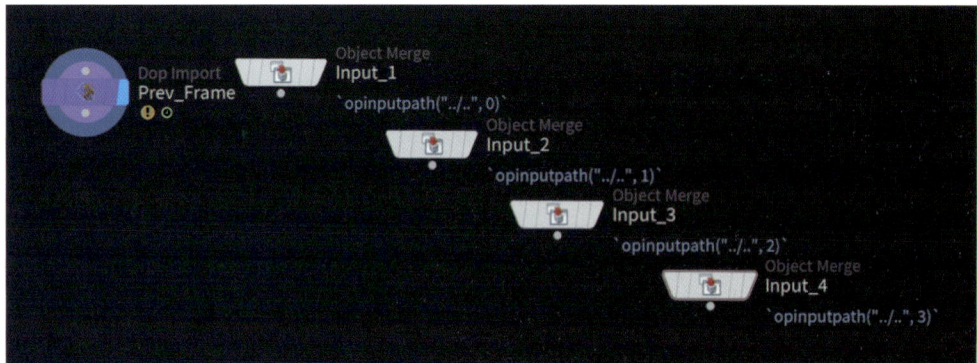

Solver 네트워크 안의 디폴트 상태

Solver 네트워크에는 처음부터 몇 개의 노드가 배치되어 있습니다. 가장 중요한 것이 Prev_Frame 이름이 붙은 노드로, 이 노드에서 이전 프레임의 상태를 얻을 수 있습니다. 이전 프레임이 없는 가장 첫 번째 프레임일 때는 Solver 노드의 첫 번째 입력에 연결된 지오메트리가 참조됩니다.

그 외 Input이라는 이름이 붙은 네 개의 노드에서는 각 순서에 따라 Solver 노드의 4개 인풋에 연결된 지오메트리를 얻을 수 있습니다. 예를 들어, 두 번째 인풋에 Sphere가 연결된 경우, Solver 네트워크의 Input_2라는 노드에서 그 Sphere를 참조할 수 있습니다.

그리고, 이 Solver 네트워크 내의 Display Flag(각 노드 아이콘의 맨 오른쪽에 있는 파란색 플래그)가 달려 있는 노드가 다음 프레임으로 이동했을 때, Prev_Frame 노드로부터 직전 프레임의 Solver 네트워크에서 계산한 결과의 지오메트리를 얻을 수 있게 됩니다.

간단한 사용법의 예로, 다음과 같은 흐름을 생각할 수 있습니다.

먼저 그림과 같이 Sphere 노드를 Solver 노드의 첫 번째 입력에 연결합니다.

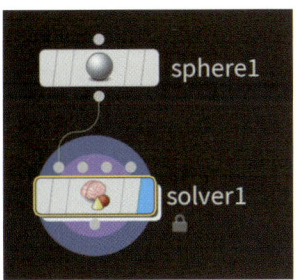

Solver 네트워크로 들어가 Transform 노드를 연결합니다. Transform 노드에는 X 방향으로 미세한 이동 값과 Y 축을 중심으로 한 회전각을 설정해둡니다. Transform에 Display Flag를 붙인 후, 연결한 뒤 네트워크에서 나옵니다(네트워크 창 상단에 geo1로 표시된 Geometry 노드 아이콘을 클릭합니다).

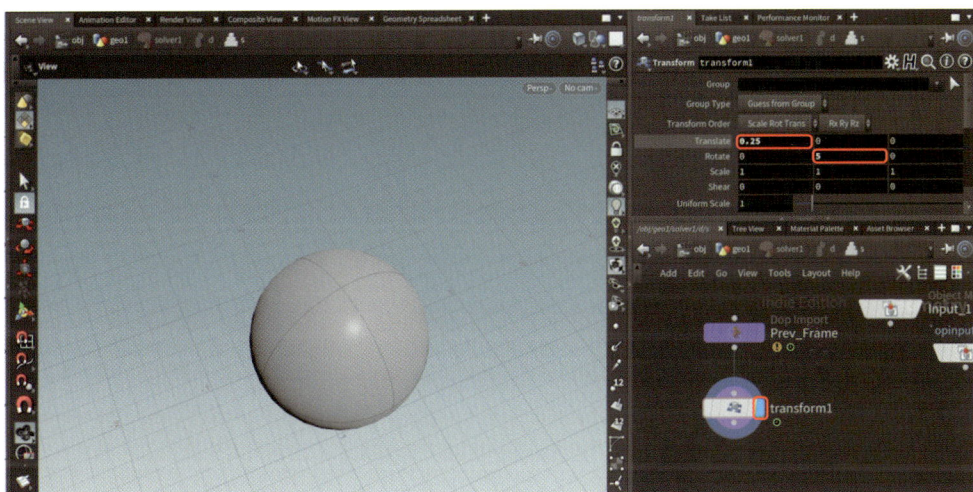

Solver 노드가 배치되어 있는 Geometry 노드 아래의 네트워크로 돌아오면, Solver 노드의 Display Flag가 켜져 있는지 확인하고 타임 라인의 재생 버튼을 누릅니다. 그러면, 시간의 경과에 따라 구체가 원호를 그리면서 이동하게 됩니다. 이전 프레임의 위치로부터 약간의 회전과 이동이 매 프레임 실행되어 애니메이션이 만들어지고 있습니다.

이 책에서는 많은 부분에서 이 Solver 노드를 이용한 시뮬레이션을 만들게 됩니다. 실제 사용법은 각 레시피에서 확인해 보시기 바랍니다. 정말 다양한 사용할 수 있는 매우 강력한 노드입니다.

Chapter 3

레시피편

본 챕터에서는 총 16 종류의 알고리즘 디자인을 다루며,
각 알고리즘에 대한 자세한 설명과 후디니를 사용하여 구현하는 구체적인 과정을 설명합니다.

01 **Mandelbulb** 만델벌브 ___044
02 **Chladni Pattern** 클라드니 패턴 ___056
03 **Reaction Diffusion** 반응확산 시스템 ___070
04 **Diffusion-Limited Aggregation** 반응확산 시스템 ___084
05 **Iris** 홍채 네트워크 ___098
06 **Magnetic Field** 자기장 ___112
07 **Space Colonization** 공간 군체 ___132
08 **Curve-based Voronoi** 커브 기반 보로노이 ___150
09 **Differential Growth** 분화(차등) 성장 ___164
10 **Strange Attractor** 스트레인지 어트랙터 ___176
11 **Fractal Subdivision** 프랙탈 서브디비전 ___186
12 **Swarm Intelligence** 군집 지능 ___202
13 **Frost** 서리 성장 효과 ___222
14 **Edge Bundling** 엣지 번들링 ___254
15 **Snowflake** 눈의 결정 ___272
16 **Thermoforming** 진공 성형 ___300

01

Mandelbulb
만델벌브

만델브로 집합이란, 수학자 브노아 만델브로의 이름을 따서 붙인 2차원 평면상의 점의 집합을 말하며, 그 집합의 결과가 프렉탈 모양이 되는 특징을 가지고 있습니다. 프렉탈은 자기 상사성이라는 특성이 있는데 이는 어떤 스케일로 봐도 같은 형태임을 확인할 수 있는 특성을 가진 것을 말합니다. 만델벌브는 이 만델브로 집합을 3차원으로 확장한 것으로, 3차원 공간에 마치 브로콜리 모양 같은 프렉탈 도형을 형성 할 수 있습니다.

이 챕터에서는 만델 브로집합과 만델벌브의 구조, 그리고 그것을 어떻게 후디니로 재현할 수 있을지에 대해 설명하겠습니다.

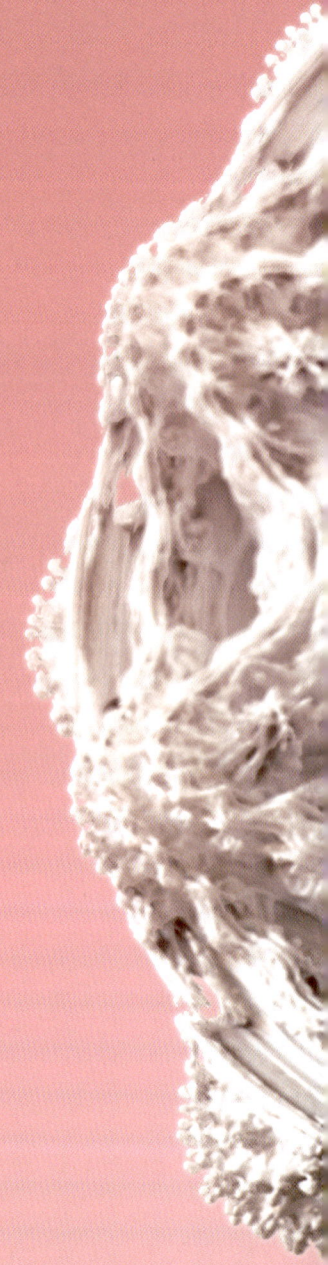

Mandelbulb 만델벌브 알고리즘

※ 만델브로 집합을 표현하는 복소 평면(가우스 평면)에 대해서

*[역자주] 복소 평면(가우스 평면) : 복소수를 평면에 나타낼 때 X축에 실수값, Y축에 허수값을 나타낸 평면 (출처 : 국어사전)

만델브로 집합을 나타내는 점의 집합은 2차원 평면 상에 존재하지만, 편의상 그것을 복소 평면에 나타냅니다. 복소 평면을 이용하면 하나의 수(복소수)를 사용하여 좌표의 위치를 지정할 수 있습니다. 복소 평면상의 임의의 점 c는 아래와 같이 표현합니다.

$$c = a + bi$$

예를 들어, $2+3i$로 표시된 복소수는 X 좌표의 위치가 2이고 Y 좌표의 위치가 3인 점의 좌표 위치를 나타냅니다. 여기에 허수 i를 곱하면 $-3 + 2i$ 즉 X 좌표의 위치는 -3이고, Y 좌표의 위치는 2이며, 원점(0, 0)을 중심으로 반시계 방향으로 90도 회전한 위치에 점이 이동합니다.

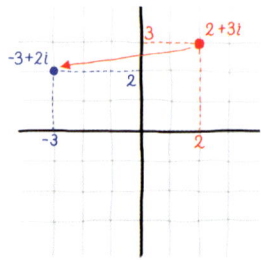

이처럼, 복소 평면은 허수를 이용함으로써 점의 이동이나 회전을 쉽게 할 수 있는 성질을 지니고 있기 때문에 2차원 공간을 다룰 때 매우 유용합니다.

※ 만델브로 집합의 알고리즘

복소 평면상에서 만델브로 집합은 다음과 같은 정의식으로 표현됩니다[★1].

$$\begin{cases} z_{n+1} = z_n^2 + c \\ z_0 = 0 \end{cases}$$

이 연립방정식은 복소수를 이용한 수열을 나타내며, 이를 복소수열이라고 부릅니다. c는 평면상에 있는 각 점의 좌표를 복소수로 나타낸 것입니다. 이 방정식에 있는 n을 0부터 시작하여 1씩 반복하여 올려감으로써 각 지점에서 zn+1 값이 업데이트됩니다. n을 무한히 올려갔을 때 zn+1의 값이 극단적으로 큰 값이 될 경우 그것을 "무한 발산했다"고 표현합니다. 그리고 이 무한 발산된 점을 평면에서 제거한 점의 집합이 프렉탈 도형을 형성합니다. 이를 [만델브로 집합]이라고 부릅니다.

이 과정을 시각적으로 설명해 보겠습니다.

★1 https://en.wikipedia.org/wiki/Mandelbrot_set

먼저, 임의의 평면 위에 그리드를 그리고, 그 그리드를 구성하는 평면상의 임의의 점을 c라고 표현합니다. 여기서, 복소 평면 위의 점은 a+bi로 나타낼 수 있다는 것을 기억합시다.

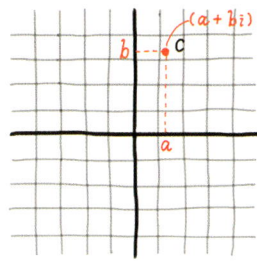

임의의 점c를 기점으로 앞의 연립 방정식을 풀어보면, 다음과 같은 흐름이 됩니다.

$$\begin{cases} z_0 = 0 \\ z_1 = a + bi \\ z_2 = (a^2 - b^2 + 2abi) + a + bi = (a^2 - b^2 + a) + (2ab + b)i \end{cases}$$

이것을 n회 반복하면, 다음과 같은 식을 얻을 수 있습니다.

$$z_{n+1} = (a_n^2 + b_n^2 + a) + (2a_n b_n + b)i$$

이 식의 a_n과 b_n은 n회 계산을 반복했을 때의 계수입니다. 실제로 계산해 보면 알겠지만, 이 연립 방정식을 사용해서 얻은 z값 또한 허수 i를 포함한 복소수가 됩니다.

$$z_{n+1} = (\underline{a_n^2 + b_n^2 + a}) + (\underline{2a_n b_n + b})i$$
$$c = a + bi$$

즉, 평면상의 좌표 점($a_n^2+b_n^2+a$, $2a_n b_n+b$)을 나타내고 있는 것입니다.

이는, N을 1씩 올려서 계산을 거듭할 때마다, 처음에는 X=a, Y=b의 위치에 있던 점이 복소수끼리의 계산에 의해 다른 위치로 이동하고 있다는 것입니다. 그리고 계산을 시작한 임의의 점c의 위치에 따라서는 계산을 여러 번 반복하면 원점에서 매우 멀리 떨어진 위치로 점이 이동해 갑니다. 이 상태를 "발산 상태(흩어진 상태)"라고 표현합니다.

점이 확산해 가는 동시에 곧 소멸되기 때문에 관찰이 어려울 수도 있지만 이 발산 과정은 만델브로 집합 알고리즘에서 가장 흥미로운 부분입니다. 일종의 기하학 패턴을 그리며 발산해 가는 모습이 다른 패턴과 어떻게 다른지 확인할 수 있습니다.

그리드 위에 있던 점이 계산을 반복하여 발산된 모습

그리고, 이 발산된 점의 원점(기준점)이 된 기점을 삭제하면, 결과적으로 만델브로 집합의 프렉탈 모양을 얻을 수 있습니다.

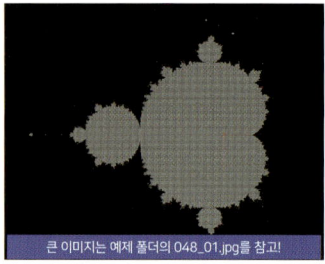

발산된 점의 원점을 그리드에서 제거한 상태

계산을 반복하면 할수록 발산의 정확도가 오르고, 그 결과 만들어지는 도형도 디테일해집니다. 다만, 완전한 프렉탈 도형이라면 전체와 부분에서 완전한 유사성을 볼 수 있지만, 만델브로 집합에 의한 도형은 전체와 부분이 (차이가 있는) 다른 형상이 되기 때문에 그런 의미에서 특수 프렉탈 도형이라고 할 수 있습니다.

✹ 만델벌브 알고리즘

2차원인 만델브로 집합을 만드는 방법을 설명했으니, 이번에는 그것을 3차원으로 확장한 만델벌브 알고리즘을 설명하겠습니다.

만델벌브에 의해 묘사된 형상은 자연계에서 볼 수 있는 식물적인 형상에 가깝습니다. 만델벌브 도형의 경우도, 부분 안에서는 자기 유사성을 확인할 수 있지만 전체와 부분을 비교하거나 부분과 부분을 비교해 보면, 서로 다른 형태가 되어 있는 것을 확인할 수 있습니다. 그런 의미에서는, 만델벌브도 만델브로 집합과 마찬가지로, 자기 스스로를 닮지 않은 특수한 프렉탈 형상이라고 말할 수 있습니다.

3차원화한 만델벌브 [*2]

만델벌브에 의한 도형은 만델브로 집합에 의한 도형처럼 계산 단계를 거듭할수록 보다 치밀한 디테일을 가지는 형태가 되고 있고, 때로는 식물 또는 유기체 같은 흐름을 가진 형태가 되기도 하는 등 어느 부분에서 잘라내더라도 매력적인 형태를 보여주고 있습니다.

한편, 만델벌브는 만델브로 집합과 달리 복소 평면을 사용할 수 없습니다. 왜냐하면 복소수는 3차원으로 확장(전개)할 수 없기 때문입니다. 대신 반지름과 각도를 이용하여 좌표를 지정하는 방식인 극좌표계를 이용할 것입니다. 3차원 공간에서의 극좌표계는 구체 위에 있는 점의 위치를 지정하는 이미지입니다. 반지름이 r인 구

[*2] https://en.wikipedia.org/wiki/Mandelbulb

체 위에 있는 점 위치를 나타내기 위해서는, 원점으로부터의 거리를 나타내는 반지름 r과 2개의 각도(아래식에서는 i와 z)의 조합으로 위치를 나타낼 수 있습니다.

이를 감안한 만델벌브의 정의식은 다음과 같이 표현됩니다[★3].

$$\begin{cases} v_{n+1} = v_n + c \\ v_n = r_n^m \langle \sin(m\theta_n)\cos(m\phi_n), \sin(m\theta_n)\sin(m\phi_n), \cos(m\theta_n) \rangle \\ v_0 = 0 \end{cases}$$

또한, 이 식에서 사용되고 있는 v 이외의 개별 값은 다음과 같은 식으로 나타냅니다.

$$r_n = \sqrt{x_n^2 + y_n^2 + z_n^2}$$
$$\phi_n = \arctan(y_n/x_n)$$
$$\theta_n = \arctan(\sqrt{x_n^2 + y_n^2}/z)$$
$$c = \langle x, y, z \rangle$$

덧붙여, 이 식에서 사용되고 있는 m은 임의의 고정 계수로, 이 수를 변화시킴으로써 만델벌브의 최종 형태에 변화를 가져올 수 있습니다. 구체적으로는 그 숫자가 크면 클수록 만델벌브 가지의 수가 많아지고, 전체 형태가 구형에 가까워지게 됩니다.

〈 〉 안의 값은 X, Y, Z좌표의 위치를 나타내는 3차원 벡터를 의미합니다. 그리고 만델브로 집합의 경우처럼 여기에서 c는 3차원 공간 상에서 계산하기 전의 임의의 점 위치를 나타내며, 또한 n 값을 0부터 시작해 1씩 올려가는 과정에서 수열 계산을 합니다. 그 때 v_n의 값이 무한으로 발산했는지를 확인하고, 발산했을 경우는 그 원인이 된 점을 삭제합니다. 그 결과로 남은 나머지 점이 만델벌브의 모양이 된다는 구조입니다.

이것 또한, 만델브로 집합과 마찬가지로 매우 재미있는 발산 과정을 보여줍니다. 실제로 발산하는 모습을 시각화해 보면 점점 만델벌브의 프렉탈 모양이 나타나는데, 계산을 거듭할 때마다 호흡을 하는 것처럼 흔들리는 것이 마치 그 모습 자체가 살아있는 생명 같습니다.

기준점에서 계산을 거듭하여 발산해 나가는 점 집합   발산된 점의 근원이 되는 점을 3차원 그리드의 점 집합에서 제거한 상태

★3 ★2와 같다.

Mandelbulb 만델벌브의 레시피

이 레시피에서는 알고리즘 항목에서 설명한 수식을 이용하여 만델벌브 형태를 재현하는 방법을 소개합니다. 큰 개념은 후디니의 볼륨(복셀 공간)을 이용해 복셀 값을 계산하여 그것이 무한 발산하는지 아닌지 확인하고, 발산한 복셀과 발산하지 않는 복셀 사이의 표면 레이어를 시각화하는 구조입니다. 또한 만델벌브에는 아무리 확대해도 프렉탈 모양이 끝없이 이어지는 특징을 가지고 있습니다. 그것을 시각적으로 확인할 수 있도록 하기 위해 만델벌브의 모양을 나타내고 있는 임의의 어떤 부분을 확대해서 볼 수 있도록 할 것입니다.

네트워크 다이어그램

Step 1 만델벌브의 계산을 한다

Step 2 만델벌브를 폴리곤화 한다

Step 3 만델벌브를 시각화 한다

메인 파라미터

이름	타입	범위	디폴트값	설명
resolution	Integer	0 – 1000	200	만델벌브의 해상도
scale	Float	0 – 1	0.75	만델벌브의 확대율
shift	Float	0 – 0.5	0	만델벌브 위치의 오프셋 값
iteration	Integer	0 – 10	5	만델벌브 계산의 반복 횟수
n	Float	0 – 10	8	계수

Step 1

1-1 베이스 볼륨 만들기

우선 만델벌브 계산을 할 베이스가 되는 볼륨(복셀공간)을 만듭니다.

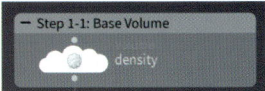

Volume 노드   이름을 density로 하고, XYZ 축의 크기를 3으로 설정합니다. 그리고 Uniform Sampling Divs 파라미터를 다음과 같이 설정하고, 메인 파라미터와 링크시켜 볼륨의 해상도를 조절할 수 있도록 합니다.

Uniform Sampling Divs: `ch("../CONTROLLER/resolution")`

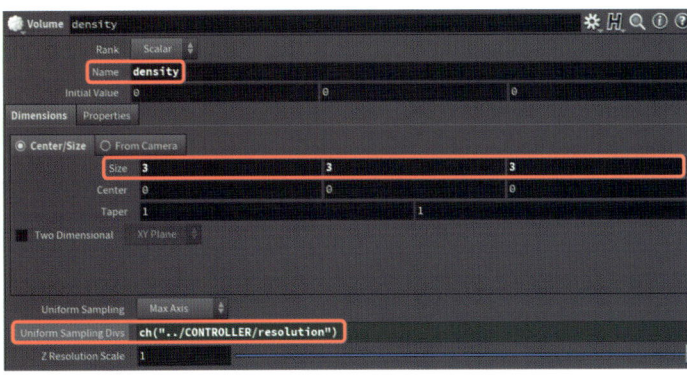

Volume 노드의 파라미터

이 해상도가 높으면 높을수록 더 세밀한 3차원 만델벌브 모양을 볼 수 있습니다. 단, 계산 시간이 기하급수적으로 늘어나는 점을 주의해주세요.

1-2 만델벌브를 계산한다

다음으로, 볼륨 공간에 대한 만델벌브를 빠르게 계산합니다.

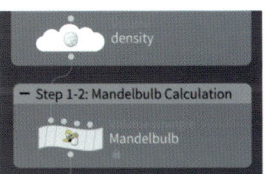

Volume Wrangle 노드   첫 번째 인풋과 Volume노드의 아웃풋을 연결합니다. 그리고 VEX 코드를 다음과 같이 기술하여 만델벌브의 계산을 합니다.

우선 메인 파라미터로 컨트롤하고 싶은 변수에 chi와 chf 함수로 프로모트한 Volume Wrangle 노드의 파라미터를 링크합니다.

- 역자주 : [프로모트] 사용법에 관하여는 후디니의 UI 사용법 설명 헬프 페이지 등을 참조하세요.

《Mandelbulb 코드》

```
// 변수
int iteration = chi("iteration"); // 반복 계산 횟수를 나타내는 파라미터 값
float n = chf("n"); // 고정 계수를 나타내는 파라미터 값(알고리즘 항의 m에 해당)
float shift = chf("shift"); // 지오메트리의 위치를 이동 할 오프셋 값을 나타내는 파라미터 값
float scale = chf("scale"); // 지오메트리의 크기를 조절하는 값을 나타내는 파라미터 값
......
```

scale: `ch("../CONTROLLER/scale")`
shift: `ch("../CONTROLLER/shift")`
n: `ch("../CONTROLLER/n")`
iteration: `ch("../CONTROLLER/iteration")`

```
           Scale  ch("../CONTROLLER/scale")
           Shift  ch("../CONTROLLER/shift")
              N   ch("../CONTROLLER/n")
        Iteration ch("../CONTROLLER/iteration")
```

Volume Wrangle 노드의 파라미터

디폴트 밀도 값을 설정합니다.

```
……
// 볼륨의 모든 복셀의 밀도(density)를 1로 설정해둔다.
f@density = 1;
……
```

복셀 공간에서 표시되는 만델벌브 도형의 크기를 조절할 수 있게 하고, 또한 그 위치를 오프셋 할 수 있도록 합니다.

```
……
// 파라미터의 지오메트리 오프셋 값에서 XYZ로 지오메트리를 이동하기 위한 3차원 벡터 값을 만든다.
vector shiftv = set(shift, shift, shift);
// 볼륨의 각 복셀의 위치를 파라미터의 스케일 값과 오프셋 값을 사용하여 확대,
// 이동 및 업데이트한다.
vector c = (@P) * scale + shiftv;
// 만델벌브의 계산식을 사용하여 이동시키는 복셀의 초기 위치를 먼저 만든 벡터c로부터 받는다.
vector v = c;
……
```

알고리즘 항목에서 설명한 정의식을 이용하여 각 복셀의 위치를 지정한 수만큼 이동(공간 안에서의 점프)하는 것을 반복합니다. 최종적으로 이동한 복셀의 위치가 무한히 날았을 때, 그 점은 발산되었다고 판단합니다. 단, VEX 코드로는 무한한 값을 표현할 수 없기 때문에 여기서는 점의 위치가 원점에서 100이상 떨어져 있을 때 무한히 먼 거리에 있다고 가정하고 있습니다. 발산하지 않은 점의 위치는 원점에서 0~1의 거리 범위 안에 있기 때문에 100만큼이나 떨어져 있으면 무한한 위치에 발산했다고 판단해도 좋을 것입니다.

```
……
// 지정한 횟수만큼 계산을 반복한다.
for(int i=0; i<iteration; i++){
    // 변수 r에 벡터 v의 원점으로부터의 거리를 넣는다(알고리즘 항목 r에 해당)
    float r = length(v);
    // 변수 phi에 계산 값을 넣는다(알고리즘 항목의 ∅에 해당)
    float phi = atan2(v.y, v.x);
    // 변수 theta에 계산 값을 넣는다(알고리즘 항목 θ에 해당)
    float theta = atan2(sqrt(v.x*v.x + v.y*v.y),v.z);
    // 점을 이동할 때의 이동거리를 계산한다.
    float vr = pow(r, n);
    // X방향의 값을 계산한다.
    float vx = sin(n * theta) * cos(n * phi);
    // Y방향의 값을 계산한다.
    float vy = sin(n * theta) * sin(n * phi);
    // Z방향의 값을 계산한다.
    float vz = cos(n * theta);
```

```
    // 점을 이동했을 때 새로운 위치를 계산한다(알고리즘 항 vn 1+에 해당)
    v = set(vx, vy, vz) * vr + c;

    // 업데이트된 v가 무한대로 발산되는지 여부를 확인한다.
    if(length(v) > 100){ // 원점에서 100 이상 떨어져 있으면 발산한 것으로 간주한다.
    // 발산하고 있으면 density를 0으로 한다.
    f@density = 0;
    }
}
```

이동한 복셀이 발산할 때, 이동을 거듭하기 전 원래의 복셀 볼륨 밀도를 0으로 하면 발산하지 않은 복셀과 발산하는 복셀을 분리할 수 있습니다. 이 경계선을 표현함으로써, 만델벌브의 모양이 떠오르는게 되는 것입니다.

큰 이미지는 예제 폴더의 053_01.jpg를 참고!

Step 2

2-1 만델벌브의 볼륨을 SDF로 변환하기

볼륨 상태 그대로는 자세한 사항을 눈으로 확인하는 것이 어렵기 때문에 볼륨에서 폴리곤으로 변환합니다. 그 순서로 우선 Convert VDB 노드를 사용하여 볼륨을 SDF (부호 식별 거리 필드 : Signed Distance Field)라는 다른 볼륨 형식으로 변환합니다.

Convert VDB 노드 ─ 첫 번째의 인풋과 Volume Wrangle노드의 아웃풋 세트를 연결합니다. 파라미터의 Convert To를 VDB로 설정하고, 파라미터의 VDB Class를 Convert Fog to SDF로 설정합니다.

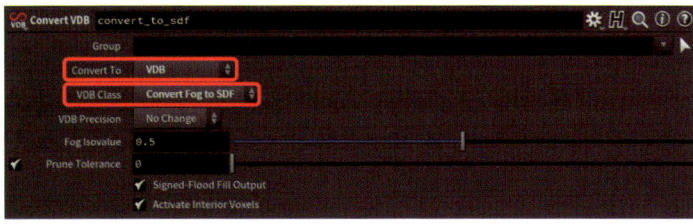

Convert VDB노드의 파라미터

큰 이미지는 예제 폴더의 053_02.jpg를 참고!

Volume 노드로 생성된 볼륨은 Fog 타입이라고 부르는 것으로, 복셀 한점 한점의 밀도를 설정하기 때문에 안개와 같은 표현을 하는데 적합합니다. 하지만, 공간 전체에 투명도가 있는 표면 서페이스(Surface)의 표현에는 적합하지 않습니다.

그에 반해, SDF 라는 종류의 볼륨에서는 각 복셀에 설정된 정수와 음수 값의 경계 부분을 면으로 표현할 수 있습니다. 이것을 사용함으로써 볼륨의 경계를 명확하게 묘사할 수 있게 됩니다.

2-2 만델벌브의 SDF를 부드럽게 하기(Smooth)

SDF로 변환했다면 그 SDF 볼륨을 폴리곤으로 변환하기 위해 약간 매끄럽게 합니다.

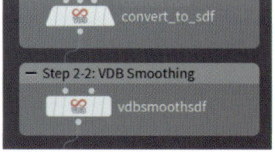

`VDB Smooth SDF 노드`   Convert VDB 노드와 연결합니다. 너무 매끈하게 만들면 디테일이 무너져 버리므로, 파라미터의 Iteration 값을 1로 설정해둡니다.

VDB Smooth SDF 노드의 파라미터

이것으로 SDF 볼륨이 폴리곤으로 변환되어 포인트나 프리미티브 정보에 액세스 할 수 있게 되었습니다.

2-3 만델벌브의 SDF를 폴리곤으로 변환하기

다시 Convert VDB 노드를 사용하여 이번에는 SDF에서 폴리곤으로 변환합니다.

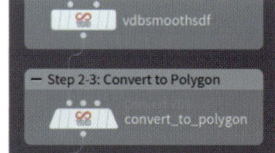

`Convert VDB 노드`   VDB Smooth SDF 노드와 연결하고 파라미터의 Convert To를 Polygons로 설정합니다.

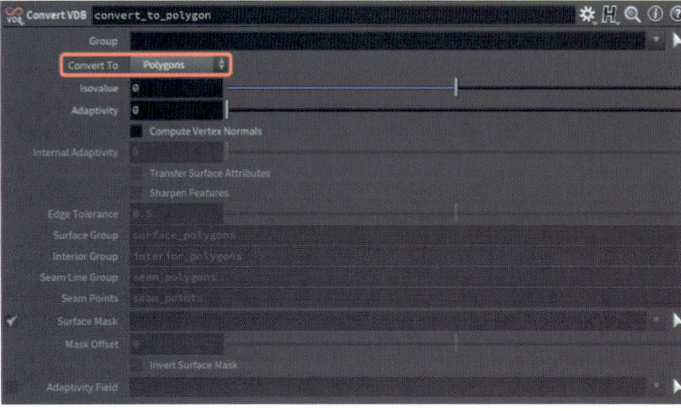

Convert VDB노드 파라미터

Step 3

3-1 만델벌브의 컬러 정보 만들기

폴리곤으로 변환된 만델벌브에 각 포인트의 노말 방향에 따라 컬러를 칠하고자 합니다. 구체적으로는 태양 아래 있는 오브젝트처럼 아래쪽 면과 위쪽 면의 컬러를 바꾸려고 합니다. 이를 위해, 여기서는 Point Wrangle 노드를 이용해 보겠습니다.

`Point Wrangle 노드` 첫 번째 인풋과 Step 2-3에서 만든 Convert VDB노드를 연결합니다. 그리고 다음과 같이 VEX 코드를 작성합니다.

《 coloring_info의 코드 》

```
// 위쪽 방향과 폴리곤 노말과의 내적을 계산한다
float dot = dot(@N, set(0, 1.0, 0));

// 내적값을 어트리뷰트에 저장한다
f@col = dot;
```

벡터의 내적의 결과는 두 벡터가 같은 방향을 향하고 있는 만큼 1에 가깝고, 반대 방향을 향하고 있는 만큼 -1에 가까워집니다 (두 벡터의 크기가 모두 1일 때). 이 성질을 이용하여 상하 방향에 따른 컬러를 설정하게 됩니다.

3-2 만델벌브에 컬러 입히기

Point Wrangle로 만든 포인트 노말에 따른 어트리뷰트 값을 사용하여 포인트에 색을 입힙니다.

`Color 노드` Step 3-1에서 만든 Point Wrangle 노드와 연결합니다. 파라미터의 Color Type을 Ramp from Attribute로 설정하고, Attribute에 col로 설정합니다. 그리고 내적의 결과 범위는 -1에서 1까지이므로, Range를 -1에서 1로 설정합니다.

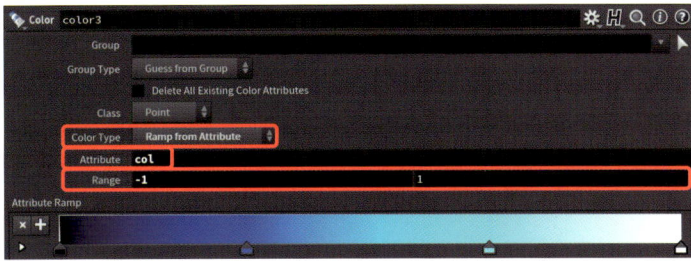

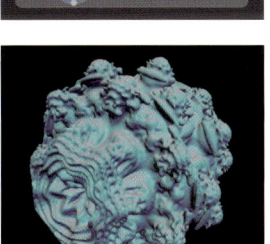

Point Wrangle 노드의 파라미터

다음으로 Attribute Ramp에서 원하는 색을 설정하여 노말 방향에 따라 폴리곤화 된 만델벌브에 색을 입힙니다. 이 방법을 사용하여 색을 입히면 라이트를 배치하지 않고도 빛을 맞고있는 듯한 모습을 비슷하게 표현할 수 있다는 장점이 있습니다.

> 제작과정 동영상 >> 만델벌브.mp4

이상으로, 만델벌브를 시각화할 수 있었습니다. 여기서 메인 파라미터의 해상도를 높이거나 확대비율을 올리는 방법으로 더욱 세밀한 만델벌브의 디테일을 묘사 할 수 있습니다.

02
Chladni Pattern
클라드니 패턴

고정된 금속판이나 플라스틱판 같은 평면에 스피커 등으로 특정 주파수의 진동을 가하면 평면에서 강하게 진동하는 부분과 전혀 진동하지 않는 부분이 생깁니다. 평면 위에 모래 같은 작은 입자를 뿌리면 모래가 진동하지 않는 부분에 모이면서 독특한 모양의 패턴이 나타나는데 이를 클라드니 패턴이라고 부릅니다.
이 장에서는 클라드니 패턴을 만들어내는 구조와 그것을 어떻게 후디니로 재현할 수 있는지에 대해 설명합니다.

Chladni Pattern 클라드니 패턴의 알고리즘

✷ 고유 진동에 대해 (Natural Vibrations)

물체에는 흔들리기 쉬운 진동수라는 것이 있는데 이를 고유진동수라고 부릅니다. 물체를 진동시킬 때, 어떤 힘으로 흔들어도 이 고유진동수에 의해 진동하는 것으로 알려져 있습니다. 쉬운 예로, 악기의 조율에 사용되는 소리굽쇠의 끝을 치면 일정한 진동수를 가진 음을 내는데 부드러운 망치로 소리굽쇠를 치면 둔탁하게 낮은 음이 나지만, 딱딱한 망치로 두드리면 높은 음이 납니다.

소리굽쇠

외부에서 물체에 힘이 가해지면 공진(외부에서 진동을 가했을 때, 진폭이 배가되어 진동체의 진동이 증폭됨)이 일어나고, 그 진동은 물체의 고유진동에 가까워집니다. 이때 가해지는 힘이 고유진동에 맞는 리듬일수록 공진이 발생하기 쉬워집니다.

대표적인 고유진동의 예로 현의 진동을 살펴봅시다.
양끝이 고정되어 당겨진 현을 연주하면, 연주한 지점에서 양끝 방향으로 횡파가 발생하고, 그것들이 양끝에서 반사되어 서로 겹치면서, 아래의 그림과 같은 정상파가 생깁니다. 아래 그림들은 현이 가진 여러 개의 고유진동수별 형태를 보여줍니다. 파도의 산이 하나인 경우를 기본 진동, 두 개인 경우를 2배 진동이라고 부릅니다.

현의 정상파 패턴

실제 진동은 각각의 고유 진동이 다른 힘과 섞이면서 복잡한 진동을 형성하지만, 현에 주는 진동을 현의 특정 고유진동수에 맞추면, 공진에 의해 고정 진동수에서 진동이 강하게 나타나게 됩니다. 예컨대, 현의 1/4 위치 지점을 연주하면 2배 진동의 파형이 비교적 크게 나타납니다. 이와 같이 가하는 진동 크기에 따라 현의 떨림을 제어할 수 있습니다.

✷ 클라드니 도형의 구조

진동을 가하는 물체의 수가 늘어나면 더욱 복잡한 진동을 볼 수 있습니다. 2차원 평면상의 물체의 중심을 고정하고 스피커 등으로 주파수를 바꿔 진동을 주면, X, Y축의 고유진동수에 따라 공진이 생겨 판이 위아래로 물결치기 시작합니다. 그 진동파는 위아래 방향으로 크게 흔들리는 부분과 위아래 방향으로는 전혀 흔들리지 않는 부분들이 존재합니다.

그 진동은 인간의 눈으로는 매우 미세한 변화이기 때문에 시각적으로 확인하기는 어렵습니다. 그래서 독일의 물리학자 에른스트 클라드니가 이것을 눈으로 확인 할 수 있는 방법을 생각했습니다. 흔들리고 있는 판 위에 모래 같은 미세한 입자를 무수히 흩뿌림으로써, 고유 진동을 가시화하는데 성공한 것입니다. 그것을 클라드니 도형이라고 부릅니다. 이 가시화 방법은 흥미롭게도 상하로 크게 흔들리는 산(골짜기) 부분의 경사와 중력을 이용함으로써, 평면에 흩뿌려진 모래가 자연스럽게 진동하는 마디 단락에 모이게 됩니다.

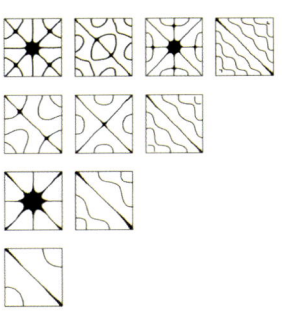

클라드니에 의해 발견되었던 평면에 나타난 모양의 예 (검은 부분이 진동 마디 단락)

✹ 클라드니 도형 알고리즘

중심은 고정되고 가장자리는 고정되지 않은 평면 사각형 판에서의 고유진동 수식은 다음과 같은 정의식으로 제안하고 있습니다[*1].

$$h = C\cos\left(\frac{n\pi x}{a}\right)\cos\left(\frac{m\pi y}{b}\right) - D\cos\left(\frac{m\pi x}{a}\right)\cos\left(\frac{n\pi y}{b}\right)$$

h(실수) : 파도(진동)의 높이
C, D(실수) : 진동의 혼합비율
x(실수) : X축의 위치
m, n (양의 정수) : 가하는 진동에 관련된 마디 단락의 수
a, b(양의 실수) : X축, Y축 평면 변의 길이
y(실수) : Y축의 위치

이 수식을 사용하여, 파도(진동)의 높이를 나타내는 h가 0일 때 x와 y값을 찾고, 평면에서 어느 위치가 진동하지 않았는지 찾을 수 있으며, 그것을 구획화(plotting) 함으로써 클라드니 도형을 그릴 수 있습니다. C와 D 값은 진동의 혼합비율을 나타내고 있으며, 이 비율에 따라 가로 세로 진동의 섞임 정도가 변화합니다. m과 n은 판에 가해지는 진동 주파수와 관련된 정수로, 클라드니에 따르면 다음과 같은 식으로 주파수를 계산할 수 있습니다.

$$f \sim (m + 2n)^2$$

이 주파수의 값에 따라 아웃풋으로 얻을 수 있는 모양이 달라집니다. 이러한 파라미터를 변화시켜 생기는 모양을 그라데이션으로 묘사하면 매우 흥미롭고 다양한 모양을 만들 수 있습니다.

[*1] Wence Xiao, 2010 "Chadni Pattern," https://core.ac.uk/download/pdf/12517675.pdf

Chladni Pattern 클라드니 패턴의 레시피

클라드니 패턴은 모래가 물결치는 평면상에서 진동하지 않는 부분에 모이게 하여 시각화할 수 있습니다. 이 레시피에서는 클라드니 패턴을 두 가지 요소로 나누어 표현합니다. 우선, 중심의 고정시킨 평면이 스피커 소리 등으로 흔들려서 물결치게 만들고 그 평면에 모래를 흩뿌리는 시뮬레이션을 만듭니다. 그리고 그 모래가 물결치는 평면의 경사를 미끄러져 진동하지 않는 부분에 모이는 상태를 만들고, 거기에 클라드니 패턴을 나타나게 할 것입니다.

네트워크 다이어그램

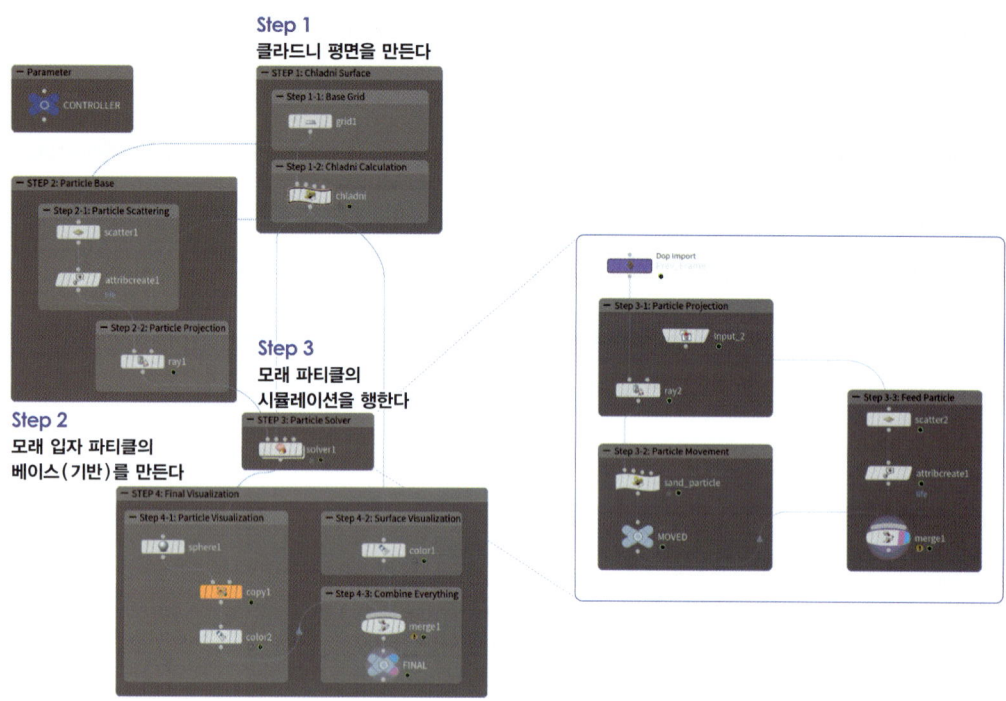

메인 파라미터

이름	타입	범위	기본값	설명
resolution	Integer	0 – 1000	100	그리드 해상도
n	Float	0 – 10	6	클라드니 패턴 계산용 계수
m	Float	0 – 10	4	클라드니 패턴 계산용 계수
c	Float	0 – 1	1	클라드니 패턴 계산용 블렌드 계수
d	Float	0 – 1	1	클라드니 패턴 계산용 블렌드 계수
particle_num	Integer	0 – 10000	3000	모래 파티클 수
particle_radius	Float	0 – 0.1	0.075	모래 파티클 반지름
particle_speed	Float	0 – 0.1	0.03	모래 파티클의 이동 속도
wave_speed	Float	0 – 1	0.25	물결치는 속도

Step 1

1-1 베이스 그리드 평면 만들기

우선, Grid 노드를 사용하여 물결치게 만들 베이스 평면을 만듭니다.

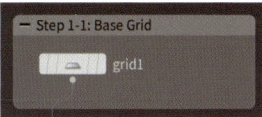

Grid 노드 파도의 부드러움에 영향을 주는 Rows와 Columns 파라미터를 메인 파라미터인 resolution과 링크합니다. 이 값이 높을 수록 매끈한 파도를 표현할 수 있습니다.

Rows: ch("../CONTROLLER/resolution")
Columns: ch("../CONTROLLER/resolution")

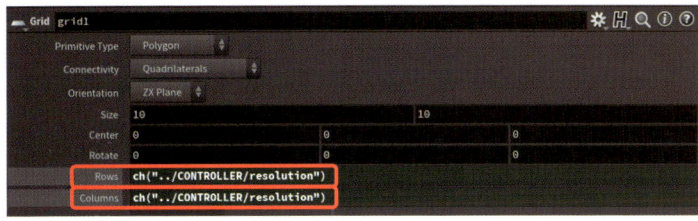

Grid 노드의 파라미터

1-2 계산식을 바탕으로 평면을 물결치게 하기

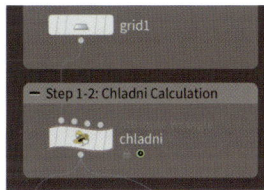

Point Wrangle 노드 Grid 노드와 연결시킵니다. 그리고 다음과 같이 VEX 코드를 작성해 나가겠습니다.

chf와 chi 함수로 정의된 변수를 프로모트하고 메인 파라미터와 링크시킵니다.

《 chladni 코드 》

```
// 변수
float n = chf("n");   // 클라드니 패턴 계산을 위한 계수 n
float m = chf("m");   // 클라드니 패턴 계산을 위한 계수 m
float c = chf("c");   // 클라드니 패턴 계산을 위한 블렌드(혼합비율) 계수 c
float d = chf("d");   // 클라드니 패턴 계산을 위한 블렌드(혼합비율) 계수 d
float res = chi("res"); // 그리드의 해상도를 나타내는 파라미터 값
......
```

n: ch("../CONTROLLER/n")
m: ch("../CONTROLLER/m")
c: ch("../CONTROLLER/c")
d: ch("../CONTROLLER/d")
res: ch("../CONTROLLER/resolution")

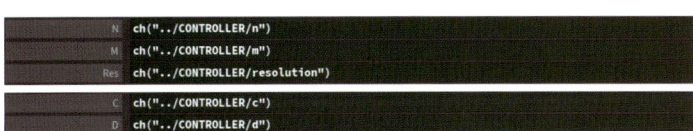

Point Wrangle 노드 파라미터

클라드니 패턴의 바탕이 되는 클라드니 평면(물결치는 평면)의 계산은 알고리즘 항목에서 소개한 계산식을 사용합니다.

```
……
// 그리드 각각의 방향에 인덱스 값을 만든다.
int xid = @ptnum % res;  // 포인트가 X방향의 몇 번째인지를 알아낸다.
int yid = floor(@ptnum / float(res));  // 포인트가 Y방향의 몇 번째인지 알아낸다.

// 클라드니 계산에 필요한 변수를 만든다
float angleX = xid / float(res - 1) * $PI;  // 알고리즘 항목의 pi x/a 에 해당
float angleY = yid / float(res - 1) * $PI;  // 알고리즘 항목의 pi y / b 에 해당

// 클라드니 모양을 계산하여 파도(물결)의 높이를 얻는다 (알고리즘의 항목의 h에 해당)
float h = c * cos(n * angleX) * cos(m * angleY) - d * cos(m * angleX) * cos(n * angleY);
……
```

다음으로, 클라드니 평면의 계산 결과를 평면 그리드의 각 점의 높이 (y 값) 정보로 이용하여 평면이 시각적으로 물결치게 합니다. 또한 @Frame변수를 이용하여 매 프레임 파도(물결)의 높이가 갱신되어 애니메이션으로 물결치는 모션을 재현할 수 있도록 합니다.

```
……
// 파도의 높이 정보를 만든다.
float height = h / (c + d);  // 2개의 블랜드(혼합비율) 계수로 파도(물결)의 높이를 나누어 파도의 높이를 일정 범위로 조정한다.

// 그리드 높이를 설정한다.
@P.y = height * sin(radians(@Frame*180*chf("wave_speed")));  // 포인트의 높이를 파도(물결)의 높이로 변경하고, 프레임에 따른 애니메이션 움직임도 추가한다. 이 때 wave_speed라는 파라미터 값을 참조하여 애니메이션의 속도를 조절할 수 있도록 한다.
```

Point Wrangle 노드의 파라미터

wave_speed: ch("../CONTROLLER/wave_speed")

그리고 이 클라드니 평면의 계산 결과를 나중에 컬러 정보로도 사용할 수 있도록 포인트의 col 어트리뷰트에 그 값을 저장합니다.

```
……
// 높이 정보를 어트리뷰트에 저장한다.
f@col = height;
```

클라드니 패턴의 계산용 계수인 n이나 m을 변화시킴으로써 평면에 영향을 주는 주파수를 변경할 수 있고, 이를 통해 평면의 물결치는 상태를 제어합니다. 또 c와 d라는 블랜드(혼합비율) 계수를 0~1사이에서 변화시킴으로써 평면의 X방향과 Z방향에서 물결의 혼합 상태를 컨트롤 할 수 있습니다.

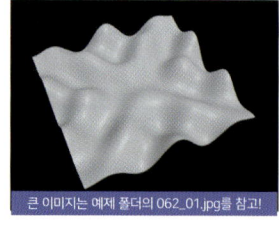

Step 2

2-1 모래 파티클을 위한 포인트 클라우드 만들기

Grid 노드와 Scatter 노드를 연결하여 평면 위에 무수한 모래 파티클을 배치합니다.

`Scatter 노드` Force Total Count 파라미터와 메인 파라미터의 particle num을 링크하여 파티클의 총 수를 컨트롤할 수 있도록 합니다.

Force Total Count: `ch("../CONTROLLER/particle_num")`

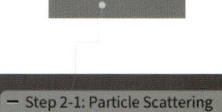

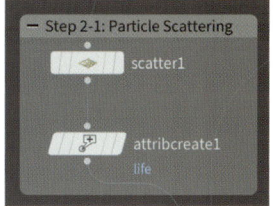

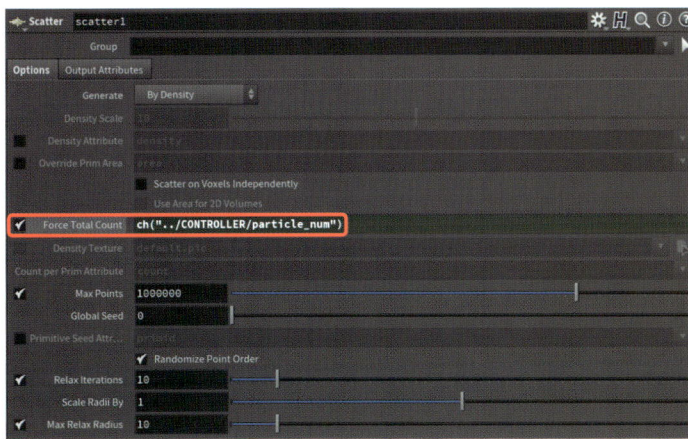

Scatter 노드의 파라미터

`Attribute Create 노드` Scatter와 연결해 life라는 정수 포인트의 어트리뷰트를 만듭니다. 이 life 어트리뷰트는 파티클이 태어난 후 살아있는 시간의 정보로, 나중에 사용합니다.

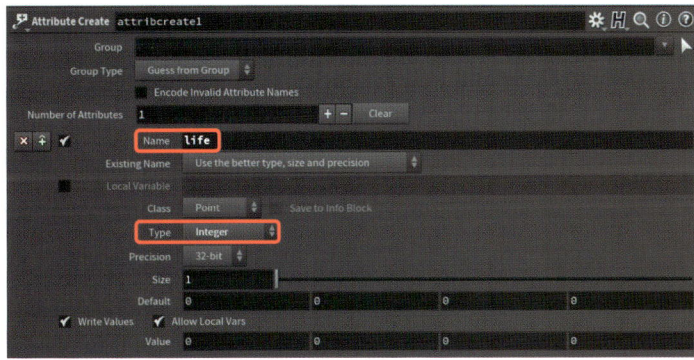

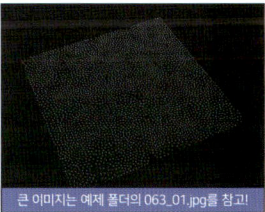

Attribute Create 노드의 파라미터

2-2 모래 파티클을 클라드니 평면에 투영하기

만든 모래 파티클의 포인트 클라우드를 Point Wrangle로 만든 클라드니 평면에 투영합니다.

`Ray 노드` 첫 번째 인풋은 Scatter 노드와 연결하고, 두 번째 인풋은 클라드니 평면을 만든 Point Wrangle 노드와 연결합니다. 이 Ray 노드의 Direction from 파라미

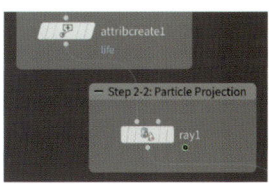

터를 Vector로 설정하고, Y 방향으로의 벡터를 설정합니다. 그리고 Point Intersection Normal 체크박스를 선택하여, 클라드니 평면에 투영된 포인트의 위치에서의 클라드니 평면 노말(Normal) 정보를 포인트에 어트리뷰트로 저장합니다.

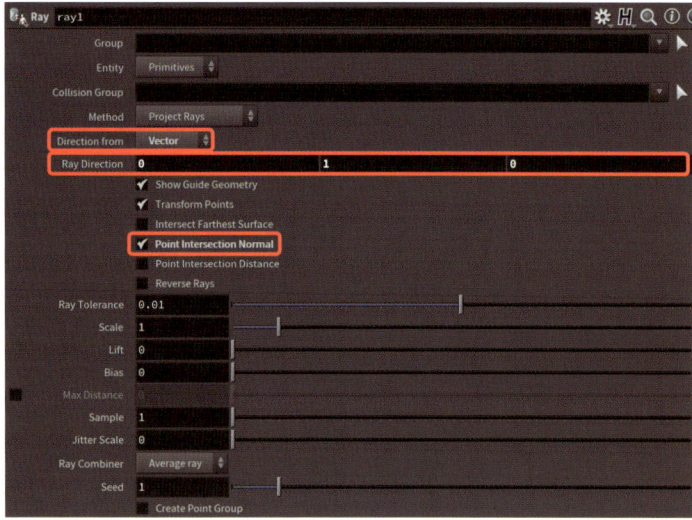

Ray 노드의 파라미터

Step 3

Step 3에서는 SOP Solver를 사용하여 클라드니 평면의 기울기를 이용하여 모래 파티클이 움직이도록 시뮬레이션을 만듭니다. 먼저 Solver 노드를 배치합니다.

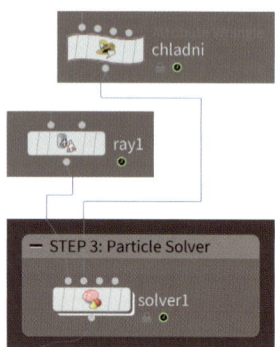

`Solver 노드` 첫 번째 인풋에 Ray 노드를 연결하고, 두 번째 인풋에 클라드니 평면을 만든 Point Wrangle 노드를 연결합니다. 그리고 Solver 노드를 더블 클릭하여 Solver 네트워크로 들어갑니다.

3-1 모래 파티클을 클라드니 평면에 투영하기

우선 첫 프레임에서 모래 파티클이 클라드니 평면 상에 올라가 있는 상태로 시작합니다. Ray 노드를 사용하여 Step 2-2에서 했던 것처럼 모래 입자를 클라드니 평면상에 투영합니다.

`Ray 노드` 첫 번째 인풋과 Prev_Frame 노드의 아웃풋을 연결합니다. 또 Ray 노드의 두 번째 인풋과 Input_2 노드의 아웃풋을 연결하고, 클라드니 평면의 지오메트리를 호출합니다. Ray 노드 파라미터의 Method를 `Minimum Distance`로 하고 모래 파티클이 어느 위치에 있든 반드시 클라드니 평면에 달라붙어 있도록 합니다. 또, Point Intersection Normal 체크박스를 선택, 달라붙은 위치에서 노말 방향이 포인트의 어트리뷰트에 저장되도록 합니다.

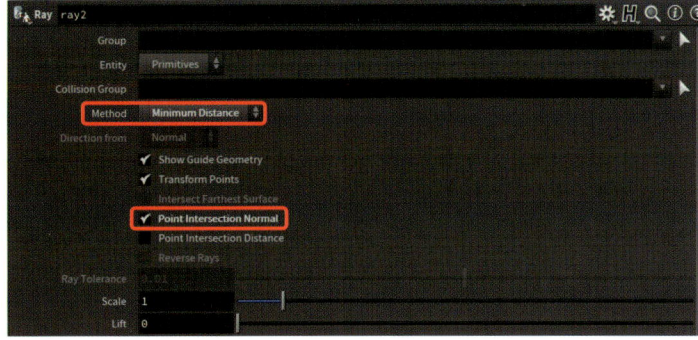
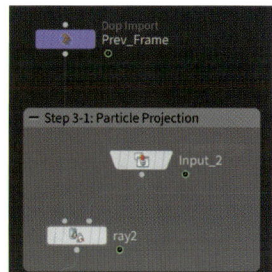

Ray 노드의 파라미터

3-2 모래 파티클을 경사를 따라 떨어뜨리기

클라드니 평면에 달라붙은 포인트를 경사를 따라 아래로 떨어지도록 설정합니다. 포인트마다 조작하기 위해 우선 Point Wrangle 노드를 배치합니다.

Point Wrangle 노드 첫 번째 입력과 먼저 만든 Ray 노드를 연결하고, 다음과 같이 VEX 코드를 작성합니다.

우선, chf 함수로 정의 된 변수를 프로모트하고 메인 파라미터와 연결시켜둡니다.

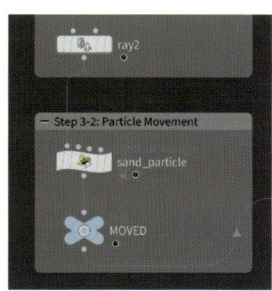

《 sand_particle 코드 》

```
// 변수
float p_rad = chf("p_rad"); // 모래 파티클의 반경
float speed = chf("speed"); // 모래 파티클의 이동 속도
……
```

p_rad: ch("../../../../CONTROLLER/particle_radius")
speed: ch("../../../../CONTROLLER/particle_speed")

Point Wrangle 노드의 파라미터

포인트에 저장된 노말 정보로부터 벡터 계산을 한 후, 기울기에 따른 하향 벡터를 만들고, 그 벡터를 이용하여 지정 속도로 포인트를 이동시킵니다.

```
……
// 모래 파티클의 포인트를 반경상 위쪽(y방향)으로 상승시켜 올린다.
@P.y += p_rad;

// 포인트의 노말 방향을 XZ평면에 투영한다.
vector axis = normalize(set(@N.x, 0, @N.z));
// Y 축으로 90도 회전하기 위한 사원수(쿼터니언)을 만든다.
vector4 quat = quaternion(radians(90), set(0,1,0));
// 사원수를 이용하여 XZ평면에 투영된 포인트의 노말 방향을 Y축 중심으로 90도 회전한다.
axis = normalize(qrotate(quat, axis));
// 방금 회전시킨 벡터를 축으로 90도 회전하기 위한 사원수를 새로 만든다.
vector4 quat2 = quaternion(radians(90), axis);
```

```
// 새로 만든 사원수를 사용하여 포인트의 노말 방향을 회전시키고, 기울기를 따라 아래로 향하는 벡터를 만든다.
@N = normalize(qrotate(quat2, @N));
// 모래 파티클을 기울기 벡터와 속도 파라미터 값을 이용하여 이동시킨다.
@P += @N * speed;
……
```

모래 파티클이 얼마나 오래 살아있는지를 시각화하기 위해 모래의 라이프 값(생성된 이후 시간)에 따라 스케일 값을 설정합니다.

```
……
// 모래 파티클을 나타내는 포인트가 생성된 후 시간이 얼마나 지났는지를 나타낸다.
// life 어트리뷰트에 1을 더한다.
i@life += 1;

// 포인트의 life 어트리뷰트에 따라 포인트 pscale 어트리뷰트를 갱신한다.
f@pscale = min(i@life * 0.05, 1);
……
```

마지막으로, 모래가 치우친 위치에 자리잡아 모이게 되면 패턴이 잘 보이지 않을 수 있으므로 대사 전환(Metabolic switch)을 위한 life 어트리뷰트가 특정 값을 넘으면 포인트 자체가 삭제되도록 설정합니다.

```
……
// life 어트리뷰트가 지정 수보다 클 경우
if(i@life > 10 + rand(@ptnum * 234) * 30){
removepoint(0, @ptnum); //조건에 부합했을 때 포인트를 삭제한다.
}
```

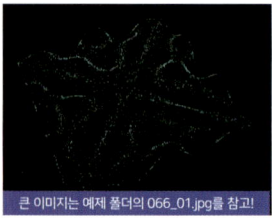

큰 이미지는 예제 폴더의 066_01.jpg를 참고!

3-3 모래 파티클 보충하기

다음은 삭제된 포인트만큼 모래 파티클로 새로운 포인트를 추가합니다.

Scatter 노드 클라드니 평면의 아웃풋과 Input_2 노드의 아웃풋을 연결합니다. Force Total Cont 파라미터를 설정하여 Step 3-2에서 삭제된 포인트만큼의 수가 채워지도록 합니다. 또 포인트의 현 위치는 매 프레임 랜덤하도록 Global Seed 파라미터를 $F*23으로 설정합니다.

Force Total Count: ch("../../../../CONTROLLER/particle_num")
- npoints("../MOVED")

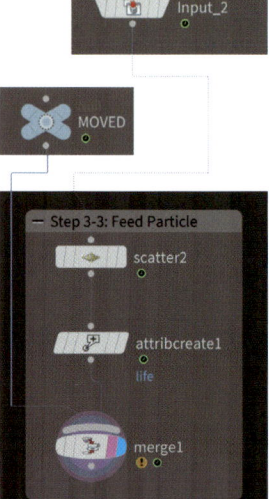

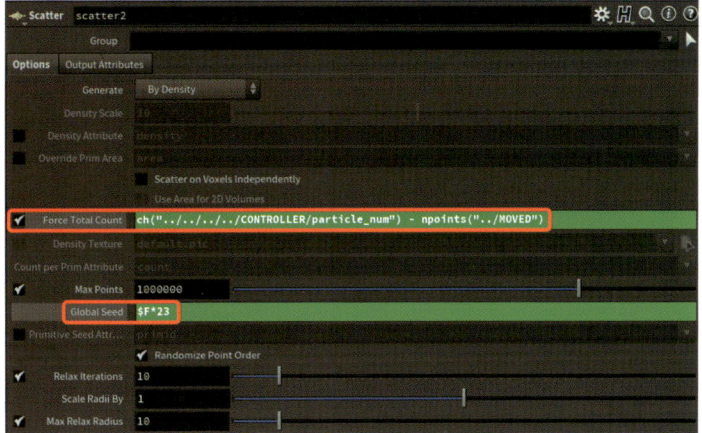

Scatter 노드의 파라미터

여기까지, Solver 내에서 행하는 모래 파티클 시뮬레이션 설정은 끝납니다.

Step 4

4-1 모래 파티클을 시각화하기

모래 파티클을 구체로 표현합니다.

Sphere 노드 베이스의 크기를 메인 파라미터로 조절할 수 있도록 Uniform Scale 을 다음과 같이 설정합니다.

Uniform Scale: ch("../CONTROLLER/particle_radius")

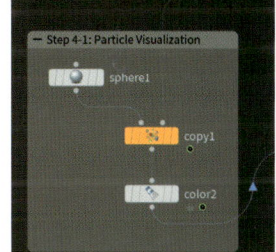

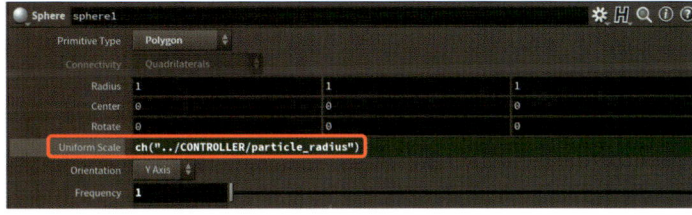

Sphere 노드의 파라미터

Copy Stamp 노드 첫 번째 인풋과 Sphere 노드의 아웃풋을 연결합니다. 다음 두 번째 인풋과 클라드니 평면의 포인트를 출력하는 Solver 노드의 아웃풋을 연결합니다. 그러면 구체가 클라드니 평면 위의 포인트 위치에 배치됩니다. 또한 Solver 안에서 각 포인트의 pscale 어트리뷰트를 설정함으로써 구체의 크기를 모래 파티클이 살아있는 시간에 따라 변화시킬 수 있습니다.

Color 노드 CopyStamp 노드와 연결하여 구체를 원하는 컬러로 설정합니다.

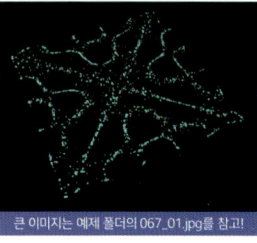

큰 이미지는 예제 폴더의 067_01.jpg를 참고!

4-2 클라드니 평면에 색 입히기

다음으로 클라드니 패턴 무늬를 강조하기 위해, Step 1-2에서 나온 클라드니 패턴 모양의 계산 결과를 이용하여 평면에 색을 입힙니다.

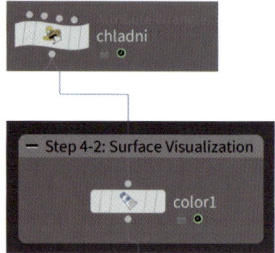

`Color 노드` Step 1-2의 Point Wrangle 노드와 연결합니다. Point Wrangle 노드에서 클라드니 모양의 계산 결과를 col 이라는 어트리뷰트로 포인트에 저장했기 때문에 그 어트리뷰트에 따라 색을 변화시키기로 합니다. Color 노드의 Color Type 파라미터를 Ramp from Attribute로 바꾸고 Attribute 파라미터에서 col의 Range를 -1에서 1로 설정합니다.

Color 노드의 파라미터

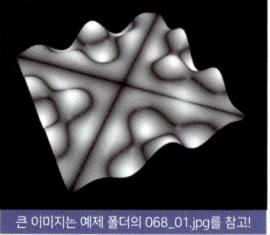

큰 이미지는 예제 폴더의 068_01.jpg를 참고!

계산 결과인 col 어트리뷰트의 절대 값이 1에 가까울수록 진동이 크다는 것을 나타내고 col이 0에 가까울수록 진동이 작다는 것을 나타냅니다. 이 점을 염두에 두고, Attribute Ramp 파라미터 값에 따라 원하는 배색을 합니다. 파라미터의 중간 위치가 진동이 일어나지 않는 위치로 (col 어트리뷰트가 0인 위치) 이 부분을 강조함으로써 클라드니 패턴 모양을 더욱 뚜렷하게 부각시킬 수 있습니다.

4-3 클라드니 평면과 파티클 결합하기

마지막으로, 구체로 표현된 모래 파티클과 클라드니 평면을 결합하면 완성입니다.

`Merge 노드` Step 4-1에서 만든 Color 노드와 Step 4-2에서 만든 Color 노드를 결합하여 두 종류의 요소가 동시에 표시되도록 합니다.

이 상태에서 타임라인의 플레이 버튼을 누르면 물결치는 클라드니 평면 위로 굴러 떨어지는 모래 파티클 시뮬레이션의 모습을 볼 수 있습니다. 잠시 지나면 모래의 위치가 안정되면서 클라드니 패턴을 그리고 있는 모습을 확인할 수 있습니다.

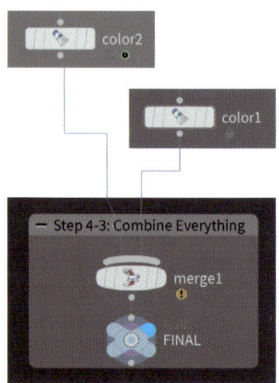

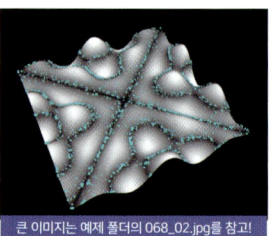

큰 이미지는 예제 폴더의 068_02.jpg를 참고!

제작과정 동영상 >> 클라드니패턴.mp4

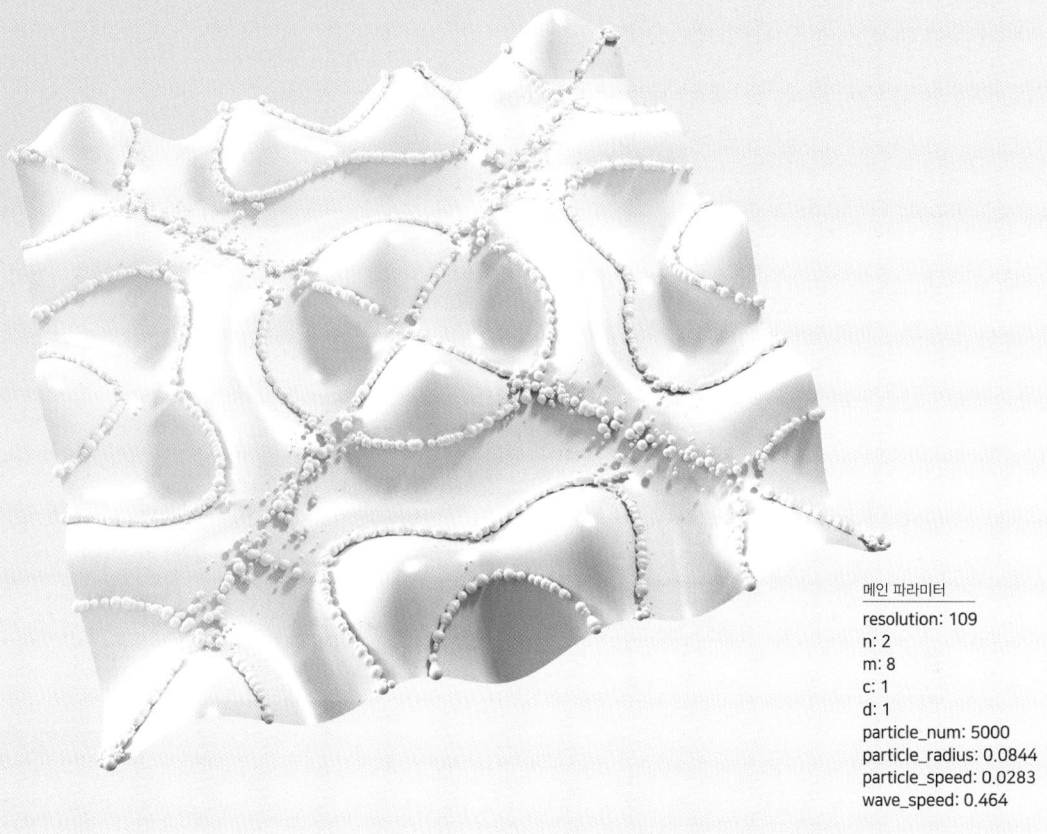

메인 파라미터
resolution: 109
n: 2
m: 8
c: 1
d: 1
particle_num: 5000
particle_radius: 0.0844
particle_speed: 0.0283
wave_speed: 0.464

메인 파라미터
resolution: 109
n: 8
m: 1
c: 1
d: 1
particle_num: 5000
particle_radius: 0.0844
particle_speed: 0.0283
wave_speed: 0.464

03
Reaction Diffusion
반응확산 시스템

얼룩말의 표피에서 보이는 줄무늬나 표범 몸에서 볼 수 있는 반점 무늬 등은 자연계의 여러 곳에서 확인할 수 있습니다. 이처럼 자연계에서 볼 수 있는 무늬가 만들어지는 방법에 주목한 사람이 수학자 앨런 튜링입니다. 그는 이러한 형태의 메커니즘을 1952년 발표한 "형태 형성의 화학적인 토대"라는 논문에서 설명하였습니다. 튜링의 논문에 따르면, 얼룩말의 줄무늬는 특정 조건하에서 자신의 표피를 촉매로 일어나는 화학반응 시스템에 의한 것이며, 그 화학반응이 주기적으로 이루어지면서 무늬가 점점 확산되어 형태를 이루어 간다고 서술하고 있습니다. 이 화학반응 시스템을 반응확산 시스템이라고 합니다. 이번 챕터에서는 반응확산 시스템의 구조에 대해서 알아보고 어떻게 후디니에서 재현하는 할 수 있는지에 대해 설명합니다.

Reaction Diffusion 반응확산 시스템의 알고리즘

✹ 반응확산 시스템의 알고리즘(Gray-Scott 모델)

얼룩말 무늬를 만드는 반응확산 시스템의 대표적인 계산모델에는 Gray-Scott 모델이 있습니다. Gray-Scott 모델은 다음과 같은 화학반응 규칙에 따라 모양을 재현하고 있습니다.

*역자주 : 본문 내용 중 반응확산/확산반응은 동일 용어라는 가정하에 섞어 사용하고 있습니다.

1. 무늬를 그리는 표면 위에 활성인자와 억제인자 2종류의 분자 세트가 배치되어 있다
2. 활성인자는 특정 속도로 증식하려 한다
3. 활성인자는 표면에서 억제인자를 만날 때까지 확산 · 이동한다
4. 활성인자가 동시에 2개 이상의 억제인자에 둘러싸여 있으면, 억제인자에게 잡아먹히며 억제인자로 바뀐다
5. 억제인자는 특정 속도에서 자신들의 수를 줄이려 한다
6. 2~4를 반복한다
7. 그렇게 균형 상태를 이루게 되어 그 결과로 무늬를 형성한다

활성인자 A가 임의의 공급비율로 채워진다. → 억제인자 B 2개에 둘러싸인 활성인자 A가 억제인자 B로 변화한다. → 억제인자 B는 임의의 살상률에 따라 감소한다.

이 시스템은 임의의 2차원 표면에서 다음과 같은 식으로 표현할 수 있습니다[*1].

$$\frac{\partial u}{\partial t} = D_u \nabla^2 u - uv^2 + F(1-u)$$

$$\frac{\partial v}{\partial t} = D_v \nabla^2 v + uv^2 - (F+k)v$$

$\frac{\partial u}{\partial t}$: 시간에 대한 u의 편미분 $\frac{\partial v}{\partial t}$: 시간에 대한 v의 편미분

u : 활성인자의 값 (실수) v : 억제인자의 값 (실수)

$\nabla^2 u$: 활성인자 u의 라플라시안 필터 $\nabla^2 v$: 억제인자 v의 라플라시안 필터

F : 활성인자의 증식 비율 계수 k : 억제인자의 감소 비율 계수

D_u : 활성인자의 확산 비율 계수 D_v : 억제 인자의 확산 비율 계수

*역자주 : 라플라시안(라플라스 연산자)는 수학/물리학 용어입니다.

임의의 표면을 그리드로 분해하고, 그 그리드의 각 포인트에 각각 활성인자와 억제인자가 있는 이미지입니다. 그 각 포인트에서 활성인자의 값은 u이고, 억제인자의 값은 v가 됩니다. 매 시간마다 이들 각 포인트의 활성인자와 억제인자 값에 편미분 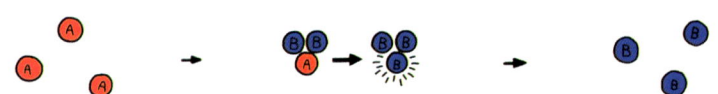 값이 더해져서 업데이트 됩니다.

★1 https://groups.csail.mit.edu/mac/projects/amorphous/GrayScott

이 공식에서 주목해야 할 점이 두 가지 있습니다. 하나는 인접 셀과의 관계를 설명하고 있는 부분으로, 자신의 셀 값과 그 주변 셀 값의 평균치를 계산하는 라플라시안 필터를 사용한다는 것입니다. 이 필터를 사용함으로써 자신이 어느 정도 양의 활성인자 혹은 억제인자에 둘러싸여 있는지 확인할 수 있습니다.

그리고 다른 하나는 활성인자의 증식 비율 F 와 억제인자의 감소 비율 k, 계수입니다. 이 2개의 계수 값이 변화함에 따라 각각의 인자 증식과 감소 모습도 변해서 결과적으로 그 수치에서 묘사되어 나타나는 무늬와 생성되는 방식을 변화시킬 수 있습니다. 이 생물학적 화학반응의 변화가 이 알고리즘의 흥미로운 부분으로, 반응이 금방 사라지는 계수 조합이 있는가 하면 계속 반응하는 계수의 조합도 있습니다.

유명한 패턴을 만드는 계수 조합으로는 다음과 같은 것이 있습니다 [*2].

- ◎ **Fingerprints**(지문형) $F:0.037, k:0.06$
- ◎ **Solitons**(자기복제형) $F:0.03, k:0.062$
- ◎ **Maze**(미로형) $F:0.029, k:0.057$
- ◎ **Chaos and holes**(카오스형) $F:0.034, k:0.056$
- ◎ **Waves**(파형) $F:0.014, k:0.045$

무늬는 활성인자 또는 억제인자 중 어느 하나의 값의 크기에 따라 가시화되어 나타납니다. 활성인자 값이 큰 곳은 억제인자의 값이 작고, 활성인자의 값이 작은 곳은 억제인자의 값이 커집니다.

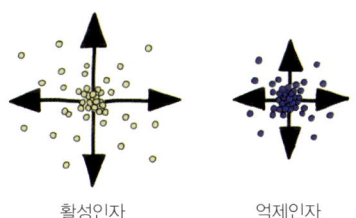

확산(Diffusion) : 활성인자와 억제인자를 각각 확산시킴으로써 균등하지 못한 편중을 없앤다. 이때 활성인자가 억제인자보다 더 빨리 확산된다

활성인자   억제인자

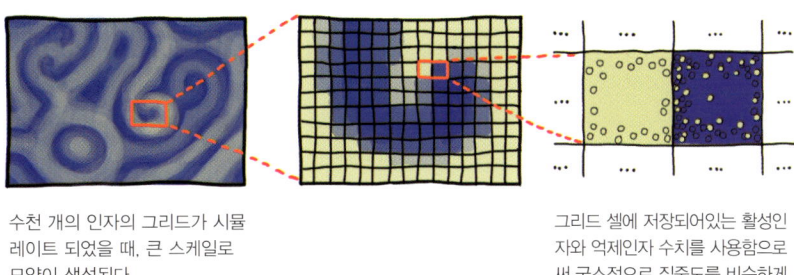

수천 개의 인자의 그리드가 시뮬레이트 되었을 때, 큰 스케일로 모양이 생성된다.

그리드 셀에 저장되어있는 활성인자와 억제인자 수치를 사용함으로써 국소적으로 집중도를 비슷하게 만든다. (근사치를 만든다)

참고 : Karl Sims, "Reaction-Diffusion Tutorial," http://www.karlsims.com/rd.html

---

★2   ★1과 같다.

✸ 확산반응 시스템 3차원으로 확장하기

지금까지 설명한 확산반응 시스템의 알고리즘은 2차원 공간이 베이스인데, 이 알고리즘은 사실 쉽게 3차원으로 확장할 수 있습니다. 포인트는 인접한 셀의 활성인자와 억제인자의 관계를 작성하면 된다는 점에서(구체적으로는 라플라시안 필터를 사용하여 관계를 작성합니다), 이것이 가능하면 2차원 공간이든 3차원 공간이든 비슷한 확산반응 시스템의 계산을 수행할 수 있습니다.

그중 한 가지 방법으로 생각할 수 있는 것은 3차원 공간을 복셀로 표현하고 한 점 한 점 복셀에 인접한 옆 복셀과의 관계를 기술하는 방법입니다. 또 다른 방법으로, 메쉬 폴리곤에서 한 점 한 점의 버텍스를 셀(cell)로 하고 그 버텍스에서 엣지로 연결된 주변의 다른 셀과의 관계성을 기술하는 방법도 생각할 수 있습니다.

이번 챕터의 레시피에서는 후자인 폴리곤의 버텍스를 이용한 확산반응 시스템의 계산을 구현해 보겠습니다.

Reaction Diffusion 확산반응 시스템의 레시피

이 레시피에서는 확산반응 시스템의 계산 모델 중 하나인 Gray Scott 모델을 이용하여 2차원 평면뿐만 아니라, 어떠한 복잡한 3차원 지오메트리의 표면이더라도 확산반응 시스템의 모양을 실행시킬 수 있는 시뮬레이션 방법을 설명하겠습니다. 여기서는 3차원 지오메트리 폴리곤의 각 포인트 사이를 연결시키고 있는 엣지의 정보를 이용하는 계산 방식입니다. 이것은 2차원 상의 시뮬레이션을 3차원으로 확장시킬 때의 응용 기법으로, 다른 경우에서도 응용할 수 있는 범용성이 높은 유용한 방법입니다.

네트워크 다이어그램

Step 1 확산반응 시스템의 베이스를 설정한다

Step 2 확산반응 시스템의 시뮬레이션을 한다

Step 3 확산반응 시스템의 무늬를 가시화한다

메인 파라미터

이름	유형	범위	기본값	설명
size	Float	0 – 10	10	무늬를 그리는 구체의 반지름
resolution	Float	0 – 1	0.3	무늬의 해상도
init_smoothness	Float	0 – 1	0.315	초기 설정용 노이즈의 스케일값
init_min_noise	Float	0 – 1	0.09	초기 설정용 노이즈의 최소값
init_max_noise	Float	0 – 1	0.4	초기 설정용 노이즈의 최대값
diffusion_blur	Float	0 – 1	0.4	라플라시안 필터의 강도
Da	Float	0 – 1	0.15	활성인자의 확산 비율 계수
Db	Float	0 – 1	0.075	억제인자의 확산 비율 계수
f	Float	0 – 0.1	0.0118	활성인자의 증식 비율 계수
k	Float	0 – 0.1	0.04	억제인자의 감소 비율 계수
delta	Float	0 – 20	10	확산반응 속도
diffusion_min	Float	0 – 1	0.27	가시화를 위한 활성인자의 최소값
diffusion_max	Float	0 – 1	0.67	가시화를 위한 활성인자의 최대값
diffusion_height	Float	0 – 5	1.5	가시화를 위한 활성인자의 높이

Step 1

1-1 베이스 지오메트리 만들기

우선 확산반응 시스템 무늬를 실행하기 위한 기초가 되는 3차원 지오메트리를 만듭니다. 어떤 형태든 상관없지만, 여기서는 간단한 구체를 바탕으로 진행하고자 합니다. 나중에 다른 모양으로도 시도해 보시기 바랍니다.

Sphere 노드   Primitive Type 파라미터를 Polygon으로, Frequency를 10으로 설정합니다. Uniform Scale에는 아래와 같이 익스프레션을 설정하고 메인 size 파라미터와 링크하여 구체의 크기를 제어할 수 있게 합니다.

Uniform Scale: `ch("../CONTROLLER/size")`

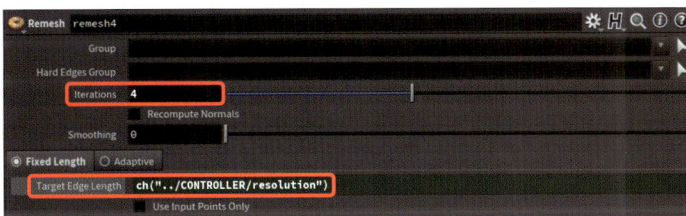

Sphere 노드의 파라미터

Remesh 노드   이 노드를 사용하여 구체를 엣지의 길이가 동일한 삼각 모양으로 변환합니다. Iteration 파라미터를 4로 설정하고 Target Edge Length를 메인 파라미터인 resolution과 아래와 같이 링크하여 엣지 길이를 컨트롤 할 수 있게 합니다.

Target Edge Length: `ch("../CONTROLLER/resolution")`

Remesh 노드의 파라미터

이 Remesh 조작은 3차원 지오메트리에서 확산반응 시스템의 시뮬레이션을 실시하는데 있어서 매우 중요한 단계입니다. 이 작업에 의해 지오메트리의 각 포인트의 거리가 어느 정도 일정하게 유지되어 무늬를 비교적 왜곡시키지 않고 묘사할 수 있게 됩니다. 반대로 말하면, 폴리곤의 밀도를 장소에 따라 변화시킴으로써 의도적으로 왜곡된 무늬를 만들 수 있습니다.

1-2 확산반응 시스템을 위한 초기값을 설정하기

Remesh 노드로 삼각 분할된 폴리곤의 각 포인트에 확산반응 시스템의 시뮬레이션 수행에 필요한 정보를 추가합니다. 여기에서는 Point Wrangle 노드를 사용하여 필요한 어트리뷰트를 저장합니다.

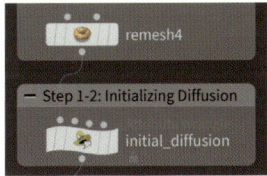

Point Wrangle 노드   첫 번째 인풋과 Remesh 노드를 연결하고, VEX 코드를 작성합니다.

우선은 chf 함수에서 정의하고 있는 변수를 프로모트하고, 익스프레션에서 주요 파라미터와 링크합니다.

《Volume Wrangle 코드》

```
// 변수
// 노이즈 함수의 부드러움을 나타내는 파라미터를 불러오고,
// 노이즈 함수를 이용하여 포인트의 위치에 따라 랜덤 값을 만든다.
float noiseval = noise(@P * chf("smoothness"));
// 노이즈 함수를 사용하여 생성된 값을 잘라내는 최소값을 나타내는 파라미터 값을 불러온다.
float min = chf("min");
// 노이즈 함수를 사용하여 생성된 값을 잘라내는 최대치를 나타내는 파라미터 값을 불러온다.
float max = chf("max");
……
```

smoothness: ch("../CONTROLLER/init_smoothness")
min: ch("../CONTROLLER/init_min_noise")
max: ch("../CONTROLLER/init_max_noise")

Volume Wrangle 노드의 파라미터

활성인자와 억제인자의 초기값을 설정합니다.

```
……
// 불러온 최소값과 최대값을 사용하여 노이즈값을 클램프한다.
noiseval = clamp(noiseval, min, max);
// 잘라낸 값의 범위를 0~1로 리매핑한다.
noiseval = fit(noiseval, min, max, 0.0, 1.0);

// A의 어트리뷰트에 0~1로 리매핑된 값을 저장한다 (알고리즘 섹션의 활성인자 u에 해당)
f@A = noiseval;
// B의 어트리뷰트에 A+B가 1이 되는 값을 저장한다 (알고리즘 섹션의 억제인자 v에 해당)
f@B = 1.0 - noiseval;
……
```

또한 초기값의 상태를 가시화하기 위해 컬러를 설정합니다.

```
……
// 0~1로 리매핑된 노이즈 함수의 값을 포인트 컬러 정보로 Cd어트리뷰트에 저장한다.
@Cd = set(noiseval, noiseval, noiseval);
```

큰 이미지는 예제 폴더의 078_01.jpg를 참고!

Step 2

SOP Solver를 이용하여 확산반응 시스템의 시뮬레이션을 진행합니다. 각 프레임에서 이전 프레임의 상태를 이용한 화학반응을 일으켜 모양을 성장시키는 중요한 스텝입니다. 이를 위해 우선은 Solver 노드를 배치합니다.

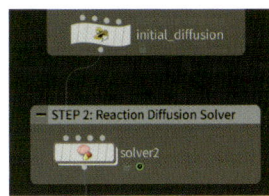

Solver 노드 첫 번째 인풋과 Point Wrangle 노드의 아웃풋을 연결합니다. Solver 노드를 더블 클릭하여 Solver 네트워크 안으로 들어가 여기서 확산반응 시스템의 시뮬레이션 내용을 작성합니다.

2-1 활성인자와 억제인자의 블러값 얻기

먼저 활성인자 A와 억제인자 B 각각의 라플라시안 필터를 계산합니다. 라플라시안 필터란 각 포인트의 오리지널 값과 그 근방의 포인트 그룹 값에 블러가 들어간 값의 차이를 계산하는 방법으로, 예를 들어 이미지의 윤곽선을 추출하는 등 주로 이미지 처리 용도로 사용되고 있습니다. 라플라시안 필터에 필요한 정보로써 각 포인트 위치에서의 근접 포인트 그룹을 고려한 활성인자와 억제인자의 블러값을 먼저 가져와야 합니다. 그래서 여기에서는 두 개의 Attribute Blur 노드를 배치합니다.

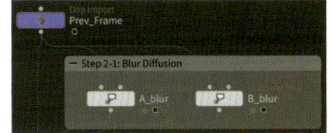

Attribute Blur 노드 각각 첫 번째 인풋과 Solver 네트워크 속의 Prev_Frame 노드를 연결합니다. 양쪽 파라미터의 Step Size를 아래와 같이 기본 파라미터의 diffusion_blur와 익스프레션에 링크하여 블러 정도를 컨트롤할 수 있도록 합니다. 이 블러 상태를 보고 확산반응 시스템의 엣지 추출 정도를 제어할 수 있게 됩니다.

Step Size: ch("../../../../CONTROLLER/diffusion_blur")

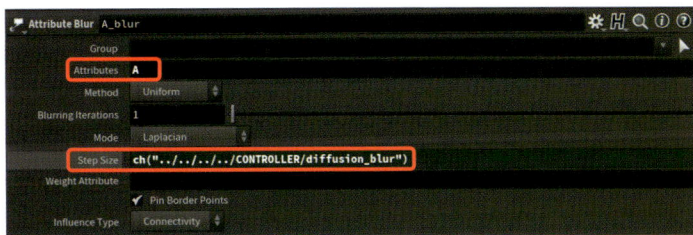

첫 번째 Attribute Blur 노드의 파라미터

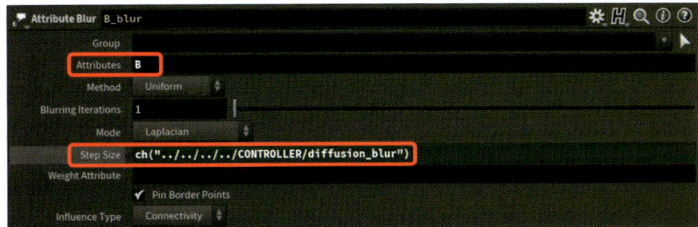

두 번째 Attribute Blur 노드의 파라미터

이 Attribute Blur 노드를 사용하면 2차원 평면에서 확산반응 시스템에 사용되는 라플라시안 필터에서와 같이 사각형 픽셀로 제한되지 않고, 엣지로 연결된 인접한 포인트가 여러 개 있는 경우에도 라플라시안 필터를 계산할 수 있게 됩니다.

2-2 확산반응 시스템의 계산 수행하기

다음은 Step 2-1에서 만든 활성인자 억제인자의 블러 값을 이용하여 폴리곤의 각 포인트에서 확산반응 시스템의 계산을 실시합니다. 이번 레시피에서 이 부분이 가장 중요한 부분입니다.

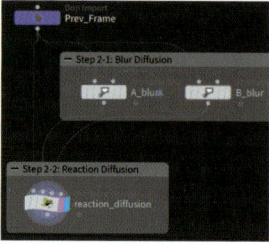

`Point Wrangle 노드` 첫 번째 인풋에는 Prev_Frame 노드, 두 번째 인풋에는 활성인자 A에 블러를 적용한 Attribute Blur 노드, 세 번째 인풋에는 억제인자 B에 블러를 적용한 Attribute Blur 노드를 연결합니다. 그 후, 다음과 같이 VEX 코드를 작성합니다.

우선, chf 함수로 정의하고 있는 변수를 프로모트하고 기본 파라미터와 익스프레션으로 링크를 시킵니다.

《Point Wrangle 노드의 코드》

```
// 변수
float A = f@A;    // 포인트에서 A라는 플로팅 포인트(부동 소수점)타입 어트리뷰트 값을 얻는다.
float B = f@B;    // 포인트에서 B라는 플로팅 포인트타입 어트리뷰트 값을 얻는다.
float f = chf("f");    // F라는 활성인자의 증식 비율 계수를 나타내는 파라미터 값을 불러온다.
float k = chf("k");    // k라는 억제인자의 감소 비율 계수를 나타내는 파라미터 값을 불러온다.
float Da = chf("Da");    // Da라는 활성인자의 확산 비율 계수를 나타내는 파라미터 값을 불러온다.
float Db = chf("Db");    // Db라는 억제인자의 확산 비율 계수를 나타내는 파라미터 값을 불러온다.
float delta = chf("delta");    // delta라는 확산반응의 속도를 나타내는 파라미터 값을 불러온다.
……
```

f: `ch("../../../../CONTROLLER/f")`
k: `ch("../../../../CONTROLLER/k")`
Da: `ch("../../../../CONTROLLER/Da")`
Db: `ch("../../../../CONTROLLER/Db")`
delta: `ch("../../../../CONTROLLER/delta")`

Point Wrangle 노드의 파라미터

활성인자와 억제인자의 블러 값을 이용해 라플라시안 필터를 계산합니다. 구체적으로는 포인트 자체의 원래 값과 블러 값의 차이가 계산됩니다.

```
……
// Point Wrangle의 두 번째 인풋에서 활성인자 값 (A)에 라플라시안 필터를 곱한 값을 불러와서,
// 첫 번째 입력에서 얻을 수 있는 포인트의 활성인자 값과의 차이값을 얻는다.
// (알고리즘 항목의 ∇²u에 해당)
float lA = point(1, "A", @ptnum) - A;
// Point Wrangle의 세 번째 입력에서 억제인자 값 (B)에 라플라시안 필터를 곱한 값을 불러와서,
// 첫 번째 입력에서 얻을 수 있는 포인트의 억제인자 값과의 차이값을 얻는다.
// (알고리즘 항목의 ∇²v에 해당)
float lB = point(2, "B", @ptnum) - B;
……
```

라플라시안 필터를 계산하였다면, 다음으로 알고리즘 항목에서 설명한 계산식을 사용하여 확산반응 시스템 계산을 합니다. 결과적으로 각 포인트에서 활성인자 A와 활성인자 B의 값이 갱신됩니다.

```
......
// 알고리즘의 항의 uv^2에 해당
float reaction = A * B * B;
// 활성인자의 확산반응 시스템을 계산한다 (알고리즘 항목의 ∂u/∂t 에 해당)
f@A += (Da * 1A - reaction + f * (1.0 - A)) * delta;
// 억제인자의 확산반응 시스템을 계산한다 (알고리즘의 항목의 ∂v/∂t 에 해당)
f@B += (Db * 1B + reaction - (k+f) * B ) * delta;

//활성인자 값 (A)를 0~1의 범위로 클램프한다.
f@A = clamp(f@A, 0.0, 1.0);
//억제인자 값 (B)를 0~1의 범위로 클램프한다.
f@B=clamp(f@B, 0.0, 1.0);

// A의 값을 사용하여 포인트 컬러을 설정한다.
@Cd = set(f@A, f@A, f@A);
......
```

이때 중요한 것이 f와 k의 계수로, 이 값의 조합에 따라 다양한 모양의 화학반응을 볼 수 있습니다. 기본적으로 2차원 Gray-Scott에서 사용하는 계수 조합과 같은 것을 사용하면 3차원상에서도 같은 무늬를 생성할 수 있습니다.

Da와 Db의 계수는 무늬의 해상도를 나타내며, 값이 클수록 모양 자체가 커집니다. delta 변수는 확산반응 시스템의 화학 반응 속도를 나타내고 있어 값이 높으면 높을수록 빠르게 반응시킬 수 있습니다. 그렇지만 값이 너무 높으면 라플라시안 필터와의 균형 문제로 윤곽을 추출할 수 없는 경우도 있으므로 그 부분은 조정이 필요합니다.

이것으로 Solver를 사용한 확산반응 시스템의 시뮬레이션은 완성되었습니다.

큰 이미지는 예제 폴더의 081_01.jpg를 참고!

Step 3

3-1 활성 인자의 값에 따라 컬러 입히기

다음으로 확산반응 시스템의 시뮬레이션 결과를 가시화시키겠습니다. 우선 Solver 네트워크에서 나와, 얻은 활성인자의 값을 부드럽게 하기 위해 AttributeBlur 노드를 배치합니다.

Attribute Blur 노드 첫 번째 인풋과 Solver 노드의 아웃풋을 연결하고 Attributes 파라미터를 A로 설정합니다.

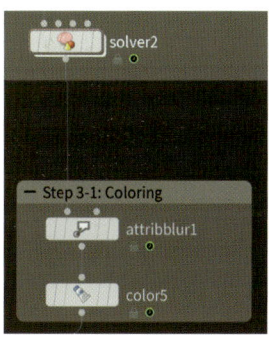

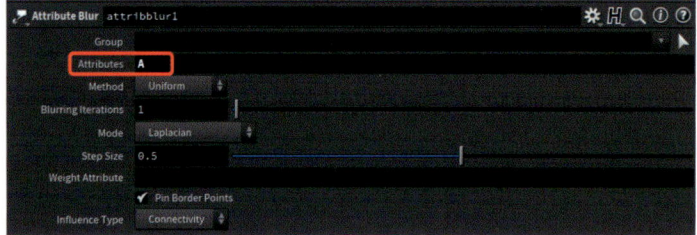

Attribute Blur 노드의 파라미터

Color 노드 이 노드에서, 활성인자 A의 값에 따라 폴리곤의 포인트에 색을 입힙니다. Attribute Blur 노드와 연결하여 Color Type 파라미터를 `Ramp from Attribute`로 설정하고, Attribute를 `A`로 설정합니다. 그리고 Attribute Ramp 파라미터를 임의의 컬러로 설정합니다.

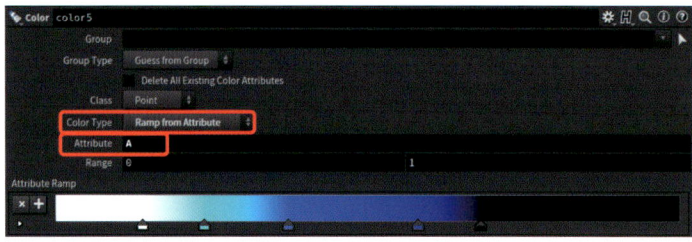
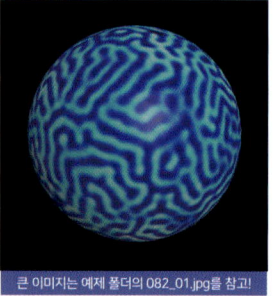

Color 노드의 파라미터

이렇게 해서, 활성인자 A의 값에 따라 폴리곤의 컬러가 설정됩니다.

3-2 확산인자의 값에 따라 다른 정보를 추가하기

다음은 활성인자의 값 크기에 따라 포인트를 노말 방향으로 끌어올려 보도록 하겠습니다. 이를 위해 여기에서는 Point Wrangle 노드를 이용합니다.

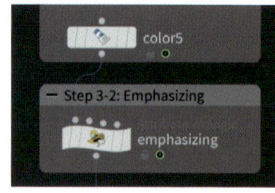

Point Wrangle 노드 다음과 같이 VEX 코드를 쓰겠습니다.

우선 `chf` 함수에서 정의하고 있는 변수를 프로모트하고 기본 파라미터와 익스프레션으로 링크를 시킵니다.

《Point Wrangle 노드의 코드》

```
// 변수
float min = chf("min"); // 무늬의 투명도를 설정하기 위한 최소치를 나타내는 파라미터 값을 불러온다
float max = chf("max"); // 무늬의 투명도를 설정하기 위한 최대치를 나타내는 파라미터 값을 불러온다
float height = chf("height"); // 무늬를 고조시킬 최대 높이를 나타내는 파라미터 값을 불러온다
……
```

min: `ch("../CONTROLLER/diffusion_min")`
max: `ch("../CONTROLLER/diffusion_max")`
height: `ch("../CONTROLLER/diffusion_height")`

Point Wrangle 노드의 파라미터

활성인자 A의 값을 사용하여 무늬를 언덕처럼 끌어올립니다.

```
……
// 포인트에 저장된 A 값에 따라 포인트를 노말 방향으로 이동한다
@P += @N * (1.0 - f@A) * height;
……
```

포인트의 알파값(투명도)을 설정합니다. 여기서 쌓여 올라오지 않은 골짜기 부분을 투명화합니다.

```
……
// 활성인자 A의 값을 반전시켜 파라미터에 지정된 최소값·최대값으로 클램프한다
float val = clamp(1.0 - f@A, min, max);
// 클램프한 값을 0 ~ 1의 범위로 리매핑한다
val = fit(val, min, max, 0.0, 1.0);

// 리매핑된 값을 포인트의 알파값으로 하여,
// Alpha라는 이름의 포인트가 디폴트로 갖는 어트리뷰트에 저장한다
@Alpha = val;
```

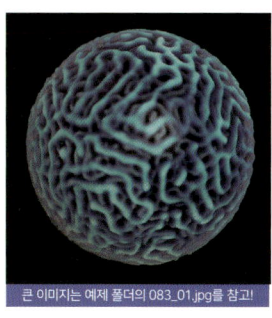

큰 이미지는 예제 폴더의 083_01.jpg를 참고!

3-3 노말을 정리하여 가시화하기

마지막으로 완성된 지오메트리의 노말을 다듬기 위해 Normal 노드를 사용합니다.

Normal 노드 Step 3-2에서 만든 Point Wrangle 노드와 연결합니다.

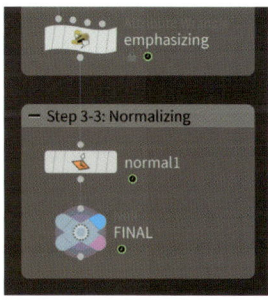

이상으로, 3차원 지오메트리상에서 확산반응 시스템을 계산하여 무늬를 생성하는 방법이었습니다. 매우 범용성이 높은 방법으로 복잡한 형태에서도 마찬가지로 확산반응 시스템의 시뮬레이션을 할 수 있는 동시에, Step 2-1과 Step 2-2에서 설명한 라플라시안 필터의 사고 방식은 다른 경우에서도 많이 이용할 수 있으므로 꼭 응용해 보시기 바랍니다.

제작과정 동영상 >> 반응확산시스템.mp4

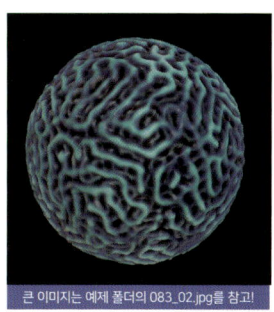

큰 이미지는 예제 폴더의 083_02.jpg를 참고!

04
Diffusion-Limited Aggregation
확산율속응집(확산제한집합)

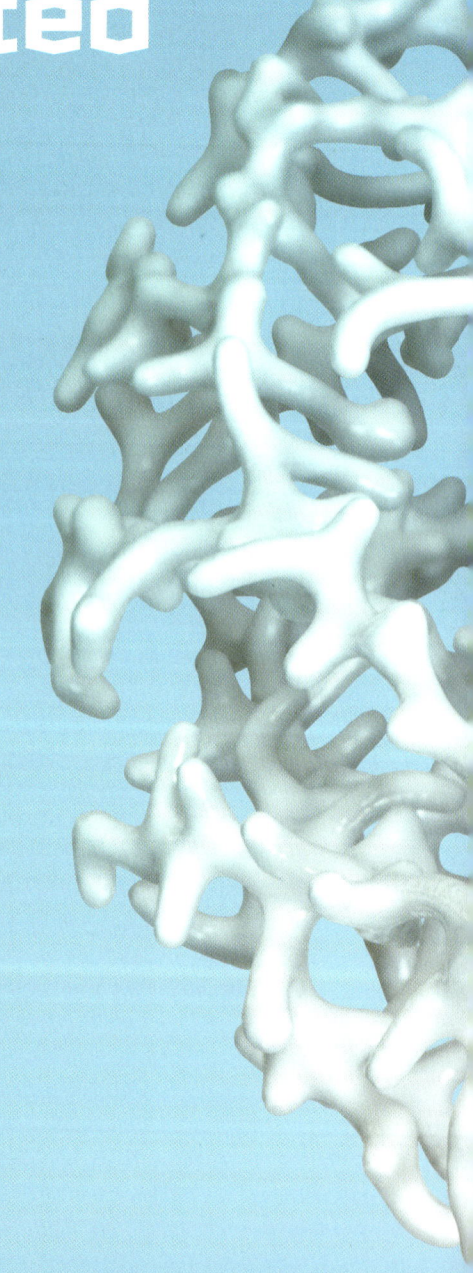

토양과 인간의 소화기관에 존재하는 고초균(Bacillus subtilis)이라 불리는 진성점균(점액 박테리아)은 기아 상태에서 모여 콜로니 패턴(단일 세포에서 유래한 세포덩어리)을 만듭니다. 그 무늬 모양은 갈라진 나무 가지와 같은 모양이며 용액에 전착된 황화 구리와 석회 표면에 형성된 망간 수상 돌기와 매우 흡사합니다. 이러한 점균의 성장과 번개가 퍼지듯 보이는 현상은 브라운 운동(랜덤하게 이동)하는 입자가 핵이 되는 클러스터에 통합되어 해당 클러스터를 성장시키는 과정으로 재현할 수 있습니다. 이 과정을 확산율속응집(DLA)이라고 부릅니다.
이 장에서는 확산율속응집 구조와 이를 어떻게 후디니로 재현할 수 있는지에 대해 설명합니다.

**1 참고 화학용어 [확산율속(擴散律速)] : 확산이 율속 단계가 되는 것을 이르는 말. 화학 반응이 여러 단계로 이루어져 있을 때, 각 단계 가운데에서 속도가 제일 느린 반응 단계가 확산인 경우이다.
- 출처 : 국립국어원 《우리말샘》

**2 참고 [점균-류] : 균류의 한 문. 몸은 세포벽이 없는 원형질 덩어리로 된 변형체로 운동성이 있다. 다소 습한 곳이나 고목(古木) 따위에 부생하면서 세균이나 곰팡이의 홀씨를 먹이로 하며 홀씨로 번식한다. - 출처 : 국립국어원 《우리말샘》

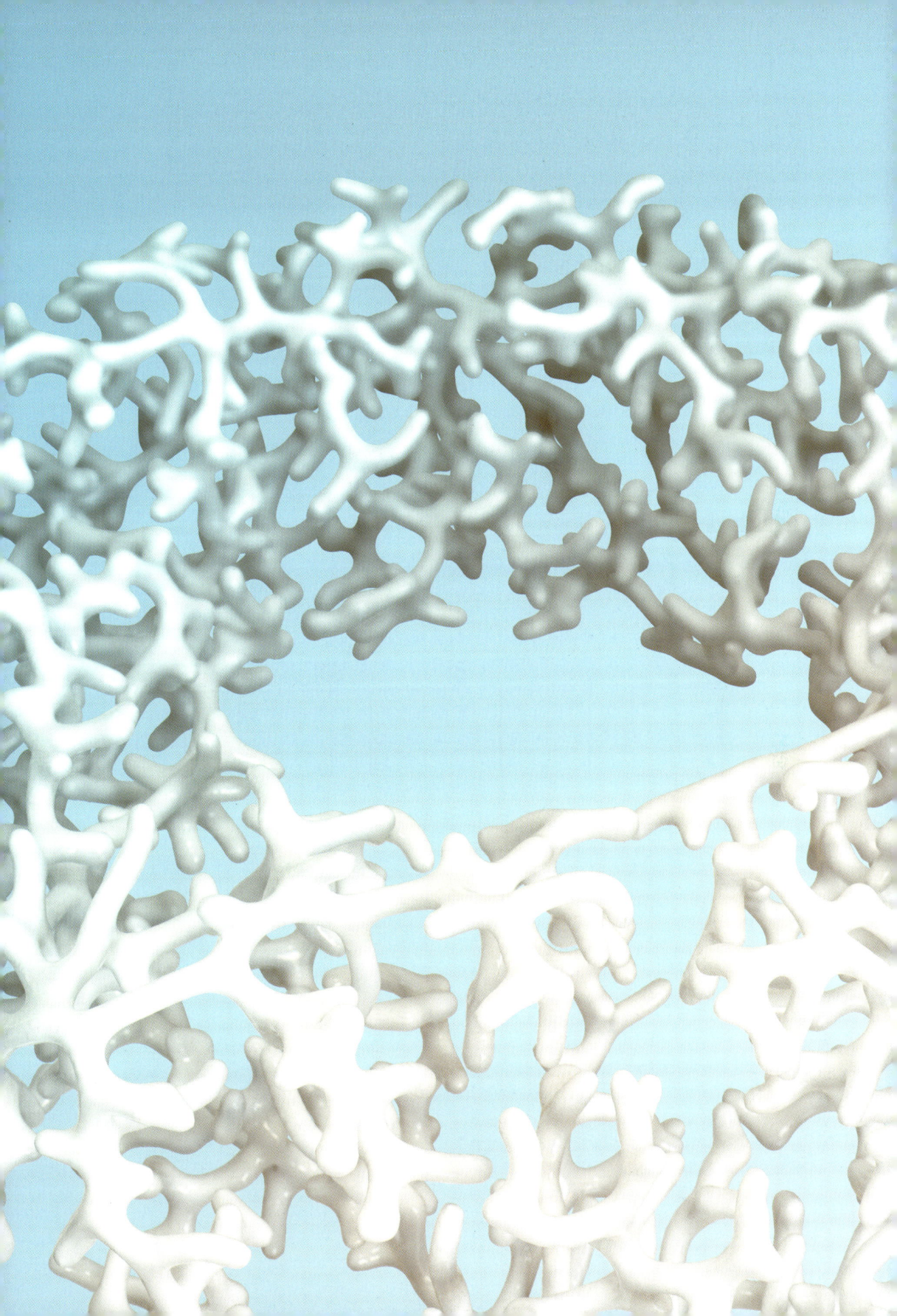

Diffusion-Limited Aggregation
확산율속응집의 알고리즘

※ 확산율속응집 (DLA)의 알고리즘

DLA는 점균처럼 서서히 가지를 뻗어 성장하는 모습을 시뮬레이션 할 수 있는 알고리즘입니다. 컴퓨터에서 비교적 쉽게 만들 수 있고 연구 목적으로 사용되는 경우도 많습니다. 구체적인 흐름을 점균의 성장 시뮬레이션을 통해 설명하겠습니다.

DLA에 의해 돋아난 황화 구리의 클러스터 [★1]

DLA는 다음과 같은 단계를 거쳐 시뮬레이션을 실시합니다. [★2]

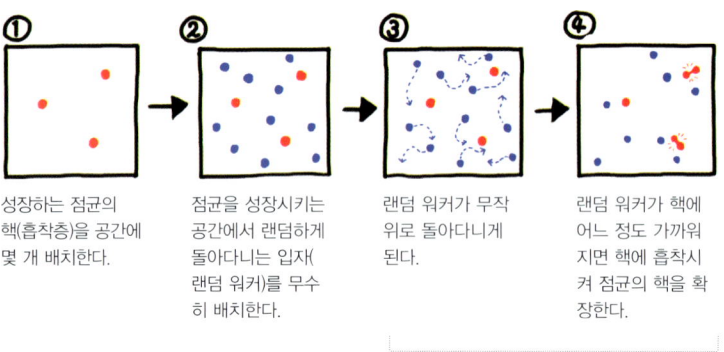

① 성장하는 점균의 핵(흡착층)을 공간에 몇 개 배치한다.

② 점균을 성장시키는 공간에서 랜덤하게 돌아다니는 입자(랜덤 워커)를 무수히 배치한다.

③ 랜덤 워커가 무작위로 돌아다니게 된다.

④ 랜덤 워커가 핵에 어느 정도 가까워지면 핵에 흡착시켜 점균의 핵을 확장한다.

3~4를 반복한다.

※ 확산율속응집(DLA) 알고리즘의 고속화

이 랜덤하게 움직이는 입자(랜덤 워커)가 점균의 핵에 다가갔을 때 처음으로 핵을 확장하는 방법에는 약점이 하나 있습니다. 그것은 점균이 성장하기 위해서는 랜덤 워커가 핵에 가까워질 때까지 기다려야 하며, 점균이 성장하기까지 상당한 시간이 걸린다는 점입니다. 물론 현실 공간에서의 실제 성장과정보다 근접한 형태로 시뮬레이션 할 수 있다는 장점도 있습니다. 단지 점균의 패턴을 보여주는 것뿐이라면, 랜덤 워커가 움직이고 있는 모습은 보여줄 필요가 없습니다.

★1 Kevin R Johnson, CC BY-SA 3.0(http://creativecommons.org/licenses/by-sa/3.0/)
★2 Paul Bourke "DLA-Diffusion Limited Aggregation," http://paulbourke.net/fractals/dla

그래서 보여줄 필요가 없는 과정을 간략화하여 DLA의 계산을 좀 더 빠르게 실시하여 성장해가는 점균 패턴을 고속으로 시뮬레이션하는 방법을 설명하고자 합니다. 구체적으로는 DLA의 계산 과정을 다음과 같이 변경합니다.[*3]

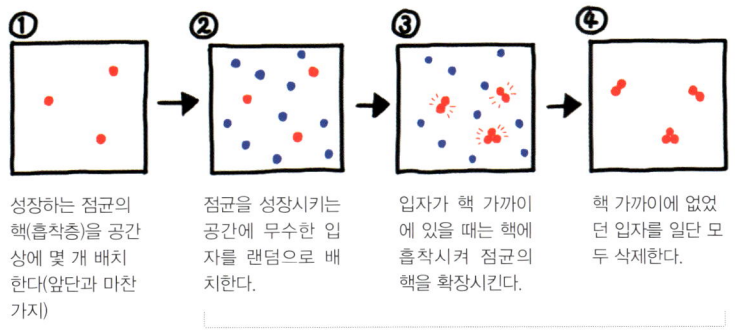

이렇게 무수한 입자를 배치한 시점에 핵과 가까운지 여부를 판별하고, 가까우면 핵을 확장합니다. 그 시점에서 핵에 가까운 입자를 일단 모두 삭제한 다음, 다시 무수히 입자를 분포시켜 핵과 가까운지 여부를 확인하는 과정을 반복합니다. 랜덤 워커의 과정을 생략함으로써 외형은 변하지 않고 빠르게 점균 패턴을 만들 수 있게 됩니다.

이 방법은 2차원이든 3차원이든 변함없이 사용할 수 있습니다. 이 레시피에서는 3차원 공간상에서 점균 시뮬레이션을 후디니로 해보고자 합니다.

★3 "Coding Challenge #34: Diffusion-Limited Aggregation," https://www.youtube.com/watch?v=Cl_Gjj80gPE&t=220s

Diffusion-Limited Aggregation 확산율속응집 레시피

이 레시피에서는 확산율속응집(DLA)의 알고리즘을 이용하여 임의의 3차원 공간에 점균을 만드는 시뮬레이션 방법을 설명하겠습니다. 알고리즘 항목에서 설명한 바와 같이 DLA 계산을 할 때 일반적으로 사용되는 랜덤 워크 방법은 결과가 나오기까지 시간이 걸리기 때문에 빠르게 지오메트리 결과를 얻기 위해 실제와 유사한 랜덤 워크 포인트를 이용하는 것이 핵심입니다.

네트워크 다이어그램

Step 1
점균 성장을 위한 베이스 설정을 한다

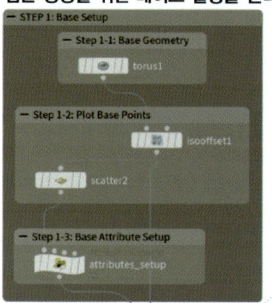

Step 2
확산 율속 응집(DLA) 시뮬레이션을 실시한다

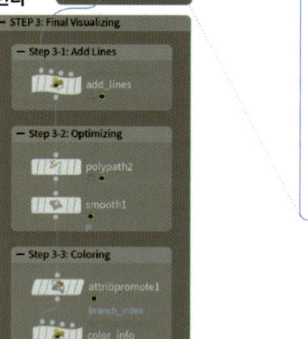

Step 3 점균을 시각화한다

메인 파라미터

이름	유형	범위	기본값	설명
source_num	Integer	0 – 10	5	점균의 성장원 수
source_seed	Float	0 – 10	5	점균의 성장원 위치의 랜덤 시드 값
feed_clearance	Float	0 – 1	0.2	점균의 성장 대상 후보를 위한 마진 값
feed_density	Float	0 – 1	0.2	점균의 성장 대상 후보의 밀도
branch_length	Float	0 – 1	0.1	점균 가지의 길이
branch_radius	Float	0 – 0.1	0.025	점균 가지의 두께

Step 1

1-1 베이스 지오메트리 만들기

우선, 점균류를 성장시킬 3차원 공간을 만듭니다. 닫힌 폴리곤 지오메트리라면 어떤 형태든 괜찮지만, 여기서는 토러스(Torus) 모양을 이용하도록 하겠습니다.

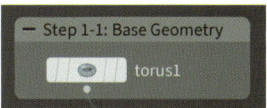

Torus 노드   Uniform Scale 파라미터를 5로 설정합니다.

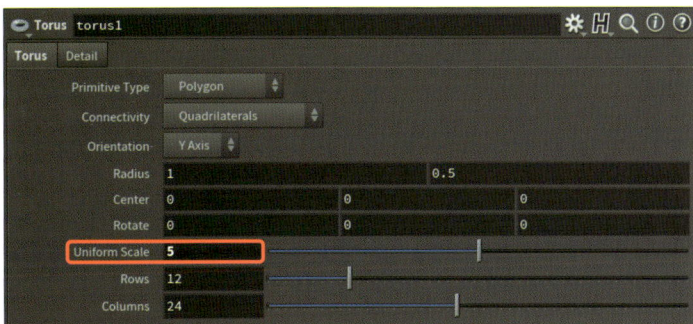

Torus 노드의 파라미터

1-2 점균의 베이스가 될 포인트 만들기

다음으로 점균의 성장이 시작되는 시작점을 설정합니다. Step 1-1에서 만든 베이스에서 점균 자체가 성장하기를 원하므로, 점균의 시작점도 베이스 안에 있어야 합니다. 따라서 이를 위해 해당 포인트를 배치할 후보지를 볼륨으로 만들도록 하겠습니다.

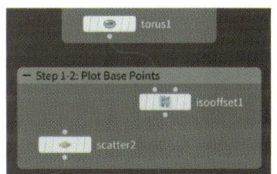

IsoOffset 노드   Torus 노드와 연결하고, Uniform Sampling Divs 파라미터를 100으로 설정하여 볼륨의 해상도를 올립니다. 이로써 Torus 지오메트리를 볼륨으로 채울 수 있게 됩니다.

IsoOffset 노드의 파라미터

점균의 시작점을 배치하기 위한 후보지 역할의 볼륨이 만들어졌다면 실제로 지정된 수만큼 해당 볼륨에 포인트를 랜덤으로 배치합니다.

Scatter 노드   IsoOffset 노드와 연결합니다. ForceTotalCount 파라미터를 메인 파라미터와 익스프레션으로 링크시켜, 점균의 시작점 수를 제어할 수 있도록 합니다. 또한 Global Seed 파라미터도 메인 파라미터와 링크하여 시작점이 배치되는 위치를 랜덤하게 변경할 수 있도록 합니다.

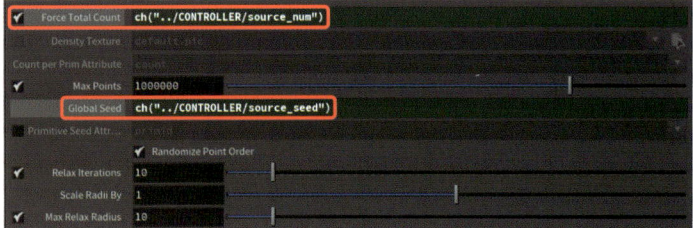

Scatter 노드의 파라미터

1-3 점균의 베이스가 되는 포인트 설정하기

이제 PointWrangle 노드를 사용하여 DLA 계산에 필요한 어트리뷰트를 각 시작점에 추가합니다.

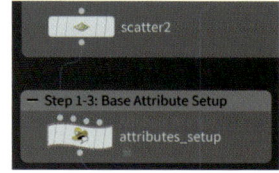

Point Wrangle 노드 첫 번째 인풋과 Scatter의 아웃풋을 연결하고, 다음과 같이 VEX 코드를 작성합니다.

《Point Wrangle 노드의 코드》

```
// 베이스 어트리뷰트를 설정한다.
i@branch_num = -1; //branch_num라는 이름의 정수 어트리뷰트에 초기 값으로-1을 저장한다.
i@branch_index = 0; //branch_index라는 이름의 정수 어트리뷰트에 초기 값으로 0을 저장한다.
```

여기에서는 각 점균의 시작점에 branch_num과 branch_index라는 정수 어트리뷰트에 초기값을 저장하고 있습니다. branch_num은 그 포인트가 몇 번 포인트와 선으로 연결되어 있는지에 대한 정보가 되며, branch_index는 몇 번째 프레임에서 그 포인트가 만들어졌는지에 대한 정보입니다.

Step 2

다음으로 SOP Solver를 사용하여 DLA 시뮬레이션을 진행합니다. 각 프레임에서 이전 프레임의 상태를 참조해서 점균을 서서히 성장시키는 구조를 만듭니다.

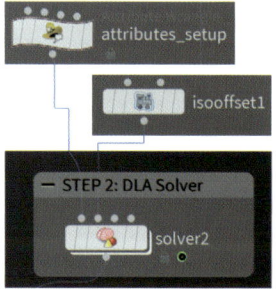

Solver 노드 첫 번째 인풋과 Point Wrangle 노드를 연결합니다. 또 Solver 노드의 두 번째 인풋과 Step 1-20에서 만든 IsoOffset 노드를 연결합니다. Solver 노드를 더블 클릭하여 네트워크 안으로 들어갑니다.

2-1 랜덤 워크 포인트 배치를 위한 후보 위치 설정하기

먼저 DLA 알고리즘을 구현함에 있어서 기존 점균에 부딪힐 때까지 자유롭게 돌아다니는 포인트(랜덤워크 포인트)를 공간상에 배치해야 합니다. 다만 이번에는 알고리즘 항목에서도 설명했듯이 실제로 기존 점균에 부딪힐 때까지 배회하도록 하면 시간이 너무 많이 걸리기 때문에 보다 빠르게 시뮬레이션하기 위해 기존의 점균 주변에 랜덤 포인트를 배치하고, 그 포인트를 점균에 최단 거리로 흡착시킴으로써 "점균에 부딪혔다"고 간주하기로 하겠습니다.

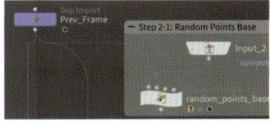

이를 위해, 우선은 주변의 포인트를 배치하는 후보지를 만들 필요가 있습니다. 여기에서는 그 후보지를 볼륨으로 만들기로 합니다.

`Volume Wrangle 노드` 첫 번째 인풋과 토러스 모양의 볼륨을 얻을 수 있는 Input_2 노드를 연결합니다. 또 Volume Wrangle의 두 번째 인풋과 Prev_Frame을 연결합니다.

그 후, 다음과 같이 VEX 코드를 작성하여 기존 네트워크 근처 볼륨의 밀도를 0으로 만듭니다.

《Volume Wrangle 노드의 코드》

```
// 볼륨의 각 복셀 위치 가까이에 있는 Prev_Frame에서 얻을 수 있는 포인트를 찾는다. 이 때,
// 탐색 범위를 dist라는 이름의 파라미터에서 읽어들인다.. 이 검색 범위 내에 포인트가 없는 경우는 -1을 반환한다.
int npt = nearpoint(1, @P, chf("dist"));
if(npt != -1) { //탐색 범위 내에서 포인트가 발견됐을 때
    f@density = 0; //볼륨의 밀도(density) 값을 0으로 한다.
}
```

dist: `ch("../../../../CONTROLLER/feed_clearance")`

Volume Wrangle 노드의 파라미터

이 결과 얻어진 볼륨 모양을 랜덤 워크하는 포인트가 배치될 후보지로 이용할 수 있게 됩니다.

2-2 랜덤 워크 할 포인트 배치하기

랜덤 워크 할 포인트의 후보지가 생겼다면, 그것을 이용해 실제로 포인트를 배치합니다.

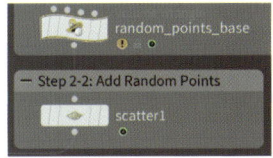

`Scatter 노드` Volume Wrangle 노드와 연결합니다. 여기서는 Volume Wrangle 노드에서 얻은 볼륨의 밀도에 따라 배치되는 포인트 수를 컨트롤하고 싶기 때문에, 우선 Force Total Count 파라미터의 체크박스를 꺼주어 밀도에 따라 포인트 수가 변하게 만듭니다. 그후, Density Scale 파라미터와 메인 파라미터를 익스프레션으로 아래와 같이 링크하여 밀도에 따라 어느 정도 포인트 수가 배치될지 제어할 수 있도록 합니다. 마지막으로, Global Seed파라미터에 "$F"라고 입력하여 매 프레임 포인트가 생성될 위치를 랜덤으로 할 수 있습니다.

Density Scale: `ch("../../../../CONTROLLER/feed_density")`

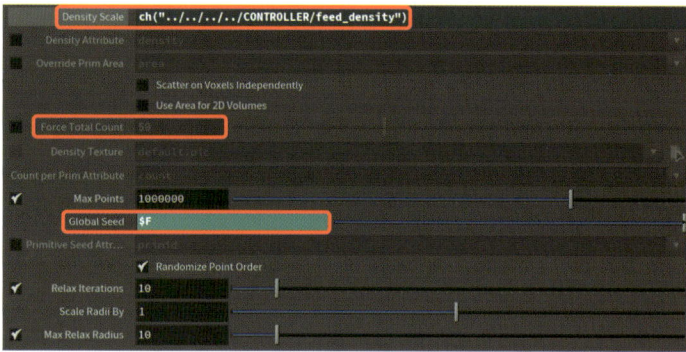

Scatter 노드의 파라미터

2-3 랜덤 워크 포인트를 기존의 점균에 달라붙게 하기

랜덤 워크 포인트가 공간에 배치되면 다음에 할 일은 기존 점균 네트워크에 그 포인트를 흡착시켜 점균을 확장시키는 단계입니다. 이를 Point Wrangle을 사용하여 실시합니다.

Point Wrangle 노드 첫 번째 인풋과 Scatter 노드를 연결합니다. 또 두 번째 인풋과 Prev_Frame노드를 연결합니다. 그후, 다음과 같이 VEX 코드를 작성합니다.

우선은 chf 함수에서 정의하고 있는 branch_length라는 변수를 메인 파라미터와 익스프레션으로 링크하고 있습니다. 이것을 사용하여 점균의 네트워크 1개 라인 분 만큼의 길이를 조절할 수 있게 합니다.

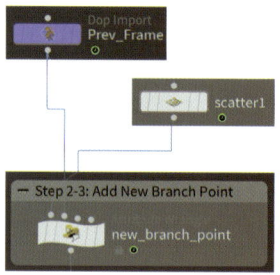

《Point Wrangle 노드의 코드》

```
// 가지의 길이를 나타내는 파라미터 값을 불러들인다.
float branch_length = chf("branch_length");
......
```

branch_length: ch("../../../../CONTROLLER/branch_length")

Point Wrangle 노드의 파라미터

알고리즘 항에서 설명한 DLA 생성 절차 중 "흡착"과 "확장" 부분을 만들어 갑니다. 구체적으로는 랜덤 워크하는 각 포인트로부터 가장 가까운 포인트를 찾아내어 그 위치에 랜덤 워크하는 포인트를 흡착시킵니다. 그대로라면 점균이 확장되지 않기 때문에 흡착된 포인트를 기존 점균 네트워크로부터 1개 라인 분 길이의 거리만큼 이동시킵니다.

```
......
// Scatter 노드에서 생성된 포인트에서 가장 가까이 있는,
// Prev_Frame에서 얻을 수 있는 가지다발을 구성하는 포인트를 찾는다.
int npt = nearpoint(1, @P);
// 가장 가까이에 있던 가지다발의 포인트 위치 정보를 얻는다.
vector npos = point(1, "P", npt);
// 그 포인트들의 branch_index라는 이름의 어트리뷰트에 저장되어 있는 가지 번호를 얻는다.
int bindex = point(1, "branch_index", npt);

// 가장 가까이에 있던 가지다발의 포인트에서 Scatter 노드로부터 생성 된 포인트로 향하는 벡터를.
// branch_length의 크기로 만든다.
vector dir = normalize(@P - npos) * branch_length;
```

```
// Scatter 노드에서 생성된 각 포인트의 위치를, 가장 가까운 지점 가지 갈래 다발의 포인트 위치로 이동하고, 방금 만든
벡터로 갈래의 크기만큼 추가로 더 이동한다.
@P = npos + dir;
```

마지막으로, 나중에 포인트가 점균 네트워크의 계층 위치 정보를 이용하여 선 네트워크를 묘사할 수 있도록 합니다.

```
……
// branch_num이라는 정수 어트리뷰트에,
// 몇 번 포인트에서 이동되었는지 정보를 저장한다.
i@branch_num = npt;
// branch_index 어트리뷰트에 이동원본 포인트 가지 번호인 branch_index보다
// 1 큰 값을 저장한다. 이를 통해 가지가 생성된 순서를 알 수 있다.
i@branch_index = bindex + 1;
```

2-4 기존의 점균과 랜덤 워크 포인트 결합하기

여러 랜덤 워크 포인트를 점균 네트워크에 흡착시킨 것만으로는 흡착된 포인트 사이의 거리가 너무 가까운 경우가 있습니다. 그래서 Fuse 노드로 너무 가까운 포인트를 하나로 정리합니다.

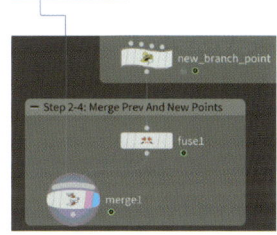

Fuse 노드 Step 2-3에서 만든 Point Wrangle 노드와 연결합니다. 그 다음, Fuse 노드의 Distance 파라미터를 메인 파라미터인 branch_length와 연결하여 포인트 간 거리가 점균 네트워크의 1 라인정도보다 크지 않도록 합니다. 덧붙여, 파라미터의 Keep Unused Points 체크박스를 선택해서 프리미티브에 속해 있지 않은 포인트가 사라지지 않도록 설정합니다.

Distance: `ch("../../../../CONTROLLER/branch_length")`

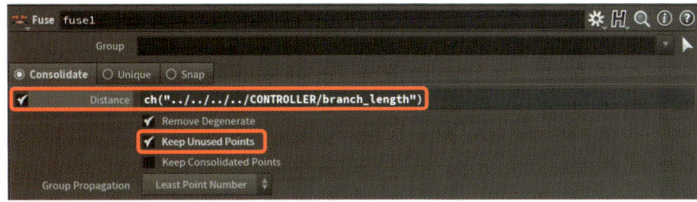

Fuse 노드의 파라미터

마지막으로 Merge 노드를 사용하여 기존 점균 네트워크인 포인트 그룹과 새로운 점균 네트워크를 확장할 포인트를 결합합니다.

Merge 노드 Prev_Frame 노드와 Fuse 노드의 아웃풋을 연결합니다.

이로써 Solver 네트워크 내에서 DLA를 이용한 점균 네트워크 성장 시뮬레이션 설정이 완성되었습니다. 여기까지 되었다면, Solver 네트워크에서 빠져나옵니다.

Step 3

3-1 점군 네트워크를 라인으로 표현하기

Solver 네트워크로 타임 프레임이 진행될수록 점차 점군 네트워크가 성장해 가는 시뮬레이션을 할 수 있었습니다. 하지만, 지금 상태는 네트워크라고는 해도 포인트 그룹 집단일 뿐이기 때문에 다음으로 할 일은 이 네트워크를 시각화하는 것입니다. 우선 각 포인트에 저장된 어트리뷰트를 이용하여 선을 그려내기 위해 Point Wrangle 노드를 이용합니다.

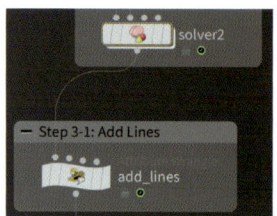

`Point Wrangle 노드` 첫 번째 인풋과 Solver 노드의 아웃풋을 연결합니다. 그리고 다음과 같이 VEX 코드를 작성합니다.

《Point Wrangle 노드의 코드》

```
// Solver에서 생성된 각 포인트가 어느 포인트와 연결되어 있는지에 대한 정보를 포인트에 저장되어 있는
branch_num이라는 이름의 어트리뷰트에서 얻는다.
int branch_pt = i@branch_num;

// 자신과 포인트와 연결된 포인트를 선으로 묶는다.
if(branch_pt >= 0){ // 찾아낸 번호가 0 이상일 때(연결된 포인트가 있을 때)
    // Solver의 각 포인트 번호를 나타내는 @ptnum과, 그것과 연결되어 있는 포인트를 나타내는
    // branch_pt라는 변수를 사용하여 두 점을 잇는 라인을 만든다.
    int polyline = addprim(0, "polyline", branch_pt, @ptnum);
}
```

이로써 점군(Point Cloud)일 뿐이었던 점군 네트워크를 선의 모임 집단으로 표현할 수 있게 됩니다.

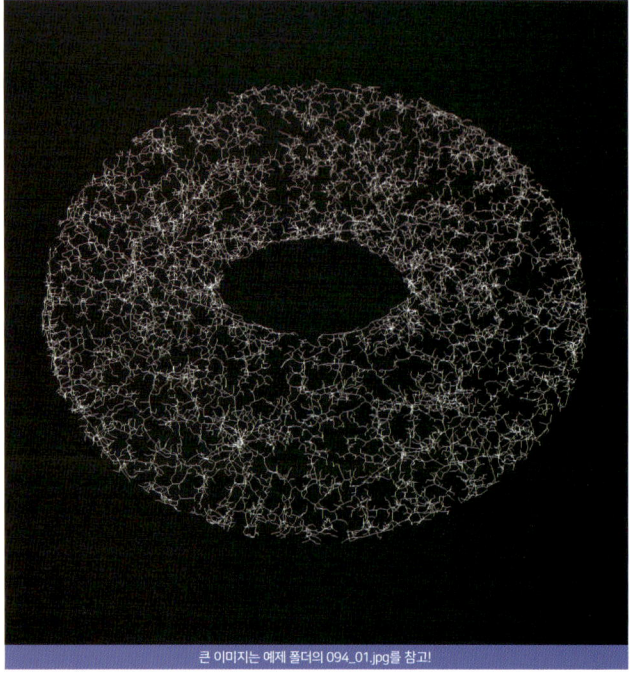

큰 이미지는 예제 폴더의 094_01.jpg를 참고!

3-2 점균 네트워크 정리하기

이 시점에서 선으로 표현된 네트워크를 만들 수 있었습니다만, 현재는 하나하나의 선이 각각 분리되어 연결되지 않는 상태로, 두 개의 포인트로 구성된 하나의 프리미티브로써 선이 많이 있는 상태입니다. 이대로도 괜찮지만 불편한 점이 하나 있습니다. 그것은 이렇게 분해된 상태의 네트워크에서는 전체에 스무스를 걸 수 없다는 점입니다. 그렇기 때문에 우선적으로 분리된 선 네트워크를 가능한 한 많이 연결합니다.

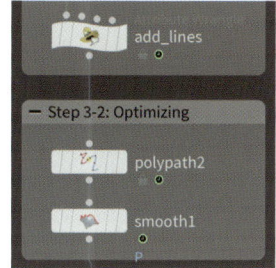

PolyPath 노드   Step 3-1에서 만든 Point Wrangle 노드와 연결하고, PolyPath 노드의 파라미터에서 Connect End Points 체크박스를 체크합니다.

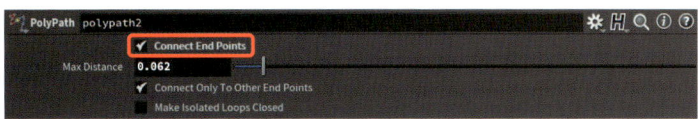

PolyPath 노드의 파라미터

이렇게 하면 연결된 선을 가능한 한 많이 정리할 수 있게 됩니다. 이 때, 세갈래 방향 이상으로 갈라진 선은 하나로 정리할 수 없다는 점에 유의해야 합니다. 이 상태가 되면 Smooth 노드를 사용하여 점균 네트워크에 스무스를 걸 수 있게 됩니다.

Smooth 노드   Poly Path 노드와 연결하면 네트워크에 스무스가 걸리게 됩니다.

3-3 점균 네트워크에 컬러 입히기

다음은 네트워크에 컬러를 입힙니다. 여기서는 각 포인트가 가지는 branch_index라는, 해당 포인트가 몇 번째 계층에 있는지에 대한 정보를 이용하여 색을 입히고자 합니다. 그런 다음 우선 필요한 정보로, 모든 포인트 중 가장 아래 계층의 번호를 Attribute Promote 노드를 이용하여 얻습니다.

Attribute Promote 노드   Smooth 노드와 연결합니다. 파라미터를 다음과 같이 설정하여 디테일의 branch_max라는 어트리뷰트에 전체 포인트 중 가장 큰 branch_index가 저장되도록 설정합니다.

Attribute Promote 노드의 파라미터

Point Wrangle 노드를 사용하여 각 포인트에 저장되어 있는 branch_index 정보를 0~1사이의 수치로 리맵핑하여 컬러 정보로 이용하기 쉽도록 합니다.

`Point Wrangle 노드`   Attribute Promote 노드와 연결하고, 다음과 같이 VEX 코드를 작성합니다.

《Point Wrangle 노드의 코드》

```
// 디테일의 branch_max라는 어트리뷰트에서 가지 번호의 최대값을 얻는다.
int branch_max = detail(0, "branch_max");


// 포인트의 색상 정보로 이용하는 플로팅 포인트 타입의 col이라는 어트리뷰트에
// 가지 번호의 최대값을 이용해 0~1 범위로 리맵핑하고 저장한다.
f@col = i@branch_index / float(branch_max);
```

그리고 다음은 Color 노드를 사용하여 방금 만든 이 col이라는 어트리뷰트에 따라 점균 네트워크에 컬러를 입힙니다.

`Color 노드`   파라미터에서 Color Type을 `Ramp from Attribute`로 하고 Attribute를 `col`로 설정합니다. 그런 다음 Attribute Ramp라는 파라미터로 col 값에 따라 그라데이션 된 색상을 만듭니다.

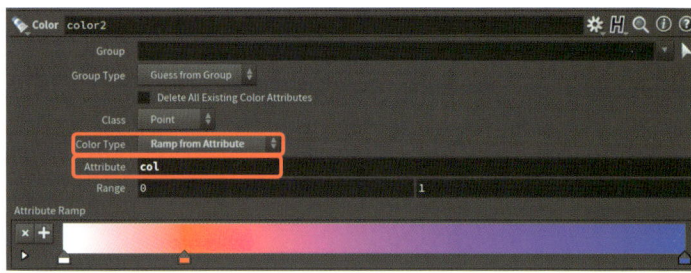

Color 노드의 파라미터

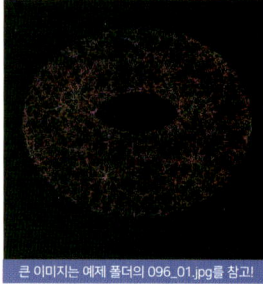

큰 이미지는 예제 폴더의 096_01.jpg를 참고!

이것으로 컬러를 입힌 점균 네트워크를 만들 수 있었습니다.

3-4 점균 네트워크에 두께 주기

마지막 단계로, 이 점균 네트워크에 두께를 주고 렌더링 가능한 상태로 만들겠습니다.

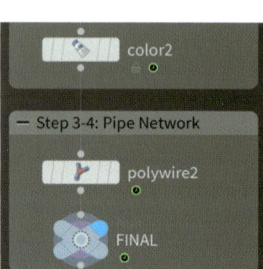

`PolyWire 노드`   파라미터에서 Wire Radius를 메인 파라미터인 branch_radius와 연결하여 네트워크의 두께를 제어할 수 있도록 합니다. 또 Divisions를 10으로 설정하여 단면이 원형인 파이프 네트워크가 되도록 합니다.

Wire Radius: `ch("../CONTROLLER/branch_radius")`

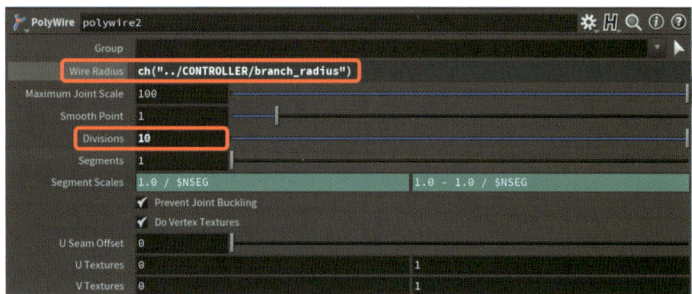

PolyWire 노드의 파라미터

이것으로 점균 네트워크의 두께를 제어할 수 있게 되어, 점균 네트워크는 완성됩니다. 이제는 메인 파라미터의 수치를 다양하게 바꿈으로써 다양한 점균 네트워크를 만들어 볼 수 있게 됩니다. 혹은 베이스가 된 토러스 형상 자체를 다른 형태(닫힌 폴리곤)로 교체하여, 원하는 지오메트리 안에서 점균 네트워크를 성장시킬 수도 있게 됩니다.

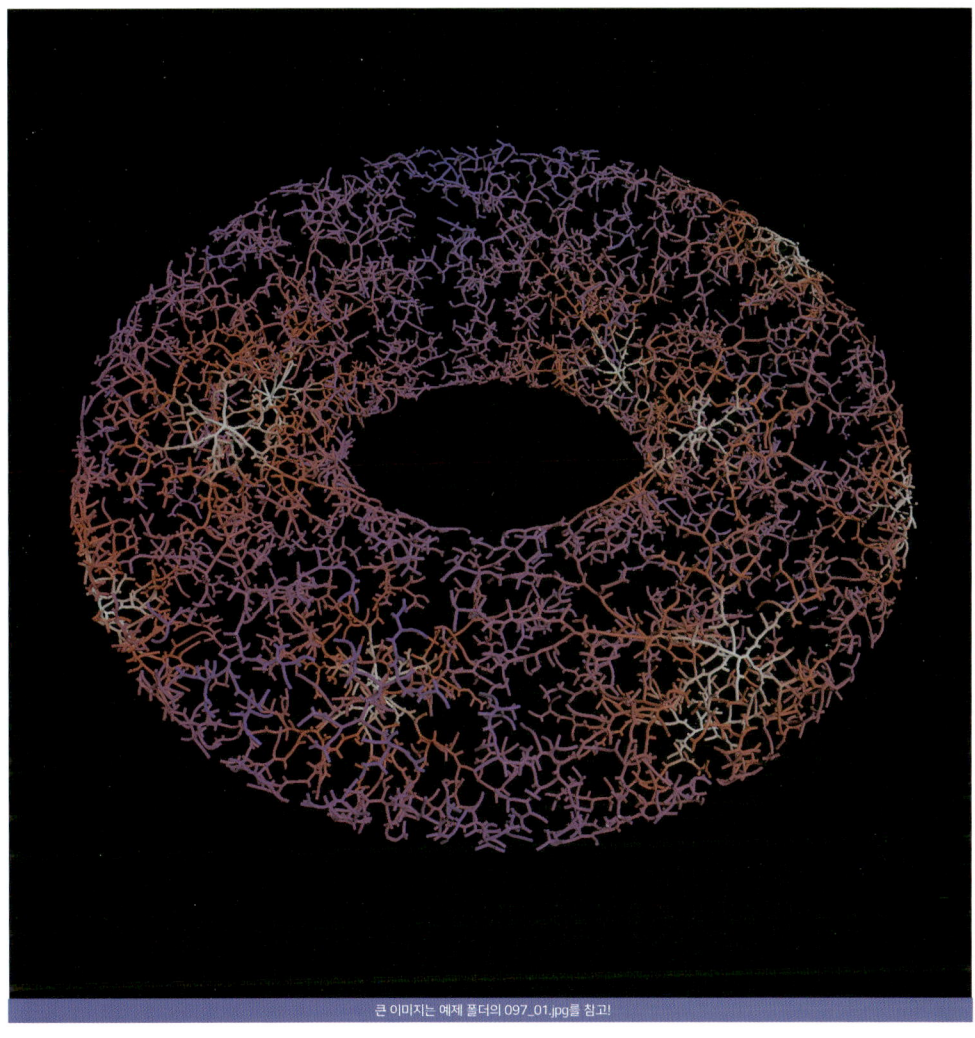

큰 이미지는 예제 폴더의 097_01.jpg를 참고!

제작과정 동영상 >> 확산율속응집.mp4

05
Iris

홍채 네트워크

사람의 눈동자는 각각 다른 색상이나 섬유의 흐름을 가지고 있는데, 이것을 결정하는 것은 동공 주변에 있는 홍채라고 불리는 얇은 막입니다. 홍채는 앞에 있는 실질층과 안쪽에 있는 상피 이렇게 두 가지 세포 층으로 되어 있고, 실질층에서 눈동자의 색이나 섬유의 흐름이 결정됩니다. 눈동자를 확대 해보면 무수한 흰색 콜라겐 섬유가 홍채 바깥쪽에서부터 동공을 향해 뻗어가는 네트워크를 형성하고 있는 것을 확인할 수 있습니다. 이 흐름은 사람에 따라 다양하며, 거의 모든 섬유가 직선형태로 뻗어 있는 경우도 있고, 파도처럼 굽이치거나, 꽃무늬를 모양을 이루기도 합니다. 이 장에서는 눈동자 속 홍채의 수많은 섬유 흐름의 구조를 생각하고, 그것을 후디니로 재현하는 방법에 대해 설명합니다.

Iris Network 홍채 네트워크의 알고리즘

✸ 홍채(섬유) 네트워크의 유형

눈동자의 홍채에서 볼 수 있는 섬유 네트워크 형태의 생성 알고리즘을 연구한 예는 특별히 없습니다. 그래서 여기서는 눈동자 사진에서 어떤 구조를 만들면 이런 섬유 네트워크를 재현할 수 있는지 생각해 보겠습니다.

우선, 어떤 종류의 섬유 흐름이 있는지를 살펴보도록 하겠습니다. Rayid International이라는 단체에서 눈동자의 상태에 따라 사람의 성격 등을 진단할 수 있는 Rayid 모델을 주장하고 있습니다. 이 모델에서 홍채 섬유 흐름의 타입을 크게 두 가지로 분류하고 있는데 눈동자 바깥쪽에서 중심의 검은 점을 향해 직선으로 흐르는 타입을 Stream이라 하고, 눈동자 외주 근처에 꽃잎과 같은 흐름을 확인할 수 있는 타입을 Flower라 부릅니다.

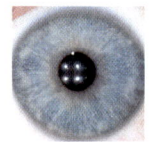
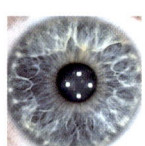

Stream 타입[★1]   Flower 타입[★2]

Flower 타입을 자세히 살펴보면, 앞에 있는 섬유는 꽃잎과 같은 모양을 하고 있지만 안쪽에 있는 섬유는 Stream 타입과 동일하게 눈동자의 중심을 향해 직선으로 뻗어 있다는 것을 알 수 있습니다. 그러한 의미에서 Flower 타입은 전면에서 무엇인가 힘이 가해져서 만들어진 Stream 타입의 변종으로도 받아들일 수 있을 것 같습니다.

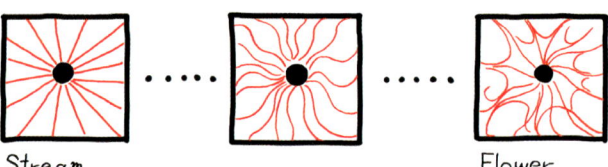

여기에서는 Stream 타입을 바탕으로 구체적으로 어떤 알고리즘을 작성하면 이런 네트워크를 재현할 수 있을지에 대해 생각해 보겠습니다.

✸ 홍채 네트워크의 알고리즘

우선, 베이스가 되는 아이디어로 홍채 공간에는 어떠한 힘(Force field)이 흐르고 있다고 가정합니다. 그 힘에 의해 선이 Stream처럼 중심의 원으로 당겨지거나 혹은 Flower처럼 꽃잎 모양을 만든다고 가정합니다. 그리고 그 공간의 앞뒤에(눈동자를 정면에서 봤을 때의 앞과 안쪽)서로 다른 힘의 장이 흐르고 있어 앞으로 올수록 Flower와 같은 모양을 형성하는 힘(Force field)이 생기기 쉽다고 가정해 봅시다.

★1 Alexandra Meadors, CC BY 4.0(https://galacticconnection.com/what-does-the-structure-of-your-iris-say-about-you/)
★2 https://rayid.com/iris-patternsstructures/

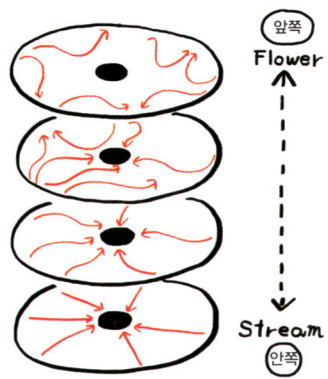

구체적으로, 홍채의 안쪽으로 들어가면 들어갈수록 바깥에서 중심에 흐르는 힘이 강해지고, 홍채 앞쪽으로 향할수록 난기류가 강하게 작용하여, 맨 앞까지 오면 중심으로 향하는 힘은 약해지고 난기류가 주가 된다고 상상해 봅시다.

이러한 힘(Force field)이 있다고 가정하고, 각각의 계층에서 홍채의 바깥쪽 둘레에 달린 실을 힘이 흐르는 공간에 느슨하게 늘어뜨렸을 때를 생각해 봅니다. 안쪽의 계층에서 실의 끝은 눈동자 중심의 검은 원에 빨려 들어가게 됩니다. 그리고 앞쪽으로 가면 갈수록 검은 원으로 향하는 흐름은 사라져 랜덤한 방향으로 실이 흘러, 때로는 중심으로 올 수도 있고, 혹은 바깥쪽으로 돌아가버릴 수도 있을 것입니다. 본 레시피에서는 이 가정을 바탕으로한 알고리즘을 작성해 보고자 합니다.

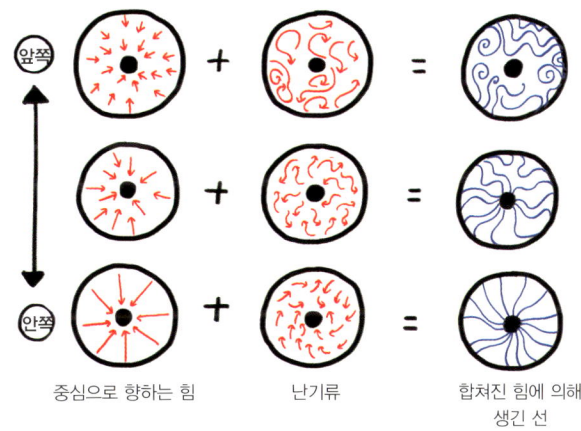

Iris Network 홍채 섬유 네트워크의 레시피

이 레시피에서는 눈동자의 홍채에서 볼 수 있는 섬유 네트워크의 모양을 재현하는 방법을 설명합니다. 눈동자의 관찰을 바탕으로 앞쪽에 있는 섬유 네트워크는 보다 굽이치고 안쪽으로 갈수록 그 흔들림은 약해집니다. 또한, 동공(눈동자의 검은 점) 부분은 구멍이 뚫려있는 상태로 전체가 렌즈의 형태가 되도록 하고자 합니다.

네트워크 다이어그램

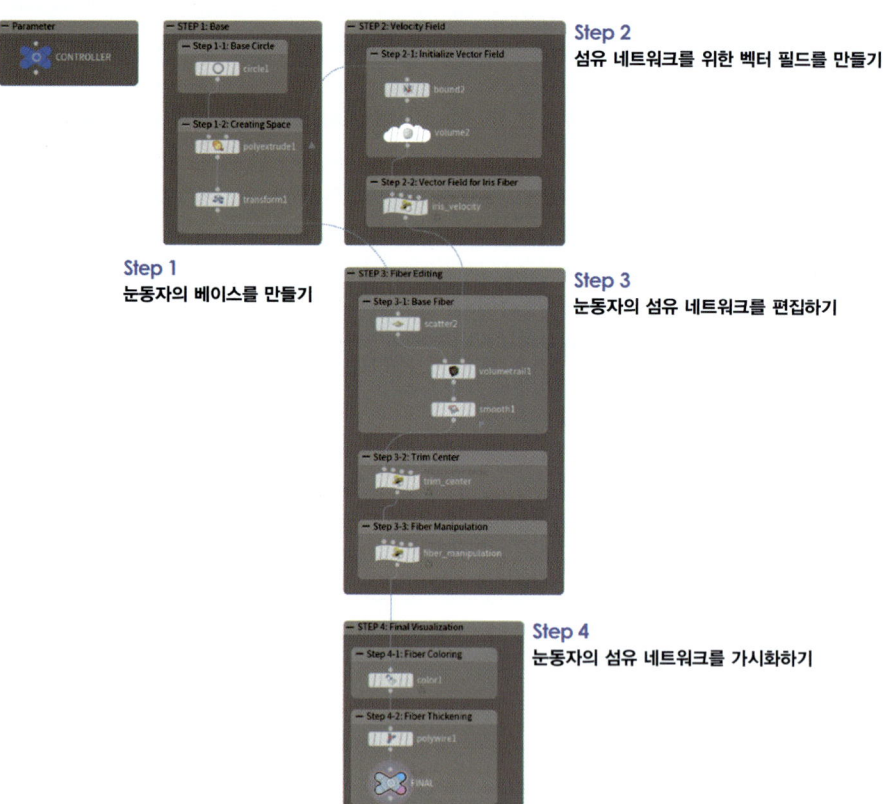

메인 파라미터

이름	유형	범위	기본값	설명
height	Float	0 – 5	1	눈동자 전체 높이
outer_radius	Float	0 – 10	5	눈동자 홍채의 반지름
inner_radius	Float	0 – 10	1	눈동자 동공의 반지름
num_points	Integer	0 – 3000	3000	섬유 네트워크의 수
turbulance_min_scale	Float	0 – 2	0.035	높이에 따른 난기류 노이즈의 최소값
turbulance_max_scale	Float	0 – 2	1.5	높이에 따른 난기류 노이즈의 최대값
turbulance_smoothness	Float	0 – 2	1.45	난기류 노이즈의 스케일 값
fiber_radius	Float	0 – 0.1	0.1	섬유 네트워크의 두께
random_seed	Integer	0 – 1000	724	섬유 네트워크의 랜덤 시드 값

Step 1

1-1 눈동자 홍채의 베이스가 되는 원형 만들기

우선 눈동자 홍채의 베이스가 되는 원을 만듭니다.

Circle 노드 파라미터에서 Primitive Type을 NURBS Curve로, Orientation을 ZXPlane으로 설정합니다. 그 위에 Uniform Scale을 메인 파라미터인 outer_radius와 익스프레션으로 링크시켜 반경을 제어할 수 있도록 합니다.

Uniform Scale: ch("../CONTROLLER/outer_radius")

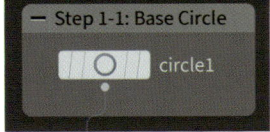

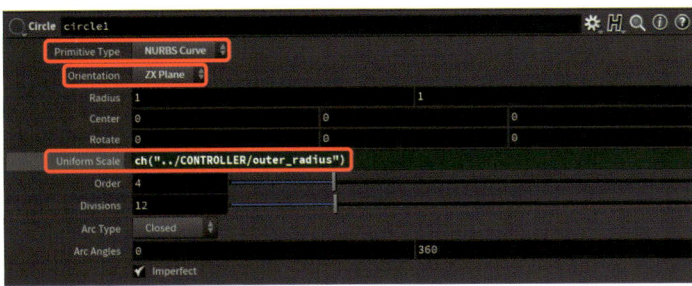

Circle 노드의 파라미터

1-2 섬유 네트워크를 위한 공간 만들기

다음으로 원을 3차원으로 만들어 섬유 네트워크를 위한 공간을 만듭니다.

PolyExtrude 노드 첫 번째 인풋과 Circle 노드의 아웃풋을 연결합니다. 파라미터에서 Distance를 메인 파라미터인 height와 익스프레션으로 링크하여 높이를 조절할 수 있도록 합니다. 또한 Extrusion 탭에 있는 Output Front 체크박스의 체크를 제거함으로써 측면만 생성되도록 합니다.

Distance: ch("../CONTROLLER/height")

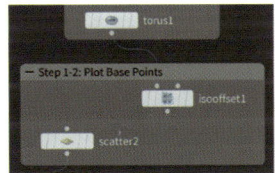

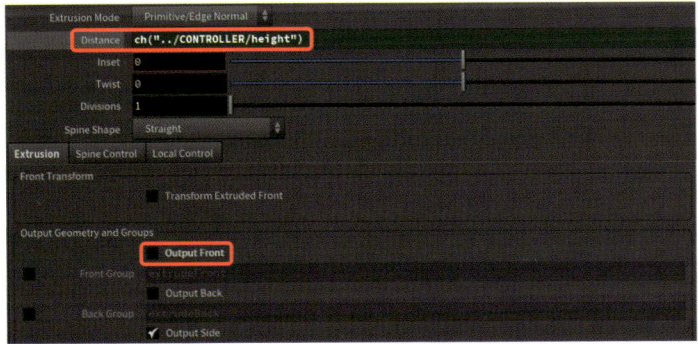

PolyExtrude 노드의 파라미터

PolyExtrude로 생성된 지오메트리는 −Y축 방향으로 솟아오른 상태이므로 PolyExtrude 시작 높이의 절반 거리를 +Y축 방향으로 이동시켜 지오메트리의 중심점이 원점에 오도록 합니다.

Transform 노드 Translate Y 값이 메인 파라미터인 height의 절반 값이 되도록 익스프레션을 작성합니다.

Translate(Y): ch("../CONTROLLER/height")/2

Translate 노드의 파라미터

큰 이미지는 예제 폴더의 104_01.jpg를 참고!

Step 2

2-1 벡터 필드의 베이스 만들기

다음은 섬유 네트워크의 흐름을 조작하기 위한 벡터필드를 만듭니다.

Bound 노드 Step 1-2에서 만든 Transform 노드의 아웃풋과 연결합니다. 이제, 원을 지정된 높이로 돌출된 지오메트리를 둘러싼 박스 모양을 얻을 수 있게 되었습니다.

다음으로 이 상자를 벡터의 볼륨 공간으로 변환합니다.

Volume 노드 Bound 노드와 연결합니다. 그후에 파라미터에서 Rank를 Vector 로 하여 벡터 볼륨으로 변환하도록 설정합니다. 또한 파라미터에서 Name은 velocity로 설정하고 Uniform Sampling Divs를 100으로 설정합니다.

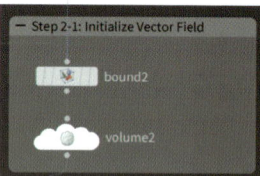

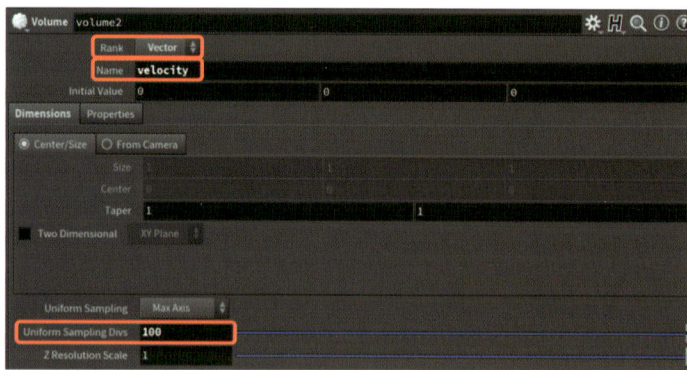

Volume 노드의 파라미터

104 Chapter 3 레시피 편

2-2 벡터 필드 설정하기

벡터 필드의 베이스를 만들었으니, 이제는 실제 벡터 필드를 설정하겠습니다. 눈동자의 홍채 섬유 네트워크를 만드는 레시피에서 가장 중요한 것이 이 벡터 필드를 만드는 부분입니다.

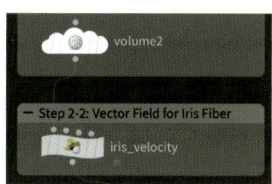

`Volume Wrangle 노드` 첫 번째 인풋과 Volume 노드를 연결하여 다음과 같이 VEX 코드를 작성합니다.

우선 chf 함수에서 정의하고 있는 변수를 프로모트하고, 메인 파라미터와 익스프레션으로 링크하여 나중에 한꺼번에 컨트롤 할 수 있게 합니다.

《 Volume Wrangle 노드의 코드 》
```
// 변수
// 눈동자 전체의 높이를 나타내는 height라는 이름의 파라미터 값을 읽어들인다.
float height = chf("height");
// 높이에 따라 변화하는 노이즈 함수의 스케일 최솟값을 나타내는 파라미터 값을 읽어들인다.
float min_scale = chf("min_scale");
// 높이에 따라 변화하는 노이즈 함수의 스케일 최댓값을 나타내는 파라미터 값을 읽어들인다.
float max_scale = chf("max_scale");
……
```

height: ("../CONTROLLER/height")
min_scale: ("../CONTROLLER/turbulance_min_scale")
max_scale: ("../CONTROLLER/turbulance_max_scale")

Volume Wrangle 노드의 파라미터

이후의 과정에서 알고리즘 항목에서 설명하고 있는 벡터 필드 만드는 방법을 재현해 나갑니다.
우선, 파형의 크기로 사용할 노이즈 함수용 스케일 값을 만듭니다.

```
……
// 볼륨의 각 복셀의 높이(Y축 방향의 값)를
// min_scale과 max_scale 변수의 범위에 리맵핑한 값으로 얻는다.
float turb_scale = fit(@P.y, - height * 0.5, height * 0.5, min_scale, max_scale);
……
```

다음은 난기류 벡터를 만듭니다.

```
……
// random_seed라는 이름의 파라미터를 읽어 들여, 그 값을 시드로 하는 랜덤한
// 3차원 벡터값을 만든다. 이 값은 노이즈 함수의 시드값으로 이용한다.
vector seed = rand(chf("random_seed"))*1000;
// curlnoise라는 난기류계 노이즈를 생성하는 함수를 이용해 난기류 벡터를 만든다.
// 이때, 먼저 만든 노이즈 함수의 스케일 값으로 파형의 크기를 smoothness라는
// 파라미터를 읽어들임으로, 노이즈 함수의 부드러움과 방금 만든 시드값을
// curnoise 함수의 인수에 추가하여 랜덤 상태를 컨트롤 할 수 있도록 한다.
vector turb = curlnoise(@P * chf("smoothness") + seed) * turb_scale;
// 만든 난기류 벡터의 Y 값을 0으로 한다.(상하 방향으로 이동하지 않도록 한다)
turb = set(turb.x, 0, turb.z);
……
```

```
smoothness:("../CONTROLLER/turbulance_smoothness")
random_seed:("../CONTROLLER/random_seed")
```

```
Smoothness   ch("../CONTROLLER/turbulance_smoothness")
Random Seed  ch("../CONTROLLER/random_seed")
```

Volume Wrangle 노드의 파라미터

이 난기류 벡터와는 별도로 각 복셀의 위치에서 중심(원점)으로 향하는 구의 중심 벡터도 만듭니다.

```
……
// 볼륨의 각 복셀의 위치에서, 원점으로 향하는 XZ 평면위에 투영된 벡터를 크기 1로 만든다.
vector cent = normalize(-set(@P.x, 0, @P.z));
……
```

이 2개의 벡터를 서로 더함으로써, 기본적으로 바깥쪽 둘레에서 중심으로 향하고, 높이에 따라 난기류가 짜여지는 벡터를 만들 수 있습니다.

```
……
// 방금 만든 중심으로 향하는 벡터와 난기류 벡터를 결합하여 볼륨의 벡터값을 만든다.
// 이것이 최종적인 벡터 필드(Vector Field)가 된다.
v@velocity = cent + turb;
```

큰 이미지는 예제 폴더의 106_01.jpg를 참고!

Step 3

3-1 섬유 네트워크의 베이스 만들기

벡터 필드가 생겼기 때문에 실제 섬유 네트워크를 만들어 보겠습니다.
먼저 섬유 네트워크의 묘사가 시작될 점을 설정합니다.

Scatter 노드 Step 1-2에서 만든 Transform 노드와 연결하여 원형을 만든 지오메트리의 측면에 포인트가 만들어지도록 합니다. Scatter 노드 파라미터의 Force Total Count를 다음과 같이 메인 파라미터와 링크하여 포인트의 총수(결과적으로 섬유 네트워크의 총수가 된다)를 컨트롤 할 수 있도록 합니다.

Force Total Count: `ch("../CONTROLLER/num_points")`

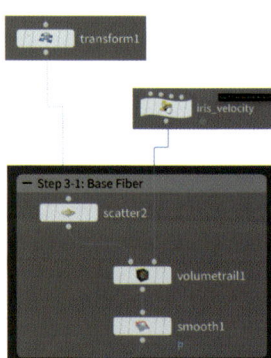

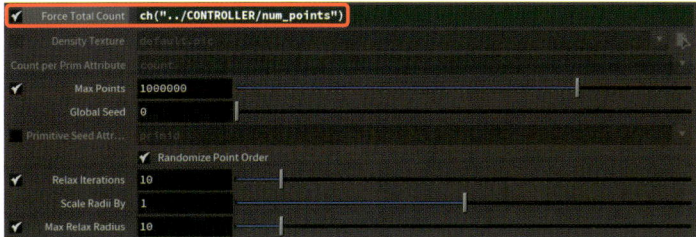

Scatter 노드의 파라미터

섬유 네트워크의 시작점을 만들었다면, 그 포인트와 벡터 필드를 이용하여 섬유 네트워크를 묘사합니다.

`Volume Trail 노드` 첫 번째 인풋과 Scatter 노드를 연결합니다. 또 두 번째 인풋과 Step 2-2에서 만든 Volume Wrangle 노드를 연결합니다. 그다음, 파라미터를 다음과 같이 설정합니다. 네트워크의 길이를 결정하는 Trail Length 라는 파라미터는 메인 파라미터인 outer_radius와 다음과 같이 링크해둠으로써 직선의 네트워크일 경우 원점에 알맞게 도달할 수 있도록 셋업해 둡니다.

Trail Length: `ch("../CONTROLLER/outer_radius")`

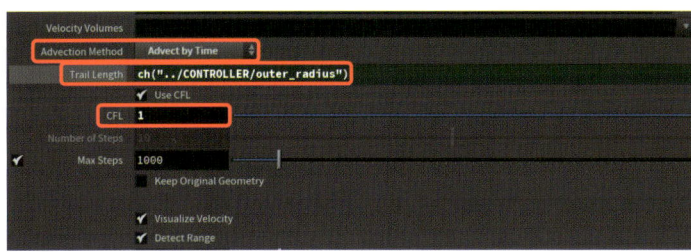
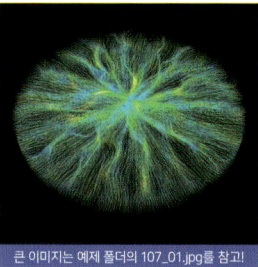

Volume Trail 노드의 파라미터

큰 이미지는 예제 폴더의 107_01.jpg를 참고!

이렇게 하면 시작점에서 벡터 필드를 따라 진행되는 섬유 네트워크를 만들 수 있습니다. 이 상태에서 네트워크를 보다 부드럽게 만들기 위해 Smooth 노드를 추가해 둡니다.

`Smooth 노드` Volume Trail 노드와 연결합니다.

3-2 동공의 구멍 표현

현재는 섬유 네트워크가 바깥쪽에서 중심으로 향하고 있는 모습을 묘사하고 있는 상태로, 섬유가 동공(눈동자의 검은 점) 속까지 들어가 있습니다. 섬유 네트워크가 동공까지 들어가지 않도록 하고 싶기 때문에 여기서는 Point Wrangle 노드를 활용합니다.

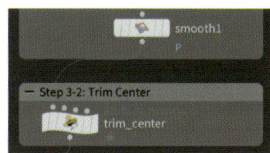

`Point Wrangle 노드` 첫 번째 인풋과 Smooth 노드를 연결하고 다음과 같이 VEX 코드를 작성합니다. 먼저 chf 함수에서 정의하고 있는 변수를 프로모트하고 메인 파라미터와 익스프레션으로 링크합니다. `inner_radius`가 동공의 반경이 되고 `outer_radius`가 눈동자 홍채의 반경이 됩니다.

《 Point Wrangle 노드의 코드 》

```
// 변수
// 눈동자의 동공 반경을 나타내는 파라미터 값을 읽어들인다.
float inner_radius = chf("inner_radius");
// 눈동자의 홍채 반경을 나타내는 파라미터 값을 읽어들인다.
float outer_radius = chf("outer_radius");
```

......
inner_radius: `ch("../CONTROLLER/inner_radius")`
outer_radius: `ch("../CONTROLLER/outer_radius")`

Point Wrangle 노드의 파라미터

그리고 이 정보를 사용하여 원점에서 이 동공의 반경 안에 있거나, 홍채 반경 밖에 있는 포인트를 삭제하라는 명령을 써줌으로써 동공 부분에 지정된 반경만큼 구멍을 낼 수 있습니다.

```
......
// XZ평면에 투영한 섬유네트워크를 구성하는 각 포인트와 중심 포인트(원점) 사이의 거리를 측정한다.
float dist = distance(set(@P.x, 0, @P.z), set(0,0,0));

// 측정한 거리가 동공의 반경보다 작거나 홍채의 반경보다 클 경우의 조건을 만든다.
if(dist < inner_radius || dist > outer_radius){
    // 조건에 맞는 포인트를 삭제하고, 동공의 반경만큼 구멍을 뚫어 공간을 확보하고 홍채의 반경만큼 섬유
       네트워크를 잘라낸다.
    removepoint(0, @ptnum);
}
```

큰 이미지는 예제 폴더의 108_01.jpg를 참고!

3-3 섬유 네트워크를 렌즈 모양으로 변형시키기

현재의 섬유 네트워크는 원기둥 모양으로 되어 있기 때문에 이것을 눈동자의 홍채처럼 만들기 위해 렌즈와 같은 형태로 만들고자 합니다. 또 그 과정에서 묘사에 필요한 어트리뷰트도 추가해 나갈 것입니다. 이를 위해 여기에서는 Primitive Wrangle 노드를 사용합니다.

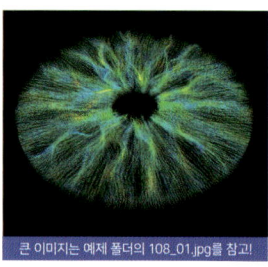

Primitive Wrangle 노드 첫 번째 인풋과 Step 3-2에서 만든 Point Wrangle을 연결하고 VEX 코드를 작성합니다.

여기서도 `chf` 함수에서 정의되어 있는 변수를 프로모트하고 메인 파라미터와 링크시켜 둡니다.

《Primitive Wrangle 노드의 코드》

```
// 변수
float height = chf("height"); // 눈동자 전체의 높이를 나타내는 파라미터 값을 읽어들인다.
float inner_radius = chf("inner_radius"); // 눈동자의 반경을 나타내는 파라미터 값을 읽어들인다.
float outer_radius = chf("outer_radius"); // 홍채의 반경을 나타내는 파라미터 값을 읽어들인다.
......
```

inner_radius: `ch("../CONTROLLER/inner_radius")`
outer_radius: `ch("../CONTROLLER/outer_radius")`
height: `ch("../CONTROLLER/height")`

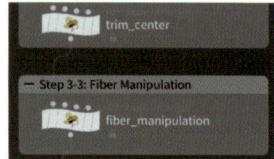

```
Inner Radius  ch("../CONTROLLER/inner_radius")
Outer Radius  ch("../CONTROLLER/outer_radius")
      Height  ch("../CONTROLLER/height")
```

Primitive Wrangle노드의 파라미터

먼저 각 프리미티브(섬유 네트워크)에 속하는 포인트의 리스트를 가져옵니다.

```
......
// 프리미티브별 포인트의 리스트를 가져오고,
// 각각의 포인트에 대해 필요한 어트리뷰트를 저장한다.
int pts[] = primpoints(0, @primnum);
......
```

포인트의 높이 정보에 따라, 컬러 어트리뷰트를 포인트에 저장합니다.

```
......
// 미리 가져왔던 섬유 네트워크를 구성하는 포인트의 리스트를 루프(Loop)로 돌린다.
for(int i=0; i<len(pts); i++) {
    // 각 포인트의 위치 정보를 얻는다.
    vector pos = point(0, "P", pts[i]);
    // 포인트의 높이 정보(Y축의 값)를 0~1의 범위로 리맵핑한다.
    float h = fit(pos.y, -height*0.5, height*0.5, 0, 1.0);
    // 각 포인트에서 col이라는 이름의 어트리뷰트에, 0~1에 리맵핑한 높이 정보를 저장한다.
    setpointattrib(0, "col", pts[i], h);
......
```

섬유의 각 포인트 위치에서 두께를 결정합니다.

```
......
    // 루프에서 1씩 반복되는 변수 i를 루프의 횟수로부터 1을 뺀 값으로 나누어
    // 0~1 사이값 범위가 되도록 한다
    float val = float(i) / (len(pts) - 1);
    // hscale이라는 이름으로 섬유 두께의 최대값을 나타내는 변수를 만들고,
    // 0~1로 리맵핑된 높이 정보를 1~0.2의 범위로 다시 리맵핑한다.
    // (0에 가까울수록 1에 가깝고, 1에 가까울수록 0.2에 가까운 값을 얻을 수 있도록 한다)
    float hscale = fit(h, 0, 1.0, 1.0, 0.2);
    // sinvalue라는 이름의 섬유의 각 포인트에서의 두께를 나타내는 값의 변수를,
    // 방금 만든 hscale이라는 변수와 사인(sin) 함수로 만든다. 그 때 사인 함수의 각도는
    // 루프 변수 i를 0~1로 리맵핑한 값을 이용한다. 이렇게 함으로써 섬유의 두께를,
    // 양쪽 끝은 가늘고 섬유 가운데로 갈수록 두꺼워지는 값을 만들 수 있다.
    float sinvalue = sin($PI * val) * hscale;
    // 방금 생성한 값을 각 포인트의 pscale 디폴트 파라미터에 저장한다
    setpointattrib(0, "pscale", pts[i], sinvalue);
......
```

포인트의 위치를 렌즈 모양으로 배치합니다.

```
......
    // 섬유의 각 포인트를 XZ평면에 투영했을 때의 포인트와 중심(원점)간의 거리를 측정한다.
    float dist = length(set(pos.x, 0, pos.z));
    // 그 거리를 0~1의 범위로 리맵핑한다.
    float ypos = fit(dist, inner_radius, outer_radius, 0, 1.0);
    // 리맵핑된 값과 사인 함수를 이용하여
    // 중심으로부터 위치에 따라 포인트의 높이(Y축의 값)가 각도가 되는 값을 만든다(산처럼 둥근 형태가 되도록 값을
      만든다)
    ypos = pos.y * sin(fit(ypos, 0, 1.0, $PI*0.5, 0));
    // 만든 값을 이용하여 섬유 네트워크, 각 포인트의 높이 정보를 업데이트 한다.

    setpointattrib(0, "P", pts[i], set(pos.x, ypos, pos.z));
}
```

결과로, 섬유 네트워크가 렌즈 모양으로 변형됩니다.

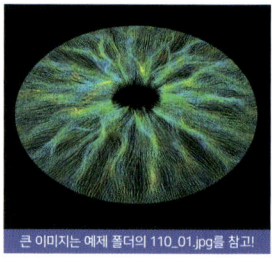

큰 이미지는 예제 폴더의 110_01.jpg를 참고!

Step 4

4-1 섬유 네트워크에 컬러 입히기

다음으로 포인트에 저장된 어트리뷰트를 이용하여 섬유 네트워크에 컬러를 입힙니다.

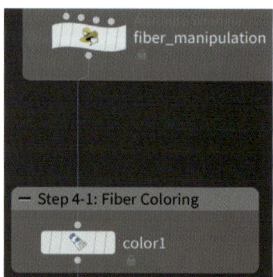

Color노드 Step 3-3에서 만든 Primitive Wrangle과 연결합니다. 파라미터의 Color Type을 Ramp from Attribute로 설정하고 Attribute를 col로 설정합니다. 그리고 Attribute Ramp에서 그라데이션이 들어가도록 컬러를 정하고, col이라는 어트리뷰트 값에 따라 컬러가 변화하도록 설정합니다.

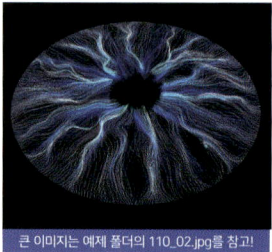

Color 노드의 파라미터

큰 이미지는 예제 폴더의 110_02.jpg를 참고!

4-2 섬유 네트워크에 두께 주기

마지막으로 채색된 섬유 네트워크에 두께를 주어 완성시킵니다.

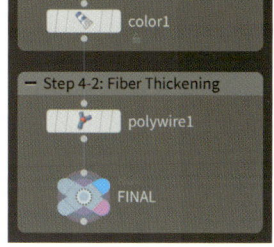

`PolyWire노드` 파라미터의 Wire Radius는 익스프레션에서 각 포인트의 pscale 어트리뷰트에 액세스하고, 또한 메인 파라미터의 fiber_radius와 곱해, 베이스의 두께 컨트롤을 할 수 있도록 합니다. 파라미터의 Divisions에 8을 설정하여 단면을 약간 원형에 가까운 형태로 만듭니다.

Wire Radius: `ch("../CONTROLLER/fiber_radius") * point("../" + opinput(".", 0), $PT, "pscale", 0)`

PolyWire 노드의 파라미터

pscale 어트리뷰트와 메인 파라미터에 기반한 두께를 가지는 섬유 네트워크를 만들 수 있었습니다.

눈동자의 홍채 섬유 네트워크를 만드는 방법은 여기까지입니다만, 메인 파라미터를 여러가지로 바꾸어 봄으로써 다양한 모양의 눈동자 베리에이션을 만들 수 있게 되어 있습니다. 더 커스터마이즈하고 싶은 경우, Step 2-2에서 만드는 벡터 필드에서 노이즈의 종류를 바꿔보면 또 다른 재미있는 섬유 네트워크의 흐름을 볼 수 있으므로 꼭 시도해보세요.

제작과정 동영상 >> 홍채네트워크.mp4

큰 이미지는 예제 폴더의 111_01.jpg를 참고!

06

Magnetic Field
자기장 효과

(마치 바람처럼) 평소에는 시각적으로 볼 수 없는 힘의 흐름 중 하나로 자력에 의해 나타나는 자기장이 있습니다. 자기장이란 공간의 각 점에서 자력의 크기와 방향을 나타내는 벡터 필드를 말하며, 보통은 N극에서 S극으로 흐르는 선으로 잘 표현됩니다. 자기장은 흔히 2차원으로 표현되고 있기 때문에 2차원의 힘이라고 오해할 수도 있습니다만, 실제는 3차원에 존재합니다. 이를 시각화하면 아주 재미있는 모양을 볼 수 있습니다. 이 챕터에서는 3차원 공간에 존재하는 자기장을 가시화하는 방법에 대해서 설명하겠습니다.

Magnetic Field 자기장의 알고리즘

✹ 자기장과 자기력선

자기장이란 자기(자석)의 힘이 미치는 공간을 말합니다. 자기장의 크기는 보통 벡터로 표현되며, 그 크기와 방향은 자기량 1Wb(웨버)의 N극을 놓아두었을 때 받는 힘과 방향으로 정의됩니다.

이 벡터는 공간에 놓인 자극의 크기에 따라 변화됩니다. 각 자극은 양 또는 음의 자기량을 가지고 있고, 양의 경우는 N극, 음의 경우는 S극이 되어, 자기장은 N극에서 S극으로 흐르는 형태의 벡터 필드로 형성됩니다. 우선, 자주 접하는 예로 N극과 S극 2개의 자극이 공간에 놓여 있는 상황에서의 자기장을 살펴봅시다.

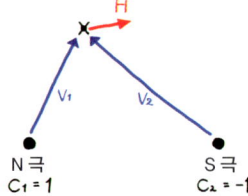

공간의 어느 지점에서 자기장 H의 벡터의 크기는 자극과의 거리에 반비례합니다. 즉, 점이 자극에 가까워질수록 자극의 영향을 받기 쉬워집니다. 또, 자기장 H의 벡터 방향은 각 자극에서부터 점으로 향하는 방향 벡터에 자기장 H의 크기로 곱하고 그것을 자극의 수 만큼 더하여 얻을 수 있습니다. N극(자기량 $c_2 = 1$ 이라고 할 경우)에서 임의의 점으로 향하는 벡터를 v_1, S극(자기량 = −1라고 할 경우)에서 임의의 점으로 향하는 벡터를 v_2라고 할 때, 자기장 H는 다음과 같은 식으로 나타낼 수 있습니다[★1].

$$H = \frac{v_1}{|v_1|^2} c_1 + \frac{v_2}{|v_2|^2} c_2$$
$$c_1 = 1$$
$$c_2 = -1$$

공간상의 무수한 점을 플롯(Plot : 점을 찍고 구획을 구분하는 일련의 행위)하고, 각 점에 대해 이 식을 사용하여 자기장 H를 계산하면, 다음과 같은 N극에서 S극으로 향하는 다음과 같은 벡터 필드를 얻을 수 있습니다.

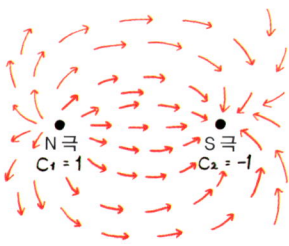

★1   https://en.wikipedia.org/wiki/Magnetic_field

이 벡터 필드의 흐름에서 다음과 같은 특징을 볼 수 있습니다.

◎ 흐름은 양극에서 음극으로 향하고 있다
◎ 흐름이 중간에 끊어지거나 갑자기 시작하거나 하지 않는다
◎ 흐름이 교차하거나 분기로 갈라지지 않는다.

이러한 특징을 자력선이라 하는데 다음과 같은 그림으로 표현됩니다.

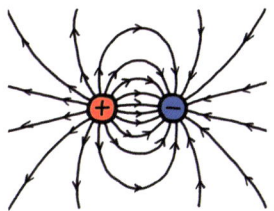

자극의 수가 2개 이상인 경우, 또는 각 자극의 자기량이 다를 때 자기장 H는 어떻게 계산할 수 있을까요? 예를 들어, 다음 그림과 같이 자극이 여러 개인 경우를 살펴 보겠습니다.

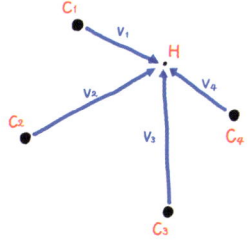

이 경우에도 계산식 자체는 자극이 2개일 때와 크게 다르지 않고, 다음과 같이 수열을 더하는 방식으로 자기장 H를 구할 수 있습니다. [★2]

$$H = \frac{v_1}{|v_1|^2}c_1 + \frac{v_2}{|v_2|^2}c_2 + \frac{v_3}{|v_3|^2}c_3 + \frac{v_4}{|v_4|^2}c_4 + \cdots + \frac{v_m}{|v_m|^2}c_m$$

$$H = \sum_{n=1}^{m} \frac{v_n}{|v_n|^2}c_n$$

후디니를 사용한 레시피에서는 이 계산식을 바탕으로 자기장을 계산하고 그 정보를 이용하여 비주얼을 만들고자 합니다.

★2 ★1과 동일

Magnetic Field 자기장의 레시피

이 레시피에서는 플러스극과 마이너스극으로 배정된 포인트를 여러 공간에 배치하여 자기장의 흐름과 공간상의 자력 분포를 모두 시각화하고자 합니다. 알고리즘 항목에서 설명한 계산식을 이용하면 볼륨의 밀도를 플러스에서 마이너스에 걸쳐 레이어 형태로 시각화 할 수 있습니다.

네트워크 다이어그램

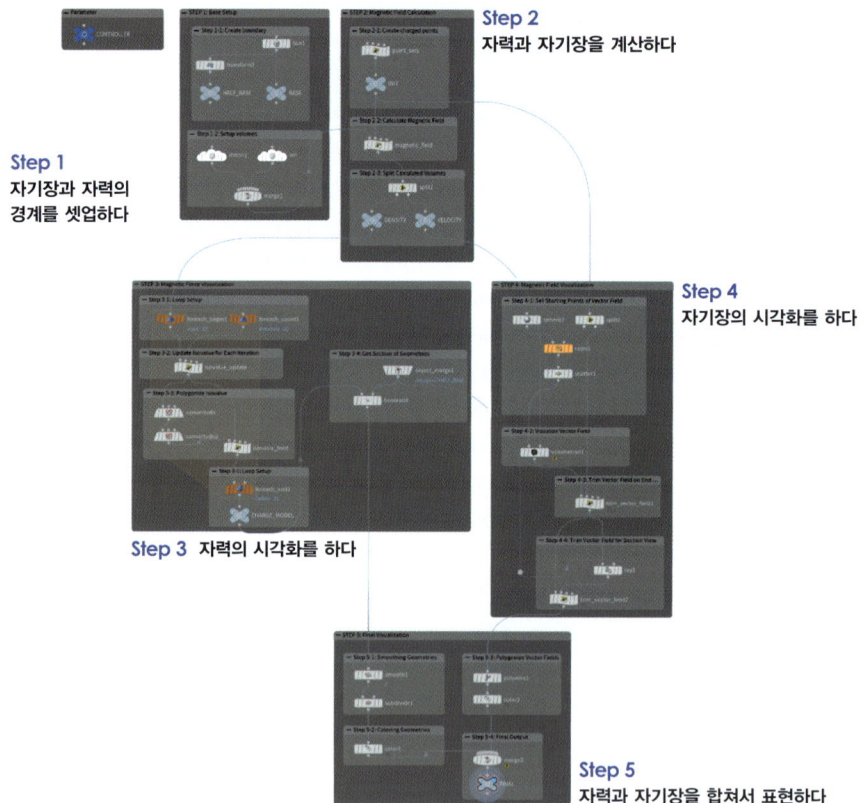

Step 1 자기장과 자력의 경계를 셋업하다
Step 2 자력과 자기장을 계산하다
Step 3 자력의 시각화를 하다
Step 4 자기장의 시각화를 하다
Step 5 자력과 자기장을 합쳐서 표현하다

메인 파라미터

이름	유형	범위	기본값	설명
box_size	Float	0 – 400	400	경계상자의 크기
pt_num	Integer	0 – 10	6	할당된 포인트의 수
spiral_step_size	Float	0 – 100	30	스파이럴 (나선형) 스텝의 크기
spiral_step_angle	Float	0 – 180	137.5	스파이럴 (나선형) 스텝의 각도
spiral_step_charge	Float	0 – 1	2	스파이럴(나선형) 스텝의 분포량(혹은 할당량)
charge_dist_ratio	Float	0 – 1	0.1	거리에 영향받는 분포량 (할당량) 의 계수
vector_field_num	Float	0 – 1000	200	벡터 필드 (자기장) 의 포인트 수
layer_num	Integer	0 – 50	20	시각화 할 자력 레이어의 수
vector_field_rad	Float	0 – 20	20	벡터 필드 (자기장) 의 반경

Step 1

1-1 자기장과 자력의 경계 만들기

자기장과 자력이 계산, 묘사되는 공간을 사각박스를 사용하여 만듭니다.

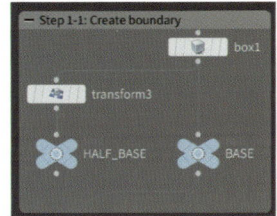

Box노드 Uniform Scale 파라미터에 먼저 등록된 파라미터와 링크하기 위해 익스프레션을 설정합니다. 또한, 만든 직육면체는 BASE라는 이름으로 만든 Null 노드에 연결해 둡니다.

Uniform Scale: ch("../CONTROLLER/box_size")

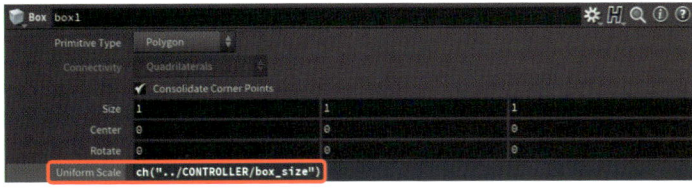

Box 노드의 파라미터

Transform노드 이 노드에서는 나중에 자기장과 자력의 단면을 자르기 위해 지금 만든 박스의 Z축에 절반 크기의 지오메트리를 만들고 박스를 잘라낼 위치로 이동시켜 둡니다. 또한 단면을 잘라냈을 때 자르고 남는 흔적이 남지 않도록 모든 축의 scale 값을 원래 크기보다 약간 작게 합니다. 여기에서 지오메트리는 HALF_BASE라는 이름을 붙인 Null 노드에 연결해둡니다.

Translate(Z): $SIZEZ/2*ch("sz")

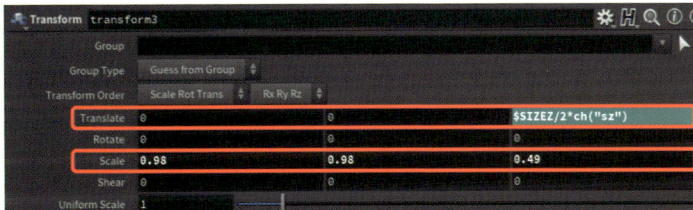

Transform 노드의 파라미터

큰 이미지는 예제 폴더의 117_01.jpg를 참고!

1-2 자기장과 자력의 경계 만들기

정육면체를 만들고 거기서 볼륨을 만듭니다. 이번 경우처럼 공간의 모든 지점에서 계산하고자 할 때는 볼륨을 사용하면 계산이 빠르고 편리한 함수도 준비되어 있기 때문에 여러가지로 편합니다.

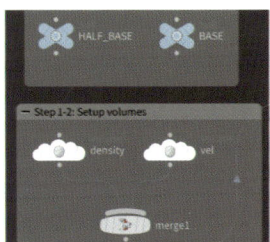

Volume노드 이 노드를 2개 배치하고, 각각의 인풋에 BASE라는 이름의 Null 노드의 아웃풋을 연결하여, 각각의 볼륨의 파라미터를 설정해 나갑니다.

첫 번째 볼륨은 자력용으로 만듭니다. 플러스나 마이너스로 할당된 포인트에 영향을 받은 자력의 정보를 저장하는 볼륨이 되기 때문에 타입(Rank)은 Scalar로, 이름은 density로 합니다.

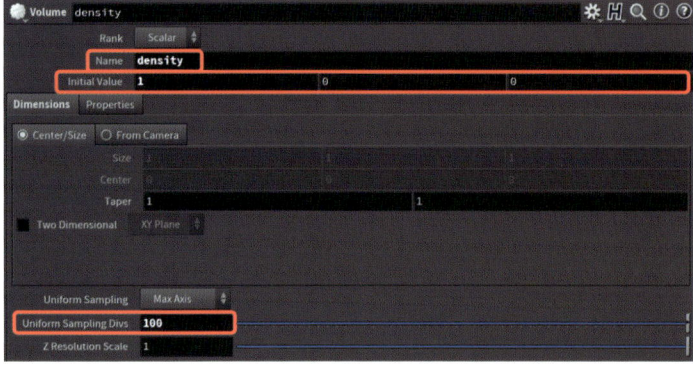

Volume 노드(density)의 파라미터

두 번째 볼륨은 자기장용으로 만듭니다. 자기장은 플러스(N극)에서 마이너스(S극)로 향하는 방향을 나타내는 것이므로, 여기서 볼륨의 타입(Rank)은 Vector로 지정하고, 이름은 vel로 합니다.

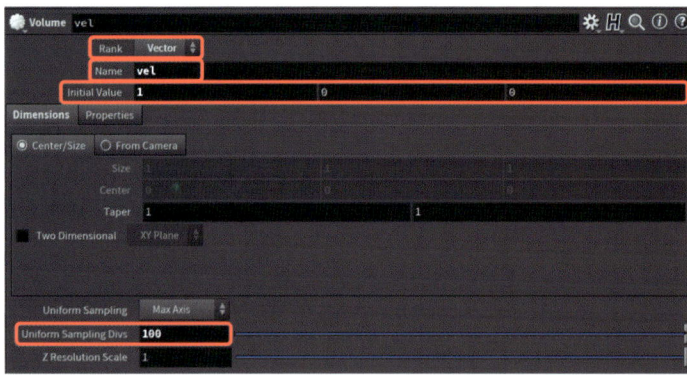
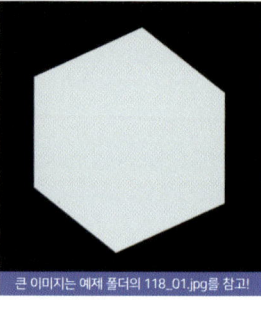

큰 이미지는 예제 폴더의 118_01.jpg를 참고!

Volume 노드(vel)의 파라미터

세밀하게 묘사하기 위해서는 해상도를 비교적 높게 설정해 둘 필요가 있습니다. 그래서 두 Volume 노드의 Uniform Sampling Divs 를 모두 100으로 설정하고 있습니다. 두 번째 Volume 노드는 Merge 노드로 정리해 둡니다.

Step 2

2-1 할당된 포인트 만들기

다음으로, 공간에 자기장과 자력의 레이어를 만들기 위해 플러스와 마이너스로 할당된 포인트를 만듭니다. 수동으로 원하는 위치에 배치하는 방법도 생각할 수 있지만, 절차적(Procedural)으로 플러스와 마이너스로 할당된 포인트를 번갈아 임의의 수 만큼 나선형(Spiral) 형태로 배치하고자 합니다.
여기에서는 Attribute Wrangle을 사용하여 필요한 어트리뷰트가 저장된 포인트를 하나부터 만들어 보겠습니다.

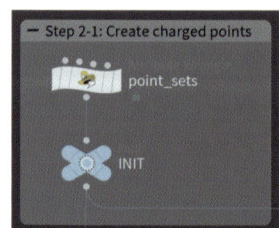

Attribute Wrangle노드 Run Over의 파라미터를 Detail (onlyonce)로 하고 VEX 코드를 작성합니다.

Attribute Wrangle 노드의 파라미터

우선은 chf 함수에서 정의하고 있는 변수를 프로모트하고 익스프레션에서 메인 파라미터와 링크합니다.

《 Volume Wrangle 노드의 코드 》

```
// 변수
// 할당된 포인트 수를 나타내는 파라미터 값을 읽어들인다.
int num = chi("num");
// 포인트를 나선형으로 배치할 때, 1단계분의 각도를 나타내는 파라미터 값을 읽어들인다.
float angle = chf("angle");
// 포인트를 나선형으로 배치할 때, 1단계분의 반경을 나타내는 파라미터 값을 읽어들인다.
float stepsize = chf("step_size");
// 포인트를 순서대로 추가했을 때, 1단계분의 할당량을 나타내는 파라미터
float stepcharge = chf("step_charge");
……
```

angle: ch("../CONTROLLER/spiral_step_angle")
step_size: ch("../CONTROLLER/spiral_step_size")
step_charge: ch("../CONTROLLER/spiral_step_charge")
num: ch("../CONTROLLER/pt_num")

Attribute Wrangle 노드의 파라미터

나선형으로 포인트를 배치하고 있습니다.

```
……
// 파라미터에서 설정한 수 만큼 루프를 돌린다.
for (int i=0; i<num; i++) {
    // 나선형 곡선 상에 올라와있는 포인트의 좌표를 계산한다.
    float x = i * stepsize * cos(i * radians(angle)); // X좌표
    float y = i * stepsize * sin(i * radians(angle)); // Y좌표

    // 루프 번호가 짝수일 때는 -1, 홀수일 때는 +1이 되도록 계산을 하고 val이라는 변수에 값을 대입한다.
    float val = ((i % 2) - 0.5) * 2;

    // 앞서 만든 나선형 곡선 상에 올라온 포인트의 X, Y 좌표를 사용하여 포인트를 추가한다.
    int pt = addpoint(0, set(x, y, 0));
……
```

배치한 포인트에 자력을 설정합니다.

```
……
    // 방금 만든 포인트에서 charge라는 어트리뷰트의 루프 번호가 짝수일 때는
    // 마이너스, 홀수일 때는 플러스 값을 할당하여 값을 저장 한다. 또 루프의 번호가 높아짐에 따라
    // pow함수로 할당량이 늘어나도록 한다.
    setpointattrib(0, "charge", pt, val * stepcharge * pow(i+1, 0.1));
}
```

그 결과 만들어진 포인트를 INIT라는 이름을 붙인 Null 노드에 연결합니다.

큰 이미지는 예제 폴더의 120_01.jpg를 참고!

2-2 자력과 자기장 계산하기

볼륨 공간에 대하여 각각의 복셀에 할당된 포인트에 따라 계산된 자기장 및 자력이 볼륨 공간에 저장됩니다. 여기에서는 Volume Wrangle VEX 코드로 이를 수행합니다.

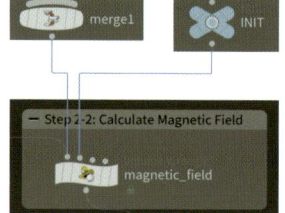

Volume Wrangle 노드 첫 번째 인풋에 Step 1-2에서 만든 Merge 노드를 연결합니다. 또한, 두 번째 인풋에 Step 2-1에서 만든 할당 포인트를 연결하고 VEX 코드를 작성합니다.

chf 함수에서 정의하고 있는 변수를 프로모트하고 메인 파라미터와 익스프레션으로 링크합니다.

《Volume Wrangle 노드의 코드》

```
// 변수
// 경계 상자의 크기를 나타내는 파라미터 값을 읽어들인다.
float diameter = chf("diameter");
// 거리에 따라 영향 받는 할당량의 계수를 나타내는 파라미터 값을 읽어들인다.
float chargedistratio = chf("charge_dist_ratio");
......
```

diameter: ch("../CONTROLLER/box_size")
charge_dist_ratio: ch("../CONTROLLER/charge_dist_ratio")

| Diameter | ch("../CONTROLLER/box_size") |
| charge dist ratio | ch("../CONTROLLER/charge_dist_ratio") |

Volume Wrangle의 파라미터

우선, 모든 할당된 포인트에 영향을 받은 자기장과 자력을 저장하기 위한 변수를 만듭니다.

```
......
// 최종 자기장을 나타내는 massvel이라는 이름의 벡터 변수를 만든다.
vector massvel = set(0,0,0);
// 최종 자력을 나타내는 chargemass라는 이름의 부동소수점(float) 변수를 만든다.
float chargemass = 0;
......
```

그리고, 알고리즘 항목에서 설명한 계산식을 사용하여 자력과 자기장을 만들어 갑니다.

```
......
// 할당된 포인트의 수만큼 루프를 돌린다.
for(int i=0; i<npoints(1); i++) {
    // 할당된 포인트의 위치를 얻는다.
    vector pos = point(1, "P", i);
    // 할당된 포인트의 자력을 얻는다.
    float charge = point(1, "charge", i);
```

```
                // 볼륨의 각 복셀과 할당된 포인트 사이의 거리를 측정하여,
                // 그것을 파라미터 값으로 불러들인 경계 박스의 사이즈와 계수로 나눠 값을 조정한다.
                float dist = distance(pos, @P) / (diameter*chargedistratio);
                // 할당된 포인트에서 볼륨의 복셀로 향하는 벡터를 만들고, 크기를 1로 한다.
                vector dir = normalize(@P - pos);

                // 방금 만든 벡터를 자력과 곱하고, 또 조정된 거리로 나누어, 이 루프 내에서
                // 할당된 포인트에 대한 자기장 벡터를 만들고 massvel 변수에 더한다.
                massvel += dir * charge / dist;   // 알고리즘 항목의 자기장 공식에 해당
                // 자력을 조정된 거리로 나누어 이 루프 내에서 할당된
                // 포인트에 대한 최종 자력을 만들고 chargemass 변수에 더한다.
                chargemass += charge / dist;
        }
        ……
```

마지막으로, 볼륨에 자기장과 자력의 값을 저장합니다.

```
……
// vel이라는 이름을 가진 벡터의 볼륨 값에 massvel 변수 값을 저장한다.
v@vel = massvel;
// density라는 이름을 가진 볼륨의 밀도 값에 chargemass 변수 값을 저장한다.
f@density = chargemass;
```

큰 이미지는 예제 폴더의 121_01.jpg를 참고!

2-3 자력과 자기장을 분해하기

다음으로, 자기장과 자력을 개별적으로 시각화하기 위해 현재 하나로 결합된 2종류의 볼륨을 잠시 2개로 분리합니다.

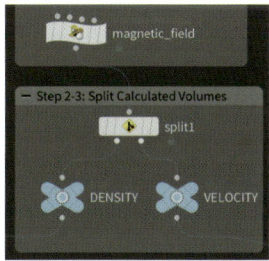

Split 노드 Step 2-2에서 사용한 Volume Wrangle의 아웃풋과 연결하고, 파라미터의 Group 필드에 0을 입력하면 2가지 볼륨을 분해할 수 있습니다.

Split노드의 파라미터

왼쪽과 오른쪽의 아웃풋에서 나오는 볼륨의 종류는 Step 1-2에서 Merge 노드에 연결한 볼륨의 순서에 따라 달라지는데, density, vel의 순서로 연결하면 Split 노드의 왼쪽 아웃풋에서는 자력(density)의 볼륨을, 오른쪽의 아웃풋에서는 자기장(vel)의 볼륨을 얻을 수 있습니다. 자력의 볼륨은 DENSITY라는 이름을 붙인 Null 노드에, 자기장의 볼륨은 VELOCITY라는 이름을 붙인 Null 노드에 연결합니다.

Step 3

3-1 자력 레이어를 만들기 위한 루프 셋업하기

자기장과 자력의 계산을 해 왔지만 볼륨 상태에서는 눈으로 결과를 보기 어렵기 때문에 먼저 자력을 시각화합니다. 자력에 관해서는 볼륨 공간의 각 복셀에 저장된 자력 값을 레이어 모양으로 표현하고, 플러스에서 마이너스까지 걸쳐 어떤 레이어가 만들어져 있는지 확인할 수 있는 형식을 만들고자 합니다. 이를 위해, For-Each 노드를 사용하여 만들 레이어 층수 만큼 루프를 시킨다는 순서로 해 보고자 합니다.

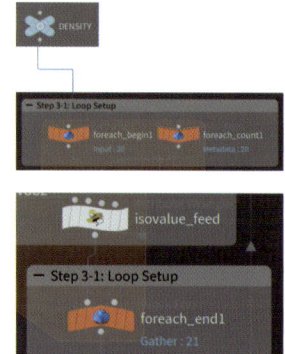

`For-Each Number노드` 루프의 셋업으로 배치된 3개의 노드에서 Block End 노드의 Iterations 파라미터를 다음과 같이 설정하여 루프의 횟수(=레이어 층수)를 컨트롤 할 수 있도록 합니다.

Iterations: `ch("../CONTROLLER/layer_num") + ch("../CONTROLLER/layer_num") % 2 +1`

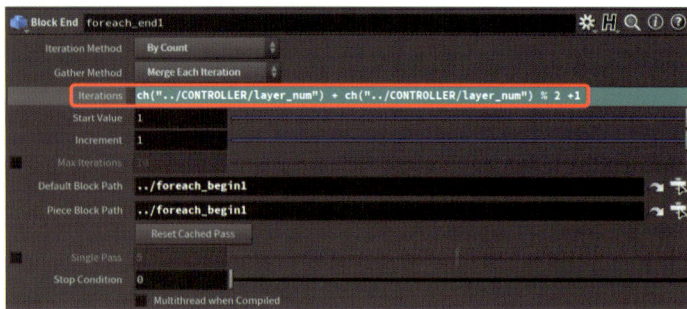

For-Each Number의 Block End 노드 파라미터

또, `foreach_begin`이라고 쓰여진 Block Begin 노드의 인풋과 Step 2-3에서 만든 `DENSITY`라는 이름의 Null 노드의 아웃풋을 연결합니다.

3-2 자력 레이어별 임계값 계산하기

루프 안에서 먼저해야 할 일은 표현하고자 하는 레이어 순서에 따라 자력의 값을 결정하는 것입니다. 하나의 루프 안에서 수행되는 계산은 한 레이어에 대한 것이므로 각 레이어에 대응하는 한 가지 종류의 자력만 계산할 수 있으면 됩니다.

`Attribute Wrangle노드` 첫 번째 인풋은 For-Each Number의 노드 세트 왼쪽 상단에 있는 `foreach_begin`이라고 쓰여진 Block Begin 노드와 연결합니다. 다음, 두 번째 인풋은 오른쪽 상단에 있는 For-Each Number 노드 세트의 `foreach_count`라고 쓰여진 Block Begin 노드와 연결합니다. 그리고 VEX 코드를 다음과 같이 작성합니다.

《Attribute Wrangle노드의 코드》

```
// 자력의 레이어 수를 나타내는 파라미터 값을 읽어들인다.
int layernum = chi("layer_num");
```

```
// 현 단계의 루프 번호(For-Each 노드 루프 몇 번째에 있는지)를 얻는다.
int ite = detail(1, "iteration");

// 자력 레이어별 시각화용 값을 디테일하게 저장한다
float isovalue = 0; // isovalue라는 이름의 플로팅 포인트 변수를 초기값 0으로 만든다.
// 현 단계의 루프 번호가 파라미터로 읽어 들인 자력 층(레이어)의 수 보다 작을 때,
if(ite < layernum) {
    // 루프 번호에 따라 값이 -1~1 사이가 되도록 계산하여,
    // 그 결과를 isovalue 변수에 대입한다.
    isovalue = -1.0 + float(ite) / float(layernum-1) * 2.0;
}
// 디테일의 isovalue라는 어트리뷰트에 isovalue 변수의 값을 저장한다.
f@isovalue = isovalue;
```

덧붙여, Run Over를 Detail (only once)로 함으로써, 각 레이어에 대응하는 자력을 디테일의 어트리뷰트에 저장합니다. 또, layer num 파라미터의 익스프레션은 아래와 같이 설정합니다.

layer num: `ch("../CONTROLLER/layer_num")`

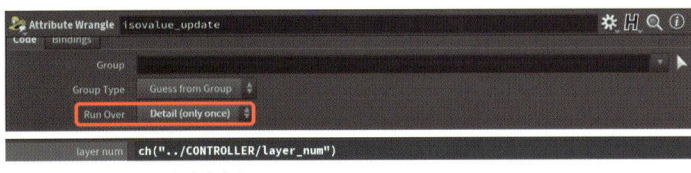

Attribute Wrangle노드의 파라미터

여기에서는 먼저 전체 루프 횟수의 정보를 이용하여 현재 루프의 순서를 -1 ~ 1 사이의 숫자로 변환합니다. 그리고 그 레이어에서 시각화하는 자력 값으로써 디테일의 `isovalue`라는 어트리뷰트에 저장하고 있습니다. 이때 -1 ~ 1이라는 범위를 변경하면 레이어의 분포 상태를 컨트롤할 수 있습니다.

3-3 자력 레이어를 폴리곤화하기

시각화하려는 레이어의 자력을 계산하였다면, 그 값을 이용하여 실제로 볼륨을 폴리곤으로 변환하겠습니다.

Convert VDB노드(convertvdb)   Step 3-2의 Attribute Wrangle 노드와 연결합니다. 그리고 다음과 같이 파라미터를 설정하고 연기 형태의 볼륨에서 SDF로 변환합니다. 또한, Fog Isovalue 파라미터의 익스프레션은 다음과 같이 설정합니다.

Fog Isovalue: `detail("../" + opinput(".", 0), "isovalue", 0)`

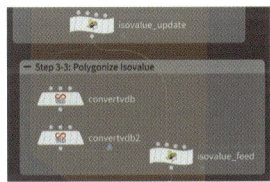

Convert VDB 노드(convertvdb)의 파라미터

여기서 특히 중요한 것은 Fog Isovalue라는 파라미터에서 이전 스텝에서 했던 디테일의 어트리뷰트에 저장된 값을 사용하는 점입니다. 이 파라미터는 SDF 볼륨에서 밖과 안을 나누는 경계선 수치가 됩니다. 여기에 시각화하고 싶은 자력 값을 넣음으로써, 그 경계선에서의 지오메트리 정보를 얻을 수 있습니다.

SDF 그대로는 다루기가 어렵기 때문에, Convert VDB 노드를 하나 더 배치하고, 첫 번째 Convert VDB 노드와 연결합니다.

Convert VDB노드(convertvdb2) 여기선 SDF에서 폴리곤으로 변환되도록 다음과 같이 파라미터를 설정합니다. 그러면 레이어가 폴리곤으로 시각화됩니다.

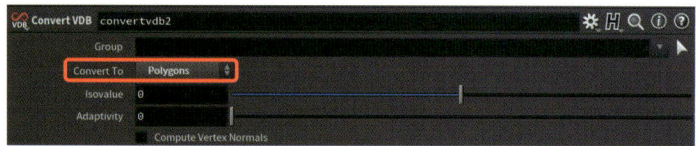

Convert VDB 노드 (convertvdb2)의 파라미터

Convert VDB를 사용하여 볼륨에서 폴리곤으로 변환하면 자력 정보가 손실되기 때문에 만들어진 폴리곤에서 각 포인트의 어트리뷰트에 그 레이어의 자력을 저장합니다. 이것은 나중에 자력의 값에 따라 자력 레이어의 색을 입힐 때 사용합니다.

Point Wrangle노드 첫 번째 인풋에 Convert VDB의 아웃풋을 연결하고, 두 번째 인풋에는 step3-2에서 만든 Attribute Wrangle의 아웃풋을 연결합니다. 그리고 다음과 같이 VEX 코드를 작성하여 포인트의 어트리뷰트에 레이어의 자력을 저장합니다

《Point Wrangle노드의 코드》

```
// 각 포인트의 isovalue 어트리뷰트에 자력 층의 시각화를 위한 값을 저장한다
f@isovalue = detail(1, "isovalue");
```

이상으로 루프 안에서의 계산은 끝났습니다. 루프를 빠져나오면 각 층의 폴리곤이 조합되어 표시됩니다. 단, 이대로는 가장 바깥의 레이어 밖에 보이지 않아서 안쪽이 어떤 모양으로 되어 있는지 확인할 수 없습니다. 그래서 단면을 잘라 내용물을 확인하고자 합니다.

 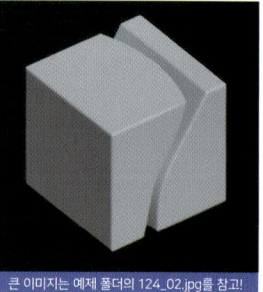

3-4 자력층의 전체 단면을 잘라내기

단면을 자르기 위한 커터를 준비합니다. 사실 초반에 만들어둔 지오메트리가 있으니 그것을 이용하겠습니다.

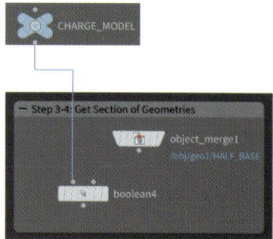

Object Merge노드 Object1이라는 파라미터에 다음과 같이 입력하고 HALF_BASE라는 이름의 지오메트리를 불러옵니다. 이 지오메트리는 자기장과 자력의 볼륨 공간의 절반 크기인 박스 모양입니다. 이것을 사용해 단면을 잘라냅니다.

Object 1: `/obj/geo1/HALF_BASE`

Object Merge노드의 파라미터

Boolean노드 첫 번째 인풋에 루프 계산 결과인 폴리곤을 연결하고, 두 번째 인풋에는 방금 전 불러온 박스 지오메트리를 연결합니다. 그리고 파라미터를 다음과 같이 설정하고 박스와 자력 레이어 폴리곤의 교차 지오메트리를 추출합니다. 이렇게하여 자력층의 단면을 잘라낼 수 있습니다.

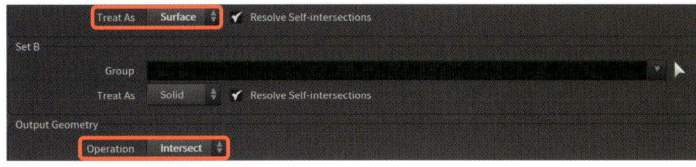

Boolean 노드의 파라미터

큰 이미지는 예제 폴더의 125_01.jpg를 참고!

Step 4

4-1 시각화하는 자기장의 시작점 만들기

다음으로 자기장을 시각화합니다. 자기장은 흐름을 나타내는 벡터 필드이므로 트레일(궤적)과 같은 형태로 표현하는 것이 좋습니다. 알고리즘에서도 설명한 것처럼 자기장은 플러스에서 마이너스로 흐르기 때문에 플러스에 할당된 포인트 위치에서 벡터 필드의 트레일이 표현되도록 하겠습니다.
우선은 플러스에 할당된 포인트에 배치하기 위한 구체를 만드는 것부터 시작합니다.

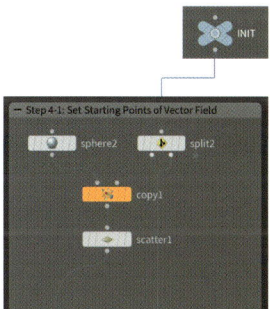

Sphere노드 다음과 같이 파라미터를 설정합니다.
Uniform Scale: ch("../CONTROLLER/vector_field_rad")

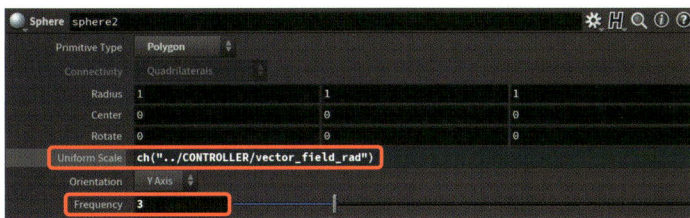

Sphere노드의 파라미터

다음은 Split 노드를 사용하여 할당된 포인트를 플러스와 마이너스 포인트로 분리합니다.

Split노드 Group 파라미터에 @charge > 0이라고 넣어서 플러스와 마이너스로 포인트를 분리합니다. 첫 번째 아웃풋이 플러스로 할당된 포인트, 두 번째 아웃풋이 마이너스로 할당된 포인트가 됩니다.

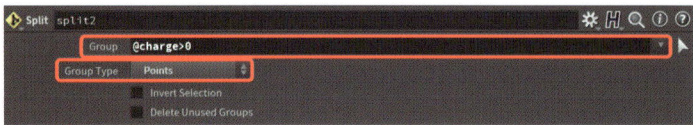

Split 노드의 파라미터

다음에는 만든 구체 지오메트리를 플러스로 할당된 포인트에 배치합니다.

`Copy노드` 첫 번째 인풋에 Sphere 노드를 연결하고, 두 번째 인풋에 Split 노드의 첫 번째 아웃풋을 연결합니다.

구체가 플러스로 할당된 포인트에 배치되면 Scatter 노드를 사용하여 구체상에 가시화하려는 자기장의 개수만큼 포인트를 배치합니다.

`Scatter노드` Copy 노드와 연결하여 다음과 같이 파라미터를 설정합니다.

Force Total Count: ch("../CONTROLLER/vector_field_num")

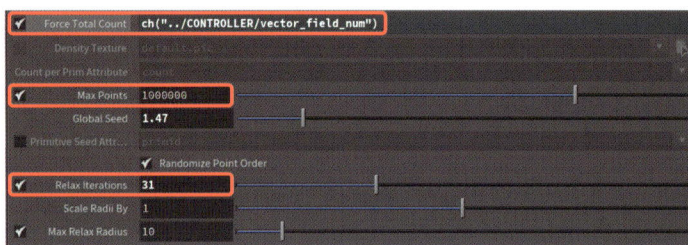
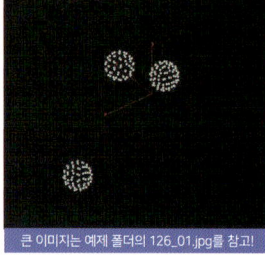

Scatter노드의 파라미터

4-2 자기장을 시각화하기

자기장 시각화의 출발점이 만들어졌으니, 실제로 벡터 필드를 따라 트레일을 만듭니다.

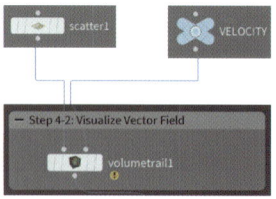

`Volume Trail노드` 첫 번째 인풋과 Step 4-1에서 만든 Scatter 노드를 연결하고, 두 번째 인풋과 Step 2-3에서 만든 VELOCITY라는 이름의 Null 노드를 연결합니다. Trail Length 파라미터에서 트레일이 마이너스로 할당된 포인트에 닿을 때까지의 길이를 설정합니다.

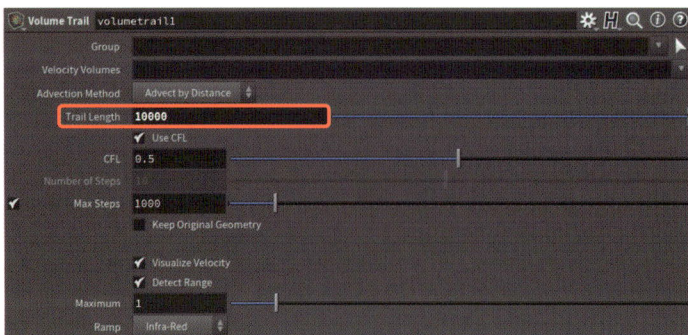

Volume Trail 노드의 파라미터

4-3 자기장의 끝점을 트림(Trim)하기

자기장의 트레일은 마이너스로 할당된 포인트까지 도달하지 않지만, 마이너스로 할당된 포인트 부근을 살펴보면 트레일이 포인트를 지나갔다가 다시 돌아오는 등 그다지 깨끗한 상태가 아닙니다. 그래서 Step 4-1에서 만든 구체와 동일한 크기로 트레일을 트리밍하도록 합니다.

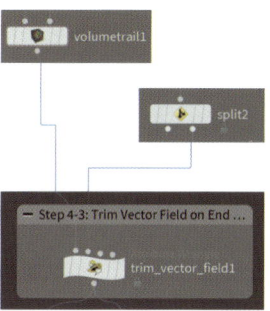

Point Wrangle노드 첫 번째 인풋을 Volume Trail 노드와 연결합니다. 그리고 두 번째 인풋에는 Step 4-1 Split 노드의 두 번째 아웃풋(마이너스로 할당된 포인트)을 연결합니다. 그리고 다음과 같이 VEX 코드를 작성합니다.

우선, 변수에 파라미터를 불러와서 대입을 시킵니다.

《Point Wrangle노드의 코드》

```
// vector_field_rad라는 이름의 벡터 필드의 묘사가 나타나기 시작되는 반경을 파라미터 값으로 읽어들인다.
float vectorfield_rad = chf("vector_field_rad");
……
```

vector_field_rad: ch("../CONTROLLER/vector_field_rad")

Point Wrangle노드의 파라미터

트레일을 구성하는 포인트가 마이너스로 할당된 포인트의 지정 반경 내에 있는지 탐색해 보고, 들어 있는 포인트를 삭제합니다.

```
……
// Wrangle 노드의 두 번째 인풋에 입력된 마이너스로 할당된 포인트에서,
// 자기장을 구성하는 포인트와 가장 가까운 거리에 있는 포인트의 번호를 얻는다.
int npt = nearpoint(1, @P);
// 자기장을 구성하는 포인트와 가장 가까운 거리에 있는 마이너스로 할당된 포인트의 위치를 얻는다.
vector npos = point(1, "P", npt);

// 자기장을 구성하는 포인트와 그 근처에 있는 마이너스로 할당된 포인트 사이의 거리를 측정한다.
float dist = distance(@P, npos);

// 만일 측정한 거리가 파라미터로 읽어들인 값보다 작을 경우
if (dist < vectorfield_rad) {
    // 자기장을 구성하는 포인트를 삭제한다. 결과적으로 마이너스로 할당된 포인트에서,
    // vectorfield_rad의 반경 사이에 있는 자기장의 포인트가 삭제되어 구체에 트림된 결과가 된다.
    removepoint(0, @ptnum);
}
```

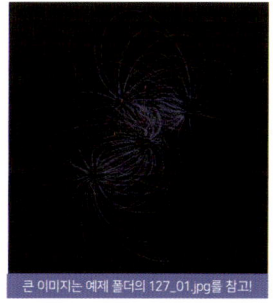

4-4 자기장의 단면을 잘라내기

자기장도 단면을 잘라냅니다.

Ray노드 첫 번째 인풋에 Step 4-3의 Point Wrangle 노드를 연결합니다. 그리고 두 번째 인풋에는 Step 3-4의 Object Merge 노드를 연결합니다. 파라미터는 다음과 같이 설정하고 트레일 커브가 자기장 경계의 절반 크기 박스에 최단 거리로 투영되도록 설정합니다. 그때 투영된 대상에서 노말 방향이 포인트의 어트리뷰트에 저장되도록 설정합니다.

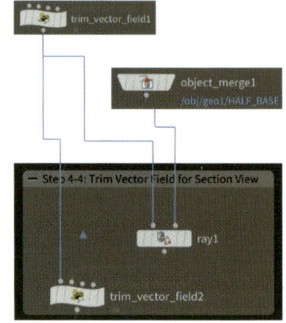

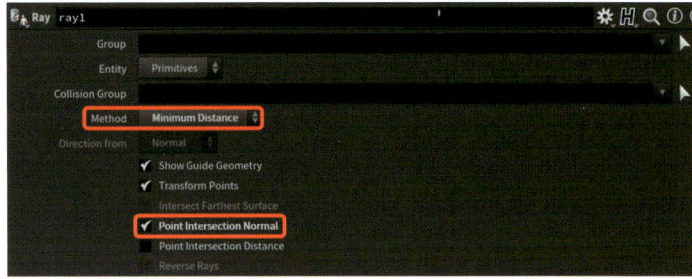

Ray 노드의 파라미터

그 위에 Point Wrangle 노드를 배치하고 트레일을 박스로 잘라냅니다.

Point Wrangle노드 첫 번째 인풋과 Step 4-3의 Point Wrangle 노드를 연결하고 두 번째 인풋과 Ray 노드를 연결합니다. 그리고 다음과 같은 VEX 코드를 작성하고, 단면 자르기 박스 안에 들어 있는 트레일의 포인트는 남기고 바깥에 있는 포인트를 삭제합니다.

《Point Wrangle 노드의 코드》

```
// Wrangle 노드의 두 번째 인풋에서,
// 절단에 사용하는 박스에 투영된 포인트와 노말 방향을 얻는다.
vector ipos = point(1, "P", @ptnum); // 포인트의 위치
vector inorm = point(1, "N", @ptnum);  // 포인트의 노말 방향

// 박스에 투영된 포인트에서 투영되기 이전의 포인트로 향하는 벡터를 크기 1로 만든다.
vector dir = normalize(@P - ipos);

// 만든 벡터와 박스에 투영된 포인트의 노말 벡터로 내적을 계산한다.
float dot = dot(inorm, dir);

// 내적이 0보다 큰 (즉, 포인트가 박스 밖에 있는) 경우
if(dot > 0) {
    // 포인트를 삭제한다.
    removepoint(0, @ptnum);
}
```

여기에서는 포인트가 박스에 들어 있는지 밖에 있는지를 판정하기 위해 벡터의 내적을 이용하고 있습니다. 박스에 최단 거리로 투영된 트레일의 포인트로부터 트레일의 원래 포인트 위치로 향하는 벡터를 먼저 만들고, 박스에 투영된 포인트의 노말 방향의 벡터를 얻습니다. 이 두 벡터의 내적을 계산하여 결과가 양수면 박스 밖에 있는 것이기 때문에 그 포인트를 삭제합니다. 그 결과 트레일의 단면을 자를 수 있게 됩니다.

Step 5

5-1 자력 레이어를 매끄럽게 다듬기(smooth)

마지막으로, 두 개의 자력과 자기장을 결합하여 동시에 표현합니다. 우선은 자력 레이어의 지오메트리를 깨끗하게 정리합니다.

`Smooth노드`   Step 3-4에서 만든 Boolean 노드와 연결합니다.

`Subdivide노드`   방금 배치한 Smooth 노드와 연결하면 지오메트리가 매끄럽게 다듬어 집니다.

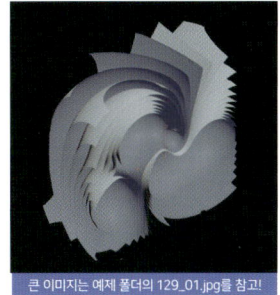
큰 이미지는 예제 폴더의 129_01.jpg를 참고!

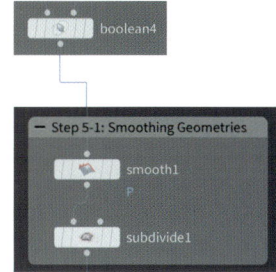

5-2 자력 층에 컬러 입히기

그 다음으로 자력 층에 컬러를 입힙니다.

`Color노드`   파라미터를 다음과 같이 설정하여 포인트에 저장되어 있는 isovalue라는 어트리뷰트에 따라 색이 변화하도록 설정합니다. Color Ramp에는 원하는 컬러를 넣어 주세요.

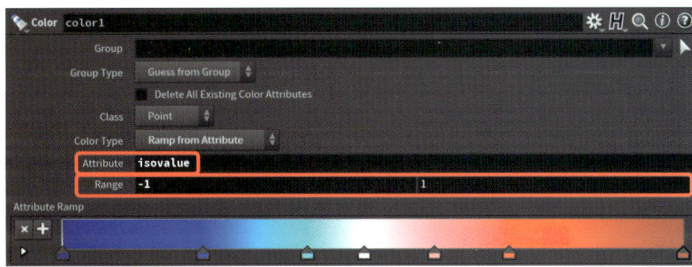
Color 노드의 파라미터

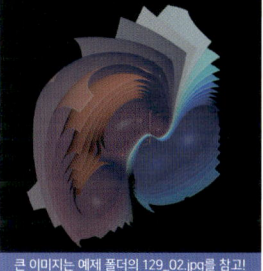
큰 이미지는 예제 폴더의 129_02.jpg를 참고!

5-3 자기장에 두께를 주기

다음으로 자기장의 커브에 두께를 줍니다.

`PolyWire노드`   Step 4-4의 Point Wrangle 노드와 연결하고, 파라미터에서 와이어 두께를 결정합니다.

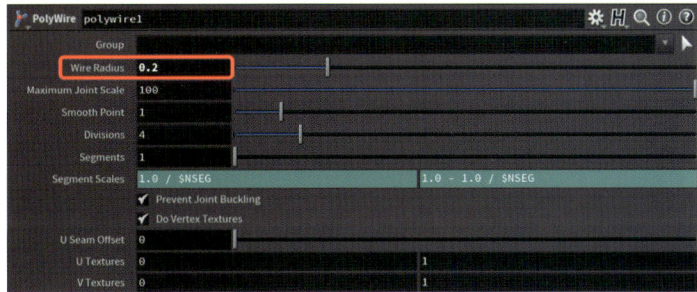
Polywire노드의 파라미터

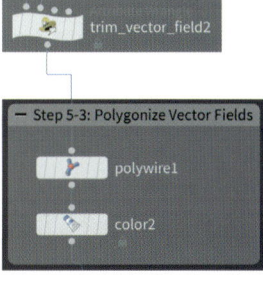

Poly Wire 노드와 연결하여 두께를 만든 와이어에 컬러를 입힙니다.

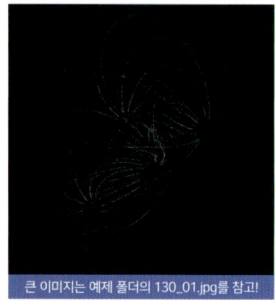

5-4 자력과 자기장을 함께 표시하기

마지막으로 자기장과 자력 지오메트리를 조합하여 동시에 표시할 수 있도록 합니다.

Merge노드 Step 5-2의 Color 노드와 Step 5-3의 Color 노드를 Merge 노드에 연결합니다. Merge 노드 뒤에 FINAL이라는 이름으로 Null 노드를 만들어 연결하면 완성입니다.

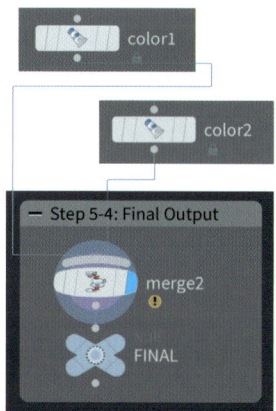

자기장이나 자력이라고 하면 보통 플러스와 마이너스에 할당된 포인트가 하나씩인 상태가 가시화되어 보여지는 경우가 많습니다만, 이 레시피와 같은 절차를 밟으면 원하는 위치에 원하는 수 만큼 할당된 포인트를 배치하여 실제로 본 적이 없을 법한 자기장의 흐름이나 자력의 층(레이어)을 가시화할 수 있습니다. 특히 처음의 스파이럴(Spiral) 모양으로 포인트를 배치하는 부분을 스스로 수정해 보고 다양한 포인트의 배치 방법이나 플러스 마이너스 부분의 할당도를 바꾸어 보시기 바랍니다.

제작과정 동영상 >> 자기장.mp4

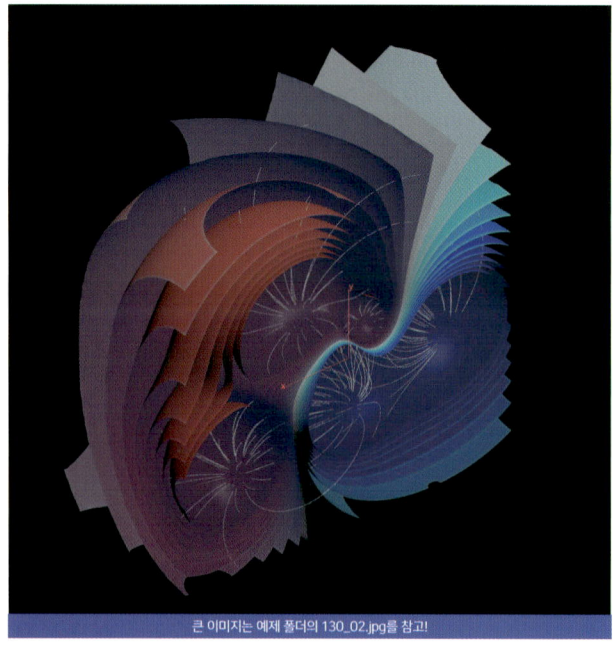

메인 파라미터

box_size: 600
pt_num: 2
spiral_step_size: 30
spiral_step_angle: 137.5
spiral_step_charge: 2
charge_dist_ratio: 0.05
vector_field_num: 1000
layer_num: 30
vector_field_rad: 30

메인 파라미터

box_size: 600
pt_num: 20
spiral_step_size: 30
spiral_step_angle: 137.5
spiral_step_charge: 2
charge_dist_ratio: 0.05
vector_field_num: 5000
layer_num: 30
vector_field_rad: 30

07

Space Colonization
공간 군체

나무가 자라는 방식에 주목해 보면, 가지가 랜덤하게 뻗어 있는 듯 보이기도 하고, 갈라지는 방법에 일정한 규칙이 있는 것처럼 보이기도 합니다. 나무를 형성하는 규칙은 수많은 연구소에 의해 다양하게 제안되어 오고 있습니다. 그중에서도 1971년 생물학자 혼다 히사오가 제안한 재귀적 구조를 이용한 분기(나뉘어서 갈라짐) 시스템이 있습니다. 그런 맥락에서 좀 더 사실적인 나무 구조를 3차원으로 만드는 것을 목표로 개발된 것이 Space Colonization(공간 군체)이라는 알고리즘입니다. 이 알고리즘을 사용하면 줄기에서 잎까지 자연스러운 흐름으로 형태를 만들고 시뮬레이션 할 수 있으며, 파라미터를 조정하여 다양한 형태를 얻을 수도 있습니다. 이번 챕터에서는 이 알고리즘의 해설과 후디니에서 이 알고리즘을 구현하는 방법에 대해 설명해보겠습니다.

Space Colonization 공간 군체의 알고리즘

✺ 나무가지 형태를 만들어 내는 알고리즘

공간 군체(Space Colonization) 알고리즘의 상세한 내용 자체는 2007년에 발표된 아담 루니언(Adam Runions), 브렌든 레인(Brendan Lane), 프시마이슬로 프루신키위츠(Przemyslaw Prusinkiewicz)에 의한 [Modeling Trees with a Space Colonization Algorithm] 논문에 요약 정리되어 있습니다. 이 알고리즘은 이른바 재귀적 계산을 기반으로, 한 단계 앞의 계산 결과를 이용하여 다음의 계산을 하는 것입니다. 서서히 나무가 성장하는 것처럼 시뮬레이션을 만들 수 있는 것이 이 알고리즘의 흥미로운 점이기도 합니다.

이 논문에 쓰인 공간 군체 알고리즘을 간단하게 정리하면 다음과 같은 순서가 됩니다. [★1]

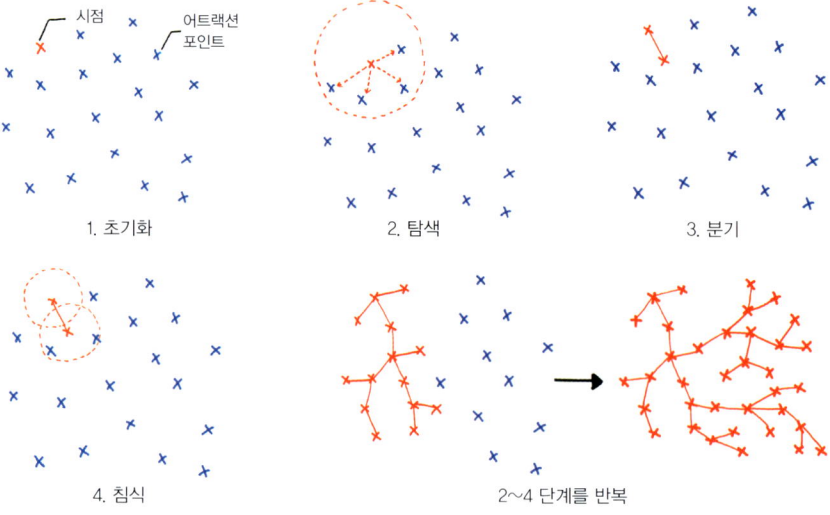

1. 초기화 : 우선 가지를 성장시킬 임의의 공간을 준비하고 가지가 뻗어나갈 후보가 되는 포인트 클라우드(어트랙션 포인트 : Attraction Point)로 채웁니다. 이때 포인트 클라우드의 밀도가 높은 공간은 잔가지의 분기가 되고, 밀도가 낮은 공간은 가지가 적고 긴 가지가 생성될 가능성이 높아집니다. 또, 이 단계에서는 포인트 클라우드로부터 나무의 줄기가 될 포인트를 지정합니다. 이 포인트에서 가지가 생성되기 시작합니다.

2. 탐색 : 다음 가지는 어디를 향해 만들지를 찾기 위해 줄기가 되는 포인트를 중심으로 임의의 탐색 반경 속에 있는 어트랙션 포인트를 찾아냅니다.

3. 분기 : 2단계에서 각 가지 상의 점으로부터 찾아낸 어트랙션 포인트의 평균 위치를 각각 산출합니다. 가지 상의 각각의 점에서 찾은 어트랙션 포인트의 평균 위치를 향해 가지를 뻗습니다. 여기서 주의할 점은 1회 계산으로 각 가지 상의 점으로부터 새로 자라나는 가지는 1개라는 것입니다.

★1 Adam Runions, Brendan Lane, and Przemyslaw Prusinkiewicz, 2007. "Modeling Trees with a Space Colonization Algorithm" Eurographics Workshop on Natural Phenomena (2007)

4. 침식 : 가지를 뻗은 단계에서 가지에 속하는 모든 점에서 임의의 반경 내에 있는 포인트 클라우드를 찾아 먹이를 먹듯이, 탐색에 걸린 포인트 클라우드를 삭제합니다. 이 단계에서 주변 포인트 클라우드를 삭제함으로써 가지의 분기 상태를 컨트롤 할 수 있습니다. 삭제를 위한 탐색 반경이 작으면 주변 포인트 군은 삭제되지 않고 남아서 다음 계산에서 이 포인트로 가지가 뻗어나갈 가능성이 높아집니다. 반대로 탐색 반경을 크게 하여 주변 포인트 군의 수를 줄이면 가지 분기의 가능성도 줄어들게 됩니다.

이후 2~4 단계를 반복 실행하여 가지를 성장시켜 나갑니다. 이 때, 2단계에서는 이미 존재하는 가지를 구성하는 모든 포인트에서 다음 가지 후보가 되는 포인트 클라우드를 탐색하게 됩니다. 즉, 이미 가지를 뻗은 포인트에서 가지가 더 자랄 수도 있다는 것입니다.

이 규칙에 따라 가지가 더 자연스럽게 갈라지게 됩니다. 그리고 가지를 구성하는 포인트에서 탐색반경 내에 후보 포인트를 찾을 수 없게 되면 가지의 성장을 멈춥니다. 이를 통해 첫 번째 포인트 클라우드를 배치하는 단계의 설정이 최종 나무 모양에도 영향을 크게 미치는 것을 알 수 있습니다.

이러한 알고리즘의 흐름안에서 모양에 영향을 미치는 몇 가지 중요한 파라미터가 필요함을 알 수 있습니다. 이는 다음과 같습니다.

◎ 1단계에서 어트랙션 포인트를 배치하는 공간의 형태
◎ 1단계에서 어트랙션 포인트 밀도(수)
◎ 2단계에서 어트랙션 포인트의 탐색 반경
◎ 4단계에서 어트랙션 포인트 삭제 반경

이들 파라미터를 변화시키고 조합하여 다양한 가지구조를 만들 수 있습니다.

어트랙션 포인트의 밀도에 따른 가지 구조 모양의 차이 [*2]

이 논문에서는 사실적인 나무를 만들기 위한 알고리즘으로 소개되어 있지만, 이 알고리즘이 재미있는 것은 가지 형태의 구조를 가진 것이면 그 형상을 재현할 수 있다는 점입니다. 산호나 점균 등의 예를 생각할 수 있습니다.

이번 챕터의 레시피에서는 후디니로 공간 군체 알고리즘을 구현하고 나무와 같은 모양을 성장시키고 만드는 방법을 설명하고자 합니다.

★2 ★1과 동일

Space colonization 공간 군체의 레시피

이 레시피에서는 공간 군체(Space Colonization) 알고리즘을 이용하여 나무와 같은 모양이 서서히 성장하는 듯한 모습을 재현하려 합니다. 어트랙션 포인트 영역과 밀도, 가지의 성장속도 등의 파라미터를 컨트롤하여 같은 나무라도 다양한 종류의 모양을 만들 수 있습니다. 여기서는 테마를 수목으로 정하여 성장의 시작점을 굳이 1개로 한정하고 있지만, 여러 개의 포인트를 지정하여 점균 시뮬레이션을 할 수도 있습니다. 계산 부하도 높지 않아 매우 범용성이 높은 알고리즘이라고 할 수 있습니다.

네트워크 다이어그램

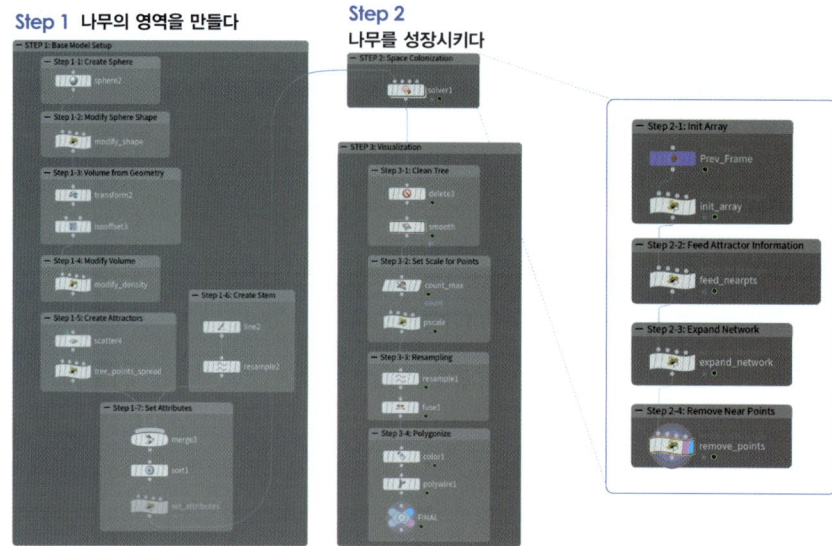

메인 파라미터

이름	유형	범위	기본값	설명
tree_radius	Float	0 – 10	2.9	나무의 반지름
tree_scale	Float	0 – 2	1.089	나무의 평면 방향 스케일
tree_density_smoothness	Float	0 – 1	0.669	어트랙션 포인트용 노이즈의 스케일값
tree_density_scatter	Integer	0 – 100	70	어트랙션 포인트의 밀도
tree_spread	Float	0 – 10	1	나무 외형의 랜덤한 확산 상태
stem_height	Float	0 – 10	2	줄기의 높이
search_dist	Float	0 – 1	0.9	어트랙션 포인트의 검색 범위
move_dist_min	Float	0 – 1	0.099	가지의 최소 성장 길이 (거리)
move_dist_max	Float	0 – 1	0.395	가지의 최대 성장 길이 (거리)
remove_dist_min	Float	0 – 1	0.261	어트랙션 포인트의 최소 제거 범위
remove_dist_max	Float	0 – 1	0.3	어트랙션 포인트의 최대 제거 범위
branch_scale_max	Float	0 – 10	4.5	가지의 위치에 따른 두께의 스케일 최대값
branch_size	Float	0 – 1	0.2	가지의 두께

Step 1

1-1 나뭇가지가 들어가는 영역을 구체로 만들기

공간 군체로 나무를 만들 때 가장 먼저 필요한 것은 가지의 성장 경로를 결정하는 어트랙션 포인트입니다. 그래서 우선 나뭇가지가 성장하는 영역을 만들고, 그 안에 포인트를 만드는 순서를 밟아 나가겠습니다. 처음에 Sphere 노드를 이용하여 나무 영역의 베이스를 만듭니다.

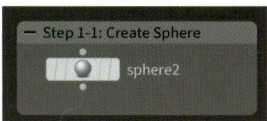

Sphere노드 파라미터를 다음과 같이 설정하여 CONTROLLER의 파라미터로 크기를 제어할 수 있도록 합니다. Frequency 는 7 로 설정합니다.

Center(Y): ch("../CONTROLLER/tree_radius")
Uniform Scale: ch("../CONTROLLER/tree_radius")

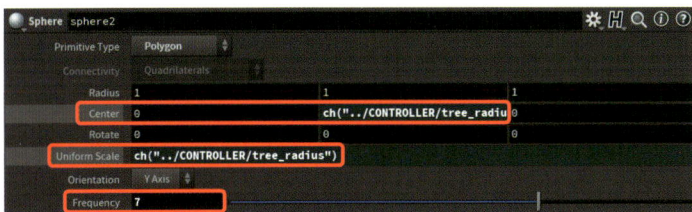

Sphere 노드의 파라미터

큰 이미지는 예제 폴더의 137_01.jpg를 참고!

1-2 구체의 모양을 변형시키기

단순하게 구체 모양이면 실제 나무 외형과는 그다지 닮지 않은 형태이기 때문에 구체의 포인트 위치를 편집하여 떡처럼 생긴 모양으로 변형합니다.

Point Wrangle노드 첫 번째 인풋과 Sphere 노드를 연결하고, 다음과 같이 VEX 코드를 작성합니다.

우선 chf 함수에서 정의하고 있는 변수를 프로모트하고 메인 파라미터와는 익스프레션으로 링크합니다. 파라미터에 의해 평면 방향으로 스케일을 제어할 수 있게 하여, 나무의 폭이 넓거나 가늘게 만들 수 있습니다.

《 Point Wrangle노드의 코드 》

```
// 나무의 XZ평면 스케일 값을 나타내는 파라미터 값을 불러온다.
float scale = chf("scale");
......
```

scale: ch("../CONTROLLER/tree_scale")

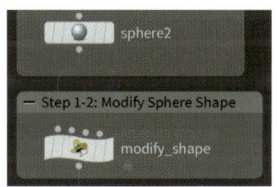

Point Wrangle 노드의 파라미터

포인트의 현재 높이와 sin 함수를 사용하여 구체를 구성하는 포인트의 높이 방향의 위치를 변경합니다. sin 함수를 사용하면 램프와 같은 파라미터를 사용하지 않고 곡선 시스템을 변형할 수 있고, 그 결과로 구체로부터 떡과 같은 모양을 만들어 낼 수 있습니다.

```
......
// 포인트의 높이 정보(Y축 방향의 값)를 0~1로 리맵핑한다.
float val = fit(@P.y, 0, 10.0, 0, 1.0);
// 0~1로 리맵핑된 높이 정보를 더 원하는 임의의 라디안으로 표현된 각도의 범위안에 리맵핑한다.
float angle = fit(val, 0, 1.0, $PI * 0.1, $PI * 0.5);
// 리맵핑된 각도와 사인 함수를 사용하여 값을 만든다.
// ($PI * 0.1에서 $PI * 0.5의 범위면 계란 모양으로 변형된다)
float yscale = sin(angle);

// 지오메트리의 포인트 위치에 방금 만든 변수를 적용하여 변형시킨다.
@P.y *= yscale; // Y축
@P.x *= xscale; // X축
@P.z *= zscale; // Z축
```

큰 이미지는 예제 폴더의 138_01.jpg를 참고!

1-3 구체에서 볼륨 만들기

변형된 구체를 나무줄기의 높이 만큼 위쪽 방향(Y축 방향)으로 이동합니다.

Transform노드 Step 1-2의 PointWrangle 노드와 연결하고 파라미터를 다음과 같이 설정합니다.

Translate(Y): `ch("../CONTROLLER/stem_height")`

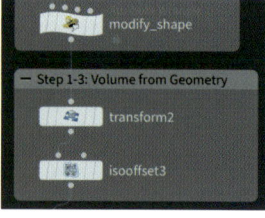

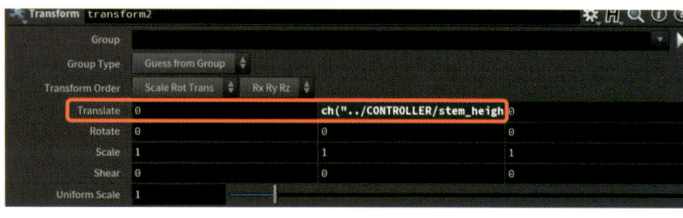

Transform 노드의 파라미터

그 위에, 변형된 구체 속에 어트랙션 포인트를 채우기 위해 이 지오메트리에서 볼륨을 만들어 냅니다.

IsoOffset노드 Transform 노드와 연결합니다. 파라미터에서 이름을 `density`로 설정하고 해상도(Uniform Sampling Divs)를 100으로 설정합니다.

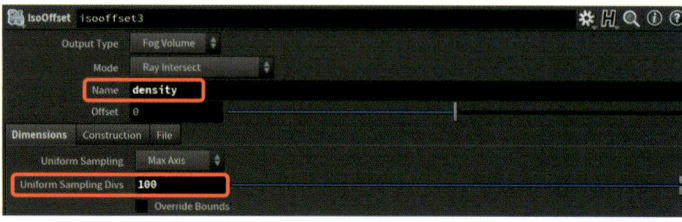

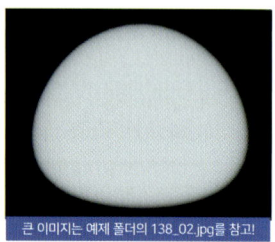

IsoOffset 노드의 파라미터

큰 이미지는 예제 폴더의 138_02.jpg를 참고!

1-4 볼륨의 밀도 편집하기

IsoOffset으로 지오메트리를 볼륨화시킨 상태에서는 지오메트리 속 볼륨의 밀도가 일정한 상태입니다. 이런 상태로는 포인트를 배치할 때 균일한 간격으로 배치되어 부자연스럽게 보일 수 있기 때문에 밀도를 조금 부족하게 해보겠습니다.

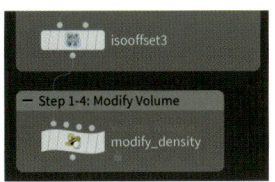

Volume Wrangle노드 첫 번째 인풋을 Step 1-3 의 IsoOffset 노드와 연결하고 다음 VEX 코드를 작성합니다.

《 Volume Wrangle노드의 코드 》

```
// 어트랙션 포인트용 노이즈의 스케일 값을 나타내는 파라미터 값을 불러온다.
float smoothness = chf("smoothness");
// 노이즈 함수에서 얻은 값을 클램프(clamp)하기 위한 최솟값
float min = chf("min");
// 노이즈 함수에서 얻은 값을 클램프(clamp)하기 위한 최댓값
float max = chf("max");

// 노이즈 함수를 사용해 노이즈 값을 만들고, 지정된 파라미터 값으로 클램프한다.
float val = clamp(noise(@P * smoothness), min, max);
// 클램프된 값의 범위를 0~1로 한다.
val = fit(val, min, max, 0.0, 1.0);
// 볼륨 밀도(density)가 0보다 클 경우
if (f@density > 0) {
    // 볼륨 밀도를 0~1로 리맵핑된 값으로 바꾼다.
    f@density = val;
}
……
```

chf 함수에서 정의한 smoothness는 아래와 같이 익스프레션을 설정하여 메인 파라미터와 링크시킵니다. 또한 Min 과 Max도 설정해 둡니다.

smoothness: `ch("../CONTROLLER/tree_density_smoothness")`

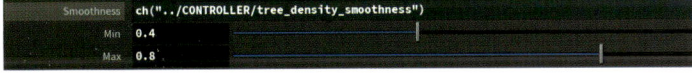

Volume Wrangle 노드의 파라미터

여기에서는 노이즈 함수를 사용하여 변형된 구체에 의해 만들어진 볼륨의 밀도를 낮추고 있습니다. 또한 파라미터의 smoothness와 min, max를 사용하여 밀도(음성한)를 제어할 수 있도록 하고 있습니다.

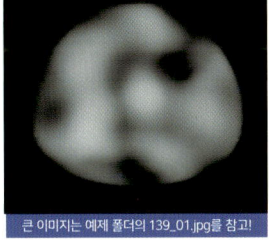

1-5 어트랙션 포인트 배치하기

볼륨을 편집한 후, 해당 밀도를 이용하여 어트랙션 포인트를 배치하고자 합니다.

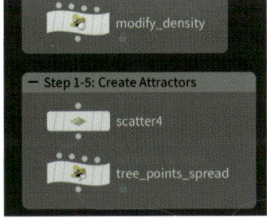

Scatter노드 Step 1-4의 Volume Wrangle 노드와 연결합니다. Density Scale 및 기타 파라미터를 다음과 같이 설정하고 볼륨의 밀도 상태에서 포인트의 수가 변화되도록 설정합니다. 나무의 크기를 파라미터로 바꿀 수 있다는 전제이므로 포인트의 총 수를 결정하는 것보다 이 방법이 좋다고 생각했습니다.

Density Scale: `ch("../CONTROLLER/tree_density_scatter")`

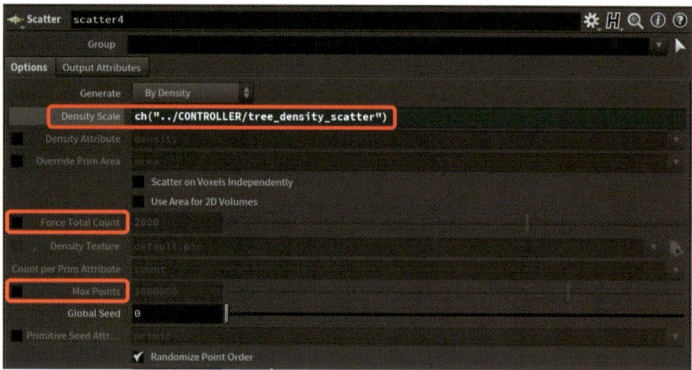

Scatter 노드의 파라미터

어트랙션 포인트가 배치된 것은 좋지만, 아직도 떡 모양의 윤곽이 충분히 드러나 있기 때문에 외형을 조금 더 해체해 보겠습니다.

Point Wrangle노드   첫 번째 인풋은 Scatter 노드와 연결하고, 다음과 같이 VEX 코드를 작성합니다.

《Point Wrangle노드의 코드》

```
// 나무 외형의 랜덤하게 퍼지는 상태를 나타내는 파라미터 값을 불러들인다.
float spread = chf("spread");
// 구체 중심에서 사방으로 뿌려지는 랜덤 벡터를 만든다.
vector val = sample_sphere_uniform(rand(@P));

// 포인트를 랜덤한 방향으로 지정된 거리만큼 이동한다.
@P += val * spread;
```

chf 함수에서 정의한 spread는 아래와 같이 익스프레션을 설정하여 메인 파라미터와 링크시켜 둡니다.

spread: `ch("../CONTROLLER/tree_spread")`

Point Wrangle 노드의 파라미터

큰 이미지는 예제 폴더의 140_01.jpg를 참고!

1-6 라인으로 나무 줄기 만들기

다음으로 나무줄기의 베이스를 만듭니다.

Line노드   높이를 Length라는 파라미터로 설정합니다. CONTROLLER 파라미터와 익스프레션으로 링크하여 컨트롤할 수 있게 해 둡니다.

Length: `ch("../CONTROLLER/stem_height")`

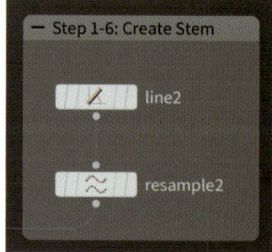

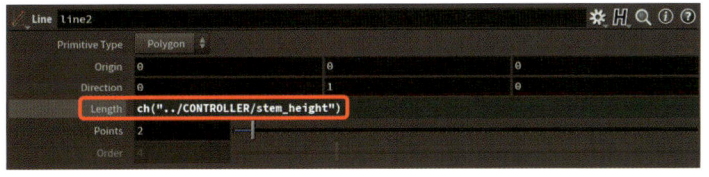

Line 노드의 파라미터

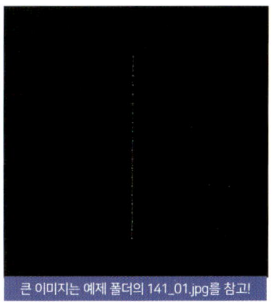

라인을 세분화하여 여러 포인트를 만듭니다.

Resample노드   Line 노드와 연결합니다. 파라미터는 기본값을 사용합니다.

여기에서 만들어진 포인트가 줄기를 위한 어트랙션 포인트입니다.

1-7 가지 영역과 줄기를 결합시키기

나뭇가지 영역에서 만들어진 어트랙션 포인트와 줄기를 라인으로 만든 어트랙션 포인트로 결합합니다.

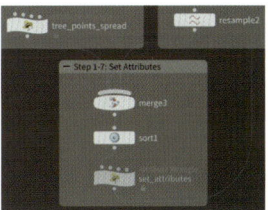

Merge노드   Step 1-5의 Point Wrangle 노드와 스텝 1-6의 Resample 노드를 연결합니다.

Merge 노드를 이용하여 어트랙션 포인트를 정리했다면, 다음 포인트를 Y축을 따라 정렬합니다. 이렇게 하면 어느 포인트에서 성장을 시작해야 할지 지정하기가 수월해 집니다.

Sort노드   Merge 노드와 연결합니다. 파라미터는 다음과 같이 설정하고 포인트가 Y 축을 따라 정렬할 수 있도록 합니다.

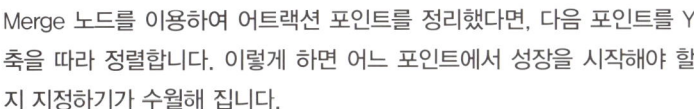

Sort노드의 파라미터

이제 어트랙션 포인트에 시작점 등 필요한 세팅을 하겠습니다.

Point Wrangle노드   첫 번째 인풋과 Sort 노드를 연결하고 다음과 같이 VEX 코드를 작성합니다.

우선 chf 함수로 정의하고 있는 변수를 메인 파라미터와 익스프레션으로 링크합니다.

《Point Wrangle노드의 코드》

```
// 변수
// 나무줄기의 높이를 나타내는 파라미터 값을 불러온다.
float stemheight = chf("stem_height");//
// 나무의 반경을 나타내는 파라미터 값을 불러온다.
float treeradius = chf("tree_radius");
// 가지의 최소 성장(이동) 거리를 나타내는 파라미터 값을 불러온다.
float movedistmin = chf("move_dist_min");
// 가지의 최대 성장(이동) 거리를 나타내는 파라미터 값을 불러온다.
float movedistmax = chf("move_dist_max");
```

```
// 어트랙션 포인트의 최소 삭제 범위를 나타내는 파라미터 값을 불러온다.
float removedistmin = chf("remove_dist_min");
// 어트랙션 포인트의 최대 삭제 범위를 나타내는 파라미터 값을 불러온다.
float removedistmax = chf("remove_dist_max");
// 가지의 위치에 따른 두께의 스케일 최대값을 나타내는 파라미터 값을 불러온다.
float pscalemax = chf("pscale_max");
......
```

stem_height: ("../CONTROLLER/stem_height")
tree_radius: ("../CONTROLLER/tree_radius")
move_dist_min: ("../CONTROLLER/move_dist_min")
move_dist_max: ("../CONTROLLER/move_dist_max")
remove_dist_min: ("../CONTROLLER/remove_dist_min")
remove_dist_max: ("../CONTROLLER/remove_dist_max")
pscale_max: ("../CONTROLLER/branch_scale_max")

Point Wrangle 노드의 파라미터

알고리즘 항목에서 설명한 "초기화" 단계를 준비합니다. 이를 위해 가장 낮은 위치(Y축 방향)에 있는 포인트에 노드(nodes)라는 이름으로 그룹을 설정하고 그것들을 성장이 시작하는 포인트로 삼습니다. 또한 그 외의 포인트는 어트랙터(attractors)라는 그룹으로 설정하고, 가지가 성장할 때 참조(기준) 포인트로 삼습니다. 먼저 가장 첫 번째 포인트 그룹을 노드로 설정하고 다른 포인트들을 어트랙터로 설정합니다.

```
......
// 포인트가 제일 첫 번째 포인트인 경우
if(@ptnum == 0) {
    // 그 포인트에 nodes라는 그룹명을 부여한다.
    setpointgroup(0, "nodes", @ptnum, 1);
}else{ // 조건을 충족하지 못한 경우(최초의 포인트가 아닌 경우)
    // 그 포인트에 attractors라는 그룹명을 부여한다.
    setpointgroup(0, "attractors", @ptnum, 1);
......
```

다음으로, 줄기의 높이보다 낮은 위치에 있는 포인트 즉, 줄기를 구성하는 포인트 전체에 대해 파라미터로 설정한 가지의 최대 이동 거리(move_dist_max)와 최대 삭제 범위(remove_dist_max)를 설정합니다. 이를 통해 줄기 부분은 위쪽으로 균일한 속도로 빠르게 성장하게 됩니다.

```
......
// 포인트 높이(위치의 Y축 값)가 줄기의 높이보다 낮았을 경우
if(@P.y < stemheight) {
    // 포인트의 movedist라는 어트리뷰트에 가지의 최대 성장(이동) 거리 값을 저장한다.
    f@movedist = movedistmax;
    // 포인트의 removedist라는 어트리뷰트에,
    // 어트랙션 포인트의 최대 삭제 범위 값을 저장한다.
    f@removedist = removedistmax;
......
```

그리고 마지막으로, 줄기의 높이보다 위쪽의 어트랙션 포인트에 그 포인트에서 성장하는 줄기의 길이와 삭제 범위를 줄기 끝에서의 거리에 따라 설정합니다. 줄기에서 가까울수록 성장의 거리가 커지고, 멀어질수록 성장의 거리가 짧아지도록 설정합니다.

```
......
} else { // 조건을 충족시키지 못한 경우
    // 포인트의 위치와 줄기 끝의 위치와의 거리를 측정하여 dist라는 변수에 대입한다.
    float dist = distance(@P, set(0, stemheight, 0));
    // 측정한 거리를 0~1의 범위로 리맵핑한다.
    dist = fit(dist, 0, treeradius * 2, 0.0, 1.0);
    // 0~1으로 리맵핑한 값을 가지의 성장 거리 최대값과 최소값으로 다시 리맵핑하고,
    // 줄기의 끝에서의 거리에 따라 가지의 실제 성장 거리를 만든다.
    float movedist = fit(dist, 0, 1.0, movedistmax, movedistmin);
    // 만든 가지의 성장거리를 포인트의 movedist라는 이름의 부동소수점(float) 어트리뷰트에 저장한다.
    f@movedist = movedist;
}
```

큰 이미지는 예제 폴더의 143_01.jpg를 참고!

Step 2

어트랙션 포인트를 설정했으므로 공간 군체 알고리즘으로 나무를 성장시키기 위해 Solver 노드를 사용합니다.

Solver노드 첫 번째의 인풋과 Step 1-7 의 Point Wrangle 노드를 연결합니다. Solver 노드를 더블 클릭하여 네트워크 안으로 들어가서 알고리즘 부분을 작성합니다.

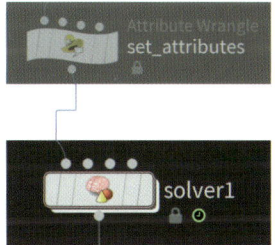

2-1 배열순서 초기화하기

각 포인트가 어트리뷰트로써 가지는 근처의 포인트의 번호 배열을 초기화합니다(속을 비웁니다). 처음에 초기화하는 것은 가까이 있는 포인트 번호의 배열을 매 프레임마다 다시 계산할 필요가 있기 때문입니다.

Attribute Wrangle노드 Prev_Frame 노드와 연결하고 VEX 코드를 작성합니다.

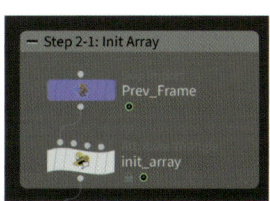

《Attribute Wrangle노드의 코드》
```
// 모든 포인트의 nearpts라고 하는 어트리뷰트에 빈 배열을 저장한다(프레임 단위로 리셋한다)
i[]@nearpts = array();
```

2-2 가까운 어트랙션 포인트 찾기

Point Wrangle 노드를 사용하여 노드의 포인트에 가까이 있는 어트랙션 포인트 배열을 어트리뷰트로 저장합니다.

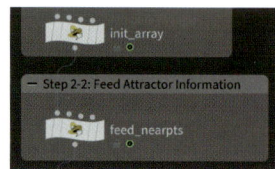

Point Wrangle노드 첫 번째 인풋과 Step 2-1의 Point Wrangle 노드를 연결합니다. 파라미터에서 Point Wrangle의 코드 실행 그룹을 attractors (어트랙션 포인트)로 설정합니다.

Point Wrangle 노드의 파라미터

VEX 코드를 다음과 같이 작성하고, 알고리즘 항목에서 설명한 "탐색" 단계를 실행합니다.

《Point Wrangle노드의 코드》

```
// 탐색 범위의 파라미터를 불러온다.
float searchdist = chf("search_dist");

// 어트랙션 포인트에서 탐색 범위 내에 있는 가장 가까운 노드의 포인트를 찾는다.
int nearpt = nearpoint(0, "nodes", @P, searchdist);

// 포인트 번호가 초기값으로 들어있는 새로운 정수 배열을 만든다.
int arr[] = array(@ptnum);

// 찾아낸 노드의 어트리뷰트에 지금 만든 배열을 더한다(요소를 추가한다)
setpointattrib(0, "nearpts", nearpt, arr, "append");
```

chf 함수에서 정의한 search_dist는 아래와 같이 익스프레션을 설정하고 메인 파라미터와 링크를 시켜둡니다.

search_dist: ch("../../../../CONTROLLER/search_dist")

Point Wrangle 노드의 파라미터

2-3 가지 성장시키기

노드의 포인트에서 가까운 어트랙션 포인트 위치를 이용하여 가지를 늘려 나갑니다.

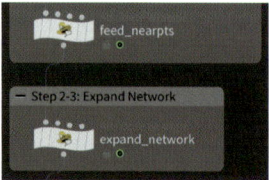

Point Wrangle노드 첫 번째 인풋과 Step 2-2의 Point Wrangle을 연결합니다. Group 파라미터에 nodes라고 지정하여, 여기서 쓰는 코드를 실행할 대상을 노드의 포인트로 제한합니다.

Point Wrangle 노드의 파라미터

VEX 코드를 작성하고, 알고리즘 항목에서 설명한 분기의 단계를 실행합니다. 먼저 필요한 변수를 만듭니다.

《Point Wrangle노드의 코드》

```
// 노드의 포인트에 저장된 가까이 있는 어트랙터 번호의 배열을 얻는다.
int nearpts[] = i[]@nearpts;
```

```
// 노드가 만들어지고부터 얼마나 경과되었는지를 나타내는 count 어트리뷰트에 1씩 더하기.
i@count += 1;

// 가까이에 어트랙션 포인트가 하나라도 있는 경우
if(len(nearpts) > 0) {
    vector dir = {0,0,0}; // 최종적인 이동 벡터로 사용할 벡터 변수를 만든다.
    float movedist = 0; // 최종적인 이동벡터의 이동 거리로 사용할 플로팅포인트 변수를 만든다.
    float removedist = 0; // 새로 만든 포인트 어트리뷰트에 저장할 삭제 범위의 플로팅포인트 변수를 만든다.
```

다음으로, 가까이에 있는 어트랙션 포인트마다 가지는 변수를 방금 만든 변수에 더해갑니다.

```
......
    // 가까이에 있는 어트랙션 포인트의 수 만큼 루프를 돌린다.
    foreach(int nearpt; nearpts) {
        // 노드의 포인트에서 어트랙션 포인트로 향하는 크기 1의 벡터를.
        // dir라는 이름의 변수에 더한 후 추가한다.
        dir += normalize(point(0, "P", nearpt) - @P);
        // 가까운 어트랙션 포인트에 저장되어 있는 movedist 어트리뷰트를 취득하고,
        // 그것을 movedist 변수에 추가한다.
        movedist += point(0, "movedist", nearpt);
        // 가까운 어트랙션 포인트에 저장되어 있는 removedist 어트리뷰트를 취득하고,
        // 그것을 removedist 변수에 추가한다.
        removedist += point(0, "removedist", nearpt);
    }
    // 루프로 합쳐진 movedist와 removedist의 값을 어트랙션 포인트 수로 나누어
    // 평균치를 계산한다.
    movedist /= float(len(nearpts));
    removedist /= float(len(nearpts));

    // 이동 벡터 dir의 크기를 1로 하여 노드의 포인트에 저장되어 있는
    // movedist 어트리뷰트의 값과 곱하여 이동 벡터의 크기를 설정한다.
    dir = normalize(dir) * f@movedist;
......
```

가지 끝의 포인트를 만들고, 필요한 어트리뷰트를 설정합니다.

```
......
    // 노드의 포인트 위치에 이동 벡터 dir을 더해,
    // 그 위치에 새 가지 끝이 되는 노드의 포인트를 만든다.
    int newpt = addpoint(0, @P + dir);
    // 새로 만든 포인트를 노드(가지의 일부임을 나타내는)로 하기 위해,
    // nodes라는 그룹을 설정한다.
    setpointgroup(0, "nodes", newpt, 1);
    // 새로 만든 포인트에 어트랙션 포인트 삭제 범위의 값을 어트리뷰트로 저장한다.
    setpointattrib(0, "removedist", newpt, removedist);
    // 새로 만든 포인트의 어트리뷰트에 이동 거리를 나타내는 movedist 값을 저장한다.
    setpointattrib(0, "movedist", newpt, movedist);
    // 새로운 포인트에 생성된 후 얼마나 경과되었는지를 나타내는 count라는 이름의 어트리뷰트에
    // 0을 저장한다.
    setpointattrib(0, "count", newpt, 0);
```

```
    // 원래 노드의 포인트와 새로 만든 노드의 포인트를 연결하는, 가지가 되는 라인을 만든다.
    int newprim = addprim(0, "polyline", @ptnum, newpt);
}
```

큰 이미지는 예제 폴더의 146_01.jpg를 참고!

2-4 불필요한 어트랙션 포인트 삭제하기

Solver 네트워크 안에서 해야 할 마지막 단계는 노드의 포인트에 저장되어 있는 삭제 탐색 범위의 정보에 해당하는 어트랙션 포인트를 삭제하는 것입니다. 이렇게함으로써, 다음 프레임으로 옮겼을 때 불필요하게 가지가 계속 만들어지는 상황을 피할 수 있습니다.

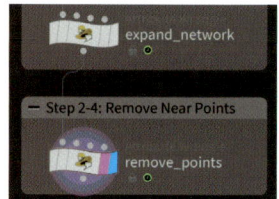

Point Wrangle노드   첫 번째 인풋과 Step 2-3에서 만든 Point Wrangle 노드를 연결합니다. 그리고, 코드를 실행할 그룹을 노드의 포인트로 설정합니다.

Point Wrangle노드의 파라미터

VEX 코드를 다음과 같이 작성하고, 노드에서 삭제 탐색 범위에 있는 어트랙션 포인트를 찾아내어 해당 포인트를 모두 삭제합니다. 이는 알고리즘 항목에서 설명한 분기 단계에 해당합니다.

《Point Wrangle노드의 코드》
```
// 노드 포인트에서 삭제 범위 removedist 어트리뷰트 값을 얻는다.
float remove_dist = f@removedist;

// 노드 포인트 위치에서 삭제 범위 내에 있는 어트랙션 포인트의 리스트를 얻는다.
int nearpts[] = nearpoints(0, "attractors", @P, remove_dist);

// 가까이에 있는 어트랙션 포인트 수 만큼 루프를 돌린다.
foreach(int nearpt; nearpts) {
    removepoint(0, nearpt); // 리스트 안에 있는 모든 어트랙션 포인트를 삭제한다.
}
```

여기까지가 Solver 네트워크 내용의 전부입니다. 이 부분은 공간 군체의 근간이 되는 부분입니다. Geometry 노드로 돌아가 재생 버튼을 눌러보면 프레임이 진행될 때마다 나무와 같은 라인 네트워크가 성장해가는 것을 확인할 수 있을 것입니다.

큰 이미지는 예제 폴더의 147_01.jpg를 참고! 큰 이미지는 예제 폴더의 147_02.jpg를 참고!

Step 3

3-1 나무의 베이스를 부드럽게 만들기(smooth)

나무의 시뮬레이션은 할 수 있었지만, 라인 상태로는 멋이 안나기 때문에 여기에 표현을 더하겠습니다. 우선, 어트랙션 포인트는 이제 사용하지 않기 때문에 삭제합니다.

Delete노드 Solver 노드와 연결합니다. 파라미터를 다음과 같이 설정하여 어트랙션 포인트를 삭제합니다.

Delete노드의 파라미터

Smooth노드 Delete 노드에 연결하여 네트워크를 부드럽게 만듭니다.

큰 이미지는 예제 폴더의 147_03.jpg를 참고!

07 Space Colonization 공간 군체   147

3-2 포인트에 스케일 정보 추가하기

이제 나무 커브에 두께를 주기 위해 커브를 구성하는 포인트에 스케일 값을 설정하겠습니다. 노드의 포인트에 저장되어 있는 count 어트리뷰트의 최댓값을 얻습니다.

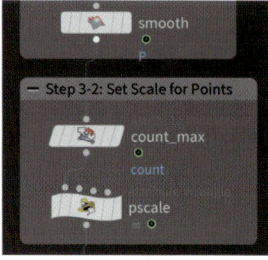

`Attribute Promote 노드` Smooth 노드와 연결하고, 파라미터를 다음과 같이 설정하여 디테일의 어트리뷰트에 count의 최댓값이 저장되도록 합니다.

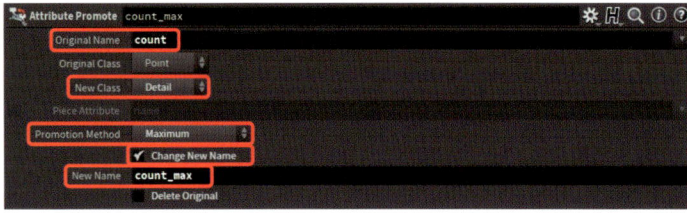

Attribute Promote 노드의 파라미터

포인트의 스케일 값을 count 어트리뷰트 값에 따라 0~1 범위로 설정합니다.

`Point Wrangle 노드` 첫 번째 인풋과 Attribute Promote 노드를 연결하고, 다음과 같이 VEX 코드를 작성하여 포인트의 스케일 값(pscale)을 0에서 1 범위로 설정합니다.

《Point Wrangle 노드의 코드》

```
// 포인트에 저장되어 있는, 얼마나 살아있는지를 나타내는 count 어트리뷰트 값을 0~1범위로 설정하고,
// 포인트의 pscale 어트리뷰트에 저장한다.
f@pscale = i@count / float(detail(0, "count_max"));
```

3-3 세분화하기(Subdivide)

가지를 리샘플링하여 세분화하고, 좀 더 매끄러워지도록 설정합니다.

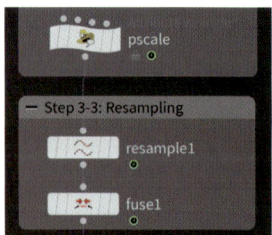

`Resample 노드` Step 3-2의 Point Wrangle 노드와 연결합니다. 파라미터를 다음과 같이 설정하여 커브를 세세하게 분할합니다.

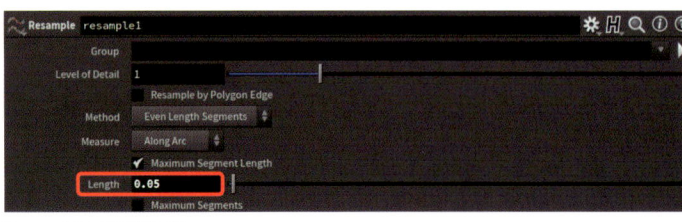

Resample 노드의 파라미터

`Fuse 노드` Resample 노드와 연결하여 중복된 위치에 있는 포인트를 하나로 정리합니다.

3-4 커브에 두께를 주어 나무 모양 만들기

마지막 단계로, 나무 커브에 두께를 줍니다. 그전에 포인트의 스케일 값에 따라 컬러를 입힙니다.

Color노드 Fuse 노드와 연결합니다. 파라미터를 다음과 같이 설정합니다.

Attribute에 "pscale"이라고 적어서 포인트의 pscale(스케일 값)에 따라 컬러를 바꿀 수 있도록 합니다. Ramp 컬러 배합은 자유롭게 설정하세요.

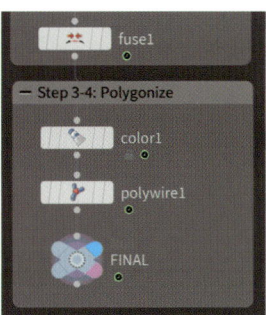

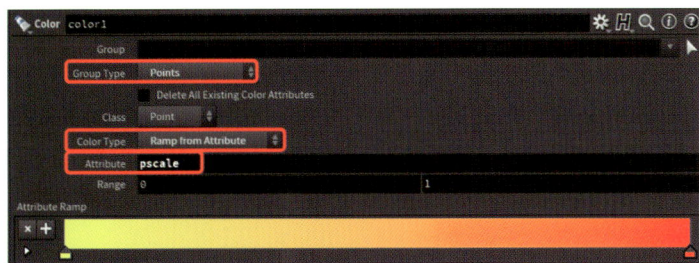

Color노드의 파라미터

마지막으로, Poly Wire 노드를 배치하여 포인트 스케일 값(pscale)에 따라 나무에 두께를 줍니다.

PolyWire노드 Color 노드와 연결합니다. PolyWire 노드는 pscale 노드를 자동으로 사용해 주지 않습니다. 그래서 포인트의 pscale 어트리뷰트를 읽어오도록 Wire Radius 파라미터에 다음과 같이 익스프레션을 작성합니다. Division은 12로 해둡니다.

Wire Radius: `pow(point("../" + opinput(".",0),$PT, "pscale", 0),3)*ch("../CONTROLLER/branch_size")`

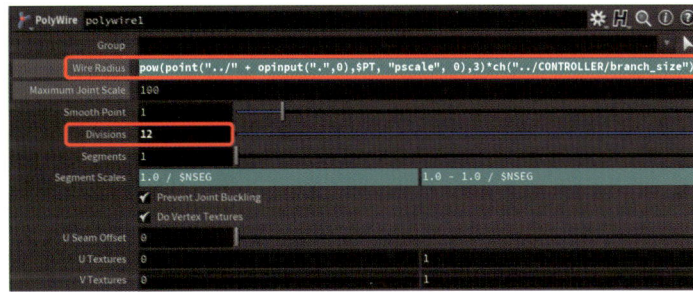 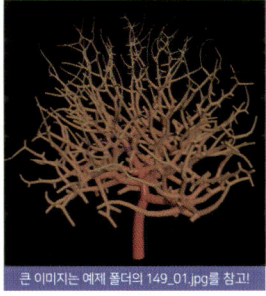

Polywire노드의 파라미터

CONTROLLER의 파라미터를 변경하여 다양한 형태의 나무를 만들 수 있게 되었습니다. 가급적 다양하게 변경해 보기를 권하며, 노드의 수를 늘려 보거나 어트랙션 포인트를 배치하는 영역을 편집해 보면 또 다른 재미있는 형태를 만들 수 있을 것입니다.

제작과정 동영상 >> 공간군체.mp4

08
Curve-based Voronoi
커브 기반 보로노이

자연계에서 자주 볼 수 있는 무늬 중 공간상에 배치된 여러 점의 위치를 이용하여 그리는 보로노이 다이어그램이라는 무늬가 있습니다. 이 무늬는 거북이의 등 껍질이나 잠자리의 날개, 기린의 표피 무늬 등 자연계에서 다양한 스케일로 만나볼 수 있습니다. 이 무늬는 비교적 단순하고 편리한 범용성으로 인해 컴퓨터 그래픽스 업계에서는 오래전부터 자주 사용된 알고리즘입니다. 보로노이 다이어그램 알고리즘을 공간상의 포인트(점) 기반이 아닌 커브 기반으로 풀어보면, 격자(Lattice) 구조와 같은 유기적인 도형을 얻을 수 있습니다. 이번 챕터에서는 커브 기반의 보로노이 알고리즘을 알아보고 후디니에서 구현해 보겠습니다.

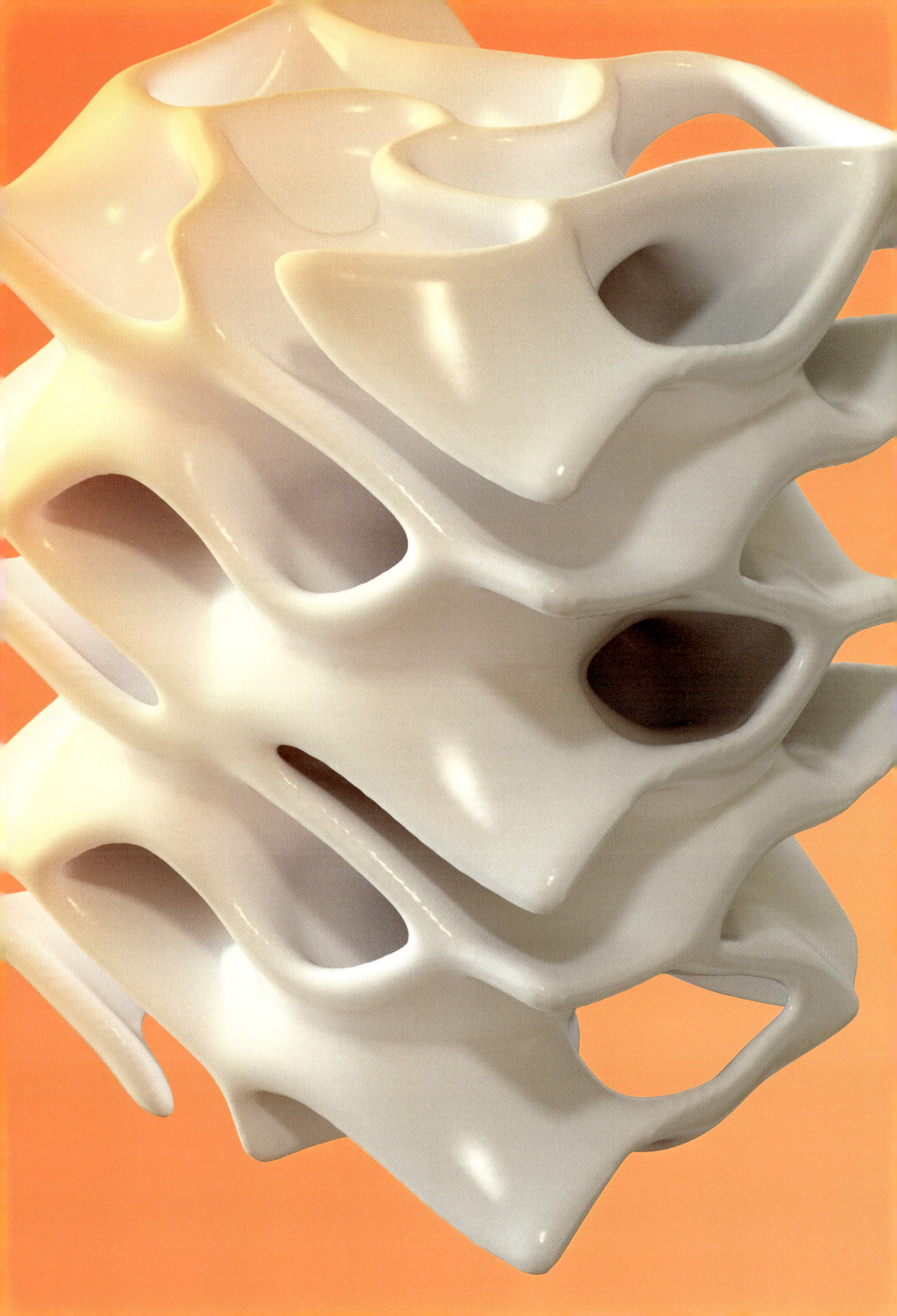

Curve-based Voronoi 커브 기반 보로노이 알고리즘

✹ 포인트 기반의 보로노이(Voronoi) 다이어그램의 알고리즘

보로노이 다이어그램이란 수학적 정의로, 공간상 임의의 위치에 배치된 여러 개의 포인트(모점)끼리 거리에 따라서 분할된 영역을 말합니다. 2차원 공간의 경계선, 혹은 3차원 공간의 경계면이 각 포인트를 연결한 이등분선의 일부가 됩니다. 그렇게 분할된 영역을 보로노이 셀이라고도 부릅니다.

보로노이(Voronoi) 다이어그램

보로노이 다이어그램을 만드는 알고리즘에는 몇 가지가 있지만, 여기서 소개하고 싶은 것은 Worley Noise라는 Steven Worley에 의해 소개된 함수입니다. 이것은 일종의 노이즈 함수로, 주로 컴퓨터그래픽에서 프로시주얼한 텍스쳐를 만들기 위해 이용되고 있습니다. 이로 인해 보로노이 다이어그램의 하나하나의 셀은 모점에서 셀의 바깥으로 향하는 그라데이션이 되면서 그려집니다.

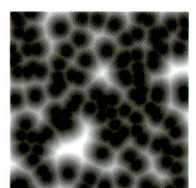

Worley Noise에 의한 보로노이 다이어그램 [★1]

그 Worley Noise 함수를 사용해서 보로노이 그림을 만들 때의 사고방식은 다음과 같습니다. [★2].

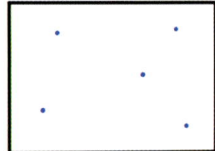  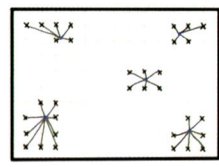 

1. (2차원 혹은 3차원) 공간에 포인트(모점)를 찍는다.(Plot)
2. 공간을 그리드로 분할한다.
3. 그리드의 각 포인트에서 제일 가까운 포인트와의 거리를 재고, 그 값을 포인트에 저장한다.
4. 그리드의 각 포인트에 저장한 값을 컬러 정보로 가시화한다.

이렇게 그라데이션이 된 보로노이 다이어그램은 3차원의 볼륨에도 적용할 수 있다는 이점이 있습니다. 이 특성을 이용한 것이 (포인트에 의한 보로노이 다이어그램의 생성을 확장한) 커브에 의한 보로노이 다이어그램입니다.

★1 By Rocchini — Own work, CC BY-SA 3.0 (https://commons.wikimedia.org/w/index.php?curid=18968986)
★2 Wikipedia, "Worley noise," https://en.wikipedia.org/wiki/Worley_noise

✹ 커브 기반(Base)의 보로노이(Voronoi) 다이어그램의 알고리즘

커브 기반의 보로노이 다이어그램 자체는 누군가에 의해 고안된 것이 아니라, 포인트 기반의 보로노이를 확장한 오리지널입니다. 그 알고리즘의 기반(Base)에는 앞서 설명한 Worley Noise를 이용하고 있습니다. 볼륨 공간에 적용이 가능한 Worley Noise의 특성으로 3차원 볼륨 공간상에서 구현합니다. 알고리즘의 순서는 다음과 같습니다.

  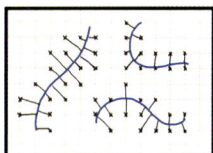 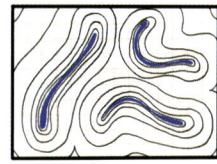

1. 3차원 볼륨 공간상에 임의의 커브를 여러 개 배치한다.
2. 3차원 볼륨 공간을 그리드로 분할한다.
3. 그리드의 각 포인트와 각 커브와의 최단 거리를 계산하여, 가장 가까운 거리를 볼륨의 각 포인트(복셀)에 정보를 부여한다
4. 그리드의 각 커브에 저장된 값을 임의의 임계값에서 컬러 정보로 가시화하고 3차원 폴리곤으로 변환한다.

후디니의 OpenVDB 볼륨을 이용함으로써 위와 같은 알고리즘을 쉽게 구현할 수 있습니다. 이번 레시피에서는 OpenVDB를 이용하여 볼륨 공간상에서 커브 기반의 3차원 보로노이 다이어그램을 만드는 방법을 설명하겠습니다.

Curve-based Voronoi 커브 기반 보로노이의 레시피

이 레시피에서는 후디니의 볼륨 편집 기능을 이용해서 커브 기반의 보로노이의 칸막이를 만들어 보겠습니다. 일반적으로 보로노이는 포인트를 기반으로 계산되지만 포인트 대신 커브를 이용함으로써 규칙적으로 보이면서도 매우 복잡한 셀 분할을 할 수 있게 됩니다. 이 방법을 이해하면 커브 대신에 폴리곤을 인풋으로 하는 것도 가능하게 되므로, 우선 이 방법부터 습득하시길 바랍니다.

네트워크 다이어그램

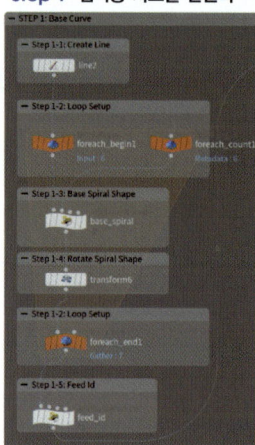

Step 1 입력용 커브를 만든다

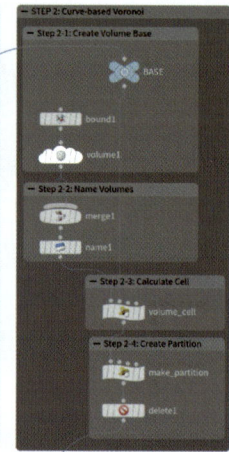

Step 2 커브 기반(Base)의 보로노이 계산을 수행한다

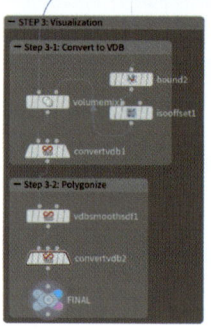

Step 3 커브 기반(Base)의 보로노이를 가시화한다

메인 파라미터

이름	유형	범위	기본값	설명
base_height	Float	0 - 10	10	베이스(Base)의 높이
spiral_radius	Float	0 - 10	2.62	스파이럴 커브의 반경
spiral_angle	Float	0 - 1	0.5	스파이럴 커브의 감기는 각도
spiral_angle_shift	Float	0 - 1	1	단계별 스파이럴 커브의 추가 각도
spiral_offset	Float	0 - 5	1.91	스파이럴 커브의 위치 오프셋 값
spiral_num	Integer	0 - 10	6	스파이럴 커브의 수
thickness	Integer	0 - 3	2	벽의 두께
res	Integer	0 - 200	150	볼륨의 해상도

Step 1

1-1 라인 만들기

첫 번째로 커브 기반의 보로노이 형태를 만들 때 필요한 커브를 만듭니다. 규칙적인 형태로 만들고 싶기 때문에 기본은 여러 개의 나선형(Spiral) 형태를 조합하여 입력 값으로 사용합니다. 그래서 나선형 커브 기반(Base)의 라인을 만듭니다.

Line노드 Length와 Points의 파라미터를 다음과 같이 설정합니다.

Length: `ch("../CONTROLLER/base_height")`

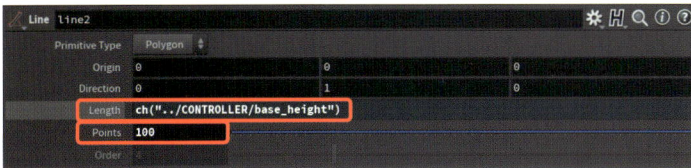

Line 노드의 파라미터

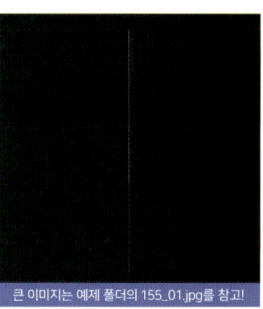

큰 이미지는 예제 폴더의 155_01.jpg를 참고!

1-2 커브의 배열용 루프 셋업하기

임의의 수만큼 라인을 복제하여 각각 다른 파라미터로 나선형 모양을 만들고 싶기 때문에 루프를 사용하기로 합니다.

For-Each Number노드 배치된 3개의 노드 중 `foreach_begin`이라고 적힌 Block Begin 노드를 Line 노드에 연결합니다. 그리고, `foreach_end`라고 적힌 Block End 노드의 Iterations 파라미터는 다음과 같이 익스프레션을 설정하여 CONTROLLER의 파라미터에서 루프 횟수를 조절할 수 있도록 합니다.

Line노드 다음과 같이 파라미터를 설정합니다.

Iterations: `ch("../CONTROLLER/spiral_num")`

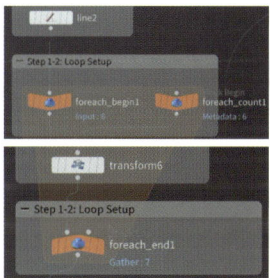

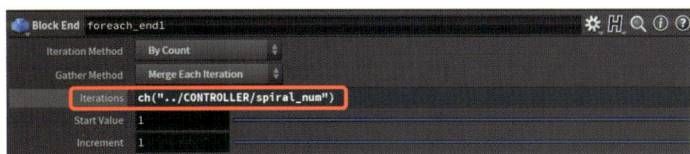

For-Each Number의 Block End 노드의 파라미터

1-3 라인을 나선 형태로 변형하기

루프 속에서 VEX를 이용하여 한 개 라인을 나선형으로 변형합니다.

Point Wrangle노드 첫 번째 인풋과 `foreach_begin`이라고 적힌 Block Begin 노드를 연결합니다. 또 두 번째 인풋을 `foreach_count`라고 적힌 Block Begin 노드와 연결합니다. 그리고 VEX 코드를 작성합니다.

chf 함수를 사용해 변수를 정의하고, 메인 파라미터와 익스프레션으로 링크합니다.

《Point Wrangle 노드의 코드》

```
// 파라미터를 불러온다.
float rad = chf("rad");  // 스파이럴 커브의 반경을 나타내는 파라미터 값을 불러온다.
float angle = chf("angle");  // 스파이럴 커브의 감기는 각도를 나타내는 파라미터 값을 불러온다.
angle = angle * $PI;  // 각도값에 파이를 곱해서 radian으로 한다.
float angleshift = chf("angle_shift");  // 단계별 나선형 커브의 추가 각도를 나타내는 파라미터 값을
불러온다.
……
```

rad: ch("../CONTROLLER/spiral_radius")
angle: ch("../CONTROLLER/spiral_angle")
angle_shift: ch("../CONTROLLER/spiral_angle_shift")

Point Wrangle 노드의 파라미터

매 루프 때 마다 번호(iteration)를 얻고, 그것을 이용해서 나선형 커브의 시작 각도를 변화시킵니다.

```
……
// 현재 그룹 번호를 두 번째 인풋의 디테일 어트리뷰트로부터 얻는다.
int iteration = detail(1, "iteration");

// 각 포인트의 높이(Y축 방향의 값)에 따라 나선 형태의 곡선 위에 있는 포인트의 좌표 값을 만든다.
// X 좌표
float x = cos(@P.y * angle + angleshift * $PI * iteration) * rad;
// Y 좌표
float y = sin(@P.y * angle + angleshift * $PI * iteration) * rad;

// 포인트의 X와 Z의 값을 방금 만든 변수로 업데이트하고, 곡선을 나선 형태로 변형한다.
@P = set(x, @P.y, y);
```

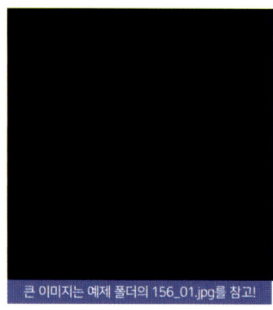

큰 이미지는 예제 폴더의 156_01.jpg를 참고!

1-4 커브를 회전하기

원점에 나선형 커브를 둔 채로는 루프로 만들어진 나선형 커브가 서로 너무 겹쳐서, 격벽을 만들었을 때의 효과가 보이지 않게 됩니다. 그래서 각각의 나선형 커브를 중복되지 않는 위치에 배치하겠습니다.

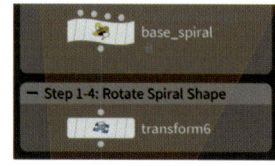

Transform노드 앞 단계에서 만든 Point Wrangle 노드와 연결합니다. 그리고 Transform Order의 파라미터는 Trans Rot Scale로 하고, Translate의 X축과 Rotate의 Y축은 다음과 같이 설정합니다.

Translate(X): `ch("../CONTROLLER/spiral_offset")`

Rotate(Y): `360 * detail("../foreach_count1/", "iteration", 0) / ch("../foreach_end1/iterations")`

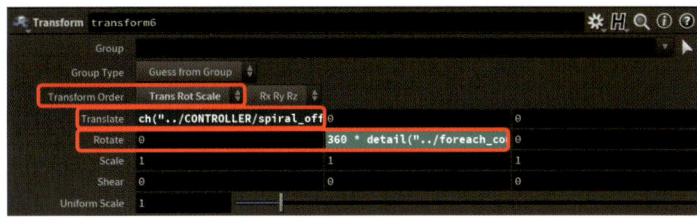

Transform 노드의 파라미터

중요한 것은 회전과 이동의 순서이며, 먼저 X방향으로 이동하고 나서 Y축으로 회전시킴으로써 원을 분할한 위치에 각 나선을 배치할 수 있습니다.

큰 이미지는 예제 폴더의 157_01.jpg를 참고!

여기까지 되었다면, 루프를 마치고 복제된 나선형 커브가 모두 표시되도록 하겠습니다.

1-5 커브에 정보를 부여하기

만든 나선형 커브 하나 하나에 id 어트리뷰트를 저장합니다. 이것은 나중에 볼륨을 셀 분할할 때 이용하게 됩니다.

`Primitive Wrangle노드` foreach_end라고 적힌 Block End 노드와 연결하고 다음과 같이 코드를 작성합니다.

《 Primitive Wrangle 노드의 코드 》

```
// 각 프리미티브에 번호를 id 어트리뷰트로 저장한다
i@id = @primnum;
```

Step 2

2-1 베이스(Base) 볼륨 만들기

인풋이 되는 나선형 커브가 생기면 그것을 사용해서 보로노이 계산을 합니다. 그 준비를 하겠습니다.

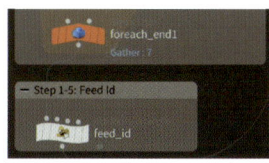

`Null노드` BASE와 이름을 붙이고 Step 1-5의 Primitive Wrangle 노드와 연결합니다.

볼륨의 영역을 만들기 위해 나선형 커브로부터 바운더리(Boundry:영역/공간) 박스를 만듭니다.

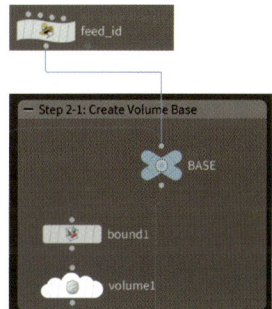

`Bound노드` 앞의 Null 노드와 연결합니다. 이것으로 모든 나선형 커브를 둘러싼 박스를 만들 수 있습니다.

박스가 만들어지면 이제 볼륨을 만듭니다.

Volume노드 Bound 노드와 연결합니다. 파라미터를 다음과 같이 설정하고, 이름을 (density)로 변경합니다.

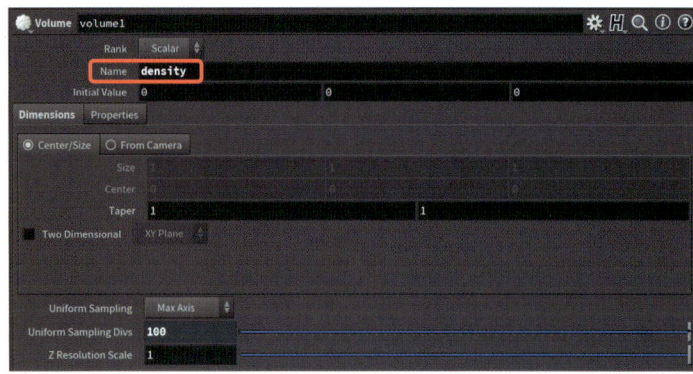

Volume 노드의 파라미터

큰 이미지는 예제 폴더의 158_01.jpg를 참고!

2-2 볼륨에 이름 붙이기

볼륨을 만들면 그것을 하나 더 복제하고 이름을 변경합니다.

Merge노드 Step 2-1의 Volume 노드를 두 번 연결합니다. 이로 인해 볼륨을 복제할 수 있습니다.

Name노드 Merge 노드와 연결하고, 다음과 같이 파라미터를 설정하여 볼륨의 이름을 변경합니다.

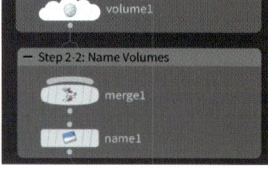
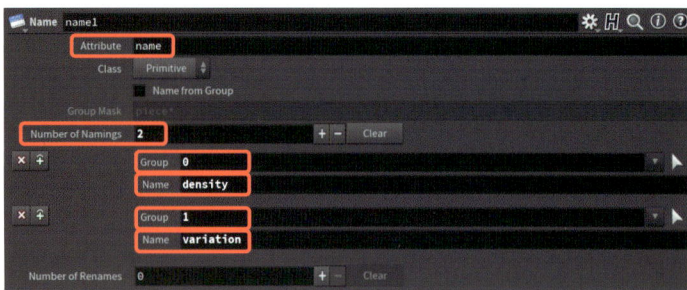

Name노드의 파라미터

2-3 보로노이 셀의 위치를 계산하기

이제 가장 중요한 커브 기반 보로노이를 계산합니다.
순서는 우선 볼륨의 어느 복셀의 위치가 어느 커브에 속해 있는지를 알아내는 커브에 의한 셀 분할 계산을 합니다. 그 정보를 variation 이름의 볼륨에 저장하면, 이를 사용해서 (density)라는 이름의 볼륨에 커브 기반 보로노이의 격벽 정보(인접하는 셀의 경계선)를 저장합니다.

Volume Wrangle노드 첫 번째 인풋에 Name 노드를 연결하고, 두 번째 인풋에 Step 2-1에서 만든 여러 개의 나선형 커브가 저장되어 있는 (BASE) 이름의 Null 노드를 연결합니다. 그리고 다음과 같이 VEX 코드를 작성합니다.

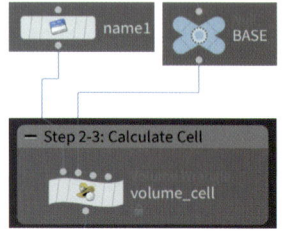

《Volume Wrangle 노드의 코드》

```
// 변수
int variation = 0; // 셀 번호를 나타내는 정수의 변수를 만든다.
float minDist = 999999; // 각 복셀에 가장 가까운 커브까지의 최단거리를 넣기 위한 변수를 만든다.

// 커브마다 루프를 돌린다
for(int i=0; i < nprimitives(1); i++) {
    // 각 복셀의 위치에서 커브에 최단거리로 프로젝션(투영) 했을 때의 위치를 얻는다.
    vector minpos = minpos(1, "\@id=" + itoa(i), @P);
    // 커브에 프로젝션(투영)된 위치와 프로젝션 시작 위치 사이의 거리를 잰다.
    float dist = distance(@P, minpos);

    // 볼륨 포인트가 어느 셀에 포함되어 있는지 계산한다.
    if(dist < minDist){ // 지금 잰 거리가 minDist 값보다 작을 경우
        minDist = dist; // minDist의 값을 더 작은 dist의 값으로 갱신하다.
        variation = i; // 조건을 충족했을 때 커브의 번호를 variation에 대입한다.
    }
}

// 최종적인 variation 값을 variation이라는 이름의 볼륨 복셀 값으로 저장한다.
@variation = variation;
```

여기서 하고 있는 일은 단순합니다. Volume Wrangle에서 각 복셀에서 볼 때 가장 가까운 나선형 커브를 찾아서 그 id를 볼륨의 밀도 값으로 variation의 볼륨에 저장하는 것입니다. 그로 인해 각 복셀이 어느 셀에 속해 있는지 알 수 있게 됩니다.

큰 이미지는 예제 폴더의 159_01.jpg를 참고!

2-4 보로노이 셀의 경계 위치를 계산하기

각 복셀에 저장된 셀 번호의 정보를 바탕으로 서로 인접하는 셀끼리의 경계를 찾아줍니다.

Volume Wrangle 노드 첫 번째 인풋에 Step 2-3에서 만든 Volume Wrangle을 연결합니다. 그리고, VEX 코드를 다음과 같이 작성해 갑니다.

우선 chf 함수에서 정의하고 있는 변수를 메인 파라미터와 익스프레션으로 링크합니다.

《Volume Wrangle 노드의 코드》

```
// 칸막이 두께를 나타내는 파라미터 값을 불러온다.
int res = chi("thickness");
```

Thickness: ch("../CONTROLLER/thickness")

Volume Wrangle 노드의 파라미터

복셀이 셀과 셀 사이의 경계에 있는지 살펴보겠습니다. 경계에 있다고 판단하면 볼륨에 밀도를 주고 경계에 없는 경우는 밀도를 0으로 함으로써 보로노이의 격벽을 만듭니다.

```
......
int add = 0; // add라는 이름의 복셀이 셀과 셀 사이의 경계에 있는지 여부에 대한 변수를 만든다.

for(int i=-res; i<=res; i++){ // X축용으로 격벽 두께만큼 루프를 돌린다.
    for(int n=-res; n<=res; n++){ // Y축용으로 격벽 두께만큼 루프를 돌린다.
        for(int t=-res; t<=res; t++){ // Z축용으로 격벽 두께만큼 루프를 돌린다.
            // i도 n도 t도 0이 아닌 경우
            if( i != 0 || n != 0 || t != 0){
                // 볼륨의 근처 포인트 셀 번호를 i에서 취득한다. 그 때,
                // 복셀의 경계를 넘지 않도록 min과 max 함수로 클램프한다.
                int ix = min(max(@ix + i, 0), @resx-1); // X축
                int iy = min(max(@iy + n, 0), @resy-1); // Y축
                int iz = min(max(@iz + t, 0), @resz-1); // Z축
                // 만든 XYZ의 번호에서 그 위치에 있는 볼륨의 값을 얻고,
                // neighbourval 변수에 대입한다. 이 값은 벽 두께 안에 있다.
                // 근처 복셀이 속한 셀의 번호를 나타내고 있다.
                float neighbourval = volumeindex(0, 1, set(ix, iy, iz));

                // 다음으로, 볼륨 포인트 위치에 저장된 셀 번호와
                // 근처의 볼륨 포인트 위치에 저장된 셀 번호가 다를 때
                // 포인트가 경계에 있다는 변수를 세팅(set)한다.

                // 복셀의 값과 그 근처에 있는 복셀의 값이 다른
                // (각각의 복셀이 다른 셀에 속해 있는) 경우
                if(@variation != neighbourval) {
                    add += 1; // add에 변수 값을 1 더한다.
                }
            }
        }
    }
}

// 복셀이 경계에 있는지 비교하여 add 변수 값이 0 보다 큰 경우.
if(add > 0) {
    @density = 1; // 복셀의 밀도(density) 값을 1로 한다.
} else {
    @density = 0; // 복셀의 밀도(density) 값을 0으로 한다.
}
```

커브 기반 보로노이의 격벽 볼륨을 만들었다면, 셀 번호가 저장된 variation의 볼륨은 더 이상 필요 없으므로 삭제합니다.

Delete노드 Volume Wrangle 노드와 연결하고, Group에는 `(@name=density)`라고 넣은 후, Operation은 `(Delete Non-Selected)`로 설정합니다.

Delete 노드의 파라미터

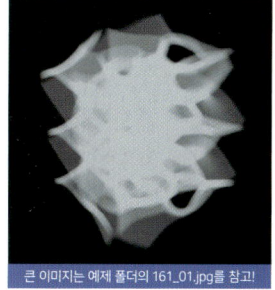

큰 이미지는 예제 폴더의 161_01.jpg를 참고!

Step 3

3-1 볼륨을 VDB로 변환하기

여기까지 되었다면, 나머지는 볼륨을 가시화하는 단계입니다. 볼륨만 있으면 윤곽을 알기 어렵습니다. 최종적으로는 폴리곤으로 변환하겠지만, 보다 좋은 결과를 보기 위해 조금 더 조정을 하겠습니다.

폴리곤으로 변환하기 전에 SDF로 변환하는데, 그때 경계 부분이 아주 큰 면으로 가득 차 버릴 수 있으므로 약간의 여유을 가지도록 볼륨을 다듬겠습니다.

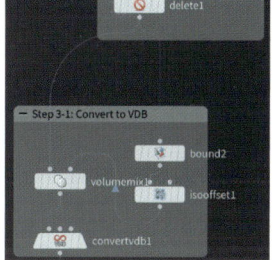

Bound노드 Step 2-4의 Delete 노드와 연결하고 다음과 같이 파라미터를 설정합니다.

Bound 노드의 파라미터

이 수치로 원하는 여유 공간을 설정해 주세요. 볼륨보다 약간 작은 박스 형태을 얻을 수 있습니다.

IsoOffset노드 Bound 노드와 연결해서 박스를 볼륨으로 변환합니다. 이때의 IsoOffset 노드의 Uniform Sampling Divs는 높게 설정해 둡니다.

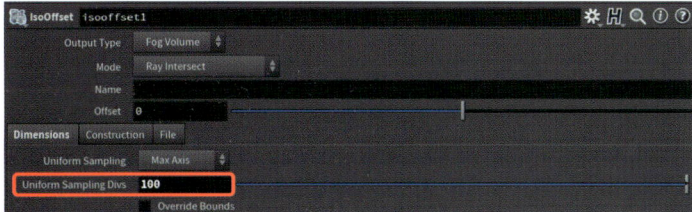

IsoOffset 노드의 파라미터

Volume Mix노드 첫 번째 인풋을 Step 2-4의 Delete 노드와 연결하고 두 번째 인풋을 IsoOffset 노드와 연결합니다. 또 Mix Method의 파라미터를 Minimum으로 설정하여 볼륨을 깎고(trimming) 다듬을 수 있습니다.

Volume Mix 노드의 파라미터

`Convert VDB노드` Volume Mix 노드를 연결하여 SDF로 변환합니다. 파라미터에서 Convert To는 (VDB)로 VDB Class는 (Convert Fog to SDF) 로 설정합니다.

Convert VDB 노드의 파라미터

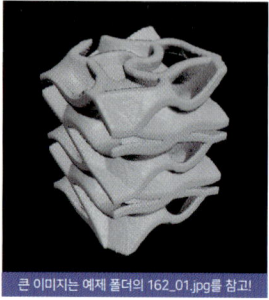

3-2 VDB를 폴리곤화하기

연기 모양의 볼륨을 SDF로 변환한 단계에서는 볼륨의 값이 1이나 0 밖에 없기 때문에 약간 올록볼록한 모양을 하고 있습니다. 그래서 SDF로 변환한 볼륨을 부드럽게 해줍니다.

`VDB Smooth SDF노드` Convert VDB 노드와 연결하여 파라미터의 Iterations에서 원하는 수치를 설정하고 매끄러운 정도를 조절합니다.

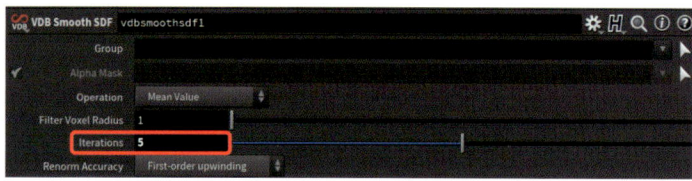

VDB Smooth SDF 노드의 파라미터

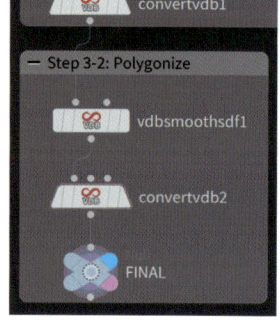

`Convert VDB노드` VDB Smooth SDF 노드와 연결하여 Convert To의 파라미터를 「Polygons」로 설정하고 볼륨을 폴리곤으로 변환합니다.

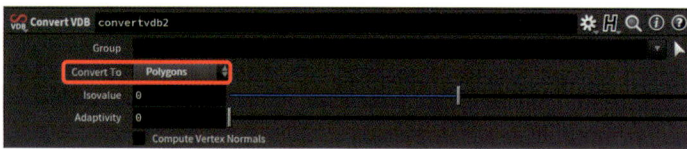

Convert VDB노드의 파라미터

`Null노드` FINAL이라고 이름을 붙이고, Convert VDB 노드와 연결합니다.

이상으로 완성입니다.

여기까지 됐다면 CONTROLLER에 등록한 파라미터를 이것저것 만져보면서 모양의 변화를 즐겨보시기 바랍니다. 그러다 질린다면, Step 1에서 만든 나선형 커브 대신에 자신이 직접 원하는 커브를 만들어서 해 보는 것도 추천합니다. 분명히 흥미로운 결과를 얻을 것입니다.

제작과정 동영상 >> 커브보로노이.mp4

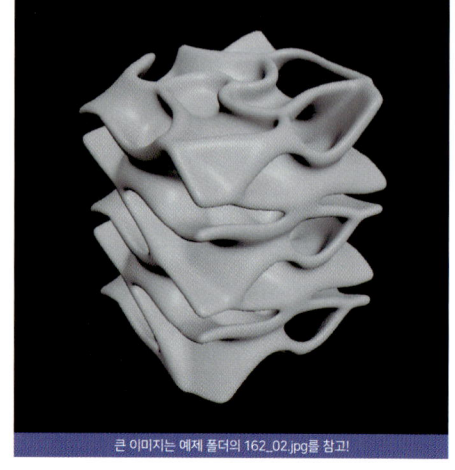

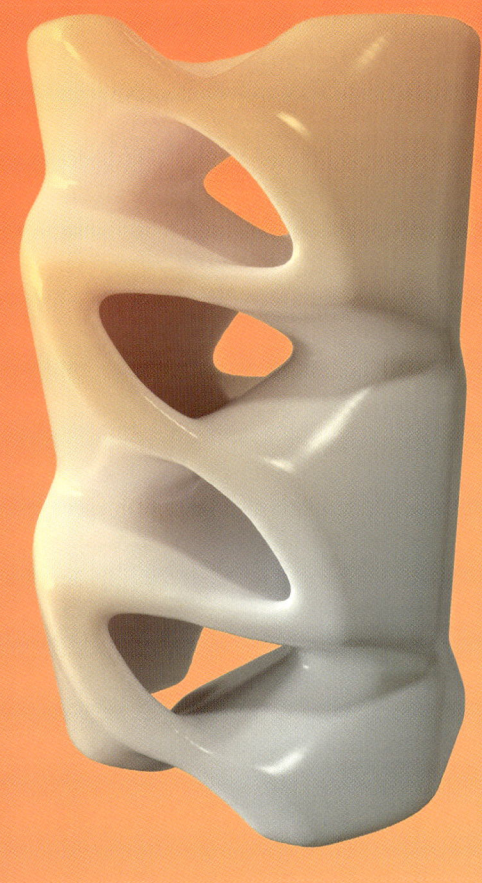

메인 파라미터
base_height: 10
spiral_radius: 2.62
spiral_angle: 0.5
spiral_angle_shift: 1
spiral_offset: 1.91
spiral_num: 2
thickness: 2
res: 150

메인 파라미터
base_height: 10
spiral_radius: 5.72
spiral_angle: 0.152
spiral_angle_shift: 1
spiral_offset: 1.91
spiral_num: 9
thickness: 2
res: 150

09
Differential Growth
분화 성장

해양 동물 중에는 흥미로운 형태를 가진 동물들이 많이 존재하는데 그 중에서 특징적인 것을 하나 꼽자면 산호를 들 수 있습니다. 산호는 자포동물에 속하며, 성장과 함께 단단한 골격을 가지고 있습니다. 또 일반적으로 『산호』라고 부르더라도 다양한 분류가 있고 형태나 성질도 각각 다릅니다. 그 중에서도 Saotome Coral 산호에 대해서 주목해볼 것입니다.

Saotome Coral은 엽상군체라고 하는 성장형 산호입니다. 외형은 큰 잎모양의 끝이 다른 부분과 부딪치지 않도록 방향이 갈라지며 성장하여 잎의 주름이 꾸불꾸불하게 겹겹이 쌓인 것 같은 형태가 됩니다. 덧붙여 이러한 성장 형태는 맨드라미라는 꽃의 구조 등에서도 볼 수 있습니다. 이번 장에서는 이러한 성장에 따른 줄기 형태를 만드는 알고리즘의 설명과 구현하는 방법에 대해서 알아보겠습니다.

**이번 장에서 나오는 단어의 한글과 영문 의미를 찾아보면 차이가 있습니다.
    분화 : 단순하거나 등질인 것에서 복잡하거나 이질인 것으로 변함.
    Differential : 차이, 격차
이 장에서 그런 혼동을 방지하기 위해서 하나의 의미로 이해해 주길 바랍니다.

Differential Growth 분화 성장의 알고리즘

✳ 분화 성장의 알고리즘

Saotome Coral 산호와 같은 주름 모양을 만들려면 그 성장 과정을 이해할 필요가 있습니다. 이 산호나 맨드라미 등의 성장은 Nervous System이라는 디자인 스튜디오의 제시·로젠버그(Jesse Louis-Rosenberg)가 Floraform이라는 인터넷 기사에서 소개하고 있는 설명이 하나의 지침이 됩니다.

그는 하이리안(Haiyi Liang)과 L.마하데반(L. Mahadevan에 의한 「The shape of a long leaf」와 「Growth, geometry, and mechanics of a blooming lily」라는 논문을 참조하여 잎의 바깥 둘레의 경계가 분화해 나감으로써 잎이 차례차례 포개어지도록 성장한다는 가설을 세웠습니다. 이와 같이 분화해서 성장하는 모습을 분화 성장(Differential Growth)이라고 부릅니다.

분화 성장은 다음과 같은 과정을 밟습니다[★1].

1. 기반(Base)이 되는 큰 면(예를 들면 잎)이 있다
2. 기반(Base) 면의 바깥 둘레의 경계선을 전체적으로 부풀린다
3. 부풀어진 경계가 잎면에 닿지 않도록 이동한다

그리고 2~3을 반복한다.

Nervous System에 의한 분화 성장의 다이어그램[★2]

심플한 모양을 성장시켜서 복잡하게 접어넣는 형태를 만들 수 있는 이 알고리즘은 심플하면서도 매우 재미있는 결과를 만들어 냅니다. 이렇게 복잡하게 얽힌 형상은 실제는 하나의 면으로만 되어있다는 것 또한 흥미로운 점입니다.

★1 Nervous System, "Floraform," https://n-e-r-v-o-u-s.com/projects/sets/floraform
★2 Nervous System, "FLORAFORM SYSTEM," https://n-e-r-v-o-u-s.com/projects/albums/floraform-system

✸ 2차원의 분화 성장 알고리즘

이 성장 과정을 실현하기 위해서, 2차원 공간의 커브 기반에서 구현하는 알고리즘을 설명하겠습니다. 다음과 같은 과정을 진행함으로써 2차원 공간 상에서 분화 성장이 가능하게 됩니다 (★3)

 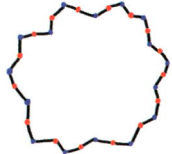 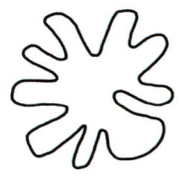 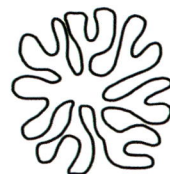

1. 여러 개의 노드(점)가 연결되어 합쳐진 선이나 원 등, base가 되는 커브를 준비한다.
2. 커브 상의 노드 사이에 새로운 노드를 랜덤하게 추가한다.
3. 노드들끼리 최소한의 거리를 유지하면서 가급적 가까워지도록 노드를 이동시킨다.
4. 2~3을 반복한다.

마지막 단계를 반복하면, 점차 커브가 성장하면서 2차원 상에서 서로 부딪치지 않고 접히는 주름 같은 형상이 생기게 됩니다.

이때, 조심해야 할 것이 한 가지 있습니다. 예를 들어 원형이 기반(Base)인 형태인 경우, Step 2에서 노드를 추가할 때 그 위치가 원형 상에 딱 맞춰 타고 있으면, Step 3에서 노드가 이동하는 단계에서 모든 노드가 바깥쪽 방향으로 균등하게 이동할 가능성이 있다는 것입니다. 만약 그렇게 되면, 접어 넣는 형태가 되지 않고, 단지 원형이 커지게 됩니다. 즉, 노드를 새롭게 추가할 때는 추가하는 베이스의 커브로부터 안쪽 혹은 바깥쪽으로 살짝 비껴간 위치에 배치할 필요가 있습니다.

✸ 3차원의 분화 성장 알고리즘

이 방식은 3차원에도 확장시킬 수 있습니다. 3차원 공간상에서 메쉬 기반(Base)으로 잎이 분화 성장하는 모습은 다음과 같은 흐름에서 구현이 가능합니다(★ 4).

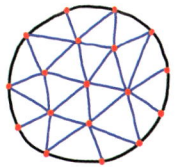 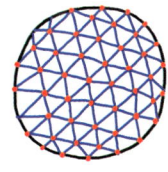 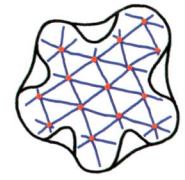 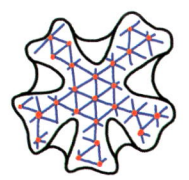

1. 여러 개의 정점을 가진 메쉬의 면(예를들면 원형)을 기반(Base)으로 준비한다.
2. 메쉬상에 정점을 랜덤하게 추가한다.
3. 메쉬를 구성하는 정점이 근방의 점과 일정한 거리를 유지하며, 한편으론 다른 정점과는 부딪치지 않도록 정점을 이동시킨다.

2~3을 반복한다.

레시피 편에서는 이 알고리즘에 근거하여 3차원상에서 성장하고 포개지는 산호 형상을 후디니로 재현하는 구체적인 방법을 설명하겠습니다.

★3 Inconvergent, "Differential Line," https://inconvergent.net/generative/diff erential-line
★4 Inconvergent, "Differential Mesh 3D," https://inconvergent.net/generative/diff erential-mesh-3d

Differential Growth 분화 성장의 레시피

이 레시피에서는 분화 성장(Differential Growth)을 기반(Base)으로 후디니의 기능을 최대한 이용하여 성장하는 산호를 만들어 보겠습니다. 산호 같은 형태가 성장하는 모습이나 완성되는 형태의 토폴로지는 매우 흥미롭습니다. 같은 기술은 다른 용도에도 응용할 수 있으므로 우선은 기본적인 분화 성장의 방법을 알아보겠습니다.

네트워크 다이어그램

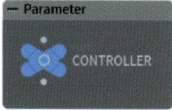
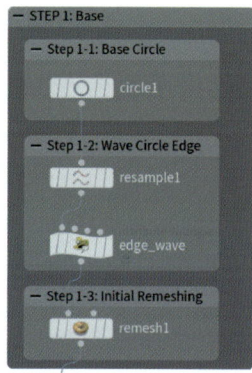
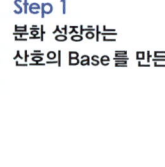
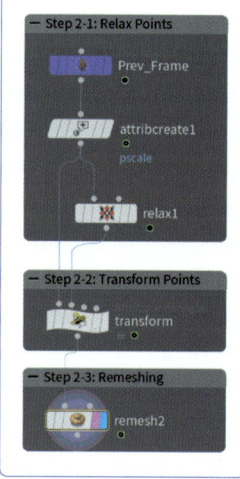

Step 1
분화 성장하는
산호의 Base를 만든다

Step 2
확산 반응의
Base를
설정한다

Step 3
분화 성장한
산호를 표현한다

메인 파라미터

이름	유형	범위	기본값	설명
base_size	Float	0 - 1	0.6	베이스인 원의 반경
fit_length	Float	0 - 1	0.25	remesh 때의 엣지의 길이
speed	Float	0 - 1	0.227	산호의 성장속도
thickness	Float	0 - 1	0.1	산호의 두께

Step 1

1-1 Base가 되는 원형 만들기

우선, 산호의 Base가 되는 형태를 원형으로 만듭니다.

Circle노드 Primitive Type의 파라미터는 Polygon으로, Divisions는 128로 설정합니다. 덧붙여 Uniform Scale에는 아래와 같이 익스프레션을 설정해 둡니다.

Uniform Scale: `ch("../CONTROLLER/base_size")`

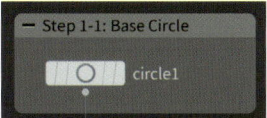

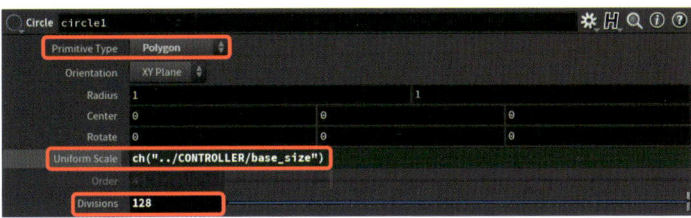

Circle노드의 파라미터

큰 이미지는 예제 폴더의 169_01.jpg를 참고!

1-2 커브 배열용의 루프 셋업하기

베이스 형상의 아웃라인을 지정 밀도로 세분화합니다.

Resample노드 Circle 노드와 연결하고, Length의 파라미터를 다음과 같이 설정해 CONTROLLER에 등록한 파라미터로 세분화 상태를 컨트롤 할 수 있도록 합니다

Length: `ch("../CONTROLLER/fit_length")`

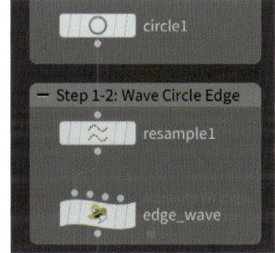

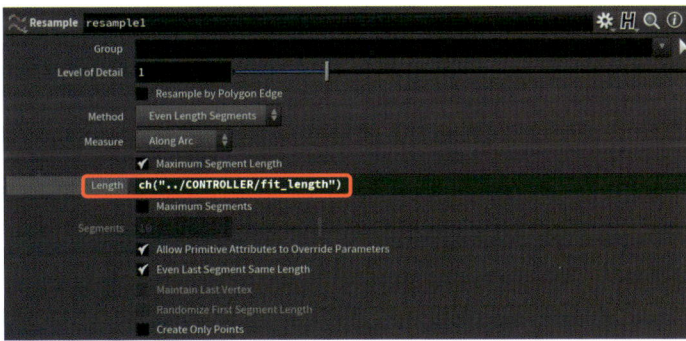

Resample 노드의 파라미터

이때 세분화 했을 때 생기는 포인트는 XY평면을 타고 있지만, 이대로 분화 성장의 시뮬레이션을 하면 문제가 있습니다. 왜냐하면 성장할 때마다 포인트를 Z축 방향으로도 이동시키고 싶지만, 스프링 같은 힘을 사용해 다른 포인트의 위치에서 자신의 위치를 움직이기 때문에 현재 상태처럼 모든 포인트의 Z축이 0에 놓여 있으면 계산상 Z축 방향으로는 이동하지 않게 됩니다. 그러므로, 각각의 포인트를 Z방향으로 다른 값으로 미묘하게 이동하도록 초기 설정해 둡니다.

Point Wrangle노드 첫 번째의 인풋과 Resample 노드를 연결합니다. 다음과 같은 VEX 코드를 쓰고 sin 함수를 사용하여 Z축 상에 포인트를 물결치게 합니다.

《Point Wrangle 노드의 코드》

```
//원을 구성하는 포인트의 번호에 따라 sin 함수를 사용하여 웨이브의 값을 만든다.
float val = 0.05 * sin($PI * 2 * 4 / npoints(0) * @ptnum);

//원을 구성하는 포인트를 Z축 방향으로 물결치게 한다.
@P.z = val
```

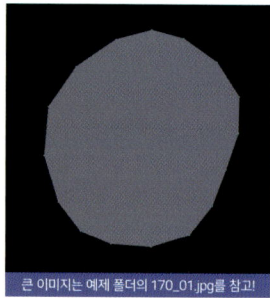

1-3 Base를 리메쉬하기

같은 길이의 엣지로 분할되도록 지오메트리를 리메쉬합니다.

Remesh노드 PointWrangle 노드와 연결해서 Target Edge Length의 파라미터를 다음과 같이 설정하고, 엣지의 길이에 Resample 노드에서 사용한 파라미터와 같은 값을 쓰도록 합니다.

Target Edge Length: ch("../CONTROLLER/fit_length")

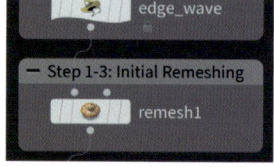

Remesh 노드의 파라미터

이상으로 산호의 베이스는 완성되었으므로 다음부터는 이것을 성장시켜 갑니다.

Step 2

산호를 성장시킬 때 여기에서는 Solver 노드를 사용합니다.

Solver노드 Remesh 노드를 첫 번째의 인풋에 연결합니다. Solver 노드를 더블 클릭하여 네트워크 안으로 들어가서 성장에 필요한 노드를 이어 갑니다.

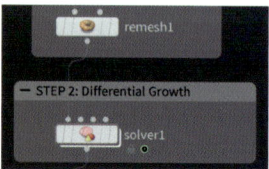

2-1 지오메트리의 포인트를 Relax 시키기

지오메트리의 각 포인트에 필요한 어트리뷰트를 저장합니다.

Attribute Create노드 Name에는 `pscale`라고 입력합니다. Default와 Value에는 아래와 같이 설정하고, pscale의 어트리뷰트에 Resample이나 Remesh 노드에 이용한 길이의 절반 크기를 설정합니다. 절반으로 하는 이유는, 다음 노드에서 pscale를 포인트상에서 반경으로 사용하기 때문입니다.

Default: `ch("../../../../CONTROLLER/fit_length")/2`
Value: `ch("../../../../CONTROLLER/fit_length")/2`

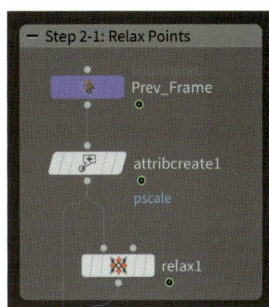

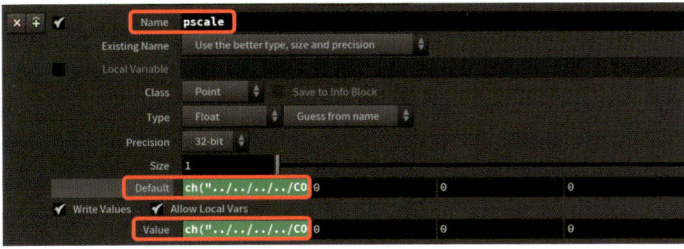

Attribute Create노드의 파라미터

pscale의 어트리뷰트를 저장하면, 이 값에 따라 포인트를 고르게 합니다. 즉, 포인트 간의 거리에 따라 조정되도록 합니다.

Point Relax노드 첫 번째 인풋에 Attribute Create 노드를 연결해서 Max Iterations의 파라미터를 1에 놓아둡니다.

Point Relax 노드의 파라미터

이것에 의해 pscale의 값에 따라 너무 가까운 포인트는 서로 멀어지고 너무 멀리 있는 포인트는 서로 가까워지게 됩니다.

큰 이미지는 예제 폴더의 171_01.jpg를 참고!

2-2 지오메트리의 포인트를 이동하기

이제 지오메트리의 포인트가 밖으로 넓어지도록 이동시키겠습니다. 구체적으로는 Relax하기 전의 포인트로부터 Relax 한 후의 포인트로 이동한 벡터를 이용하고 그 방향으로 점을 더 이동시킵니다.

Point Wrangle노드 첫 번째 인풋에 Attibute Create 노드를 연결하고 두 번째의 인풋에 Poin Relax 노드를 연결합니다. 그리고, 다음과 같이 VEX 코드를 작성하여 포인트를 이동합니다.

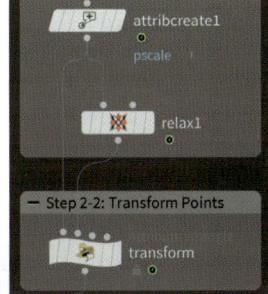

《Point Wrangle노드의 코드》
```
//변형되는 속도의 파라미터를 읽어들인다.
float speed = chf("speed");

// 포인트의 위치를 취득한다.
```

```
vector pt1 = @P;
// 두 번째 인풋으로 얻어지는 Point Relax 노드에서 이동된 포인트의 위치를 취득한다.
vector pt2 = point(1, "P", @ptnum);

// 포인트를, 원래 포인트 위치에서 Point Relax 노드로 이동된 포인트를 향해
// 지정속도로 이동시킨다.
@P = pt1 + (pt2-pt1) * speed;
```

또한, chf 함수로 정의한 Speed는 아래와 같이 메인 파라미터와 익스프레션으로 링크해 둡니다.

Speed: ch("../../../../CONTROLLER/speed")

Point Wrangle 노드의 파라미터

큰 이미지는 예제 폴더의 172_01.jpg를 참고!

2-3 리메쉬(Remesh) 하기

Solver 네트워크의 마지막 순서로써, 포인트를 이동하여 확장된 지오메트리 엣지의 길이는 다시 Remesh 노드를 사용하여 조정합니다.

Remesh 노드 Point Wrangle 노드와 연결합니다. Target Edge Length의 파라미터를 다음과 같이 설정하고, CONTROLLER에 있는 fit_length의 파라미터보다도 작게 하여 다음 프레임에서 포인트가 Relax 했을 때 바깥쪽으로 이동되도록 합니다.

Target Edge Length: ch("../../../../CONTROLLER/fit_length") - $F * 0.002 * ch("../../../../CONTROLLER/speed")

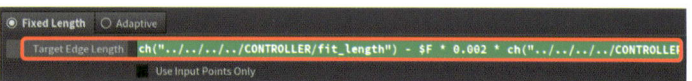

Remesh 노드의 파라미터

이상으로, Solver 네트워크의 처리는 끝났습니다. 이 상태에서 Solver 네트워크를 빠져 나와 재생해 보면, 서서히 산호가 성장하는 모습을 볼 수 있을 것입니다.

Step 3

3-1 지오메트리를 매끄럽게 하기

지오메트리를 예쁘게 다듬어주고 두께를 줍니다.

Remesh노드 Solver 노드와 연결합니다. 또 파라미터를 다음과 같이 설정하고 메쉬를 세분화합니다.

Target Edge Length: `ch("../CONTROLLER/fit_length")*0.5`

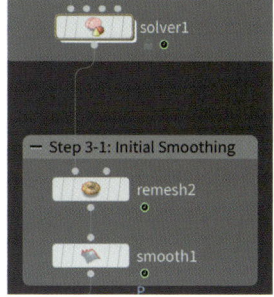

Remesh 노드의 파라미터

Smooth노드 Remesh 노드와 연결하는 것으로, 전체적으로 표면을 부드럽게 합니다. 그리고 Constrained Boundary의 파라미터를 None으로 해서 지오메트리의 경계 부분도 매끄럽게 합니다.

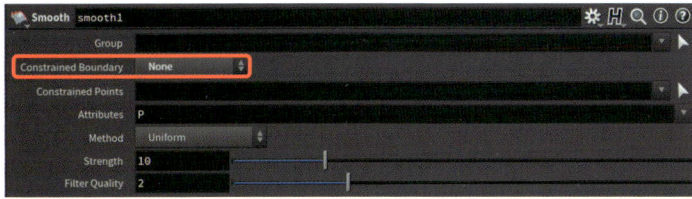

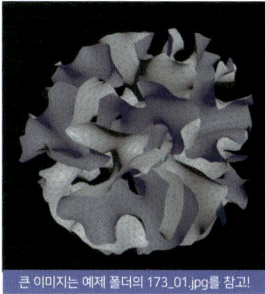

Smooth 노드의 파라미터

3-2 지오메트리에 두께를 주기

얇은 표면에 두께를 줍니다.

PolyExtrude노드 Smooth 노드와 연결하고 Distance의 파라미터를 다음과 같이 설정합니다. 또한 Output Back의 체크박스는 On으로 합니다.

Distance: `ch("../CONTROLLER/thickness")`

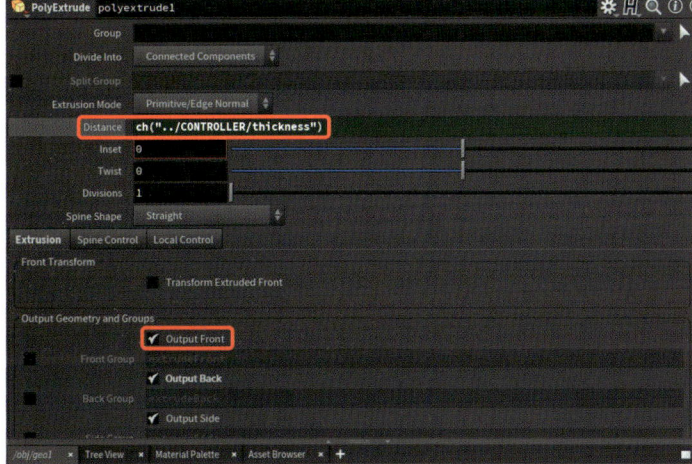

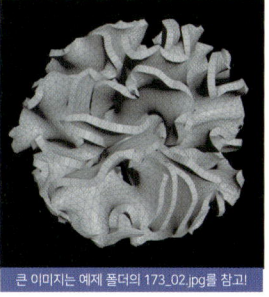

PolyExtrude 노드의 파라미터

3-3 다시한번 지오메트리를 매끄럽게 하기

PolyExtrude에 의해서 두께를 붙이면 엣지에 딱딱한 부분이 생기기 때문에, 다시 한 번 매끄러운 처리를 해줍니다.

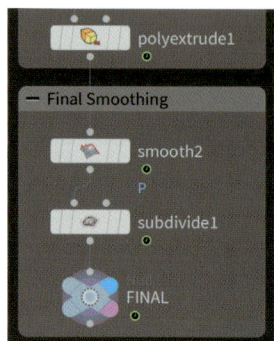

Smooth노드 PolyExtrude 노드와 연결해서 매끄럽게 합니다.

Subdivide노드 Smooth 노드와 연결해서 정점을 추가하는 것으로, 한층 더 매끄럽게 합니다.

Null노드 Subdivide 노드와 연결해서 FINAL이라고 이름을 붙입니다.

이것으로 성장하는 산호가 완성되었습니다. 이 방법은 실제 단순하지만, 출력되는 형상은 매우 복잡하면서도 심플한 프로세스 때문에 응용성도 높습니다. 장애물 등의 정보를 추가해서 산호를 성장시킬 수도 있으니 반드시 시도해 보시기 바랍니다.

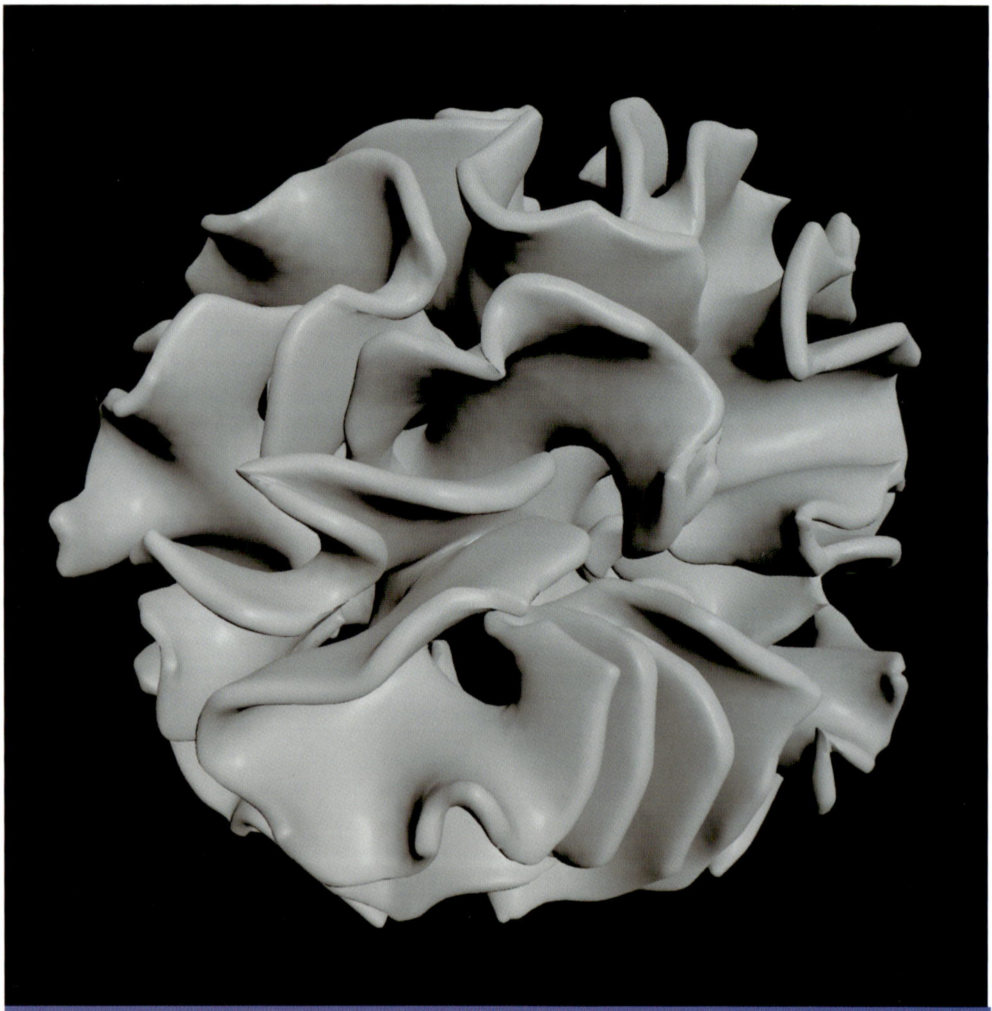

큰 이미지는 예제 폴더의 174_01.jpg를 참고!

제작과정 동영상 >> 분화차등성장.mp4

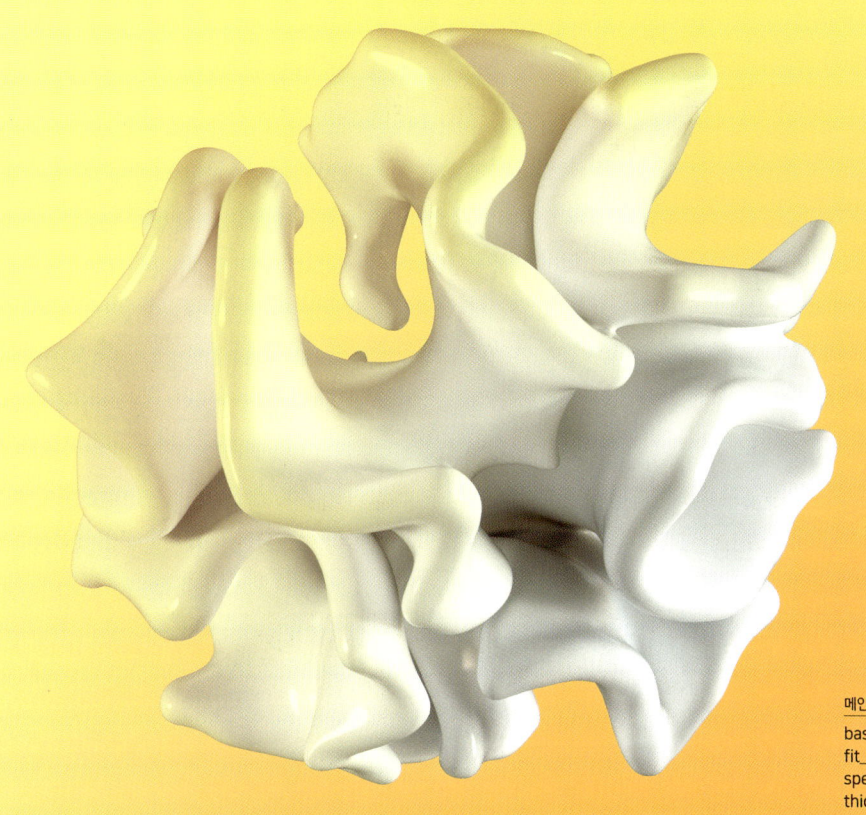

메인 파라미터
base_size: 0.6
fit_length: 0.25
speed: 0.227
thickness: 0.15

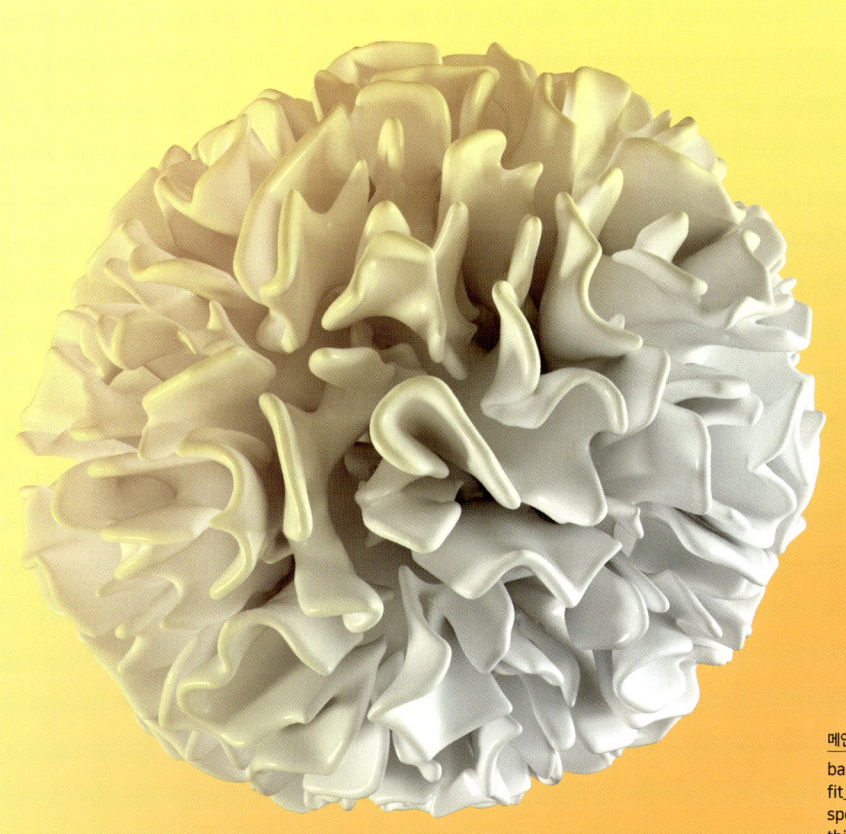

메인 파라미터
base_size: 0.6
fit_length: 0.25
speed: 0.227
thickness: 0.1

10
Strange Attractor
스트레인지 · 어트랙터

예측을 할 수 없는 복잡한 현상을 다루는 카오스 역학이 있습니다. 여기서 '예측을 할 수 없다'는 것은 랜덤이 아닙니다. 단지 수학적으로 예측을 할 수 없다는 것이며 동일한 파라미터에서 얻을 수 있는 결과는 항상 같습니다 그리고, 이 카오스 역학의 연구 과제 중 시간 경과에 따라 이동하는 집합을 뜻하는 어트랙터가 있습니다. 그 집합의 궤적이 프랙탈 구조를 포함하여 복잡한 형상이 되는 것을 스트레인지·어트랙터라고 부릅니다. 이 장에서는 이 스트레인지·어트랙터의 알고리즘을 설명하고 후디니에서 구현하는 방법에 대해서 알아보겠습니다.

Strange Attractor 스트레인지 어트랙터의 알고리즘

❋ 로렌츠 · 어트랙터

카오스적 행동을 나타내는 스트레인지 · 어트랙터의 방정식은 여럿 발견되고 있지만, 그 중에서도 유명한 것은 에드워드 N 로렌츠가 (Edward Norton Lorenz)가 1963년에 제시했었던 로렌츠 방정식에 의한 로렌츠 어트랙터입니다. 그는 지구의 대기 변동을 연구하면서 3개의 변수(점의 위치를 나타내는 x, y, z)를 사용하는 방정식을 완성시켰습니다. 그 방정식은 다음과 같습니다[★1].

$$\frac{dx}{dt} = -px + py$$
$$\frac{dy}{dt} = -xz + rx - y$$
$$\frac{dz}{dt} = xy - bz$$

이 식의 x , y , z는 각각 점의 축의 위치를 나타내는 변수입니다. p, r, b는 이 방정식의 행동 방법을 결정하는 정수입니다.

이 계산 모델은 실제로 대기에서 일어나고 있는 것을 최소화시킨 토이 모델(의도적으로 단순화된 계산 모델)이긴 했지만, 이것으로 3D 공간상 점의 위치만으로 대기의 상태를 표현할 수 있도록 했습니다.

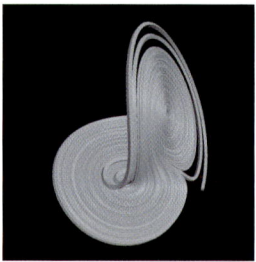

P=10, r= 28, b= 8/3 일 때 로렌츠 · 어트랙터

구체적으로 이 로렌츠 방정식의 사용법은 다음과 같습니다.

1. 공간에 점을 하나 배치한다. (ex. x=0.1, y=0, z=0)
2. 방정식으로 현재의 점의 위치(x, y, z) 정보로부터 시간경과에 따른 점의 이동 벡터 $\left(\frac{dx}{dt}, \frac{dy}{dt}, \frac{dz}{dt}\right)$ 를 계산한다.
3. 현재 있는 점의 위치에서부터 방정식을 사용해서 점을 이동한다.
4. 2~3을 반복한다.

★1 "Math:Rules Strange Attractors," https://www.behance.net/gallery/7618879/MathRules-Strange-Attractors

이때 점의 궤적을 묘사하면, 1회의 계산에서는 산출할 수 없는 카오스한 궤적을 그릴 수 있습니다. 최종적으로 얻을 수 있는 형태는 정수에 의해 결정되지만, 시간 경과에 따른 업데이트를 반복하지 않으면 결과를 얻을 수 없습니다.

예측을 할 수 없는 궤적으로는 이중 진자를 예로 들 수 있지만, 스트레인지・어트랙터의 흥미로운 점은 긴 시간에 걸쳐 궤적을 그리다 보면, 궤적의 형상 자체에 프랙탈한 구조를 눈으로 확인할 수 있다는 것입니다. 그렇게 나타나는 형상에는 알 수 없는 아름다움이 있습니다.

✹ 그 밖의 스트레인지・어트랙터

로렌츠・어트랙터는 스트레인지・어트랙터의 일종으로 그 밖에도 많은 종류의 스트레인지・어트랙터가 존재하고 있습니다. 예를 들면 다음과 같은 것이 있습니다.

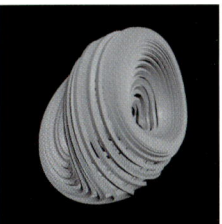

The Aizawa Attractor   The Dequan Li Attractor   The Halvorsen Attractor   The Thomas Attractor

각각 다른 사람들의 방정식에 의해 도출된 어트랙터입니다.
어떤 어트랙터가 있는지에 대해서 외관과 방정식을 1세트의 일람으로 보여줄 수 있는 웹페이지 (https://www.behance.net/gallery/7618879/MathRules-Strange-Attractors)가 있으니 잘 살펴보시기 바랍니다. 모두 매우 매력적인 형상을 하고 있습니다.

이번 레시피에서는 후디니를 사용하여 가장 유명한 로렌츠・어트랙터를 만드는 방법에 대해서 설명하겠습니다. 방정식을 다른 어트랙터로 변경해도 똑같이 묘사하는 것이 가능하기 때문에 방정식의 일람을 보면서 원하는 것을 가시화 해 보시길 바랍니다.

Strange Attractor 스트레인지 어트랙터의 레시피

스트레인지 어트랙터의 대표적인 로렌츠·어트랙터의 계산식부터 만들어 보겠습니다.
재귀적인 계산이 필요하기 때문에 후디니에서 실행할 때는 1프레임에서 루프로 계산하거나, Solver를 사용해서 각 프레임에서 재귀적인 계산을 실행하는 방법을 이용합니다. 이번에는 후자의 방법을 사용하여 애니메이션으로 어떻게 스트레인지 어트랙터가 만들어지는지 알아보겠습니다.

네트워크 다이어그램

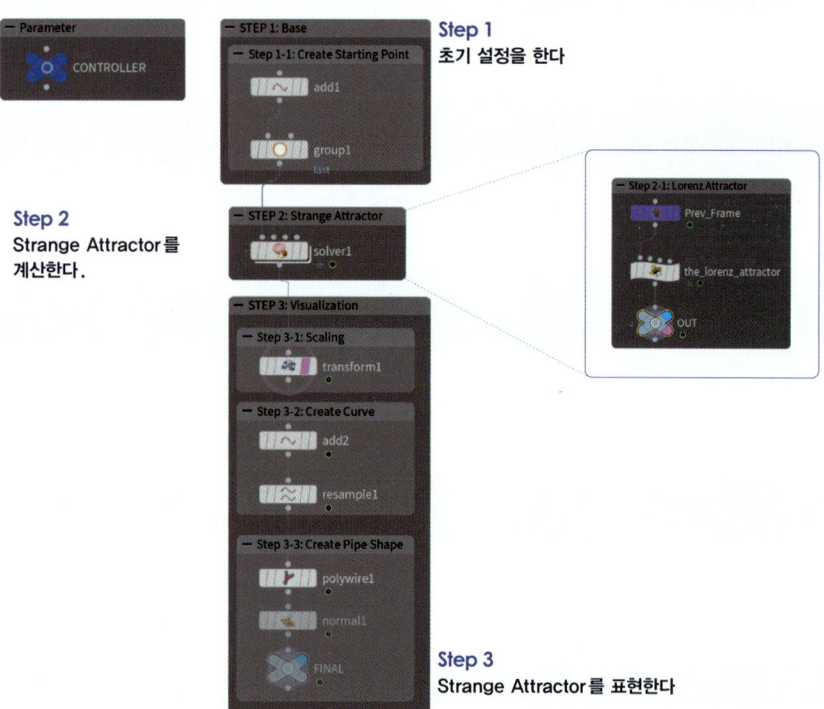

메인 파라미터

이름	유형	범위	기본값	설명
alpha	Float	-2 - 0	-1	Lorenz Attractor 의 파라미터
beta	Float	0 - 5	2.667	Lorenz Attractor 의 파라미터
gamma	Float	-2 - 0	-1	Lorenz Attractor 의 파라미터
delta	Float	0 - 50	10	Lorenz Attractor 의 파라미터
epsilon	Float	-2 - 0	-1	Lorenz Attractor 의 파라미터
rho	Float	0 - 50	28	Lorenz Attractor 의 파라미터
zeta	Float	-2 - 0	-1	Lorenz Attractor 의 파라미터
dt	Float	0 - 0.01	0.005	1 프레임 분의 이동 스케일
scale	Float	0 - 1	0.125	전체의 사이즈

Step 1

1-1 시작 포인트를 만들기

스트레인지 어트랙터는 수식을 사용하여 포인트를 이동시킬 때의 궤적을 그리는 것이기 때문에 먼저, 이동시킬 포인트를 만듭니다.

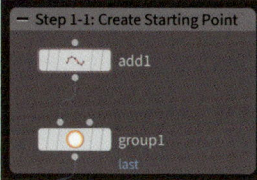

Add노드 첫 번째의 체크 박스를 on으로, 또 Point 0의 X축을 0.1로 설정하고 포인트를 1개 만듭니다. X축 상에 미묘하게 이동시키는 것은 포인트를 원점에 두면 계산 결과가 매번 0이 되기 때문입니다.

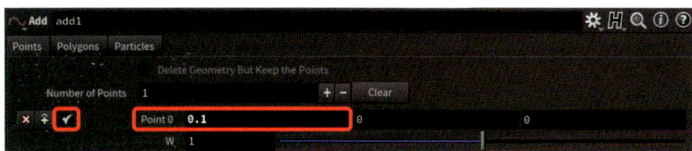

Add 노드의 파라미터

포인트를 만들었으면 그것이 마지막에 만들어진 것을 나타내는 그룹으로 설정합니다.

Group Create노드 Add 노드와 연결해서 파라미터를 다음과 같이 설정하고, last라는 이름의 그룹을 설정합니다.

Group Create 노드의 파라미터

여기까지가 초기 설정입니다.

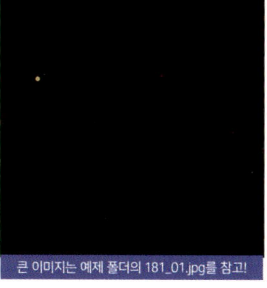

Step 2

다음에는 Solver를 사용하여 계산식에 따라 포인트를 이동시킵니다.

Solver노드 첫 번째 인풋과 Group Create 노드를 연결합니다. 그리고 Solver 노드의 파라미터를 다음과 같이 설정합니다.

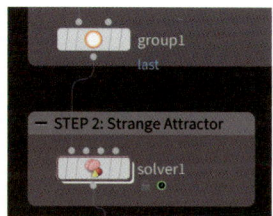

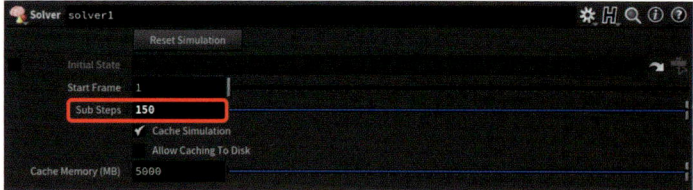

Solver 노드의 파라미터

Sub steps를 크게 주는 이유는 1회 계산으로는 이동값이 미미하기 때문에 애니메이션의 변화가 너무 없기 때문입니다. 그래서 1 프레임에서 계산되는 횟수를 크게 하면 애니메이션의 변화를 쉽게 볼 수 있습니다. 그리고, Solver 노드를 두 번 클릭하여 네트워크에 들어가서 계산식을 입력합니다.

2-1 로렌츠 어트랙터 계산하기

Solver 네트워크의 안에서 하는 것은 하나뿐이고, last 그룹이 붙은 포인트를 계산식에 따라 이동시키는 것뿐입니다.

`Point Wrangle노드` 첫 번째 인풋을 Prev_Frame에 연결하고, 그룹의 파라미터에 last로 입력합니다. 그리고 다음과 같이 VEX 코드를 작성해 나갑니다.

Point Wrangle 노드의 파라미터

우선은 chf 함수로 정의하고 있는 변수를 메인 파라미터와 익스프레션으로 링크합니다.

《Point Wrangle노드의 코드》

```
// Lorenz · Attractor의 파라미터값을 읽어들인다.
float alpha = chf("alpha");
float beta = chf("beta");
float delta = chf("delta");
  float gamma = chf("gamma");
  float epsilon = chf("epsilon");
  float rho = chf("rho");
  float zeta = chf("zeta");
  float dt = chf("dt");  // 1프레임 분의 이동스케일을 나타내는 파라미터 값을 읽어들인다.
......
```

alpha: ("../../../../CONTROLLER/alpha")
beta: ("../../../../CONTROLLER/beta")
delta: ("../../../../CONTROLLER/delta")
epsilon: ("../../../../CONTROLLER/epsilon")
gamma: ("../../../../CONTROLLER/gamma")
zeta: ("../../../../CONTROLLER/zeta")
dt: ("../../../../CONTROLLER/dt")
rho: ("../../../../CONTROLLER/rho")

```
            Alpha   ch("../../../../CONTROLLER/alpha")
             Beta   ch("../../../../CONTROLLER/beta")
            Delta   ch("../../../../CONTROLLER/delta")
          Epsilon   ch("../../../../CONTROLLER/epsilon")
            Gamma   ch("../../../../CONTROLLER/gamma")
             Zeta   ch("../../../../CONTROLLER/zeta")
               Dt   ch("../../../../CONTROLLER/dt")
              Rho   ch("../../../../CONTROLLER/rho")
```

Point Wrangle 노드의 파라미터

알고리즘의 항목에서 설명하고 있는 로렌츠 어트랙터의 계산식을 쓰고, 3축 이동 값을 계산합니다.

```
......
// X방향으로의 이동의 값(알고리즘의 항의 dx/dt에 해당)
float dx = delta * (@P.y - @P.x);
// Y방향으로의 이동의 값(알고리즘의 항의 dy/dt에 해당)
float dy = @P.x * (rho - @P.z);
// Z방향으로의 이동의 값(알고리즘의 항의 dz/dt 에 해당)
float dz = @P.x * @P.y - beta * @P.z;
// 현재 포인트를 이동시켜서 위치정보를 만든다.
vector npos = set(@P.x + dx*dt, @P.y + dy*dt, @P.z + dz*dt);

// 방금 만든 위치에 새로운 포인트를 추가한다.
int npt = addpoint(0, npos);
// 방금 만든 포인트에 last 라는 그룹을 설정한다.
setpointgroup(0, "last", npt, 1);
// 이동원이 된 포인트는 last라는 그룹을 제외한다.
setpointgroup(0, "last", @ptnum, 0);
```

이렇게 해서, 과거의 포인트는 궤적 포인트로 남기고 새로 이동하여 만들어진 포인트가 다음 계산에 이용되도록 합니다.

여기까지가 Solver 네트워크 안에서 하는 것으로 이 상태에서 네트워크를 벗어나서 재생하면 포인트의 궤적이 서서히 생성되어 어트랙터의 형상이 나타납니다.

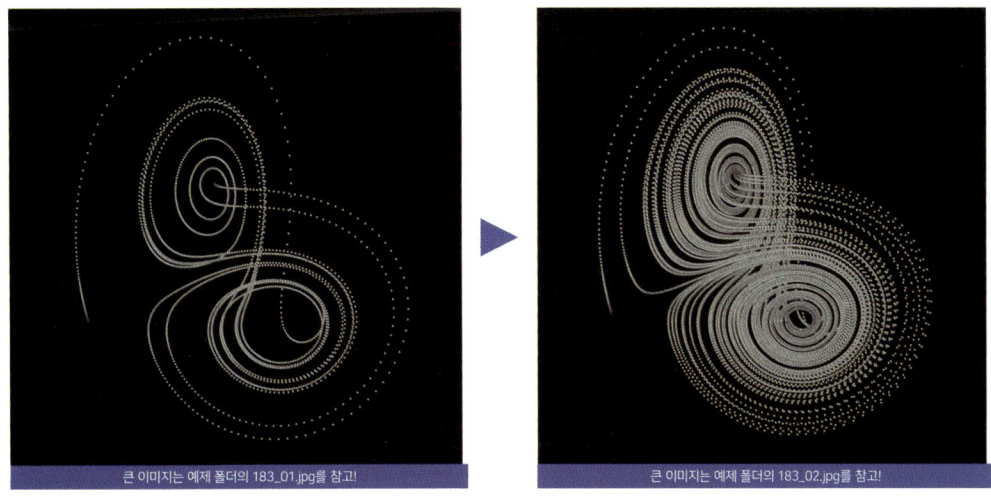

Step 3

3-1 포인트 무리를 스케일 하기

로렌츠 어트랙터의 포인트 궤적을 얻을 수 있다면, 그 흐름을 알 수 있도록 표현하려고 합니다. 우선은 전체의 크기를 조정합니다.

Transform노드 Solver 노드와 연결하여 Uniform scale의 파라미터를 다음과 같이 설정합니다.

Uniform Scale: ch("../CONTROLLER/scale")

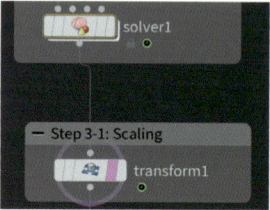

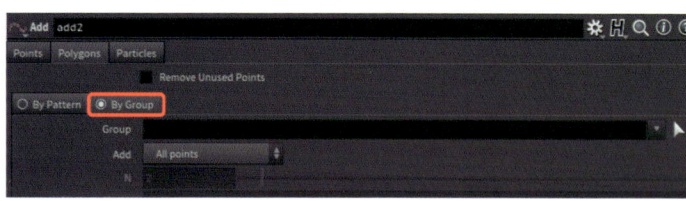

Transform 노드의 파라미터

3-2 포인트로부터 커브 만들기

포인트의 궤적으로부터 커브를 만듭니다.

Add노드 Transform 노드와 연결하여 파라미터의 By Group이라는 탭을 클릭합니다. 그러면 모든 포인트를 차례로 연결시키는 커브를 얻을 수 있습니다.

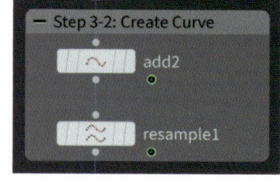

Add 노드의 파라미터

로렌츠 어트랙터에 의한 포인트의 이동 거리는 일정하지 않기 때문에, 이 상태라면 커브상에서 포인트의 밀도가 드문드문하고, 나중에 두께를 더할 때 오류가 발생합니다. 그래서 여기에 일정한 거리로 세분화시키겠습니다.

Resample노드 add 노드와 연결해서 Length 파라미터를 다음과 같이 설정하여 세분화합니다.

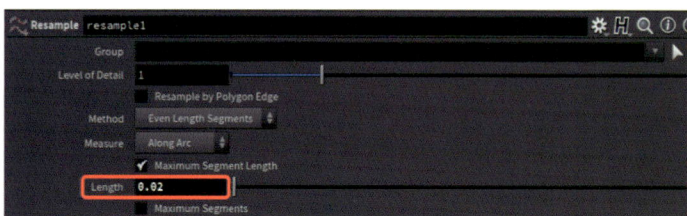

Resample 노드의 파라미터

3-3 커브에 두께를 주기

마지막으로, 커브에 두께를 주어서 폴리곤으로 만들려고 합니다.

PolyWire노드 Resample 노드와 연결합니다. Wire Radius를 임의로 설정하여 두께를 주어 커브를 폴리곤으로 만듭니다.

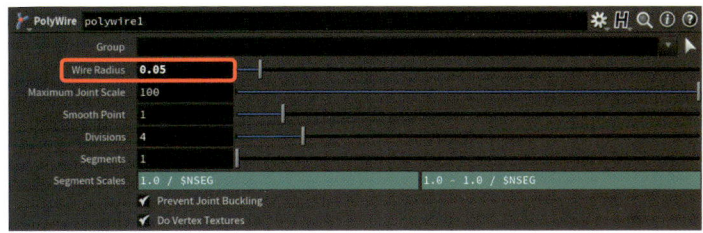
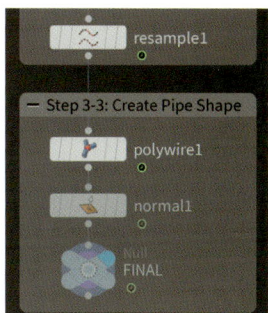

Polywire 노드의 파라미터

Normal노드 PolyWire 노드아래 연결하여 노말 방향을 정리합니다.

Null노드 FINAL이라는 이름으로 하여, Normal 노드와 연결하면 완성됩니다.

여기까지 됐다면, CONTROLLER에 등록한 로렌츠 어트랙터의 파라미터를 바꾸고 최초의 프레임부터 재생해 봅시다. 다양한 형상의 변화를 볼 수 있을 것입니다. 단지 심플한 계산식을 반복해서 적용하고 있을 뿐인데 똑같은 위치에 끝나지 않다 보니, 전체적으로 흥미로운 기하학적 형상을 만나볼 수 있을 것입니다. 로렌츠 어트랙터 이외의 어트랙터 계산식도 입력해서 다양함을 즐겨보시길 바랍니다.

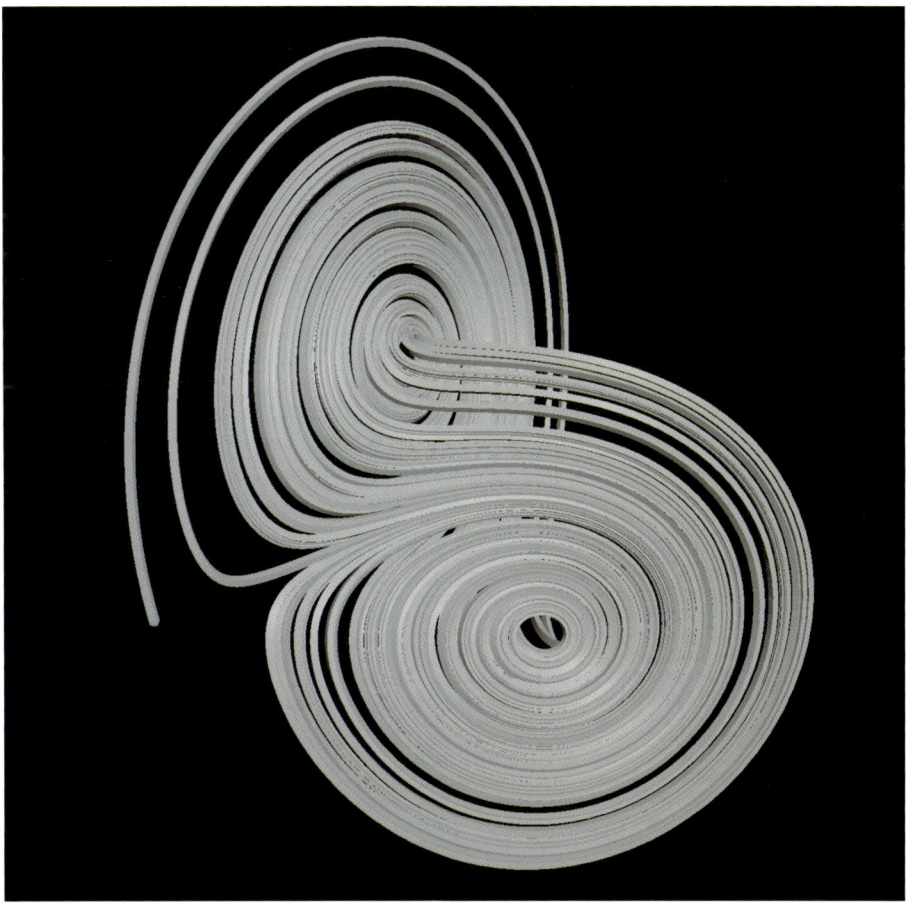

제작과정 동영상 >> 스트레인지어트랙터.mp4

11
Fractal Subdivision
프랙탈 서브디비전

단순한 조작이라도 그것을 반복함으로써 매우 복잡한 결과를 얻게 되는 경우가 있는데 그 예가 프랙탈 구조입니다. 한 번의 조작으로 만들어진 형상에 다시 같은 조작을 반복… 그 결과에 대해서 또 다시 동일한 조작을 반복…. 이렇게 반복하다 보면 예측할 수 없는 결과를 얻을 수 있습니다. 프랙탈 구조로 만들어진 형상은 많지만, 여기서는 3차원 형상인 폴리곤 메쉬의 각면에 서브디비전(면의 분할)을 반복 진행함과 동시에 이동, 스케일, 회전 같은 단순한 도형 조작을 실행하여 복잡한 형상을 만드는 방법을 설명하겠습니다.

Fractal Subdivision 프랙탈 서브디비전의 알고리즘

✸ 프랙탈의 기초

우선은 프랙탈의 구조를 이해하는 것부터 시작하겠습니다. 이 책에서도 몇 번 나오는 단어지만, 프랙탈의 간단한 정의는 「부분과 전체가 서로 닮아 있다」는 것입니다. 이것을 「재귀 구조를 가지고 있다」고도 말합니다. 이러한 구조를 가지는 것은 아무리 확대를 하더라도 영원히 동일한 구조로 나타납니다. 첫 장에서 소개하고 했던 Mandelbulb(만델벌브) 또한 프랙탈 구조를 가진 도형의 하나라고 할 수 있습니다.

알기 쉬운 예는 코흐 곡선이라고 부르는 스웨덴의 수학자 헤르게 · 폰 · 코흐(Helge von Koch)에 의해서 고안된 프랙탈 도형입니다. 다음과 같은 규칙으로 도형의 조작을 반복하는 것으로, 자기 닮음의 복잡한 지형과 같은 형상을 만들 수 있습니다.

1. 선분을 그린다
2. 현재 있는 모든 선분에 대해서 선분을 3등분 하고, 가운데 선분의 2개 점을 정점으로 하는 정삼각형을 만든다
2를 반복한다

이 코흐 곡선의 프랙탈 조작을 삼각형부터 시작하면, 코흐의 눈조각이라 부르는 도형을 만들 수 있습니다.

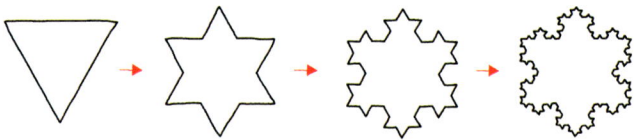

코흐의 눈조각

이 프랙탈의 예는, 각 단계에 있어서 규칙적으로 일정한 조작을 실행하고 있기 때문에, 완성된 도형도 매우 규칙적입니다. 각 도형의 조작 단계에서 반복 횟수와 선분의 번호에 따라 회전이나 스케일 등의 조작을 추가하면, 규칙적으로 보여도 배후에서는 복잡한 도형을 만드는 것도 가능합니다.

예를 들어, 유명한 프랙탈 도형의 하나인 프랙탈 트리가 있습니다.

이 구조는 다음과 같은 흐름이 됩니다.

1. 나무 줄기가 되는 선분을 세로로 1개 그린다
2. 선분의 종점에서 임의의 각도와 크기로 2개의 가지를 뻗는다.
3. 2를 반복한다.

두 번째 단계의 각도나 스케일의 값을 가지의 번호 값이나 반복 횟수 값으로 변화시킴으로써, 비대칭성 프랙탈 도형을 만들 수 있게 됩니다.

프랙탈 구조를 가진 트리[*1]

✺ 프랙탈 · 서브디비젼

이렇게 단순한 반복 조작으로 자기를 닮은 3차원의 프랙탈 도형을 만들 때, 어떤 다양성을 가진 아웃풋을 만들어 볼 수 있을까요? 이러한 방향성은 주로 다음과 같은 요소로 결정할 수 있습니다.

① 취급하는 도형 요소(점, 선, 면)
② 초기의 도형(삼각형, 사각형…등.)
③ 반복 실시하는 도형 조작(이동, 스케일, 회전…등.)
④ 공간 · 도형 · 구조 정보에 따른 도형 변화 (위치 정보, 순서 번호, 반복 횟수…etc.)

이번에는 다음의 요건에 있어서의 프랙탈 도형을 탐색해 보겠습니다.

① 폴리곤 메쉬의 면
② 정다면체
③ 서브디비전, 정점의 이동
④ 반복 횟수

이 요소 결정은 마이클 한스마이어(Michael Hansmeyer)와 벤저민 딜렌버거(Benjamin Dillenburger)의 「Digital Grotesque」라는 프로젝트에서 힌트를 얻어 결정한 것입니다. 그 프로젝트는 알고리즘으로 디자인된 동굴 형태의 예배소를 사암 3D프린터로 만드는 것입니다. 이것에 사용된 알고리즘은 식물을 마이크로 레벨로 봤을 때처럼 매우 심플하지만 복합적이고 매력적인 형상을 얻는데 성공했습니다. (궁금하신 분은 마지막 레퍼런스 페이지에서 올려 놓은 공식 사이트를 꼭 보시기 바랍니다.).

[*1] © Mark Seeman 2017, https://blog.ploeh.dk/2017/06/06/fractal-trees-with-purescript/

그들이 이용한 알고리즘은 프랙탈 이론을 바탕으로 다음과 같은 흐름을 가지고 있습니다. [*2]

  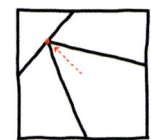 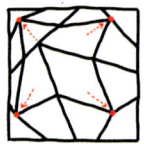

1. 심플한 폴리곤 메쉬를 준비한다.
2. 폴리곤 메쉬의 각면에 서브디비전을 한다
3. 서브디비전을 건 후에 새로 만든 메쉬의 정점을 이동시킨다.
4. Step 2~3을 반복한다

이 프로세스만으로도 정말로 복잡하지만 멋진 형상을 만들어낼 수 있습니다. 그리고, 서브디비전은 면의 분할 방법의 하나입니다.

✹ 서브디비전의 알고리즘

서브디비전은 (3차원 컴퓨터 그래픽 분야에서) 폴리곤 메쉬를 규칙적으로 세세하게 분할하는 도형 조작을 말합니다. 이 알고리즘을 반복적으로 폴리곤메쉬에 적용함으로써, 메쉬를 세밀하게 표현할 수 있습니다.

서브디비전 자체에는 몇 개의 다른 알고리즘이 있고, 근사세분할과 보간세분할의 2 종류로 크게 나눌 수 있습니다. 근사세분할에 속하는 서브디비전의 알고리즘은 폴리곤메쉬를 구성하는 정점의 위치에서 가까운 곳의 점을 참조하고 평균화시켜 서브디비전을 걸면 걸수록 부드러운 곡면이 나타나는 알고리즘입니다. 예를 들면, 박스 형상인 입방체에 대해 이 근사세분할의 알고리즘을 반복하여 적용하면 점차 그 형상이 구체에 가까워집니다.

그에 반해 보간세분할은 면을 세세하게 분할하지만, 정점의 위치는 이동하지 않기 때문에 베이스의 박스 형태가 유지됩니다. 이번에 이용하는 것은 이 보간세분할의 하나인 Bilinear Subdivision이라는 알고리즘입니다. 그것은 다음과 같습니다.

 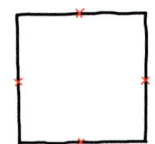 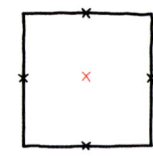 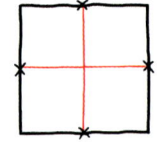

1. 베이스의 면을 준비한다.
2. 하나의 면을 구성하는 엣지의 중심에 점을 추가한다.
3. 면을 구성하는 정점에서 평균의 위치를 산출하여 그 위치에 새로운 점을 추가한다.
4. 엣지의 중심인 점과 평균 위치의 점을 연결하여 새로운 엣지를 만들어 면을 분할한다.

이 서브디비전의 알고리즘과 프랙탈의 구조를 조합하여 복잡한 형상을 간단하게 만들어 낼 수 있습니다. 레시피 편에서는 후디니로 구현하는 방법에 대해서 설명하겠습니다.

---

*2 http://digital-grotesque.com/design.html#detailing

Fractal Subdivision 프랙탈 서브디비전의 레시피

프랙탈 및 서브디비전의 알고리즘을 조합하여 심플한 메쉬 형상을 복잡한 프랙탈 형상으로 만들려고 합니다. 구조 자체는 매우 심플하기 때문에 범용성도 높습니다. 인풋이 되는 베이스의 메쉬 형상을 변화시키는 것만으로도 다양한 프랙탈 형상을 만들어 낼 수 있습니다. 프랙탈 효과는 후디니의 For Each 노드를 이용하여 간단하게 실행할 수 있습니다. 사실 서브디비전 Subdivide 노드가 있지만, 노드 베이스라서 매우 시간이 걸리기 때문에 여기서는 VEX 코드로 구현해 볼 것입니다.

네트워크 다이어그램

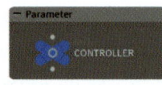
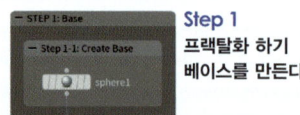
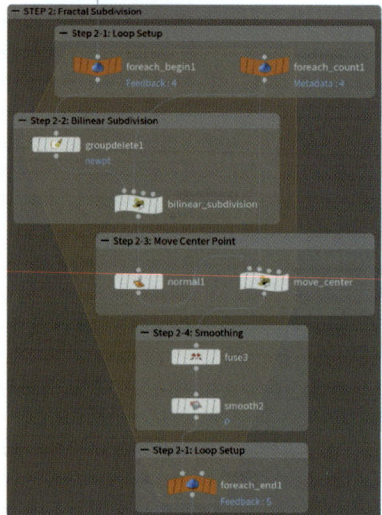
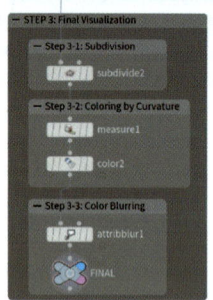

메인 파라미터

이름	유형	범위	기본값	설명
base_size	Float	0 – 10	1	베이스 구체의 반경
iteration	Integer	0 – 7	5	재귀 계산 횟수
subdiv_move	Float	0 – 10	2	서브디비전 시 정점의 평행이동 값
normal_scale	Float	0 – 5	0.2	서브디비전 시 정점의 수직이동 값
smooth	Float	0 – 10	1	스무딩 값
angle	Float	0 – 2	0.1	서브디비전 시 정점의 회전 각도

Step 1

1-1 구체를 베이스로 만들기

서브디비전을 걸어줄 프랙탈 도형의 베이스를 만듭니다. 여기서는 구체를 베이스로 만들어 보겠습니다.

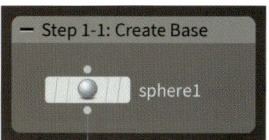

Sphere노드 다음과 같이 파라미터를 설정합니다. Uniform Scale을 다음과 같이 설정하여 메인 파라미터와 링크합니다. Row와 Columns는 고정 수치를 넣었지만, 이것들을 변화시키면 다른 베리에이션을 생성할 수 있으므로 컨트롤이 가능하게 설정하는 것도 좋을 것입니다.

Uniform Scale: ch("../CONTROLLER/base_size")

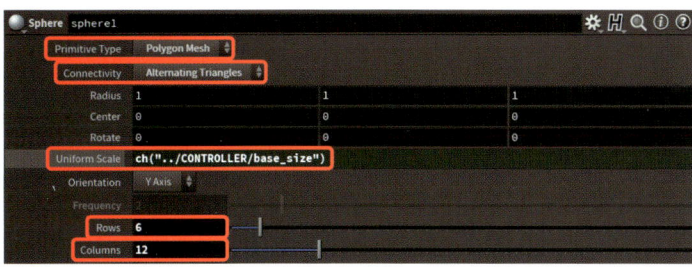

Sphere 노드의 파라미터

큰 이미지는 예제 폴더의 193_01.jpg를 참고!

Step 2

2-1 프랙탈을 위한 루프 셋업하기

베이스의 형상이 생기면, 프랙탈 계산 루프에 들어갑니다.

For-Each Number노드 3개 배치되는 노드 중에서 foreach_begin이라고 써진 Block begin노드를 Sphere 노드와 연결합니다. 그 Block Begin 노드의 Method 파라미터는 Fetch Feedback으로 설정합니다.

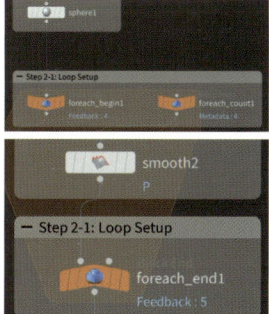

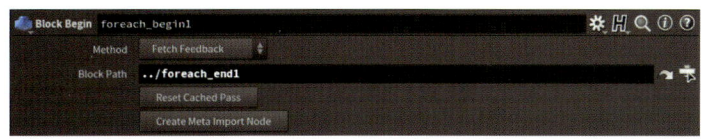

For-Each Number의 Block Begin(foreach_begin1) 노드의 파라미터

Block End 노드의 Iterations는 다음과 같이 설정하여 메인 파라미터와 링크합니다.

Iterations: ch("../CONTROLLER/iteration")

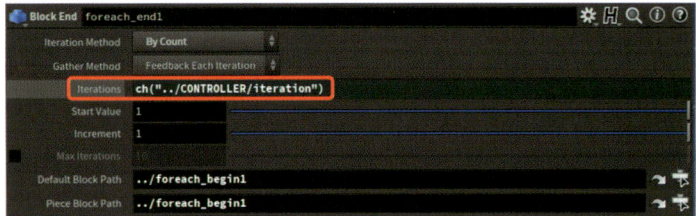

For-Each Number의 Block End 노드의 파라미터

2-2 지오메트리에 서브디비전을 적용하기

루프에 들어가면, 이번 레시피 중에서 중요한 절차인 서브디비전을 적용합니다. 후디니에는 메쉬에 서브디비전을 적용하는 Subdivide 노드가 있지만, Subdivide 노드를 사용하면 특정 포인트의 지정이 어렵습니다. 이번에는 서브디비전을 걸었던 메쉬의 특정 포인트에 그룹을 부가할 것이므로 VEX 코드로 진행하겠습니다.

`Group Delete노드` foreach_begin 으로 쓰여진 Block Begin 노드와 연결하여 우선 모든 포인트에서 newpt 그룹을 삭제합니다. 이 newpt 그룹이 붙은 서브디비전에 의해서 새롭게 만들어진 포인트만을 이동하거나 회전과 같은 조작을 합니다. 처음부터 newpt를 삭제하는 것은 과거에 만들어진 포인트를 제외하기 위함입니다.

Group Delete 노드의 파라미터

그리고 Primitive Wrangle 노드를 사용하여 메쉬 하나하나의 면(프리미티브)에 서브디비전을 적용합니다. 서브디비전이라는 종류에서 여기서 사용하는 것은 Bilinear Subdivision 입니다. 이것은 면을 구성하는 엣지의 중심에 포인트를 먼저 추가하고 면 자체의 중심에도 포인트를 추가하여 엣지상의 포인트와 면의 중심 포인트를 묶어서 새로운 엣지를 만드는 것입니다.

`Primitive Wrangle노드` 첫 번째 인풋에 Group Delete 노드를 연결하고 두 번째의 인풋은 foreach_count라고 적힌 Block Begin 노드와 연결합니다. 그리고 VEX 코드를 다음과 같이 작성합니다.

우선 초기 변수를 만듭니다

《Primitive Wrangle노드의 코드》

```
// 프리미티브에 속하는 포인트의 리스트를 취득합니다.
  int pts[] = primpoints(0, @primnum);
// newPts이름의 빈 정수의 리스트를 작성합니다.
// 이 리스트에 새로 추가된 포인트를 추가해 갑니다.
  int newPts[] = {};
// 면의 중심점의 위치를 나타내는 벡터의 변수를 만듭니다.
vector cen = set(0,0,0);

......
```

알고리즘의 항목에서 설명하고 있는 서브디비전을 다음의 코드로 입력해 갑니다. 우선 프리미티브마다 Bilinear Subdivision을 걸겠지만, 이때 중요한 것은 서브디비전을 적용했을 때 새롭게 만들어지는 면의 중심 포인트에만 newpt 라는 그룹을 부여하고 있다는 것입니다. 이 포인트를 나중에 루프로 반복하여 매우 복잡한 형상이 생기는 구조입니다.

......
// 프리미티브를 구성하는 점의 수만큼(면의 엣지의 수만큼) 루프를 돌린다.
```
for(int i=0; i<len(pts); i++) {
    // · 프리미티브의 엣지의 중심에 점을 추가
    // 면의 각 엣지의 시점 위치를 취득한다.
    vector pos1 = point(0, "P", pts[i] );
    // 면의 각 엣지의 종점 위치를 취득한다.
    vector pos2 = point(0, "P", pts[(i+1) % len(pts) ] );
    // 면의 각 엣지의 시점과 종점에서 엣지의 중점 위치를 취득한다.
    vector cenpos = (pos1 + pos2) * 0.5;

    // 각 엣지의 중점 위치에 포인트를 추가한다
    int newPt = addpoint(0, cenpos);
    // newPts 라는 리스트에 새로 추가한 포인트의 번호를 추가한다.
    append(newPts, newPt);
    //프리미티브를 구성하는 포인트의 위치를 cen이라고 하는 변수에 더한다.
    cen += pos1;
}
```
//프리미티브의 중심점을 계산하여 추가한다.
```
cen /= float(len(pts)); // cen이라는 벡터의 변수를 면을 구성하는 포인트 수로 나누어 면의 중심점의 위치를
```
취득한다.
```
int cenpt=addpoint(0, cen); //면의 중심점의 위치에 포인트를 추가한다.
setpointgroup(0,"newpt", cenpt, 1); // 추가한 중심점만 움직일 수 있도록 그룹설정을 설정한다.
```

//다시한번 프리미티브를 구성하는 점의 수만큼 루프를 돌린다.
```
 for(int i=0; i<len(pts); i++) {
    // · 4개의 정점을 사용하고 분할된 면을 작성
    // i번째 엣지중점의 번호를 newPts라고 하는 리스트에서 취득한다.
    int pt1 = newPts[i];
    //i번째 다음에 있는 면을 구성하는 포인트 번호를 취득한다.
    int pt2=pts[(i+1) % len(newPts);
    // i번째 다음에 있는 엣지의 중점번호를 newPts라는 리스트에서 취득한다.
    int pt3=newPts[(i+1) % len(newPts);
    //위의 3개 이외에 면의 중점의 4개의 포인트 번호부터 새로운 면을 만든다.
    //루프 수만큼 되풀이함으로써 기준 면을 분할하도록 4개 면이 완성된다.
    int prim=addprim(0,"poly", pt1, pt2, pt3, cenpt);
    // 루프의 번호가 0인 경우
    if( i == 0) {

        // pt2의 번호의 위치에 있는 포인트의 위치를 취득한다.
        vector pos=point(0,"P", pt2);
        // 프리미티브(면)의 중심점에서 pt2의 번호의 위치로 향하는 벡터를 만든다.
        vector dir = pos - cen ;
        // 면의 중심점의 포인트에, dir라는 이름의 어트리뷰트에서 방금 만든 벡터를
        // 저장한다. 이 벡터가 면의 중심점을 나중에 움직이게 할 때의 방향이 된다.
        setpointattrib(0,"dir", cenpt, dir);
    }
}
```
// 분할에 이용한 원래의 프리미티브(면)을 삭제한다.
```
removeprim(0,@primnum, 1);
```

큰 이미지는 예제 폴더의 196_01.jpg를 참고!

2-3 새로 만들어진 포인트를 이동하기

코드를 사용하여 메쉬에 서브디비전을 적용하면 노말 정보가 뒤죽박죽이기 때문에 여기서 Normal 노드를 사용하여 노말 정보를 정리합니다.

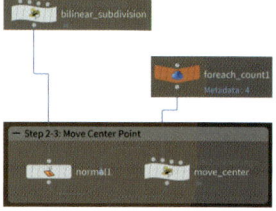

Normal노드 Primitive Wrangle과 연결하여 다음과 같이 파라미터를 설정하는 것으로 노말 정보를 정리할 수 있습니다.

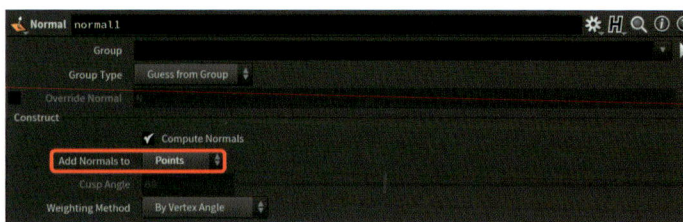

Normal 노드의 파라미터

다음에는 새로 만들어진 포인트를 이동하거나 회전하는 중요한 단계에 들어가겠습니다.

Point Wrangle노드 첫 번째 인풋에 Normal 노드를 연결하고, 두 번째 인풋에 `foreach_count` 라고 쓰여진 Block Begin 노드를 연결합니다. 파라미터의 Group은 `newpt`로 설정하고, 새롭게 만들어진 면의 중심 포인트만 코드의 영향을 받도록, VEX 코드를 다음과 같이 작성합니다.

Point Wrangle 노드의 파라미터

우선, CONTROLLER에서 설정한 각종 파라미터을 읽어들입니다.

《Primitive Wrangle 노드의 코드》

```
// 서브디비전시 포인트의 수직이동값을 나타내는 파라미터값을 읽어들인다.
float normalscale = chf("normal_scale");
// 서브디비전시 포인트의 평행이동값을 나타내는 파라미터값을 읽어들인다.
float movescale = chf("move_scale");
// 서브디비전시 포인트의 회전각도를 나타내는 파라미터값을 읽어들인다.
float angle = chf("angle");
// 현재의 루프번호를 취득한다.
int ite = detail(1, "iteration");
……
```

move_scale: `ch("../CONTROLLER/subdiv_move")`
normal_scale: `ch("../CONTROLLER/normal_scale")`
angle: `ch("../CONTROLLER/angle")`

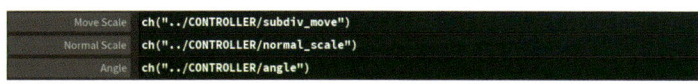

Point Wrangle 노드의 파라미터

다음은 알고리즘의 항목에서 설명하고 있는 프랙탈 서브디비전 면의 포인트를 이동시키는 과정에 대해서 코드를 만들어 보겠습니다. 수평 방향과 수직 방향(노말 방향)의 어느쪽으로든 이동시켜서 좀 더 복잡한 형상이 되도록 세팅하겠습니다.

```
......
// 포인트에 저장해둔 dir 어트리뷰트로부터 중심점을 이동하기 위한 벡터를 취득하고,
// 그 값과 평행이동에 관한 파라미터, 루프번호를 이용해서
// 포인트를 평행으로 이동하기 위한 이동 벡터를 만든다.
vector movedir = v@dir * movescale / float(ite + 1);

// 루프 횟수에 따라 벡터를 회전 시킨다.
matrix mat = ident(); // 단위 매트릭스를 만든다.
rotate(mat, $PI * angle / float(ite + 1), @N); // 매트릭스를 루프횟수에 따른 회전 각도에서 포인트의
노말방향을 축으로 회전한다.

// 수평방향과 수직방향으로 포인트를 이동시킨다.
@P += (movedir * mat); // 수평방향으로 이동하는 벡터에 매트릭스를 곱하고 회전시키고, 그 벡터의 방향으로
포인트를 이동한다.
@P += @N * normalscale / float(ite + 1); // 수직 이동의 파라미터와 루프의 번호의 값을 이용해서 포인트를
수직 방향으로 이동한다.
```

이 때, CONTROLLER에 등록한 subdiv_move나 normal_scale, angle의 파라미터를 바꾸면 포인트의 이동 위치를 다양하게 제어할 수 있게 되어서, 이 시점에서 다양한 형상 변화를 나타나게 할 수 있습니다.

큰 이미지는 예제 폴더의 197_01.jpg를 참고!

2-4 지오메트리를 매끄럽게 하기

이 시점에 완성된 지오메트리는 꽤 날카롭기 때문에 일단 매끄럽게 합니다.

Fuse노드 Point Wrangle 노드를 연결해서 겹친 점을 1개로 정리합니다.

Smooth노드 Fuse 노드와 연결해서 strength의 파라미터를 CONTROLLER에서 조작할 수 있도록 다음과 같이 익스프레션을 설정합니다.

Strength: `ch("../CONTROLLER/smooth")`

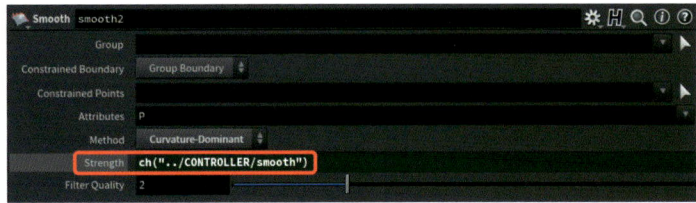

Smooth 노드의 파라미터

루프를 사용한 프랙탈상의 서브디비전 셋업이 끝났기 때문에 Smooth 노드를 `foreach_end`라고 쓰여진 Block End 노드에 연결하여 루프를 나옵니다. 이 상태에서 CONTROLLER에 등록한 iteration의 파라미터를 값을 증가시키면, 그 수에 따라 루프가 진행되어서 서브디비전이 적용된 복잡한 면이 됩니다.

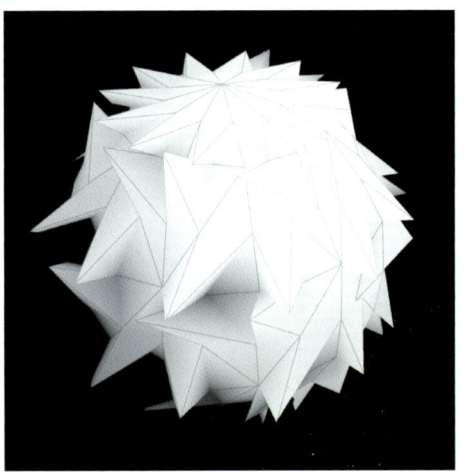 

Step 3

3-1 지오메트리에 서브디비전을 걸기

프랙탈 서브디비전에 의한 형태는 완성되었지만 그 외형은 아직 거칠고 그다지 디테일해 보이지 않습니다. 그래서 조금 더 조정하여 디테일을 살려보겠습니다.

Subdivide노드 BlockEnd 노드와 연결하여 Catmull-Clak 서브디비전을 걸어줍니다. 까칠까칠했던 형상이 뚜렷해지고 디테일이 살아납니다.

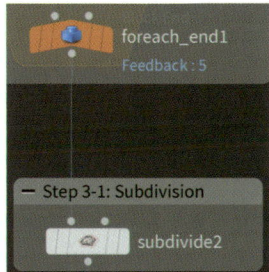

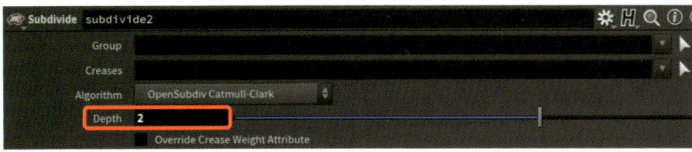

Subdivide 노드의 파라미터

3-2 지오메트리에 컬러를 칠하기

이번에는 지오메트리에 포인트의 곡률에 따라 컬러를 칠해 보겠습니다.

Measure노드 Subdivide 노드와 연결하여 ElementType과 Measure를 다음과 같이 설정하고 곡률의 어트리뷰트가 포인트에 저장되도록 합니다.

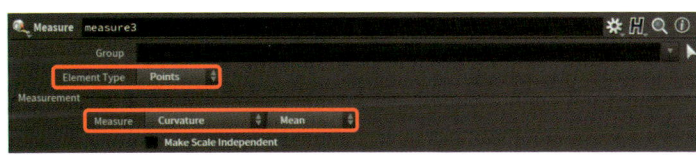

Measure 노드의 파라미터

Color노드 Measure 노드와 연결하고, ColorType는 `Rampfrom Attribute`, Attribute는 `curvature`로 설정하고, 곡률에 따라서 컬러를 바꿀 수 있도록 합니다. 파라미터의 Attribute Ramp에서는 곡률이 낮은 곳에서부터 높은 곳까지의 컬러 분포를 임의대로 설정해 줍니다.

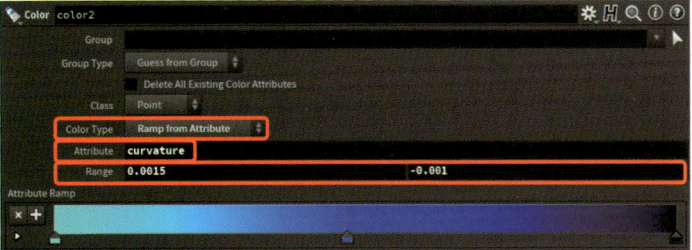

Color 노드의 파라미터

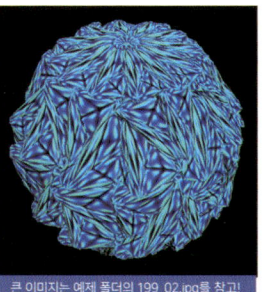

3-3 컬러를 흐리게 하기

이대로도 나쁘진 않지만 엣지가 너무 두드러져 있기 때문에 컬러를 조금 흐리게 해서 완성시킵니다.

`Attribute Blur노드` Color 노드와 연결해 파라미터를 다음과 같이 설정합니다. Attributes의 파라미터에는 Cd라고 입력합니다.

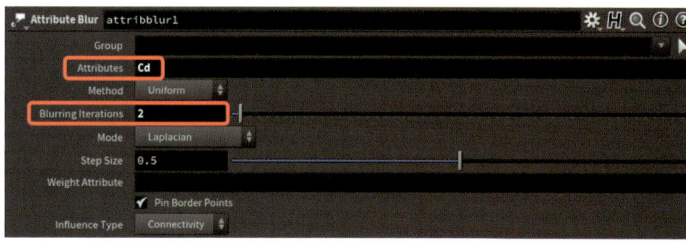

Attribute Blur 노드의 파라미터

이것으로써 전체적으로 색상이 부드러워지고 프랙탈 모양의 서브디비전 형상을 예쁘게 표현할 수 있게 되었습니다.

`Null노드` FINAL라고 이름을 붙여 Attribute Blur 노드와 연결하면 완성입니다.

이 레시피에 관해서도 파라미터를 여러가지로 변화시킴으로써 다양한 형상이 생성되는 모습을 즐길 수 있습니다. 인풋에 사용되는 형상을 변화시켜 보거나(예를 들면 Torus를 넣어 보거나), Step 2-3에서 실시하고 있는 점의 이동·회전을 자유롭게 커스터마이즈해 보거나, 다양한 수치 값을 넣어보면 또 다른 형상을 만들어낼 수도 있으니 한 번 시도해 보시길 바랍니다.

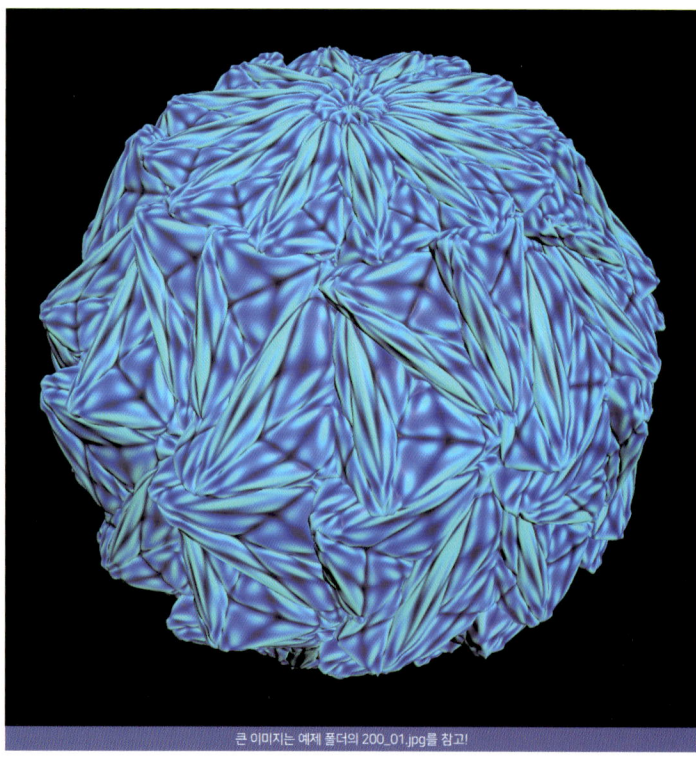

큰 이미지는 예제 폴더의 200_01.jpg를 참고!

제작과정 동영상 >> 프랙탈서브디비전.mp4

메인 파라미터
base_size: 1
iteration: 5
subdiv_move: 1.5
normal_scale: 0.3
smooth: 0
angle: 0.05

메인 파라미터
base_size: 1
iteration: 3
subdiv_move: 2.33
normal_scale: 0.37
smooth: 0
angle: 0.531

12
Swarm Intelligence
군집(무리, 떼) 지능

한 번쯤은 물고기나 새들이 떼를 지어 돌아다니는 모습을 실제로 봤거나 TV에서 본 적이 있을 것입니다. 그 모습은 마치 무리 자체에 의미가 있어 보일 정도로 개체 하나하나의 움직임이 통제되어 있고, 눈에 보이지 않지만 본능적인 큰 규칙이 숨어 있는 것 같습니다. 사실, 그 움직임은 각 개체의 국소적인 규칙이 상호작용을 일으키는 결과로 생각됩니다. 이 군집(무리, 떼) 시스템을 만드는 방법에 관해서 지금까지 몇 가지의 알고리즘이 발표되어 있고, 일반적으로 군집(무리, 떼) 지능(Swarm Intelligence)이라고 부르고 있습니다. 이번 장에서는 그중에서도 단순한 구조이면서, 알기 쉽고 응용하기도 쉬운 보이드(Boids) 알고리즘에 주목하여 후디니에서 구현하는 방법을 설명하겠습니다.

Swarm Intelligence 군집 지능의 알고리즘

✹ 군집(무리, 떼)지능의 알고리즘

우선 군집 지능에는 어떠한 알고리즘이 있는지 알아보겠습니다.

군집 지능 자체는 인공 지능 혹은 인공 생명의 기술로 인식되고 있어서, 생물학적 행동을 베이스로 특정 문제의 최적화를 실시하기 위해서 활용되고 있습니다. 군집 지능에 속한다고 생각되는 알고리즘의 일부에는 다음과 같은 것이 있습니다.

- 보이드(Boids) : 날아다니는 새의 군체 시뮬레이션
- 자체추진입자(Self-propelled particles) : 보이드 이동에 흔들림을 가한 알고리즘
- 확률적 확산 탐색(Stochastic diffusion search) : 군체 베이스의 패턴 조합 알고리즘
- 개미 식민지 최적화(Ant colony optimzation) : 개미 둥지 구조를 모델로 한 최적화 알고리즘
- 입자 무리 최적화(Particle swarm optimization) : n차원 공간에서의 가장 적합한 하나의 해답이 점이나 면에서 나타나는 과제를 위한 최적화 알고리즘
- 인공 꿀벌 식민지 알고리즘(Artificial bee colony algorithm) : 꿀벌의 먹이채집 행동에 기초한 시뮬레이션
- 인공면역시스템 (Artificial immune system) : 면역 시스템을 기반으로 한 규칙기반의 기계학습 시스템
- 충전 시스템 탐색(Charged system search) : 물리학과 역학 법칙에 기초한 멀티 에이전트 시스템
- 뻐꾸기 탐색(Cuckoo search) : 뻐꾸기 탁란에 기초한 최적화 알고리즘
  (탁란 : 어떤 새가 다른 종류의 새의 집에 알을 낳아 대신 품어 기르도록 하는 일.)
- 반딧불 알고리즘(Firefly algorithm) : 반딧불에 기초한 최적화 알고리즘
- 중력 탐색 알고리즘(Gravitational search algorithm) : 만유인력의 법칙과 질량의 상호작용에 근거한 탐색 알고리즘
- Intelligent water drops : 하천이 경로를 만드는 모습에 근거한 최적화 알고리즘
- 멀티스웜 최적화(Multi-swarm optimization) : 입자군을 여러 그룹으로 나눈 것.
- 강 형성 역학(River formation dynamics) : 물의 흐름이 강을 형성하는 모습을 본뜬 시뮬레이션

이 중에서도 보이드는 그 과정이 생물학적 행동을 나타내며, 움직임 또한 매우 심플하기 때문에 군집 지능 알고리즘을 테스트하기에 딱 좋은 알고리즘입니다. 결과로 나타나는 비주얼이 매우 흥미로운 것도 좋은 예제가 될 수 있습니다.

✺ 보이드(Boids) 알고리즘

보이드(Boids) 알고리즘은 1986년 크레이그 레이놀즈(Craig Raynolds) 연구자가 새나 물고기의 움직임을 시뮬레이트하기 위해서 만든 컴퓨터 모델로 군집 지능의 알고리즘 중에서도 초기 단계에 등장한 이론입니다. 이 알고리즘의 자세한 내용은 이듬해 1987년에 ACM SIGRAPH라고 하는 컴퓨터 그래픽스계 학회에서 발표되어 그 후 다양한 분야에서 활용되고 있습니다. 예를 들어 건축 분야에서는 롤랜드 스눅스(Roland Snooks) 등이 자신의 유기적인 건축 디자인에 응용하기도 했습니다.

새떼의 움직임[★1]

레이놀즈는 군집의 움직임을 국소적인 규칙을 가지는 개체가 다른 개체와 상호적으로 관계하는 것으로 정의합니다. 전체적으로 큰 규칙을 가지고 움직이는 모델을 만들어서 물고기나 새떼의 움직임을 컴퓨터 시뮬레이트할 수 있도록 했습니다. 구체적으로는 군집 안의 하나하나의 에이전트로 부르는 개체에 대해서 아래 3개의 심플한 국소적 행동 규칙을 만들었습니다.[★2] (국소적 : 전체 가운데 한 부분에 관계되는 것)

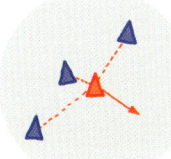  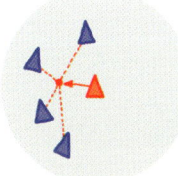

Separatation(분리) :
다른 에이전트와의 거리가
가까울 경우 떨어진다

Alignment(정렬) :
다른 에이전트들과 같은 방향
을 향한다.

Cohesion(결합) :
다른 에이전트와의 거리가
먼 경우에 접근한다.

각 에이전트가 다른 에이전트를 인식할 수 있는 거리를 한정함으로써 1개의 에이전트가 다른 모든 에이전트로부터 영향을 받는 일이 없도록 제한하고 있습니다. 즉, 각각의 분리, 정렬, 결합의 행동에 대해 다른 탐색반경을 가지고 있다는 것입니다.

그리고 이러한 규칙으로 여러 개의 에이전트를 2차원 혹은 3차원 공간에서 움직이면 에이전트끼리 서로 영향을 주고 군집의 움직임을 시뮬레이트 할 수 있게 됩니다.

이번 레시피에서는 이 보이드의 알고리즘을 3차원 공간 상에서 적용하여 군집 시뮬레이션을 해 보겠습니다.

★1 Alastair Rae, CC BY-SA 2.0 (https://creativecommons.org/licenses/by-sa/2.0)
★2 "Boids," https://www.red3d.com/cwr/boids

Swarm Intelligence 군집 지능의 레시피

이번 레시피에서는 보이드의 알고리즘을 사용하여 공간을 헤엄치는 물고기의 시뮬레이션을 만들고, 그것을 3차원으로 표현해 보겠습니다. 여기서는 표준적인 보이드의 셋업 방법을 기본으로 시뮬레이션을 해 보겠습니다. 이것 물론 범용성 높은 알고리즘이므로 다양한 변경이 가능합니다. 우선 이번 레시피로 기초를 다지고 이후에 다양하게 확장해 보시길 바랍니다.

네트워크 다이어그램

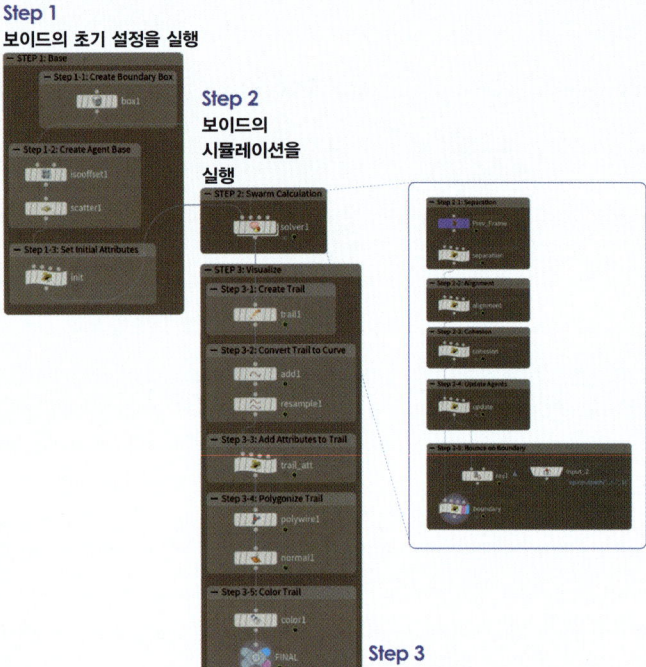

메인 파라미터

이름	유형	범위	기본값	설명
num_boids	Integer	0 – 1000	10	보이드의 수
sep_radius	Float	0 – 10	1.5	분리를 위한 탐색 범위
coh_radius	Float	0 – 10	3	결합을 위한 탐색 범위
ali_radius	Float	0 – 10	2.5	정렬을 위한 탐색 범위
sep_strength	Float	0 – 10	3	분리 강도
coh_strength	Float	0 – 10	1	결합의 강도
ali_strength	Float	0 – 10	1	정렬의 강도
max_force	Float	0 – 0.1	0.01	힘의 최대치
max_speed	Float	0 – 1	0.3	최대 속도
bound_size	Float	0 – 100	50	경계 박스의 사이즈
boundary_bounce_offset	Float	0 – 10	3	경계에서 벗어나려고 하는 힘이 발생하는 경계로부터의 거리
agent_size	Float	0 – 2	1.5	보이드의 사이즈

Step 1

1-1 보이드의 경계를 박스로 만들기

보이드(물고기)가 헤엄치는 경계를 만들기 위해 박스를 생성합니다.

`Box노드` Uniform Scale의 파라미터를 아래와 같이 설정하고, 메인 파라미터와 연결합니다.

Uniform Scale: `ch("../CONTROLLER/bound_size")`

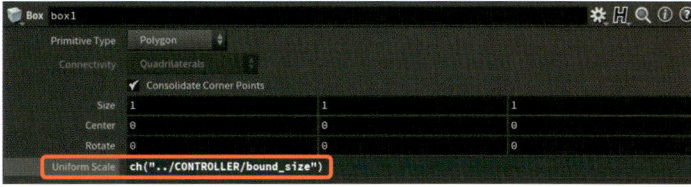

Box 노드의 파라미터

1-2 보이드(군집 시뮬레이션)가 되는 포인트를 만들기

경계 박스를 만들면, 그안에 보이드의 베이스 포인트를 여러 개 생성합니다. 우선, 박스를 볼륨으로 변환합니다.

`IsoOffset노드` Box 노드와 연결해서 Uniform Sampling Divs를 50으로 설정합니다.

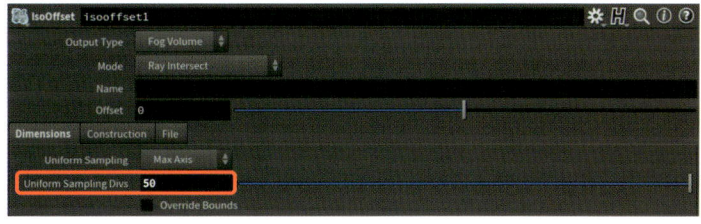

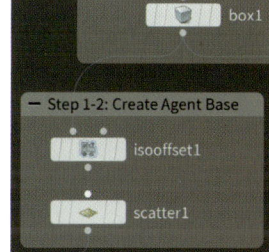

IsoOffset 노드의 파라미터

볼륨 안에 포인트를 여러 개 만들겠습니다.

`Scatter노드` isooffeset 노드에 연결하여 다음과 같이 Force Total Count의 파라미터를 설정하고 CONTROLLER로 포인트 수를 컨트롤 할 수 있도록 합니다.

Force Total Count: `ch("../CONTROLLER/num_boids")`

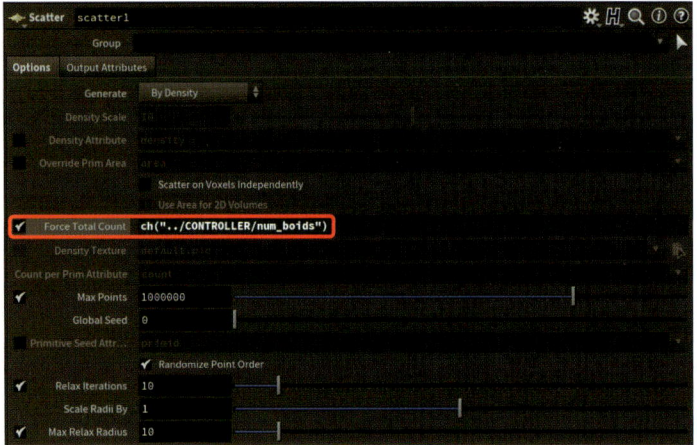
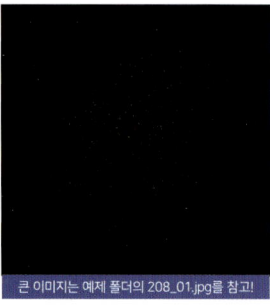

IsoOffset 노드의 파라미터

1-3 보이드에 정보를 부가하기

보이드의 베이스 포인트가 생기면 거기에 시뮬레이션에 필요한 초기 정보를 부가해 갑니다.

Point Wrangle노드 첫 번째 인풋과 Scatter 노드를 연결하고 다음과 같이 VEX 코드를 작성합니다.

《Point Wrangle노드의 코드》

```
//보이드의 초기 속도를 랜덤한 방향으로 설정한다.
v@vel=(random(@P*100)-set(0.5, 0.5, 0.5) * 2;
//보이드의 초기 가속도를 크기 0벡터로 설정한다
v@acc=set(0,0,0);
//보이드에 가하는 힘의 최대치를 파라미터 값에서 취득하여 설정한다.
f@maxforce=chf("max_force");
//보이드의 이동최대속도를 파라미터값으로 취득하여 설정한다.
f@maxspeed=chf("max_speed");
//보이드의 id를 포인트의 번호로부터 취득하여 설정한다.
i@id=@ptnum;
//포인트에 agent라는 그룹을 설정한다.
setpointgroup(0,"agent",@ptnum, 1);
```

chf 함수로 정의한 변수를 프로모트해서, 메인 파라미터와 링크해 둡니다.

max_force: ch("../CONTROLLER/max_force")
max_speed: ch("../CONTROLLER/max_speed")

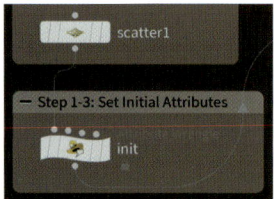

Point Wrangle 노드의 파라미터

Step 2

보이드 시뮬레이션이 준비됐다면, 실제 시뮬레이션을 할 수 있도록 해 보겠습니다. 이번에는 매 프레임 결과를 갱신하기 위해서, Solver를 사용합니다.

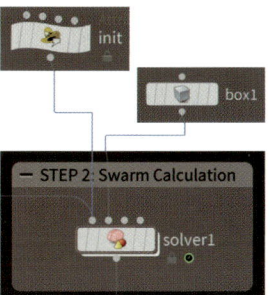

Solver 노드 첫 번째 인풋에 Step 1-3에서 만든 Point Wrangle을, 두 번째 인풋에는 Step 1-1에서 만든 Box 노드를 연결합니다.

2-1 보이드의 경계를 박스로 만들기

처음 진행하는 것이 분리(Separation) 계산입니다. 『보이드끼리 일정한 거리에 가까워졌을 때, 서로 그 거리를 유지하도록 한다』는 룰을 보이드에 추가하겠습니다.

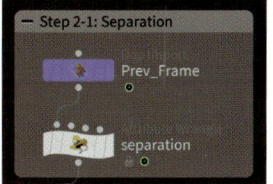

Point Wrangle 노드 Prev_Frame 노드와 연결합니다. 파라미터의 Group에 agent를 기입하고, 에이전트 타입의 포인트에 룰을 적용시킵니다. 이번에는 에이전트 타입의 포인트 밖에 존재하지 않지만, 만약 이후에 새로운 타입의 보이드를 추가하고 싶다면 이 그룹을 구분하는 것이 좋습니다. 그리고, 여기에 VEX 코드를 작성합니다.

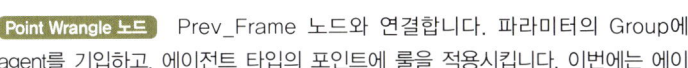

Point Wrangle 노드의 파라미터

우선, CONTROLLER에서 설정한 각종 파라미터를 읽어들입니다.

《Point Wrangle노드의 코드》
```
float ndist = chf('ndsit'); // 분리를 위한 탐색범위를 나타내는 파라미터값을 읽어들인다.
float fratio = chf('fratio'); // 분리의 강도를 나타내는 파라미터값을 읽어들인다.

vector steer=set(0, 0, 0); // 보이드가 분리에 의해 나아갈 방향을 나타내는 벡터를 만든다.
int count = 0; //보이드에서 볼 때 탐색 범위 내에 몇개 다른 보이드가 있는지를 나타내는 정수 변수를 만든다.
......
```

ndist: ch("../../../../CONTROLLER/sep_radius")
fratio: ch("../../../../CONTROLLER/sep_strength")

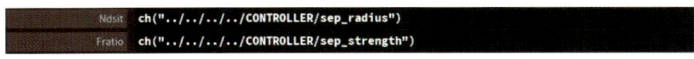

Point Wrangle 노드의 파라미터

알고리즘의 항목에서 설명하고 있는 『분리』의 진행 과정을 입력합니다.

```
......
//보이드로부터 분리를 위한 탐색 범위에 있는 다른 보이드의 리스트를 취득한다.
int npts =nearpoints(0,@P, ndist);

//보이드 리스트의 크기만큼 루프를 돌린다.
for(int i = 0; i<len(npts); i++){
```

```
            //리스트에서 보이드의 번호를 꺼낸다.
            int npt = npts[i];
            //꺼낸 보이드의 번호가 탐색원의 보이드의 번호와 다른 경우 (자신을 상대로 계산을 행하지 않기 때문에)
            if(@ptnum != npt) {
                //탐색에 걸린 보이드의 위치를 취득한다.
                vector ppos =point(0, "P", npt);
                //탐색원의 보이드와 탐색에 걸린 보이드 사이의 거리를 잰다.
                float d = distance(@P, ppos);

                //탐색에 걸린 보이드에서 탐색원의 보이드로 향하는 벡터를 만든다.
                vector diff =@P - ppos;
                //만든 벡터의 크기를 1로 한다.
                diff = normalize(diff);
                //크기가 1인 벡터를 보이드 간의 거리로 나눠서 크기를 조정한다.
                diff /= d;
                // steer에 크기를 조정한 벡터를 더한다.
                Steer += diff;
                // count에 1을 더한다.
                Count++;
            }
    }
    //count의 값이 0보다 큰 경우
    if(count > 0) {
        //steer의 벡터를 count 값으로 나누어서 평균 이동용의 벡터를 취득한다.
        steer /= float(count);
    }
    //steer의 크기가 0보다 큰 경우
    if(length(steer) >0) {
        //steer벡터의 크기를 1로 한다.
         steer = normalize(steer);
        //steer의 벡터에 보이드의 포인트에 저장된 maxspeed의 값을 곱한다.
        steer*=f@maxspeed;
        // steer의 벡터에서 vel이라는 보이드의 속도를 나타내는 어트리뷰트의 벡터값을 뺀다.
        steer -=@vel;
        //Steer의 크기가 맥스값보다 클 경우에는 클램프한다.
        If (length(steer) >f@maxforce ) {
            //steer벡터의 크기를 1로 한다
            steer=normalize(steer);
            //steer벡터에, 보이드의 포인트에 저장되어 있는 maxforce의 값을 곱하다.
            steer*=f@maxforce;
        }
    }
    //보이드의 가속도의 아트리뷰트 acc에, 분리의 강도의 파라미터값을 곱한 steer벡터를 더해,
    // 분리방향 가속도를 늘린다.
    v@acc+=steer*fratio;
```

여기에서는 스피드가 너무 빠르지 않도록 사전에 포인트에 저장되어 있는 maxforce로 힘을 억제하고 있습니다. 이것으로 포인트끼리 가까이 다가가면 멀어지려는 힘이 가속도로 포인트에 저장됩니다.

2-2 정렬 계산 수행하기

근처에 있는 포인트끼리 같은 방향으로 향하려는 정렬(Alignment)의 힘도 포인트에 추가해 줍니다.

Point Wrangle Step 2-1에서 만든 Point Wrangle과 연결하고 VEX 코드를 작성합니다.

Point Wrangle 노드의 파라미터

우선, CONTROLLER에서 설정한 각종 파라미터를 읽어들입니다.

《Point Wrangle 노드의 코드》

```
// 정렬을 위한 탐색 범위를 나타내는 파라미터의 값을 읽어들인다.
float ndist = chf("ndsit");
// 정렬의 강도를 나타내는 파라미터의 값을 읽어들인다.
float fratio = chf("fratio");
// · 필요한 변수를 작성
// steer라는 정렬하는 방향을 가리키는 벡터의 변수를 만든다.
vector steer = set(0, 0, 0);
// sum이라는 보이드의 속도 벡터를 계산하는데 이용하는 벡터의 변수를 만든다.
vector sum = set(0,0,0);
// 정렬을 위한 탐색에 걸린 보이드의 수를 저장하기 위한 변수를 만든다.
int count = 0;
```

ndist: ch("../../../../CONTROLLER/sep_radius")
fratio: ch("../../../../CONTROLLER/sep_strength")

Point Wrangle 노드의 파라미터

알고리즘의 항목에서 설명하고 있는 『정렬』의 진행과정을 입력합니다.

```
......
// 보이드로 부터 볼때, 정렬의 탐색 범위에 있는 다른 보이드의 목록을 취득한다.
int npts[] = nearpoints(0, @P, ndist);
// 탐색에 걸린 보이드의 수만큼 루프를 돌린다.
for(int i = 0; i<len(npts); i++){
    // 탐색에 걸린 각각의 보이드의 번호를 취득한다.
    int npt = npts[i];
    // 보이드의 번호와 탐색에 걸린 보이드의 번호가 다른 경우(자신을 상대로 계산을 하지 않기 때문에)
    if(@ptnum != npt){
        // sum 변수에 탐색에 걸린 각 보이드의 속도 벡터를 더한다.
        sum += point(0, "vel", npt);
        
        // count수를 1올린다.
        count++;
    }
}
```

```
// 만약 count 값이 0보다 큰 (정렬을 위한 탐색에 1개 이상의 보이드가 걸린) 경우
if(count > 0){
    // sum의 벡터값을 count 값으로 나누고,
    // 탐색에 걸린 보이드의 속도벡터의 평균값을 계산한다.
    sum /= float(count);

    // 평균 이동 벡터에서 steer 벡터를 작성한다.
    sum = normalize(sum);   // sum의 벡터의 크기를 1로 한다.
    sum *=f@maxspeed;   // sum의 벡터에 보이드의 maxspeed라는 최대 속도를 나타내는 어트리뷰트에 저장된
값을 곱한다.
    steer = sum - v@vel;   // sum의 값으로부터 보이드의 벡터의 속도 벡터의 값을 빼고, 그 결과를 steer
벡터의 값으로 한다.

        // steer의 크기가 maxforce 값 보다 클 경우에는 클램프한다.
        if(length(steer) > f@maxforce){
            // steer의 벡터의 크기를 1로한다.
            steer = normalize(steer);
            // steer의 벡터에 보이드에 저장된 maxforce 값을 곱한다.
            steer *= f@maxforce;
        }
}else{   // count의 값이 0 인(탐색 범위에 에이전트가 없는) 경우
    // 정렬에 이용하는 steer 벡터의 크기를 0으로 한다
    steer = set(0,0,0);
}

// steer의 크기가 0보다 큰경우
if(length(steer) > 0){
    steer = normalize(steer); // steer의 크기를 1로 한다.
    steer *= f@maxspeed; // 보이드에 저장된 maxspeed의 값을 곱한다.
    steer -= @vel; // steer에서부터 보이드의 속도 벡터를 뺀다.

    // steer의 크기가 maxforce 값 보다 클 경우
    if(length(steer) > f@maxforce){
        steer = normalize(steer);    // steer의 크기를 1로 한다
        steer *= f@maxforce;    // steer에 보이드의 저장된 maxforce의 값을 곱한다
    }
}
// 보이드의 가속도 어트리뷰트 acc에, steer에 정렬의 강도를 곱한 벡터값을 더한다.
v@acc += steer * fratio;
```

기본적으로는 조금 전 분리 코드와 동일한 처리를 하고 있습니다. 한 가지 다른 것은 포인트 근처에 있는 다른 포인트의 속도 벡터 vel을 참조하여 그 벡터로부터 근처에 있는 포인트가 어느 쪽을 향하고 있는지를 얻는다는 점입니다. 해당 정보로부터 산출한 평균 방향으로 가는 힘을 가속도에 더하고 있습니다.

2-3 결합의 계산을 수행한다

포인트끼리 일정거리 범위 안에 떨어져 있는 경우에 서로를 끌어당기는 결합(Cohesion)의 힘을 계산합니다.

`Point Wrangle노드` 첫 번째 인풋에 Step 2-2에서 만든 PointWrangle 노드를 연결해서 VEX 코드를 작성합니다.

Point Wrangle 노드의 파라미터

우선, CONTROLLER에서 설정한 각종 파라미터를 읽어들입니다.

《 Point Wrangle노드의 코드 》

```
// 결합을 위한 탐색 범위를 나타내는 파라미터 값을 읽어들인다.
float ndist = chf("ndsit");
// 결합의 강도를 나타내는 파라미터값을 읽어들인다.
float fratio = chf("fratio");

// 필요한 변수를 작성한다.
vector sum = set(0,0,0);   // sum이라는 보이드의 위치 벡터를 계산하는데 이용하는 벡터의 변수를 만든다.
vector steer = set(0, 0, 0);  // steer라는 정렬하는 방향을 나타내는 벡터의 변수를 만든다.
int count = 0;    // 결합에 필요한 탐색에 걸린 보이드의 수를 저장하는 변수를 만든다.
```

ndist: ch("../../../../CONTROLLER/sep_radius")
fratio: ch("../../../../CONTROLLER/sep_strength")

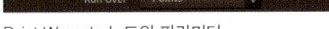

Point Wrangle 노드의 파라미터

알고리즘의 항목에서 설명하는 『결합』의 진행 과정을 입력합니다.

```
......
// 보이드로부터 볼 때, 결합의 탐색 범위에 있는 다른 보이드의 목록을 취득한다.
int npts[] = nearpoints(0, @P, ndist);
// 탐색에 걸린 보이드의 수만큼 루프를 돌린다.
for(int i = 0; i<len(npts); i++){
    // 탐색에 걸린 각각의 보이드의 번호를 취득한다.
    int npt = npts[i];
    // 보이드의 번호와 탐색에 걸린 보이드의 번호가 다른 경우(자신을 상대로 계산하지 않기 때문에)
    if(@ptnum != npt){
        // 탐색에 걸린 포인트의 위치를 취득한다.
        vector ppos = point(0, "P", npt);
        // 취득한 위치를 sum이라는 벡터에 모두 더한다.
        sum += ppos;

        // count의 값을 1을 올린다.
        count++;
    }
}
```

```
// count의 값이 0보다 큰 (결합을 위한 탐색에 1개 이상의 보이드가 걸린) 경우
if(count > 0){
    //sum 벡터값을 count의 값으로 나누어서 탐색에 걸린 보이드의 평균 위치를 계산한다.
    sum /= float(count) ;

    // 자신으로부터 탐색 범위에 있는 다른 에이전트의 평균 위치로 향하는 벡터를 계산한다.
    vector desired = sum - @P; // 보이드의 위치로부터 탐색 범위 안에 있는 다른 보이드의 평균 위치로
향하는 벡터를 만들어 desired라는 벡터의 변수로 대입한다.
    desired = normalize(desired); // 방금 만든 desired 벡터의 크기를 1로 한다.
    desired *= f@maxspeed;  // desired의 벡터에, 보이드에 저장된 maxspeed 값을 곱한다.
    steer = desired -v@vel;   // desired의 벡터에서 보이드의 속도 벡터를 빼서 그 결과를 steer에 대입한다.

    // steer 벡터의 크기가 보이드에 저장된 maxforce의 값보다 큰 경우
    if(length(steer) > @maxforce){
        // steer에, 보이드에 저장된 maxforce의 값을 곱한다.
        steer = normalize(steer) * f@maxforce;
    }
}else{ // count의 값이 0 인(탐색 범위에 에이전트가 없는)경우
    // 결합에 이용하는 steer 벡터의 크기를 0으로 한다.
    steer = set(0,0,0);
}

// 만약 steer의 크기가 0 보다 큰 경우
if(length(steer) > 0){
    // steer의 크기를 1로한다.
    steer = normalize(steer);
    // steer에, 보이드에 저장된 maxspeed의 값을 곱한다.
    steer *= f@maxspeed;
    // steer로부터 보이드의 속도 벡터를 뺀다.
    steer -= @vel;

    // steer의 크기가 맥스값보다 클 경우에는 클램프한다.
    if(length(steer) > f@maxforce){
        steer = normalize(steer);   // steer의 크기를 1로 한다.
        steer *= f@maxforce;    // steer에, 보이드에 저장되었던  maxforce 값을 곱한다.
    }
}

// 보이드 가속도의 어트리뷰트acc에 steer에 결합의 강도를 곱한 벡터값을 더한다.
v@acc += steer * fratio;
```

2-4 보이드의 위치를 업데이트하기

분리, 정렬, 결합의 각 계산 결과를 포인트(보이드)의 가속도 어트리뷰트에 더하면, 그 가속도를 이용하여 실제로 포인트를 이동시킵니다.

Point Wrangle 노드   Step 2-3에서 만든 PointWrangle 노드와 연결하고 VEX 코드를 다음처럼 입력합니다.

《Point Wrangle 노드의 코드》

```
// 보이드의 속도 벡터 vel에, 가속도 벡터acc를 더하고, 보이드가 이동하는 방향과 속도를 갱신한다.
v@vel += v@acc ;

// 보이드의 속도 벡터의 크기가 보이드의 maxspeed 값보다 큰 경우
if(length(v@vel) > f@maxspeed){
    // 보이드의 속도 벡터의 크기를 maxspeed 값으로 제한한다.
    v@vel = normalize(v@vel) * f@maxspeed ;
}

@P += v@vel ;   // 보이드의 포인트 위치를 속도 벡터를 이용하여 이동한다.
v@acc *= 0 ;    // 보이드의 포인트 가속도 벡터 크기를 0으로 한다.
@N = v@vel ;    // 보이드의 포인트 노말을 속도 벡터와 동일하게 만든다.
......
```

이때 핵심은 다음 프레임에서 속도 벡터를 사용할 수 있도록 속도 벡터의 어트리뷰트는 그대로 남아 있는 것에 비해서, 가속도 벡터는 매 프레임 계산을 다시 하기 때문에 제로에 리셋하고 있는 것입니다.

Point Wrangle 노드의 파라미터

2-5 보이드를 경계에서 반사하기

포인트를 이동할 수 있다는 것은 좋지만, 만약 경계보다 바깥으로 나갔을 경우에 어떻게 할지를 생각해야 합니다. 2가지 방법이 있는데, 하나는 경계에 가까워지면 거기서부터 멀어지도록 반사하는 방법이고, 다른 한 가지는 경계를 지나면 반대쪽에서 나타날 수 있도록 워프를 시키는 방법입니다.

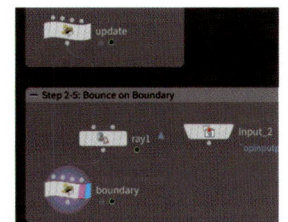

워프가 컴퓨터 그래픽적이긴 하지만, 이번은 경계에 가까워지면 반대 방향을 향하게 하는 방법으로 하겠습니다. 경계 박스에 포인트(보이드)를 프로젝션해서 노말 정보와 포인트의 노말 정보를 비교하고, 경계 내에 포인트가 있는지 여부를 체크합니다.

Ray 노드   첫 번째 인풋에 step 2-1에서 만든 Point Wrangle 노드를 연결하고, 두 번째의 인풋에 Input_2라고 적힌 노드를 연결합니다. 이는 Solver 노드의 두 번째 인풋에 연결된 경계 박스가 얻을 수 있는 지오메트리가 됩니다.

그리고 다음과 같이 파라미터를 설정하여 포인트를 박스에 최단 거리로 프로젝션을 시키고 그 위치에서 박스의 노말 정보가 포인트에 저장되도록 합니다.

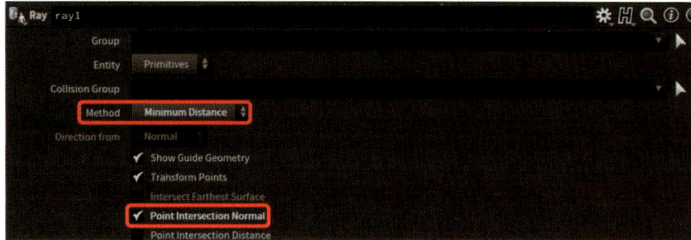

Ray 노드의 파라미터

다음은 Point Wrangle 노드를 사용해 포인트를 박스 경계면에 반사시킵니다.

`Point Wrangle노드` 첫 번째 인풋에 step2-4의 point Wrangle 노드를 연결하고, 두 번째 인풋에 Ray 노드를 연결합니다. 그리고 다음과 같이 VEX 코드를 작성해 나갑니다.

Point Wrangle 노드의 파라미터

우선 CONTROLLER에서 설정한 각종 파라미터를 읽어들입니다.

《Point Wrangle노드의 코드》
```
// 경계에서 떨어지려는 힘이 발생하는 경계로부터 거리를 나타내는 파라미터 값을 읽어들인다.
float boundarybounce = chf("boundary_offset");
```

boundary_offset: ch("../../../../CONTROLLER/boundary_bounce_offset")

Point Wrangle 노드의 파라미터

그리고, 포인트가 경계 박스 속에 들어있는지의 여부는 포인트의 노말 정보와 RAY 노드를 사용하여 박스에 프로젝션 되었을 때 만들어진 노말 정보를 비교하여 체크합니다. 만약 포인트가 경계 밖에 있는 경우 포인트의 속도 벡터를 반대 방향으로 향하도록 설정합니다. 한편으로 포인트가 경계 안에 있다면, 경계로부터의 거리에 따라 보이드가 안쪽으로 되돌아오는 힘을 속도 벡터에 추가합니다. 경계에 가까울수록 반사하려는 힘이 강해진다는 값입니다.

```
......
// Wrangle노드의 두 번째의 인풋부터 바운더리의 박스에 투영된
// 에이전트 위치와 노말 방향을 취득한다.
vector projectpos = point(1, "P", @ptnum); // 위치
vector projectnormal = point(1, "N", @ptnum); // 노말정보

// 보이드의 포인트 위치에서 박스에 투영된 포인트로 향하는 벡터를 만든다.
vector dir = normalize( projectpos - @P);
// 방금 만든 벡터와 투영된 포인트 박스에 대한 노말 벡터의 내적을 계산한다.
float dot = dot(dir, projectnormal);

// 내적의 결과가 마이너스값 인( 포인트가 박스 바깥에 있는) 경우
if(dot < 0){
    v@vel *= -1;  // 보이드 포인트의 속도 벡터를 반대 방향으로 한다.
}else{  // 내적의 결과가 플러스 인(포인트가 바운더리의 안쪽에 있는, 자신이 바운더리에 가까운) 경우, 안쪽으로
        향하는 힘을 속도 벡터에 추가한다.
```

```
    // 보이드의 포인트와 상자에 프로젝션된 포인트와의 거리를 측정한다.
    float dist = distance(@P, projectpos);
    // 거리와 boundarybounce의 변수값을 비교해, 작은 값의 쪽을 dist변수에 넣는다.
    dist = min(dist, boundarybounce);
    // 박스에 투영된 포인트에서 보이드의 포인트로 향하는 벡터를 크기 1로 만든다.
    vector movedir = normalize(@P - projectpos);
    // dist의 값을 0.1 ~ 0.0의 범위에 리맵핑한다(보이드가 경계 상자에 가까울수록 0.1을 얻고
    // 보이드가 경계박스에서 벗어날수록 0에 가깝도록 리맵핑한다.)
    float movescale = fit(dist, 0, boundarybounce, 0.1, 0.0);

    // 보이드의 속도 벡터에 포인트가 경계 박스를 벗어나려는 힘을 더한다
    // 포인트가 박스에 가까울수록 강한 힘이 되도록, 방금 만든 maxscale 변수를 곱한다.
    v@vel += movedir * movescale ;
}
```

이상으로, Solver 네트워크에서의 시뮬레이션은 이 코드로 끝입니다. 네트워크에서 나와서 재생해 보면, 포인트가 다른 포인트와의 위치 관계에 따라 군집(무리, 떼)으로써의 움직임을 보이는 모습을 확인할 수 있을 것입니다.

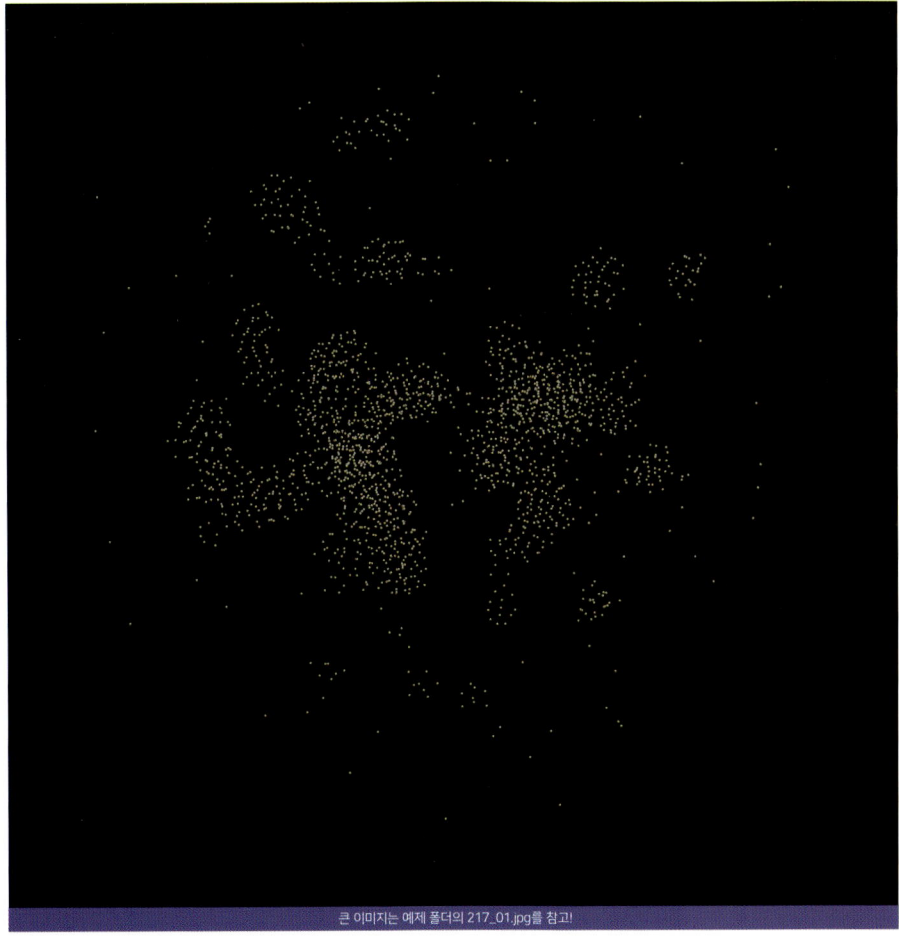

큰 이미지는 예제 폴더의 217_01.jpg를 참고!

Step 3

3-1 보이드의 궤적을 만들기

포인트 상태로는 군집(무리, 떼)으로써의 움직임을 인식하기 어렵고, 어느 방향으로 향하는지도 모릅니다. 그래서 보이드에 3차원적으로 질량을 더해 보겠습니다. 먼저, 포인트가 움직이는 궤적을 짧게 취하는 것으로 보이드의 방향을 알 수 있도록 합니다.

Step 3-1: Create Trail

Trail노드　Solver 노드와 연결해서 Trail Length의 파라미터를 8로, Trail increment는 10으로 합니다. 그리고 Evaluate Within Frame Range의 체크박스를 켭(On)니다.

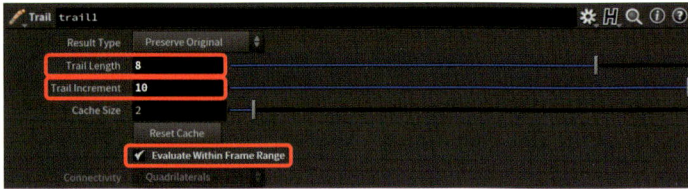

Point Wrangle 노드의 파라미터

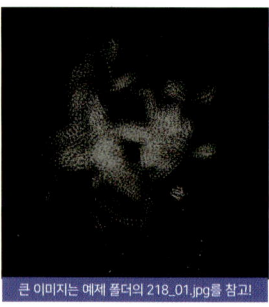

큰 이미지는 예제 폴더의 218_01.jpg를 참고!

이것에 의해 비교적 짧은 트레일의 포인트를 만들 수 있습니다.

3-2 궤적을 커브로 변환하기

같은 id의 어트리뷰트 값을 가지는 포인트끼리 선으로 연결하여 궤적을 쉽게 볼 수 있게 합니다.

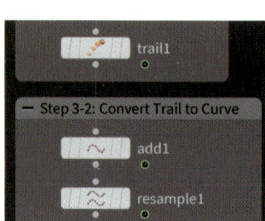

Step 3-2: Convert Trail to Curve

Add노드　Trail 노드와 연결하여 파라미터의 By Group 탭을 클릭한 후 다음과 같이 설정합니다. 덧붙여, Attribute Name에는 id 라고 입력합니다.

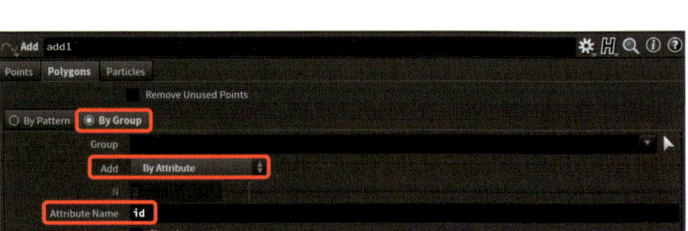

Add 노드의 파라미터

이것에 의해서 궤적을 커브로 표현할 수 있게 됩니다. 그래도 포인트의 수가 적어서 그런 것인지 커브가 약간 딱딱한 느낌입니다.

Resample노드　Add 노드와 연결하여 파라미터를 다음과 같이 설정하여 커브를 세분화하여 부드럽게 합니다.

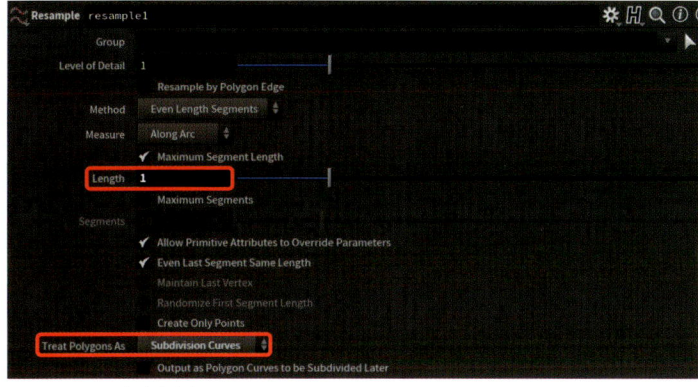
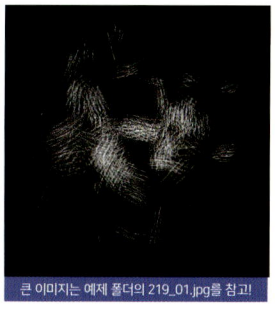

Resample 노드의 파라미터

3-3 커브에 정보를 부가하기

커브만으로는 렌더링에 적합하지 않기 때문에 커브에 두께를 줍니다. 두께를 줄 때 그냥 튜브면 뭔가 심심하니까, 변형된 물고기처럼 보이도록 하겠습니다. 이때 포인트의 위치에 따라 sin 파장으로 파이프의 단면 반경을 결정할 것입니다. 우선은 그것에 필요한 정보를 만들겠습니다.

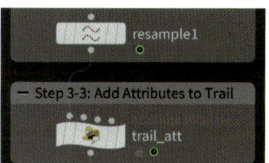

Primitive Wrangle노드 첫 번째 인풋과 Resample 노드를 연결하고 다음처럼 코드를 작성합니다.

《Primitive Wrangle노드의 코드》

```
// 보이드의 크기를 나타내는 파라미터 값을 읽어들인다.
float boidsize = chf("boid_size");

// 프리미티브(에이전트를 나타내는 커브)를 구성하는 포인트의 리스트를 취득한다.
int pts[] = primpoints(0, @primnum);
// 리스트에 들어 있는 포인트의 수만큼 루프를 돌린다.
for(int i=0; i<len(pts); i++){
    int pt = pts[i]; // 각각의 포인트 번호를 취득한다.

    // 커브의 포인트의 위치에 따라 색칠을 위한 어트리뷰트을 저장한다.
    float fitval = fit(i, 0, len(pts)-1, 0, 1.0); // 포인트의 순서를 0~1의 범위에 리맵핑해서 fitval
변수에 넣는다.
    setpointattrib(0, "col", pt, fitval);  // 포인트의 col이라는 어트리뷰트에 0~1로 리맵핑한 순서의
값을 저장한다.

    // 커브 포인트의 위치에 따라 스케일의 어트리뷰트를 저장한다.
    float pscaleval = fit(fitval, 0, 1.0, 0, $PI);  // 0~1에 리맵핑된 포인트의 순서를 0~Π의
범위에 리맵핑한다.
    pscaleval = sin(pscaleval) * (1.0 - sin(pscaleval * 0.5)) * boidsize;  // sin함수를
사용해 산 형태 처럼 되도록 보이드의 곡선의 각 포인트를 위한 스케일 값을 만든다.
    setpointattrib(0, "pscale", pt, pscaleval); // 보이드의 곡선의 각 포인트에 pscale
어트리뷰트로서 방금 만든 스케일값을 저장한다.
```

chf 함수로 정의한 boid_size의 익스프레션은 아래와 같이 설정합니다.

boid_size: `ch("../CONTROLLER/boid_size")`

Primitive Wrangle 노드의 파라미터

여기서 기본적으로는 커브의 시작점과 끝나는 점의 크기가 0이 되게 sin으로 산 형태의 파형을 만들어서 커브를 구성하는 각 포인트의 pscale를 설정하고 있습니다. 또, 나중에 컬러를 넣기 위해서 col이라는 이름의 어트리뷰트를 0~1의 범위에서 만들어 놓습니다.

3-4 커브에 두께를 주기

두께 정보가 각 포인트에 저장되면, 이번에는 실제로 두께를 줍니다.

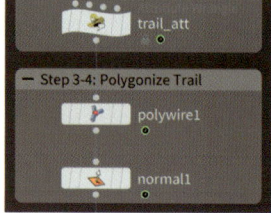

PolyWire 노드 포인트의 pscale 어트리뷰트를 사용해서 단면 반경을 컨트롤 할 수 있도록 Wire Radius의 파라미터에 다음과 같이 익스프레션을 입력합니다.

Wire Radius: `point("../" + opinput(".", 0), $PT, "pscale", 0)`

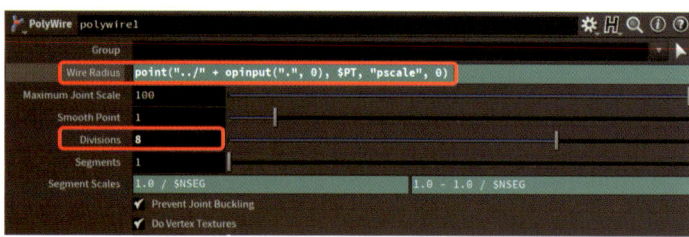

Polywire 노드의 파라미터

Normal 노드 이 단계라면 완성된 지오메트리의 노말 방향이 이상하기 때문에, 이 노드와 PolyWire 노드를 연결하는 것으로 노말 방향을 정돈합니다.

큰 이미지는 예제 폴더의 220_01.jpg를 참고!

3-5 보이드에 컬러를 넣기

마지막으로, 보이드의 끝부분을 알 수 있도록 완성된 지오메트리에 컬러를 넣어줍니다.

`color 노드` 파라미터를 다음과 같이 설정하고, 포인트의 col 어트리뷰트에 따라 램프로 컬러를 설정할 수 있도록 합니다. 파라미터의 Attribute Ramp는 자유롭게 배색해 보길 바랍니다.

Color 노드의 파라미터

`Null 노드` 마지막에 FINAL이라는 이름을 붙여 color 노드에 연결해서 완성합니다.

지금까지의 레시피 중에서는 가장 움직임에 특화된 것입니다. 이 알고리즘은 범용성이 매우 높기 때문에 설정한 파라미터를 바꾸는 것 외에도, 새로운 타입의 보이드를 추가하거나 또는 장애물을 추가해서 피해 보는 등 다양한 테스트도 해 보시기 바랍니다.

제작과정 동영상 >> 군집지능.mp4

13
Frost
서리 성장 효과

눈 내리는 추운 지역에서 흔히 볼 수 있는 기후 현상 중에 서리(Frost)가 있습니다. 서리란 물체의 표면이 0℃ 이하일 때 공기 중의 수증기가 승화되어 만들어진 얼음 결정, 혹은 그 현상 자체를 말합니다. 서리는 표면의 형태나 수분량, 기온이나 습기 등에 좌우되어 여러가지 형태를 보여주지만, 사람의 눈으로 결정 내부를 보면 무언가 규칙성이 느껴지기도 합니다. 예를 들어, 창문의 유리에 붙어 있는 서리는 투명하고 선명한 결정 형태로 진행되는 것을 관찰 할 수 있습니다. 이번 장에서는 「성에」라고 부르는 서리 효과를 만드는 알고리즘을 다룹니다. 이번 레시피에서는 서리 알고리즘을 사용해서 3D 물체 위에 서리가 생성되도록 해 보겠습니다.

Frost 서리 성장의 알고리즘

✸ 성에 특징

성에(서리 성장의 일종)는 유리의 한쪽 면(건물 밖 등)이 매우 차가운 공기에 노출되어 있고, 다른 한쪽 면(건물 안쪽 등)이 습기 있고 따뜻한 공기에 노출되어 있을 때 쉽게 볼 수 있는 현상입니다. 성에를 보면 프랙탈한 구조를 확인할 수 있고 어떠한 규칙에 의해 결정이 성장하는 모습을 상상해 볼 수 있습니다.

성에[*1]

이러한 서리를 만드는 방식은 안톤 · 그라보브스키(Anton Grabovskiy)가 매우 현실에 가까운 형태의 서리 알고리즘을 인터넷 동영상으로 공개했습니다. 그의 알고리즘은 2차원적 평면에 한정되어 있으므로, 여기서는 그것을 바탕으로 3차원으로 확장해 보겠습니다.

실제 알고리즘을 만들기 전에, 그가 자신의 알고리즘을 고안해낼 때 주목했던 서리의 특징에 대해서 살펴보겠습니다. 자연현상 관측 결과를 가지고 컴퓨터가 인식할 수 있는 형태로 규칙화하는 과정은 매우 흥미로웠습니다. 안톤은 서리의 특징을 다음과 같은 조건이 충족되는 알고리즘으로 생각해냈습니다.[*2].

- 기점이 있다.
- 성장하여 가지와 잎이 뻗어 간다.
- 잎(고사리의 잎)모양의 프랙탈 형상
- 베이스에서 자라는 메인의 줄기가지와 메인의 가지에서 분기되어 자라는 서브가지로 구성되어 있다.
- 서브가지의 형상에는 몇 가지 다른 타입이 있다.
- 성장하는 과정에서 끝부분이 다른 서리에 부딪힐 것 같으면 성장을 멈춘다.
- 성장하는 과정에서 서리의 끝부분에서 새로운 서리가 태어날 때가 있다.

★1 ©2007 Helen Filatova, CC BY-SA 3.0 (https://creativecommons.org/licenses/by-sa/3.0)
★2 Anton Grabovskiy, "후디니 frost solver base algorithm," https://vimeo.com/141890771

✸ 서리 성장 알고리즘

이러한 특징을 근거로 서리의 골격을 만드는 성장 알고리즘을 설명하겠습니다.

 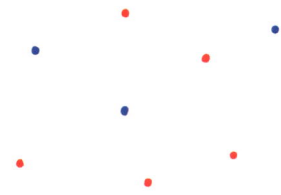 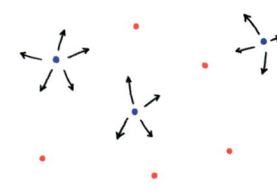

1. 임의의 물체 위에 서리의 중심(핵) 포인트를 여러 개 배치한다.

2. 배치한 중심(핵)에서 처음 서리가 성장을 시작하는 중심(핵)을 여러 개 선택한다.

3. 중심(핵)에서 메인의 줄기 가지가 방사형으로 뻗어나간다.

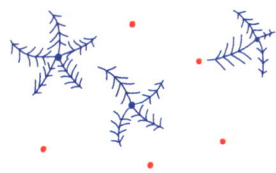 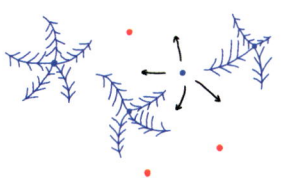 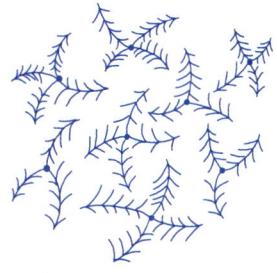

4. 메인가지가 뻗어나가는 것과 동시에, 메인의 가지에서부터 서브 가지가 뻗어나간다.

5. 가지가 아직 성장을 시작하지 않은 중심(핵)에 가까워지면 그 중심(핵)에서 서리의 성장이 시작된다.

6. 가지가 다른 가지와 부딪힐 것 같으면 성장을 멈춘다.

기본 성장 알고리즘을 바탕으로 한층 더 디테일하게 세팅하여 서리의 밀도를 높여갑니다.

✸ 서리의 성장 방향 컨트롤

앞서 설명한 알고리즘의 Step 3에서 중심(핵)의 포인트로부터 방사형 가지가 뻗어나간다고 했지만, 이때 직선 타입으로만 뻗어나가면 그다지 자연스러워 보이지 않습니다. 실제 서리를 잘 관찰해 보면 곧은 것도 있고 구부러지면서 성장하는 것도 있습니다. 이러한 상태를 고려하여 다음과 같은 알고리즘을 생각합니다.

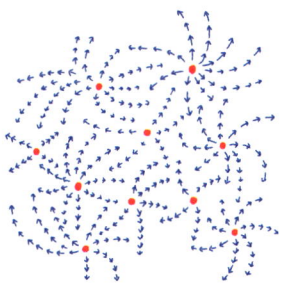 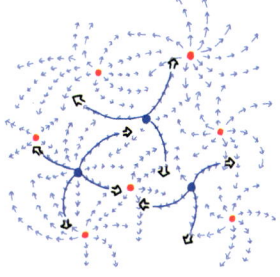

1. 중심(핵)이 되는 포인트로부터 방사형과 동시에 소용돌이 치는 듯한 벡터장을 물체의 표면 위에 만든다.

2. 그 벡터장을 따라서 가지가 성장하도록 설정한다.

✸ 서리의 서브가지의 형상(모양)

고사리 잎에 맺히는 서리 형상을 관찰해 보면 메인가지에서 뻗은 서브 가지에 크게 4가지로 분류될 만한 형태를 확인할 수 있습니다.

  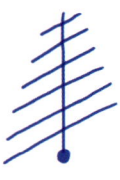 

오른쪽이 긴 타입   왼쪽이 긴 타입   왼쪽이 긴 타입   양쪽으로 가지가 대칭적으로 뻗어나가는 타입

이번 레시피에서는 서브 가지의 종류를 랜덤하게 결정하지만, 실제는 중심(핵)으로부터 메인가지의 성장이 시작하는 타이밍에 따라서 분류가 결정되는 것으로 보입니다. 이와 같은 알고리즘을 바탕으로 3차원 공간의 물체에서 서리가 뻗어나가는 방법을 설명하겠습니다.

Frost 서리 성장의 레시피

구체에서 서리가 뻗어나가는 시뮬레이션을 만들어 보겠습니다. 그리고 서리 모양을 만드는 방법도 자세히 설명하겠습니다. 이번 레시피는 지금까지의 레시피들과 비교해서 복잡한 내용들을 다루고 있습니다. 하지만 그만큼 결과도 흥미롭기 때문에 반드시 테스트를 해보시기 바랍니다. 여기서는 구체를 선택했지만, 어떠한 오브젝트에서도 서리가 뻗어나갈 수 있도록 구성되어 있으므로 이번 알고리즘을 이해했다면 다른 오브젝트에서도 테스트를 해보시기 바랍니다.

네트워크 다이어그램

Step 1 서리의 초기 설정을 한다

Step 2 서리를 성장시킨다

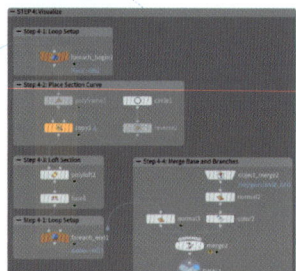

Step 3 서리의 가지에 정보를 부가한다

Step 4 서리를 가시화한다

메인 파라미터

이름	유형	범위	기본값	설명
radius	Float	0 – 10	5	서리가 뻗어나가는 구체의 반경
src_pt_num	Integer	0 – 100	70	서리의 시작점 개수
src_pt_threshold	Float	0 – 1	0.1	초기 프레임 시에 사용되는 서리의 시작점의 비율
src_pt_seed	Float	0 – 10	4.91	초기 프레임 시에 사용되는 서리의 랜덤 seed
ref_pt_num	Integer	0 – 100000	30000	참조 포인트 개수
branch_variance	Float	0 – 1	0.512	메인가지가 갈라지는 임계값*
branch_step	Float	0 – 1	0.157	가지의 성장 속도
branch_seed	Float	0 – 10	5.01	메인가지가 갈라지는 수의 랜덤 seed
search_rad	Float	0 – 1	0.5	시작점에서 다른 서리를 찾기위한 반경
subbranch_pt_ang	Float	0 – 90	15	포인트에 따른 랜덤한 각도의 최대치
subbranch_prim_ang	Float	0 – 90	60	프리미티브에 따른 랜덤한 각도의 최대치
branch_thickness	Float	0 – 1	0.35	서리의 두께
branch_min_scale	Float	0 – 1	0.3	서리 두께의 최소 스케일 값

*임계값 : 어떠한 반응을 일으키는데 필요한 최소한의 수치 또는 경계가 되는 값

Step 1

1-1 서리를 뻗어나가게 하는 구체를 만들기

서리가 뻗어나가게 할 수 있는 베이스 형상을 만듭니다.

`Sphere노드` Uniform Scale는 메인 파라미터와 링크시키고, 또 기타 파라미터도 아래와 같이 설정하여 구체를 만듭니다.

Uniform Scale: ch("../CONTROLLER/radius")

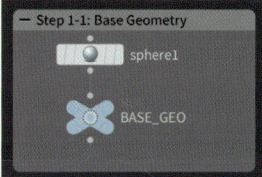

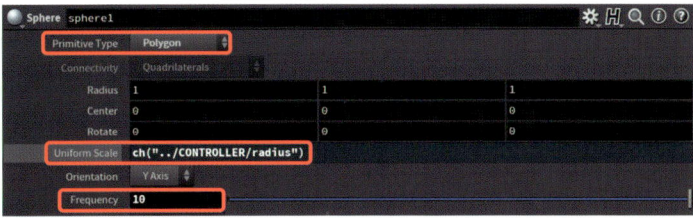

Sphere 노드의 파라미터

`Null노드` 「BASE_GEO」라는 이름을 붙이고, Sphere 노드와 연결해 놓습니다.

1-2 서리의 베이스 포인트 만들기

다음은 구체 위에 서리의 핵이 되는 포인트를 만듭니다.

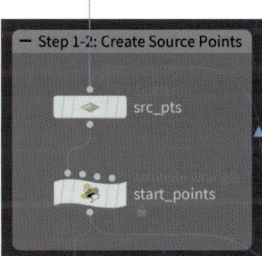

`Scatter노드` Null노드 BASE_GEO와 연결해서 Force Total Count를 메인 파라미터와 링크시켜 포인트를 만듭니다.

Force Total Count: ch("../CONTROLLER/src_pt_num")

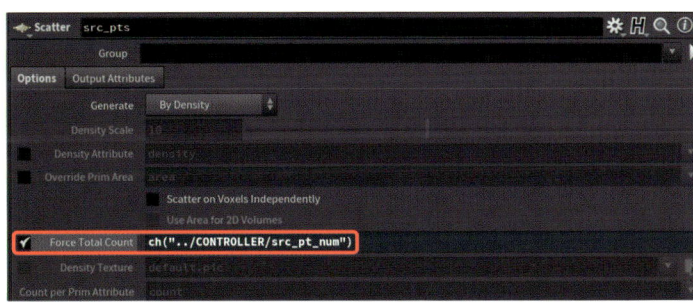

Sphere 노드의 파라미터

포인트를 만들면, 최초의 프레임부터 성장시키는 서리의 핵을 결정합니다.

`Point Wrangle노드` 첫 번째의 인풋과 Scatter 노드를 연결하고, 다음과 같이 VEX코드를 작성합니다.

우선, CONTROLLER로 설정한 각종 파라미터를 읽어들입니다.

《Point Wrangle노드의 코드》

```
// 초기 프레임시에 사용되는 서리의 시작점 비율을 나타내는 파라미터 값을 읽어들인다.
float threshold = chf("threshold");
// 초기 프레임시에 사용되는 서리의 랜덤 seed를 나타내는 파라미터 값을 읽어들인다.
float seed = chf("seed");
```

threshold: ch("../CONTROLLER/src_pt_threshold")
seed: ch("../CONTROLLER/src_pt_seed")

Sphere 노드의 파라미터

몇 개의 포인트에 시작 플래그를 설정합니다. 또한 아래 과정은 앞서 소개한 서리의 성장 알고리즘 중 두 번째 진행 과정과 같습니다.

```
......
// 파라미터로 지정한 임계값보다 랜덤한 값이 작을 경우
if(rand(@ptnum + seed) < threshold){
    // 포인트에 start 그룹을 설정한다.
    setpointgroup(0, "start", @ptnum, 1);
}
```

여기에서는 랜덤하게 포인트를 선택해서 서리의 핵에 start라는 그룹을 설정하고 있습니다. 그것들이 최초 프레임부터 성장하는 서리의 핵이 됩니다.

1-3 참조 포인트 만들기

구체 위에 서리를 성장시킬 때 필요한 참조 포인트를 만듭니다.
핵을 만들었을 때처럼 Scatter 노드를 배치합니다.

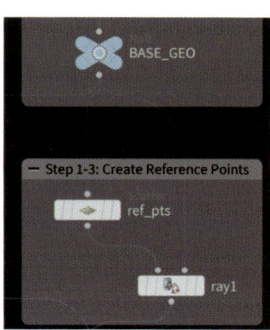

Scatter노드 Step 1-1에서 만든 Null 노드 BASE_GEO에 연결해서 Force Total Count을 메인파라미터와 링크시킵니다.

Force Total Count: ch("../CONTROLLER/ref_pt_num")

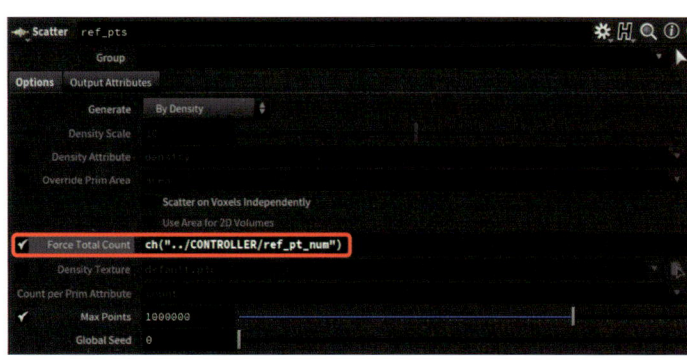

Scatter 노드의 파라미터

포인트 위치에서의 구체의 노말 방향도 만들어 둡니다.

Ray노드 첫 번째 인풋에 Scatter 노드를 연결하고, 두 번째 인풋에 Step 1-1의 null 노드 BASE_GEO를 연결합니다. 파라미터를 다음과 같이 설정하고 포인트를 구체에서 최단거리로 투영시켜서 투영한 위치에서의 구체의 노말 정보가 포인트의 노말 정보로 저장되도록 합니다.

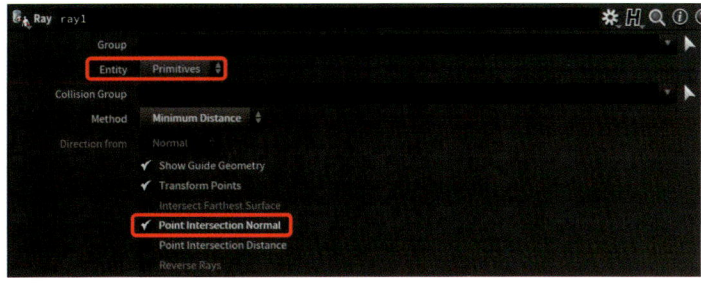

Ray 노드의 파라미터

1-4 벡터장을 만들기

참조 포인트를 베이스로, 서리가 성장하는 방향의 가이드가 되는 벡터장을 만듭니다.

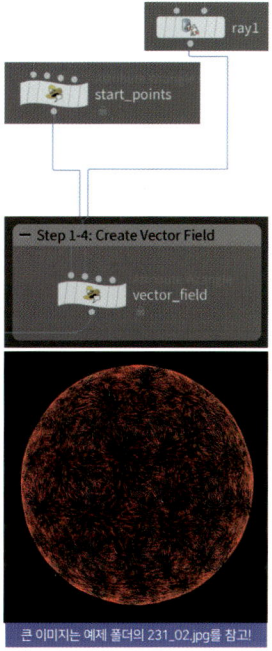

`Point Wrangle노드` 첫 번째 인풋에 Step 1-3의 Ray 노드를 연결하고, 두 번째 인풋에 Step 1-2의 Point Wrangle 노드를 연결합니다. 그리고 다음과 같이 VEX 코드를 작성합니다.

우선, 각종 파라미터를 읽어들입니다.

《Point Wrangle노드의 코드》

```
// 노이즈 함수에 이용하는 파라미터 값을 읽어들인다.
float smoothness = chf("smoothness");
// 벡터장을 회전할 때의 최대 각도를 나타내는 파라미터값을 읽어들인다.
float max_ang = chf("max_ang");
```

Point Wrangle 노드의 파라미터

레퍼런스의 점과 그 점에서부터 가장 가까운 시작 후보(다음으로 시작하는)점을 잇는 벡터를 취득합니다.

```
......
// 참조 포인트의 위치와 가장 가까운 위치에 있는 포인트를 두 번째 인풋에 이어져 있는
// 서리의 핵 포인트군에서 찾아내고, 그 포인트의 번호를 npt라는 변수에 넣는다.
int npt = nearpoint(1, @P);
// 참조 포인트에서 가장 가까이 있는 서리의 핵 포인트 위치를 취득한다.
vector npos = point(1, "P", npt);
// 핵의 포인트에서 참조 포인트로 향하는 벡터 크기를 1로 만든다.
vector dir = normalize(@P - npos);
......
```

노이즈 함수로 핵 위치로부터 방사형으로 퍼지면서 회전하는 벡터를 만듭니다.

```
......
// 노이즈 함수를 이용해서 벡터장을 회전하기 위한 각도를 만든다.
float angle = radians(anoise(@P * smoothness) * max_ang);
// 벡터를 회전하기 위한 4원수(쿼터니언)를 만든다.
vector4 rot = quaternion(angle, @N);
```

```
// 만든 4원수를 이용해, dir벡터를 회전시킨다.
dir = qrotate(rot, dir);

// 참조 포인트의 dir라고 하는 어트리뷰트에 방금 만든 벡터를 저장한다.
v@dir = normalize(dir);
```

1-5 벡터장을 서리 핵의 포인트에 맵핑하기

서리 핵의 포인트에는 현재 아무 어트리뷰트도 저장되어 있지 않은 상황입니다. 노말 방향과 서리의 성장하는 방향을 가리키는 dir 어트리뷰트가 있는 참조 포인트에서 어트리뷰트를 복사합니다.

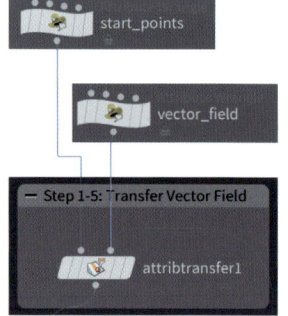

`Attribute Transfer노드` Point의 파라미터에 `dir N` 설정하고, 어트리뷰트의 N(노말)과 dir을 참조 포인트에서 핵의 포인트로 복사합니다.

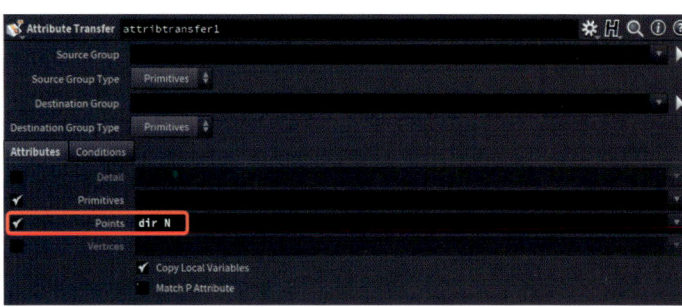

Attribute Transfer 노드의 파라미터

1-6 베이스 포인트에 정보를 부가하기

핵의 포인트에 서리를 성장시키는데 필요한 그룹을 추가합니다. 이 그룹으로 포인트가 지금 어느 상태에 있는지를 판정할 수 있게 하겠습니다.

`Point Wrangle노드` 첫 번째의 인풋에 Attribute Transfer 노드를 연결해서 다음과 같이 VEX 코드를 입력합니다.

《Point Wrangle노드(init_points)의 코드》

```
// 초기값으로서 필요한 그룹과 수치를 프리미티브에 설정한다.
setpointgroup(0, "base", @ptnum, 1);
setpointgroup(0, "end", @ptnum, 0);
setpointgroup(0, "fork", @ptnum, 0);
setpointgroup(0, "fend", @ptnum, 0);
f@len = 0; // 핵 포인트에 len 이라는 서리의 길이를 나타내는 어트리뷰트의 값을 0으로 설정한다.
```

여기서는 그룹을 설정하고 있습니다.
base : 그 포인트가 핵이라는 것을 나타내는 그룹.
end : 그 포인트가 메인서리가지의 종점을 나타내는 그룹.
fork : 그 포인트가 서브 서리가지의 시점을 나타내는 그룹.
fend : 그 포인트가 서브 서리가지의 종점을 나타내는 그룹.

또, 프리미티브에도 비어 있는 어트리뷰트를 몇 가지 추가하기 위해서, 하나 더 다른 point Wrangle 노드에 아래의 코드도 입력합니다. 덧붙여 이 시점에서는 아직 프리미티브는 존재하고 있지 않기 때문에 어디까지나 어트리뷰트만 만들 수 있습니다.

《Point Wrangle노드(init_prims)의 코드》

```
// 초기값으로서 필요한 값을 포인트에 설정한다.
i@gen = 0;  // 메인서리 인지, 서브서리의 가지인지를 나타내는 gen이라는 어트리뷰트를 만든다.
i@side = 0; // 서브서리가지가 메인서리의 왼쪽인지 오른쪽인지를 나타내는 side라고 하는 어트리뷰트를 만든다.
i@parent = 0; // 서브 서리의 시작점의 번호를 나타내는 parent라고 하는 어트리뷰트를 만든다.
@Cd = {1, 1, 1}; // 색 어트리뷰의 디폴드값을 흰색으로 설정한다.
```

이상으로, 서리의 시뮬레이션을 시작할 때에 필요한 초기 설정이 끝났습니다. 이 정보를 사용해서 실제 시뮬레이션에 들어가 보겠습니다.

Step 2

이 레시피에서는 서리가 서서히 성장해 가는 모습을 애니메이션으로서 표현하기 위해서 Solver를 사용합니다. 그러기 위해서는 우선 필요한 인풋을 준비해 둡니다.

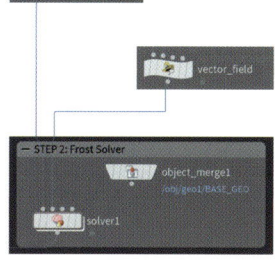

Object Merge노드 Object1의 파라미터를 다음과 같이 설정하고 BASE_GEO 라는 이름의 Null 노드를 불러낼 수 있게 합니다. 이것은 베이스가 되는 구체 지오메트리가 됩니다.

Object 1: `/obj/geo1/BASE_GEO`:

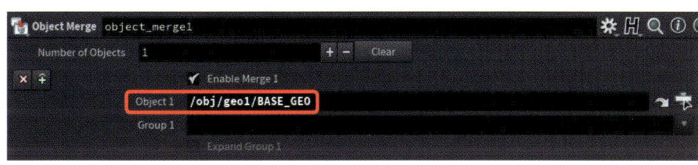

Object Merge 노드의 파라미터

Solver노드 첫 번째 인풋에는 Step 1-6에서 만든 Primitive Wrangle을, 두 번째 인풋에는 Point Wrangle 노드를, 그리고 세 번째 인풋에는 Object Merge 노드를 연결합니다. 이렇게 연결되면 Solver 네트워크에 들어가서 서리 성장의 시뮬레이션을 입력합니다.

2-1 베이스 포인트를 서리 시작점으로 변환하기

먼저 해야 할 것은 서리의 메인가지가 성장을 시작하는 포인트를 정하는 것입니다. 그러기 위해서 base 그룹에 들어 있지 않은 포인트를 취득합니다.

Delete노드 Prev_Frame 노드와 연결하고 파라미터를 다음과 같이 설정합니다. Delete 노드의 Group 파라미터는 `base`로 설정하고, base 그룹에 들어 있는 포인트 이외가 남도록 합니다.

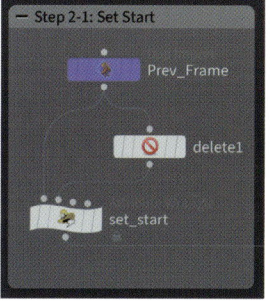

Delete 노드의 파라미터

그 위에 Point Wrangle 노드로 서리가 성장할 시작 포인트를 설정합니다.

Point Wrangle노드 이것도 파라미터의 Group에 base라고 설정하고, base 그룹에 들어 있는 포인트만 코드 내용이 구현되도록 합니다. 첫 번째의 인풋에는 Prev_Frame 라는 이름의 노드를, 두 번째 인풋에는 Delete 노드를 연결해서 VEX 코드를 작성합니다.

Point Wrangle 노드의 파라미터

《Point Wrangle노드의 코드》

```
// 시작점으로부터 다른 서리를 찾기 위한 반경을 나타내는 파라미터 값을 읽어들인다.
float rad = chf("rad");

// 시작점 위치에서 rad 값을 사용해 서리를 구성하는 포인트를 검색한다.
int handle = pcopen(1, "P", @P, rad, 1);
// 검색에 1가지라도 서리의 포인트가 걸린 경우(시작점 근처에 서리의 포인트가 있을 경우)
if(pciterate(handle)){
    // 시작점에 start그룹을 설정하고, 이 포인트로부터 서리가 성장하기 시작하도록 한다.
    setpointgroup(0, "start", @ptnum, 1);
}
```

chf 함수로 정의한 rad의 익스프레션은 아래와 같이 입력합니다.

rad: ch("../../../../CONTROLLER/search_rad")

Point Wrangle 노드의 파라미터

여기서 진행한 것은 알고리즘 항목에서 소개한 서리 성장 알고리즘의 5번 과정과 동일합니다.

2-2 시작점에서 메인가지의 베이스 만들기

이제 start 그룹에 들어 있는 포인트로부터 메인서리가지의 베이스를 만듭니다. 이때 먼저 만든 벡터장이 설정되어 있는 참조 포인트도 필요하기 때문에 그걸 Object Merge 노드로부터 받습니다.

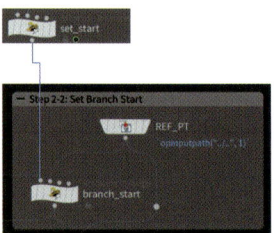

Object Merge노드 초기 상태는 Input_2라는 이름이지만, 그대로 두면 나중에 알기 어렵기 때문에 이름을 REF_PT로 변경해 두겠습니다.

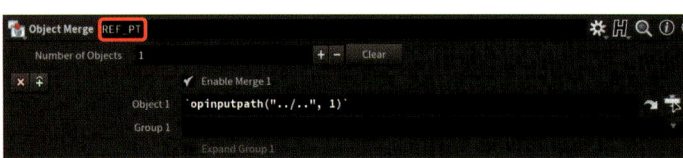

Object Merge 노드의 파라미터

`Point Wrangle노드` 파라미터의 Group을 `start`로 설정한 뒤, 첫 번째 인풋에 Step 2-1에서 만든 Point Wrangle 노드를, 두 번째 인풋에는 방금 전 이름을 바꾼 REF_PT의 노드를 연결합니다. 그리고 VEX 코드를 작성합니다.

Point Wrangle 노드의 파라미터

우선, CONTROLLER로 설정한 각종 파라미터를 읽어들입니다.

《Point Wrangle노드의 코드》

```
// 메인가지가 갈라지는 수의 랜덤 seed를 나타내는 파라미터 값을 읽어들인다.
float seed = chf("seed");
// 메인가지가 갈라지는 수의 임계값을 나타내는 파라미터 값을 읽어들인다.
float variance = chf("variance");
// 가지의 성장 속도를 나타내는 파라미터 값을 읽어들인다.
float step = chf("step");
……
```

seed: ch("../../../../CONTROLLER/branch_seed")
variance: ch("../../../../CONTROLLER/branch_variance")
step: ch("../../../../CONTROLLER/branch_step")

Point Wrangle 노드의 파라미터

서리의 시작점에서 6개 이하의 가지를 만들어 갑니다. 아래에서 실행하는 것은 알고리즘 항목에서 소개한 서리 성장 알고리즘의 세 번째 진행 과정과 같습니다.

```
……
// inc라는 이름의 정수 변수를 만들어 0을 대입한다.
int inc = 0;
// inc값이 6보다 작은 동안 루프를 돌린다.
while( inc < 6 ) {
    // 만약 메인가지가 갈라진 수의 임계값 보다도 랜덤 수치가 낮았을 경우
    if(rand(@ptnum + inc + seed) < variance){
        inc++; // inc의 값 1을 올린다.
        continue; // 이번 루프를 끝내고, 다음의 루프를 실행한다.
    }

    // inc의 값에 따라 서리가지의 회전 각도를 만든다.
    float angle = radians(60 * inc);
    // 회전축을 포인트 노말로 만든다.
    vector axis = @N;
    // 회전에 이용하기 위한 단위 매트릭스를 만든다.
    matrix rot = ident();
    // 매트릭스를 지정 각도와 회전축으로 회전하여 회전행렬을 만든다.
    rotate(rot, angle, axis);
    // 포인트에 저장되어 있는 dir라는 이름의 벡터를 회전행렬로 회전해서 만든다.
    vector dir = v@dir * rot;
    // 시작점에서 dir의 방향을 따라 조금 이동한 포인트의 위치를 만든다.
    vector step_vec = @P + dir * step;

    // 이동한 포인트 위치 근처에 있는 두 번째 인풋에 연결된 참조점의 번호를 취득한다.
    int npt = nearpoint(1, step_vec);
```

```
            // 지정 번호의 참조점으로부터 벡터장의 벡터 정보를 취득한다.
            vector ndir = point(1, "dir", npt);
            // 지정 번호의 참조점으로부터 노말 방향의 벡터를 취득한다.
            vector nnorm = point(1, "N", npt);

            // 메인서리가지의 곡선 베이스가 되는 프리미티브를 polyline으로 만든다.
            int prim = addprim(0, "polyline");
            // 포인트 번호를 취득한다.
            int pt0 = @ptnum;
            // 포인트를 이동한 위치에 새롭게 포인트를 만들고, 그 번호를 취득한다.
            int pt1 = addpoint(0, step_vec);
            // 프리미티브에 포인트 번호를 추가한다.
            addvertex(0, prim, pt0);
            // 프리미티브에 새로 만든 포인트의 번호를 추가한다. 이것에 의해 시작점으로부터 라인이 생성된다.
            addvertex(0, prim, pt1);
……
```

또 필요한 어트리뷰트나 그룹을 설정합니다.

```
……
            // 프리미티브의 type라는 이름의 어트리뷰트에 0을 저장한다.
            setprimattrib(0, "type", prim, 0);
            // 새롭게 만든 포인트에 그 포인트가 서리의 종점임을 나타내는 end 그룹을 설정한다.
            setpointgroup(0, "end", pt1, 1);
            // 시작점의 dir라고 하는 어트리뷰트를 갱신한다.
            setpointattrib(0, "dir", pt0, dir);
            // 새롭게 만든 포인트의 노말 방향을 참조점으로부터 취득한 노말 방향으로 업데이트한다.
            setpointattrib(0, "N", pt1, nnorm);
            // 새롭게 만든 포인트의 dir라고 하는 어트리뷰트에
            // 참조점으로부터 취득한 벡터장의 벡터값을 저장한다.
            setpointattrib(0, "dir", pt1, ndir);
            // 프리미티브에 main이라는 이름의 그룹을 설정한다.
            setprimgroup(0, "main", prim, 1);

            inc++; // inc의 값 1을 올린다
      }
……
```

가지가 완성된 시점에서 start 그룹에 들어 있는 포인트에서는 더 이상 새로운 가지가 태어나지 않기 때문에 start와 base 그룹을 제거합니다.

```
……
      // 포인트에서 base라는 이름의 그룹을 제거한다.
      setpointgroup(0, "base", @ptnum, 0);
      // 포인트에서 start라는 이름의 그룹을 제거한다.
      setpointgroup(0, "start", @ptnum, 0);
```

2-3 시작점으로부터 메인가지의 베이스 만들기

서리의 가지가 다른 가지를 넘어 성장하지 않도록 현재 가지의 커브에서 장애물 벽을 만듭니다.

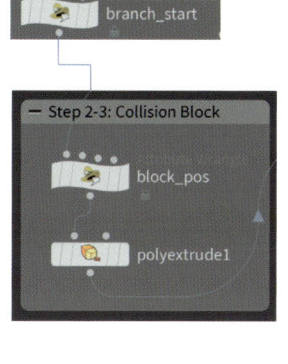

Point Wrangle노드 첫 번째 인풋에 Step 2-2에서 만든 Point Wrangle 노드를 연결합니다. 다음의 VEX 코드를 입력합니다.

《Point Wrangle노드의 코드》

```
// 노말 방향과 반대 방향으로 포인트를 조금 이동한다.
@P -= @N * 0.25;
```

PolyExtrude노드 첫 번째 인풋과 방금 만든 point Wrangle 노드를 연결해서 point Wrangle 노드에서 이동한 만큼의 2배 거리에서 노말 방향으로 커브에서 벽을 세웁니다. 이것이 서리가지가 성장했을 때 벽에 부딪혔는지 아닌지를 판정하여 서리가지의 성장을 멈출 수 있습니다.

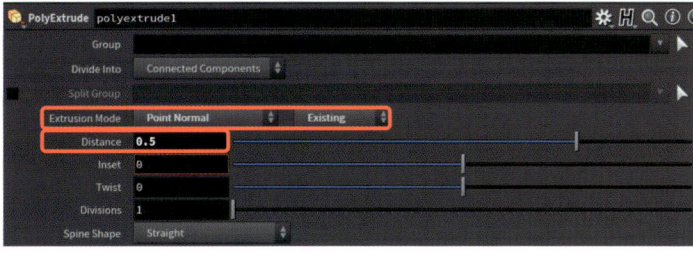

PolyExtrude 노드의 파라미터

큰 이미지는 예제 폴더의 237_01.jpg를 참고!

2-4 메인가지를 성장시키기

그러면, 본 레시피 중에서도 중요한 메인가지를 뻗어나가게 하는 코드를 써가겠습니다.

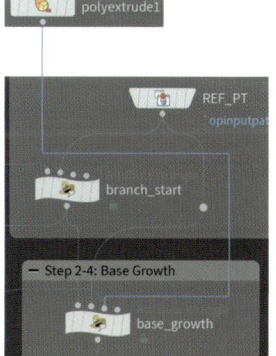

Point Wrangle노드 파라미터의 Group을 end로 설정하고 메인가지의 종점에서 가지를 확장하도록 설정합니다. 첫 번째 인풋에는 Step 2-2에서 만든 Point Wrangle을, 두 번째 인풋에는 REF_PT라는 이름을 붙인 Object Merge 노드를, 세 번째 인풋에는 Step 2-3에서 만든 PolyExtrude 노드를 연결합니다.

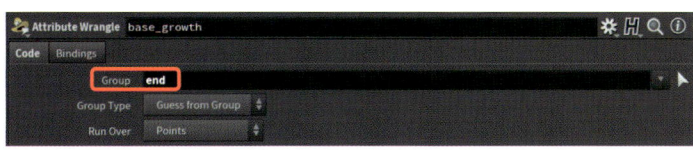

PolyExtrude 노드의 파라미터

VEX 코드에서는 우선 가지를 성장시키기 위한 함수를 만들고, 또 CONTROLLER에서 설정한 각종 파라미터를 읽어 들입니다.

《Point Wrangle노드의 코드》

```
// 인수로써、
// prim(성장시키는 서리의 가지 번호)
// npos(추가하는 포인트의 위치)
```

```
// normal(추가하는 포인트의 노말)
// ndir(추가할 포인트 위치에서의 벡터장 값)
// 를 가진 서리를 성장시키는 함수를 만든다.
void basegrowth(int prim; vector npos, normal, ndir;){
    // npos의 위치에 새로운 포인트를 만든다.
    int pt1 = addpoint(0, npos);
    // prim번호의 프리미티브에 pt1이라는 번호의 포인트를 추가한다.
    addvertex (0, prim, pt1);
    // pt1번호의 포인트에 end라는 이름의 그룹을 설정한다.
    setpointgroup(0, "end", pt1, 1);
    // pt1번호 포인트 N이라는 노말 어트리뷰트에 normal을 저장한다.
    setpointattrib(0, "N", pt1, normal);
    // pt1번호 포인트 dir라는 어트리뷰트에 ndir를 저장한다.
    setpointattrib(0, "dir", pt1, ndir);
}
// 가지의 성장 속도를 나타내는 파라미터 값을 읽어들인다..
float step = chf("step");
// 거리 가지의 최대 길이를 나타내는 파라니터 값을 읽어들인다..
float maxlen = chf("maxlen");
// 서리가 성장할때의 각도에 관한 평행성의 임계값을 나타내는 파라미터 값을 읽어들인다.
float dotthresh = chf("dotthresh"); ;
……
```

step: ch("../../../../CONTROLLER/branch_step")

PolyExtrude 노드의 파라미터

가지의 추가 성장 여부는 Step 2-3에서 만든 벽의 충돌 여부로 판정합니다. 만약 여기서 가지가 벽에 부딪힐 것 같은데 계속 성장한다면 가지끼리 크로스가 되므로 이때는 성장을 멈추게 하고, 만약 벽에 부딪히지 않으면 가지를 뻗게 합니다.

……

```
// rv와 ruv라는 2개의 벡터를 만든다.
vector rp, ruv;
// 서리를 만약 성장시켰을 때 세 번째 인풋에 연결한 서리의 벽과 부딪히는지 어떤지를
// intersect 함수를 사용하여 확인한다.
int ray = intersect(2, @P + v@dir * step * 0.1, v@dir * step * 3, rp, ruv);

// intersect 함수의 결과가 -1인 경우 (서리의 벽과 부딪히지 않은 경우)
if( ray == -1 ){
    // 먼저 서리를 성장시킬 때 서리의 새로운 포인트 위치를 만든다.
    vector npos = @P + v@dir * step * fit01(rand(@ptnum), 0.2 , 1.0);

    // 새로 만든 포인트의 방향 벡터를 만든다.
    int npt = nearpoint(1, npos); // 새로운 포인트 위치에 가까운 위치에 있는 두 번째 인풋의 참조점
번호를 취득한다.
    vector ndir = point(1, "dir", npt); // 방금 취득한 참조점의 dir라는 어트리뷰트를 취득해서 서리의
성장방향으로 이용하는 벡터의 변수 ndir에 대입한다.
```

```
        // 서리를 성장시키는데 이용한 포인트에 속해 있는 프리미티브 번호를 취득한다.
        int prim = pointprims(0, @ptnum)[0];
        // 지정된 프리미티브에서 len이라는 이름의 길이 정보가 들어간 어트리뷰트를 취득한다.
        float len = prim(0, "len", prim);

        // 만약 참조점에서 얻은 벡터장 값 ndir와,
        // 서리 포인트 벡터장에 있는 어트리뷰트 dir 값의 내적이,
        // 파라미터로부터 읽어들인 평행성의 임계값보다 작을 경우 (평행성이 유지되지 않은 경우)
        // 또한, 서리의 길이가 파라미터로 읽어들인 서리의 최대 길이보다 작을 경우
        if(dot(v@dir, ndir) < dotthresh && len < maxlen){
            // 서리의 성장 방향으로 이용하는 벡터 ndir를,
            // 서리 포인트 벡터장의 어트리뷰트 값으로 덮어 쓴다.
            ndir = v@dir;
        }

        // 함수를 사용하여 새롭게 포인트를 추가한다.
        basegrowth(prim, npos, @N, ndir);
    }

// 마지막으로, 서리의 성장에 이용한 포인트에서 서리의 종점을 나타내는 end라는 그룹을 뺀다.
setpointgroup(0, "end", @ptnum, 0);
```

이때 주의 할 점이 있습니다. 참조 포인트에 저장되어 있는 벡터 dir는 Step 1-4 처럼, 처음에 가지가 성장할 때 핵에서 방사형으로 뻗어나가는데 어느 정도 자랐을 때 가지의 종점에 가까운 포인트가 가지의 시작점이 아닌 경우도 있습니다. 만약 그렇다면, 참조 포인트로부터 얻을 수 있는 벡터 dir은 그때까지 자라 온 방향과는 완전히 반대 방향을 나타낼 가능성이 있습니다. 그리고 그 벡터 dir을 그대로 가지의 종점에 저장하면, 다음 프레임에서 가지가 성장할 때에 전혀 맥락도 없는 방향으로 지그재그하게 성장해 버려서 매우 부자연스러운 서리 형상이 될 가능성이 있습니다. 그것을 피하려면, 가지가 마지막에 진행된 방향과 참조 포인트로부터 얻은 벡터 dir의 내적을 취해서 그값이 지정한 임계값보다 낮을 때(즉, 평행성이 없다고 판단되었을 때)는 가지가 성장할 때 마지막에 진행된 방향대로 가지 종점의 dir에 저장합니다. 그로 인해 어느정도 가지가 벡터장을 따라 성장한다면 그후, 가지가 곧게 자라게 됩니다.

큰 이미지는 예제 폴더의 239_01.jpg를 참고!

2-5 참조 포인트 만들기

가지를 구성하는 포인트마다 가지의 종점으로부터의 거리를 저장합니다. 이것은 나중에 만드는 서브 가지의 성장 상태를 제한하는 것으로 이용합니다.

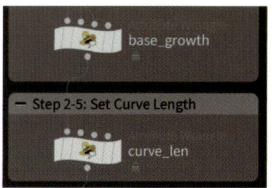

Primitive Wrangle노드 첫 번째 인풋에 Point Wrangle 노드를 연결하고, 다음과 같이 코드를 입력합니다.

《 Primitive Wrangle노드의 코드 》

```
// 서리가지 프리미티브의 정점(버텍스) 수를 취득한다.
int npts = primvertexcount(0, @primnum);
// len이라는 변수를 만들어 0을 대입한다.
float len = 0;
// 포인트마다 가지의 종점으로부터 길이를 저장한다.
for( int i = npts - 1; i>=0; i--){  // 프리미티브의 정점 수 만큼 루프를 돌린다.
```

```
        if( i < npts -1){ // 프리미티브의 종점에 해당하는 정점을 제외한다.
            // 프리미티브의 i번째 정점의 포인트 번호를 취득하여 curpt라는 이름의 변수에 대입한다.
            int curpt = vertexpoint(0, vertexindex(0, @primnum, i));
            // 프리미티브의 i+첫 번째 정점의 포인트 번호를 취득해서.
            // prevpt라는 변수에 대입한다.
            int prevpt = vertexpoint(0, vertexindex(0, @primnum, i + 1));
            // curpt 포인트 위치를 취득한다.
            vector curpos = point(0, "P", curpt);
            // prevpt 포인트 위치를 취득한다.
            vector prevpos = point(0, "P", prevpt);

            // curpos와 prevpos사이의 거리를 재어 len이라는 변수에 합친다.
            len += distance(curpos, prevpos);
            // 잰 거리를 curpt 포인트의 len이라는 이름의 어트리뷰트에 저장한다.
            setpointattrib(0, "len", curpt, len);
        }
    }
```

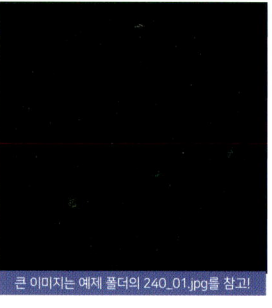

큰 이미지는 예제 폴더의 240_01.jpg를 참고!

2-6 서브가지의 베이스를 만들기

다음으로 메인서리가지에서 파생되는 서브가지의 베이스를 만들어 가겠습니다. 메인가지마다 만들기 때문에 Prim Wrangle 노드를 사용합니다.

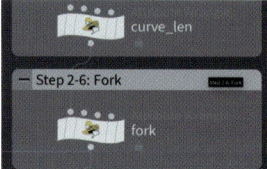

Primitive Wrangle노드 파라미터의 Group을 @gen==0로 설정하고 메인가지의 프리미티브에만 코드가 적용되도록 설정합니다. 첫 번째 인풋에 Step 2-5에서 만든 Primitive Wrangle 노드와 연결하고 VEX 코드를 입력합니다.

PolyExtrude 노드의 파라미터

조금 긴 코드가 되겠지만, 여기서 하려는 것은 알고리즘 항목에서 설명한 서브 가지 형상의 종류를 랜덤하게 결정하고, 그에 따라 서브 가지의 베이스를 메인가지의 포인트로부터 만드는 것입니다. 가지를 만드는 방법의 기본은 Step 2-2에서 메인가지를 만드는 방법과 동일하며, 가지 종류에 따라 첫 번째 가지 방향이나 컬러 등을 정합니다. 거기에 덧붙여 가지 종류를 나타내는 type 어트리뷰트나 서브가지의 시작점을 나타내는 parent 어트리뷰트도 추가합니다.

우선, 서브 가지의 종류를 정하고, 제작에 필요한 함수를 준비해 가겠습니다.

《*Primitive Wrangle*노드의 코드》
// 인수로써
// pos(서브 서리가지의 시작점의 위치)
// axis(서브 서리가지를 회전하는 회전축)
// dir(메인서리가 진행하는 방향)
// color(색)
// choice(서브가지의 타입)
// primnum(메인서리가지 번호)
// npt(메인서리 포인트 번호)를 갖는 함수를 만든다.
```
void fork ( vector pos, axis, dir, color; int choice, primnum, npt;){

        // 가지의 성장 속도를 나타내는 파라미터 값을 읽어들인다.
        float step = chf("step");
        // 서브 서리가지 각도 조정용 파라미터 값을 읽어들인다.
        float angexp = chf("angexp");
        //메인서리 포인트에 번호에 따른 서브 서리가지 각도 조정용 파라미터 값을 읽는다.
        float ptoffangle = chf("ptoffangle");
        // 메인서리의 프리미티브 번호에 따른 서브 서리가지 각도 조정용 파라미터 값을 읽어들인다.
        float primoffangle = chf("primoffangle");
        // 랜덤 seed값이 되는 파라미터 값을 읽어들인다.
        float seed = chf("seed");

        //메인서리의 프리미티브 번호를 seed로, 서브 서리가지 각도조정용 랜덤 각도를 만든다.
        float scaleprim = pow(rand(primnum), angexp) * primoffangle;
        //메인서리의 포인트 번호를 seed로 서브 서리각도 조정용 랜덤 각도를 만든다.
        float scalepoint = fit01(rand(npt), -1, 1) * ptoffangle;
......
```
메인가지의 좌우에 서브가지를 2개 만듭니다.
```
......
        for(int i=0; i<2; i++){ // 2회 루프를 돌린다.
            int side_mult = 0 ; // 서브가지의 회전각을 위한 계수를 만든다.
            if(i == 0){ // 1회 루프 처리 때라는 조건을 만든다.
                side_mult = 1; // 조건을 충족하는 경우 계수에 1을 대입한다.
            }else{ // 2회 루프처리의 경우
                side_mult = -1; // 계수에 -1을 대입한다.
            }

            // 서브 서리가지 회전을 위해 우선 단위 매트릭스를 만든다.
            matrix rot = ident();
            // 메인서리의 포인트와 프리미티브 번호에 따라 만들어진 랜덤 각도의 값과
            // 90도의 값을 합쳐서, 단위 매트릭스를 회전하기 위한 회전 각도 값을 만든다.
            float angle = radians(90 + scalepoint + scaleprim);

            // 서브 서리가지 타입이 2이외의 경우
            if(choice != 2){
                angle *= side_mult; // 각도에 아까 만든 계수를 곱한다.
                // 만약 랜덤으로 만든 수치가 0.5보다 작으면(50%의 확률)
```

```
}else if(rand(primnum + 234 + seed) < 0.5){
    angle *= -1; // 각도에 -1을 곱한다.
}

// 서브의 서리가지 타입이 1인 경우
if(choice == 1){
    angle *= -1; // 각도에 -1을 곱한다.
// 그것 말고 만약 서리가지 타입이 2의 경우
}else if(choice == 2){
    angle += $PI * i; // 각도에, π에 i를 곱한 것을 더한다.
}

// 만든 각도를 사용해서 회전 매트릭스를 만든다.
rotate(rot, angle, axis);

// 메인서리의 성장 방향을 회전 매트릭스를 곱해 회전하여,
// 거기에 성장 속도를 곱하여 성장 거리를 조정한다.
// 거기에 서브가지의 시작점이 되는 위치에 서로 더해서 서브가지가 성장하는 곳의 위치 정보를 만든다.

vector npos = pos + (dir * rot) * step;

// 서브가지를 추가
int prim = addprim(0, "polyline"); // 서브가지의 베이스가 되는 프리미티브를 만든다.
int pt0 = addpoint(0, pos); // 서브가지의 시점 위치에 포인트를 추가한다
int pt1 = addpoint(0, npos); // 서브가지의 성장하는 곳의 위치에 포인트를 추가한다.
addvertex(0, prim, pt0); // 프리미티브에 서브가지의 시점 번호를 정점으로 등록한다.
addvertex(0, prim, pt1); // 프리미티브에 서브가지의 종점 번호를 정점으로 등록한다.

// 각 어트리뷰트를 설정
// 만든 프리미티브의 gen이라는 이름의 서리가
// 메인이나 서브나를 나타내는 어트리뷰트에 1을 저장한다.
setprimattrib(0, "gen", prim, 1);
// 만든 프리미티브의 parent라는 어트리뷰트에,
// 서브가지의 기점이 되는 메인서리 포인트 번호를 저장한다.
setprimattrib(0, "parent", prim, npt);
// 만든 프리미티브의 side라는 어트리뷰트에 가지의 좌우 방향을 나타내는 i의 값을 저장한다.
setprimattrib(0, "side", prim, i);
// 만든 프리미티브의 Cd 색상의 어트리뷰트에 color값을 설정한다.
setprimattrib(0, "Cd", prim, color);
// 만든 프리미티브의 type이라는 서브가지 종류를 나타내는 어트리뷰트에
// choice 변수의 값에 1을 더한 값을 저장한다.
setprimattrib(0, "type", prim, choice + 1);
// 서브가지 시점의 노말 방향인 어트리뷰트에 axis 값을 저장한다.
setpointattrib(0, "N", pt0, axis);
// 서브가지 시점의 dir이라는 이름의 어트리뷰트에,
// 만든 회전 매트릭스로 회전시킨 dir의 값을 저장한다.
setpointattrib(0, "dir", pt0, dir * rot);
// 서브가지 종점의 노말 방향인 어트리뷰트에 axis 값을 저장한다.
setpointattrib(0, "N", pt1, axis);
```

```
            // 서브가지 종점의 dir이라는 이름의 어트리뷰트에
            // 만든 회전 매트릭스로 회전 시킨 dir값을 저장한다.
            setpointattrib(0, "dir", pt1, dir * rot);
            // 만든 프리미티브를 sub라는 그룹으로 설정한다.
            setprimgroup(0, "sub", prim, 1);

            // choice의 값이 1보다 크고, 또는 choice의 값은 2보다 작고, 또한
            // 첫 회 루프 때였을 경우, 서브가지의 종점에
            // 그 포인트가 서브가지의 종점임을 나타내는 fend라는 그룹을 설정한다.
            if (choice > 1 || (choice < 2 && i == 0)) setpointgroup(0, "fend", pt1, 1);
    }
}
……
```

이어서 알고리즘 항목에서 설명하고 있는 서리 서브가지 형상의 종류를 결정하고 서브가지의 핵을 만들어 나갑니다.

```
……
// 랜덤용 seed 값의 파라미터 값을 읽어들인다.
float seed = chf("seed");
// 서브가지 타입1을 위한 임계값 범위를 나타내는 파라미터 값을 읽어들인다.
float range1 = chf("range1");
// 서브가지 타입2을 위한 임계값 범위를 나타내는 파라미터 값을 읽어들인다.
float range2 = chf("range2");
// 서브가지 타입3을 위한 임계값 범위를 나타내는 파라미터 값을 읽어들인다.
float range3 = chf("range3");

// 프리미티브가 갖는 정점의 합계를 취득한다.
int npts = primvertexcount(0, @primnum);
for(int i=0; i<npts; i++){ // 프리미티브의 정점 수만큼 루프를 돌린다.
    // 프리미티브의 정점에 대응하는 포인트 번호를 취득한다.
    int npt = vertexpoint(0, vertexindex(0, @primnum, i));
    // 정점에 대응하는 포인트가 fork의 그룹에 속하는지 여부(서브가지 종류가 이미
    // 결정된 것인지 아닌지)을 확인한다. 결과가 1이라면 속하고, 0이라면 속하지 않는다.
    int fork = inpointgroup(0, "fork", npt);

    if(fork == 0){ // 서브가지 종류가 정해지지 않은 경우
        // 정점에 대응하는 포인트의 위치를 취득한다.
        vector pos = point(0, "P", npt);
        // 정점에 대응하는 포인트의 노말 방향을 취득한다.
        vector axis = point(0, "N", npt);
        // 정점에 대응하는 포인트인 dir이라는 이름의 어트리뷰트에 저장된 벡터를 취득한다.
        vector dir = point(0, "dir", npt);

        //서브가지 종류를 랜덤하게 결정한다.
        float random = rand(@ptnum + seed); // 0~1사이의 랜덤 값을 만들기
        int choice = 0; //choice라는 정수 변수를 만든다.

        // 랜덤 값이 range1값 이하 일 때 choice를 0으로 한다.
        if(random < range1) choice = 0;
        // 랜덤 값이 range1과 range2의 사이에 있는 경우, choice를 1로 한다.
```

```
        if(random >= range1 && random < range2) choice = 1;
        // 랜덤 값이 range2와 range3 의 사이에 있는 경우, choice를 2로 한다.
        if(random >= range2 && random < range3) choice = 2;
        // 랜덤 값이 range3 이상일 때, choice를 3으로 한다.
        if(random >= range3) choice = 3;  // color 이름의 컬러정보로 이용하는 벡터를 만든다.
        vector color = {1,1,1}; // choice가 0일 때(서브가지의 종류가 타입1, 왼쪽만 성장)
        if(choice == 0){
            color = {1,0,0}; // 붉은색을 만든다.
        }
        //choice가 1일때( 서브가지의 종류가 타입2, 오른쪽만 성장 )
        if(choice == 1){
            color = {0,1,0}; // 초록색을 만든다.
        }
        // choice가 2일때 ( 서브가지의 종류가 타입3, 양쪽 성장 )
        if(choice == 2){
            color = {0,0,1}; // 파란색을 만든다.
        }
        // choice가 3일때 ( 서브가지의 종류가 타입3, symmetrical로 성장)
        if(choice == 3){
            color = {1,1,0}; // 노란색을 만든다.
        }
        // 서브가지의 베이스를 만드는 함수를 불러 낸다.
        fork(pos, axis, dir, color, choice, @prim, npt);
        // 프리미티브의 정점에 대응하는 포인트에 // fork라는 서브가지의 시작점임을 나타내는 그룹을 설정한다.
        setpointgroup(0, "fork", npt, 1);
    }
```

덧붙여 chf 함수로 정의한 변수는 프로모트하고, 익스프레션을 아래와 같이 설정해 둡니다.

step: ch("../../../../../CONTROLLER/branch_step")
ptoffangle: ch("../../../../../CONTROLLER/subbranch_pt_ang")
primoffangle ch("../../../../../CONTROLLER/subbranch_prim_ang")

PolyExtrude 노드의 파라미터

2-7 모든 가지로부터 벽을 만들기

서리 서브가지의 베이스가 생기면, 이 상태에서 Step 2-3과 똑같은 순서로 모든 가지의 커브로부터 벽을 세웁니다.

Point Wrangle노드 첫 번째 인풋에 Step 2-6에서 만든 Primitive Wrangle을 연결하여 다음처럼 코드를 입력합니다.

《Point Wrangle노드의 코드》
```
// 노말 방향과 반대 방향으로 포인트를 조금만 이동한다.
@P -= @N * 0.25;
```

PolyExtrude노드 첫 번째 인풋과 방금 만든 PointWrange 노드를 연결하고,

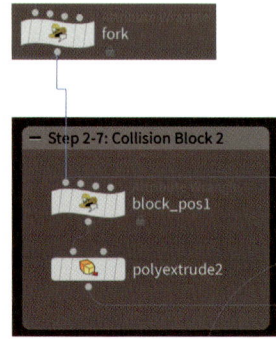

파라미터를 다음과 같이 설정하고 벽을 만듭니다. 또한 Distance는 0.5로 설정합니다

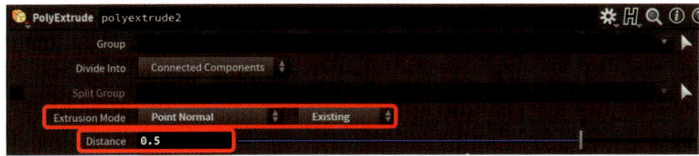

PolyExtrude 노드의 파라미터

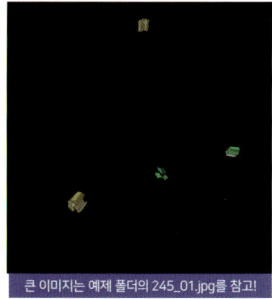

큰 이미지는 예제 폴더의 245_01.jpg를 참고!

2-8 서브가지를 성장시키기

드디어 서브가지들도 성장시킵니다.

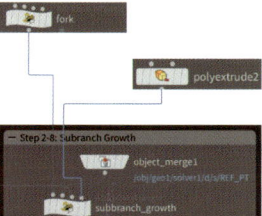

Point Wrangle노드 파라미터의 Group에 `fend`라고 설정하고, 서브가지의 종점임을 나타내는 `fend` 그룹에 들어 있는 포인트에만 코드가 적용되도록 설정합니다. 그후에 코드를 다음과 같이 작성합니다.

먼저 각종 파라미터를 읽어들입니다.

《Point Wrangle노드의 코드》

```
// 가지의 성장속도를 나타내는 파라미터 값을 읽어들인다.
float step = chf("step");
// 가지를 랜덤으로 회전할 때 최대각도를 나타내는 파라미터 값을 읽어들인다.
float angle = chf("angle");
// 메인가지에 대한 서브가지의 최대 길이 비율을 나타내는 파라미터 값을 읽어들인다.
float maxlen = chf("maxlen");
// 랜덤 seed를 나타내는 파라미터 값을 읽어들인다.
float seed = chf("seed");
……
```

step: `ch("../../../../CONTROLLER/branch_step") * 0.4`

Point Wrangle 노드의 파라미터

알고리즘의 항목에서 소개한 서리 성장 알고리즘의 4에 해당하는 가지의 성장을 입력합니다.

```
……
// intersect 함수용의 벡터를 2개 만든다.
vector rp, ruv;
// intersect 함수를 사용해서 서브가지를 성장시킬 때 다른 서리의 벽에 충돌 여부를 체크한다.
int ray = intersect(2, @P + v@dir * step * 0.1, v@dir * step * 3, rp, ruv);
```

```
// insersection 함수의 결과가 -1이었을 때 (다른 서리가지에 충돌하지 않았을 때)
if( ray == -1 ){
    // 포인트가 속하는 프리미티브의 기점 번호를 취득한다.
    int parent = prim(0, "parent", @primnum);
    // 기점 위치에서의 메인서리가지 종점으로의 길이를 취득한다.
    float parentLen = point(0, "len", parent);
    // 포인트가 속하는 서브가지의 길이를 취득한다.
    float len = prim(0, "len", @primnum);

    // parentLen에 메인가지에 대한 서브가지의 최대 길이 비율을 곱해서
    // 그 길이가 서브가지 길이보다 클 때.
    // 랜덤 회전 각도를 만들어 벡터장의 방향 벡터를 회전시킨다.
    if(len < parentLen * maxlen){
        // 서브가지 길이를 회전하는 랜덤 회전각을 만든다.
        float rnd_angle = radians(angle *  fit01(rand(@primnum * seed), -1, 1));
        // 포인트가 속하는 프리미티브의 side의 어트리뷰트의 값을 취득하다.
        int side = prim(0, "side", @primnum);
        // side값이 1 때 . 회전각에 -1 곱한다.
        if( side == 1) rnd_angle *= -1;
        // 회전에 이용하기 위해서 단위 매트릭스를 만든다.
        matrix rot = ident();
        // 단위 매트릭스를 포인트의 노말방향을 축으로 회전각으로 회전시켜 회전 매트릭스를 만든다.
        rotate(rot, rnd_angle, @N);
        // 포인트에 저장되어 있는 dir라는 벡터를 회전 매트릭스로 회전시킨다.
        vector ndir = v@dir * rot;
        // 서브가지를 뻗다.
        // 회전된 벡터에 가지 성장 속도의 값을 곱해서,
        // 포인트 위치에 더해서 서브가지의 성장 하는곳의 위치를 만든다.
        vector npos = @P + ndir * step;
        // 만든 위치에 새로운 서브가지의 종점이 되는 포인트를 추가한다.
        int pt = addpoint(0, npos);
        //포인트가 속한 프리미티브 번호를 취득한다.
        int prim = pointprims(0, @ptnum)[0];
        // 프리미티브에 새로 만든 포인트를 추가한다.
        addvertex(0, prim, pt);
```
 ....

새로 만든 서브가지 포인트에 어트리뷰트나 그룹을 설정해 갑니다.

 ....

```
            // 새로 만든 포인트에 서브가지의 종점임을 나타낸다.
            // fend라는 이름의 그룹을 설정한다.
            setpointgroup(0, "fend", pt, 1);
            // 새로 만든 포인트의 노말에 어트리뷰트에 성장원 포인트 노말을 저장한다.
            setpointattrib(0, "N", pt, @N);
            // 새로 만든 포인트의 dir라는 어트리뷰트에.
            // 아까 회전 매트릭스로 회전한 벡터를 저장한다.
            setpointattrib(0, "dir", pt, ndir);
            // 성장원의 포인트에서 서브의 종점임을 나타내는 fend라는 이름의 그룹을 제외한다.
            setpointgroup(0, "fend", @ptnum, 0);
        }
    }
```

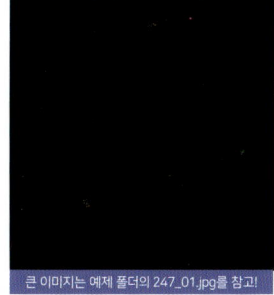

큰 이미지는 예제 폴더의 247_01.jpg를 참고!

2-9 가지를 베이스에 반영하기

Solver 네크워크의 마지막으로 만들어진 가지를 다듬습니다.

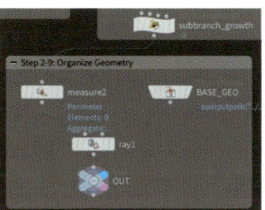

Measure노드   Measure의 파라미터는 `Perimeter`, Attribute Name에는 `len`으로 설정하여, len이라는 어트리뷰트에 가지의 커브 길이가 저장되도록 합니다.

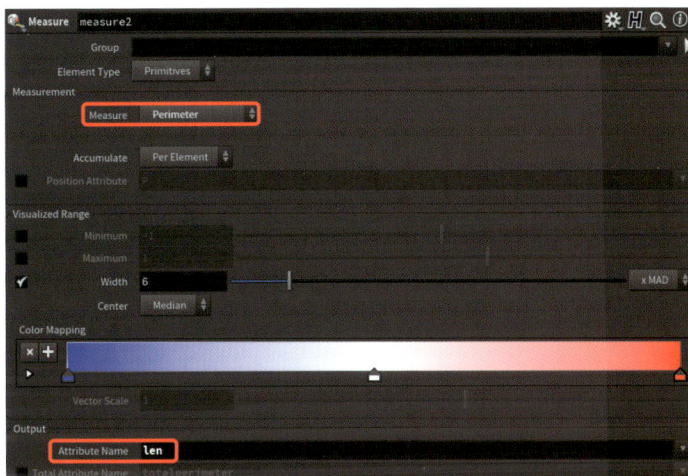

Measure노드의 파라미터

가지가 자라는 과정에서 가지가 구체를 타지 않고 밖으로 나와 버릴 가능성이 있기 때문에, 이 시점에서 모든 가지를 구체에 달라붙게 합니다. 그래서 우선, 구체를 읽어들일 필요가 있습니다. 이미 Solver 노드의 세 번째 인풋에 구체의 지오메트리를 입력하고 있으므로 `Input_3`이라는 Object Merge 노드에서 가져올 수 있습니다.

Object Merge노드   Object1의 파라미터를 다음과 같이 설정합니다. 또 이대로라면 이름을 알기 어렵기 때문에 Object Merge 노드의 이름을 `Input_3`에서 `BASE_GEO`로 변경하겠습니다.

Object 1: `` `opinputpath("../..", 2)` ``

Object Merge 노드의 파라미터

Ray노드 첫 번째 인풋에 Measure 노드를 연결하고 두 번째의 인풋에 BASE_GEO라고 아까 이름을 변경한 Object Merge 노드를 연결합니다. 다음과 같이 파라미터를 설정하여 모든 가지가 구체에 달라붙도록 하고, 또한 포인트에 달라붙은 위치에서 구체의 노말 정보가 저장되도록 합니다.

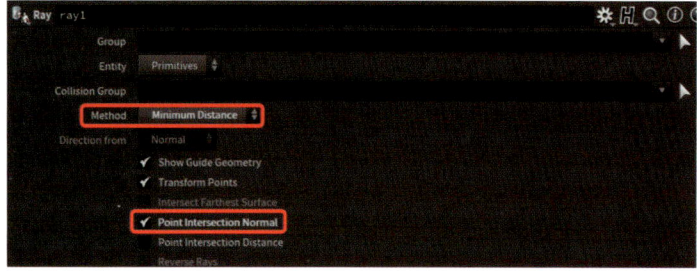

Ray 노드의 파라미터

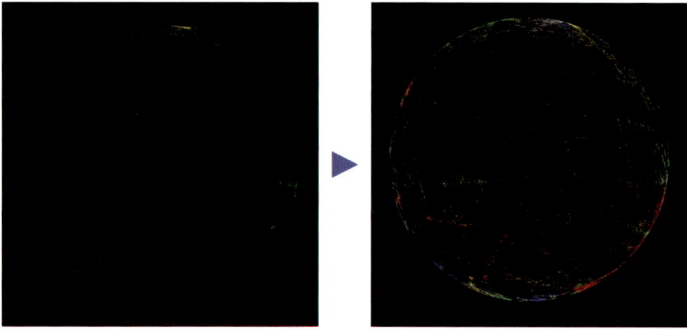

Step 3

3-1 가지를 매끄럽게 하기

서리의 시뮬레이션은 다 되었지만, 아직 커브 상태이기 때문에 이것을 서리 다운 형태로 변환해야 합니다. 그래서 가지를 폴리곤화 할 때 필요한 정보를 부가하겠습니다.

우선 base 그룹에 들어 있는 포인트는 더 이상 필요가 없으니 삭제합니다.

Delete노드 Solver 노드와 연결합니다. Group의 파라미터에 base 라고 입력하고 Entity는 Points로 해서, base 그룹에 속해 있는 포인트를 삭제합니다.

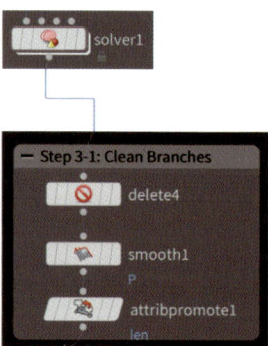

Delete 노드의 파라미터

이제 가지를 매끄럽게 합니다.

Smooth노드   Smooth 노드, Delete 노드와 연결하여 가지를 매끄럽게 만듭니다

Attribute Promote노드   Smooth 노드와 연결하고, Original Name에는 `len`이라고 입력하고, 그 외 파라미터를 다음과 같이 설정한다. 프리미티브(가지의 커브)에 저장되어 있는 가지의 길이를 나타내는 `len`이라는 어트리뷰트의 최대값을 디테일 어트리뷰트에 저장합니다.

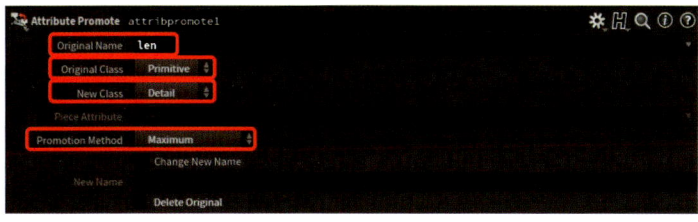

Delete 노드의 파라미터

3-2 메인가지의 두께를 계산하기

방금 디테일에 저장한 커브 길이의 최대값을 이용해서 가지를 구성하는 각 포인트에 서리 두께가 되는 pscale 어트리뷰트를 저장합니다.

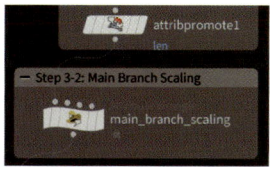

Primitive Wrangle노드   첫 번째 인풋과 Attribute Promote 노드를 연결하고, 다음 과 같이 VEX 코드를 작성합니다.

《Primitive Wrangle노드의 파라미터》

```
// 서리 두께의 최소 스케일 값을 나타내는 파라미터를 읽어들인다.
float minscale = chf("min_scale");

// 프리미티브에 속한 포인트 리스트(배열)를 취득한다.
int pts[] = primpoints(0, @primnum);
// 포인트에 저장된 가지 길이의 어트리뷰트에 따라 pscale를 설정한다.
for(int i=0; i<len(pts); i++){  // 리스트(배열)의 개수 만큼 루프를 돌린다.
    //리스트안의 각각의 포인트 번호를 취득한다.
    int pt = pts[i];
    // 각 포인트의 len이라는 이름의 어트리뷰트에 저장되어 있다.
    // 메인가지의 종점에서의 길이값을 취득한다.
    float len = point(0, "len", pt);
    // 디테일 어트리뷰트에서 가지의 최대 길이를 취득한다.
    float maxlen = detail(0, "len");
    // 가지의 길이를 최대 길이로 나누고, 그 값을 0~1에 리맵핑해서 pscale라는 이름의 변수에 대입한다.
    float pscale = len / maxlen;
    // pscale의 최소값을 0.01로 한다.
    pscale = max(0.01, pscale);
    // 방금 만든 pscale의 값과 서리 두께의 최소 스케일 값을 비교하여 큰쪽인 값을
    // 새로 만든 포인트의 pscale라는 어트리뷰트에 저장한다. 이 값이 가지의 두께가 된다.
    setpointattrib(0, "pscale", pt, max(pscale, minscale));
}
```

min_scale의 파라미터에는 다음과 같이 입력합니다.

min_scale: `ch("../CONTROLLER/branch_min_scale")`

Primitive Wrangle 노드의 파라미터

여기서 주의해야 할 점으로는 len이라는 어트리뷰트가 이용되고 있는 것은 메인서리가지뿐이므로 서브가지와 관련해서는 따로 스케일을 설정할 필요가 있다는 점입니다.

3-3 서브가지의 두께를 계산하기

서브가지의 각 포인트의 스케일을 설정해 가겠습니다. 우선, 메인과 서브로 가지를 나눕니다.

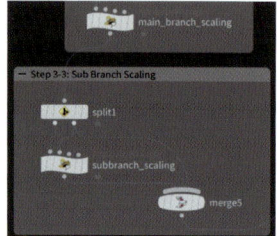

`Split노드` 파라미터의 Group에 sub로 설정하는 것으로 첫 번째 아웃풋은 서브가지, 두 번째 아웃풋은 메인가지를 나오게 합니다.

Split 노드의 파라미터

`Primitive Wrangle노드` 첫 번째의 인풋에는 Split 노드의 첫 번째의 아웃풋을, 두 번째의 인풋에는 Split 노드의 두 번째의 아웃풋을 연결해서 서브가지 포인트의 스케일을 설정합니다. 그리고, 다음과 같은 VEX 코드를 작성합니다.

《Primitive Wrangle노드의 코드》

```
// 서브가지가 되는 각 프리미티브의 포인트 리스트(배열)을 취득한다.
int pts[] = primpoints(0, @primnum);

// 리스트에서 첫 번째 포인트(서브가지의 기점)를 취득한다.
int pt = pts[0];
// 첫 번째 포인트의 위치 정보를 취득한다.
vector pos = point(0, "P", pt);
// 첫 번째 포인트의 위치 근처에 있는 메인서리에 속하는 포인트를 찾는다.
int npt = nearpoint(1, pos);

// 찾아낸 메인서리의 포인트에서 pscale어트리뷰트 값을 취득한다.
// 이것이 서브가지의 기점의 스케일 값(두께)이 된다.
float maxpscale = point(1, "pscale", npt);
for(int i=0; i<len(pts); i++){ // 서브가지에 속하는 포인트 수만큼 루프 돌린다.
    // 서브가지의 기점에서 종점을 향해 작아지는 값을 스케일 값으로 만든다.
    float pscale = (1.0 - float(i) / float(len(pts)-1)) * maxpscale;
    // 만든 값을 포인트의 pscale 어트리뷰트에 저장한다.
    setpointattrib(0, "pscale", pts[i], pscale);
}
```

이 코드에서는 서브가지의 시작점은 반드시 메인가지에 타고 있는 특징을 이용해서 서브가지의 시작점인 pscale을 같은 위치에 있는 메인가지 포인트에서 취득합니다. 그 pscale 값이 서브가지의 최대값으로 하고, 그곳에서부터 서브가지의 종점에 가까워짐에 따라 서서히 pscale 값이 작아지도록 서브가지 포인트에 그 값을 설정합니다. 이것으로 메인과 서브가지의 모든 포인트에 pscale이 업데이트 되었습니다.

`Merge노드` Primitive Wrangle의 아웃풋과 Split 노드의 두 번째 아웃풋을 Merge 노드에 연결함으로써 최신 pscale의 정보를 가진 메인과 서브가지를 하나로 합칩니다.

Step 4

4-1 가지마다 루프 셋업하기

서리의 두께가 준비되었다면, 이제 가지에 두께를 붙여나갑니다. 이번에는 서리가지의 입체 형상을 만드는데 있어서 PolyWire가 아니라, 단면을 연결해서 형태를 만드는 Loft로 루프를 셋업하겠습니다. 가지의 수만큼 루프를 돌리고 싶기 때문에 For-Each Primitive 노드를 배치합니다.

`For-Each Primitive노드` 2개의 노드 세트가 나타나서 `foreach_begin`이라고 적힌 Block Begin 노드를 Step 3-3의 Merge 노드와 연결합니다.

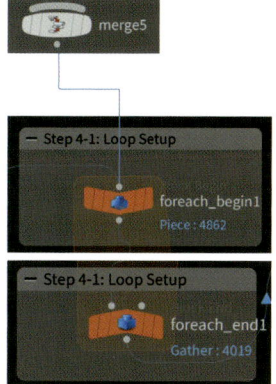

4-2 서리의 단면 커브를 설정하기

루프 셋업이 되면, 커브마다 각 포인트에 접선의 방향 정보를 줍니다.

`Polyframe노드` `foreach_begin`이라고 이름이 붙은 Block Begin 노드와 연결하고, Tangent Name 파라미터를 up으로 설정함으로써 접선 방향의 벡터를 up이라는 이름의 어트리뷰트에 저장합니다.

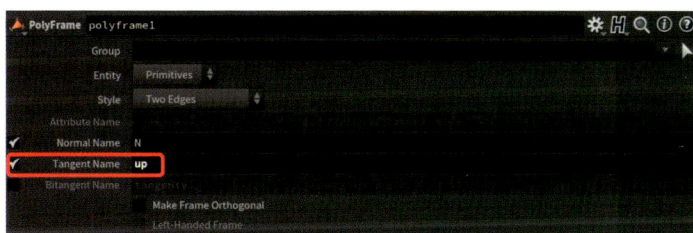

PolyFrame 노드의 파라미터

다음으로 서리의 단면 형상을 만듭니다.

`Circle노드` 다음과 같이 파라미터를 설정하여 4변이 있는 폴리곤 형상(즉 사각형)에 합니다. 또한 Uniform Scale은 다음과 같이 설정해서 메인 파라미터와 링크시켜 둡니다.

Uniform Scale: `ch("../CONTROLLER/branch_thickness")`

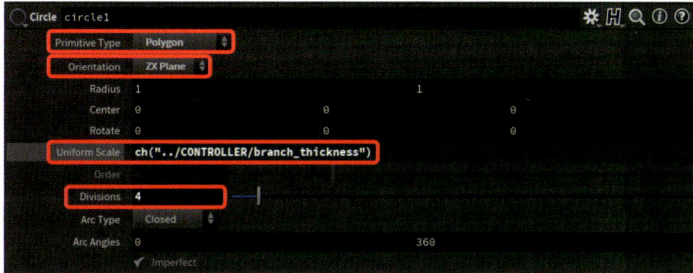

Circle 노드의 파라미터

이 Sphere 노드로 만든 폴리곤을 편의상 Reverse 노드로 반전합니다.

`Reverse노드` Circle 노드와 연결합니다.

`Copy Stamp노드` 첫 번째 인풋에 Reverse 노드를, 두 번째 인풋에는 PolyFrame 노드를 연결합니다. 그러면 포인트에 저장된 pscale에 맞추어 스케일된 단면이 가지의 각 포인트에 배치됩니다.

4-3 서리 지오메트리를 만들기

단면이 곡선상에 배치되면 이제 Loft로 연결된 폴리곤 형태를 만듭니다.

`PolyLoft노드` CopyStamp 노드와 연결하면 단면이 연결된 형태가 생성됩니다.

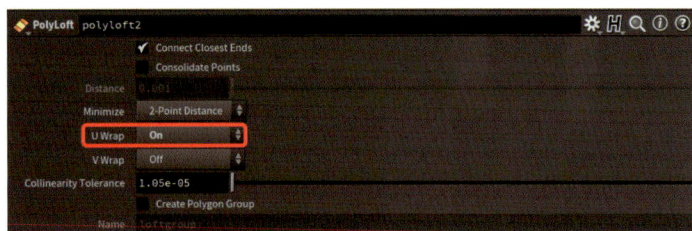

PolyLoft노드의 파라미터

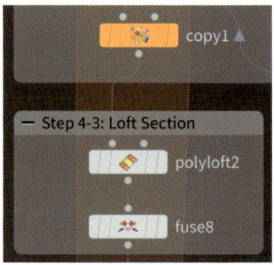

이제 루프에서 마지막으로 하는 것은 중복된 점을 하나로 정리하는 것입니다.

`Fuse노드` PolyLoft 노드와 연결해서 중복된 점을 정리합니다.

이상으로, 루프를 이용하여 서리가지에 두께를 주는 것은 완료입니다.

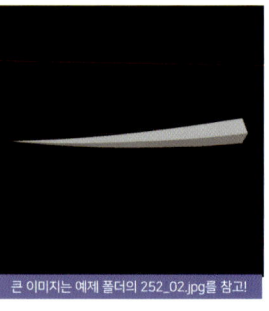

4-4 베이스와 서리를 조합하기

이제 베이스와 서리가지를 조합하면 완성입니다.

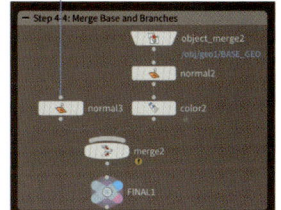

Normal노드 forech_end라고 이름이 붙은 BlockEnd 노드를 연결해서 노말을 정리합니다.

Object Merge노드 Object1의 파라미터를 다음과 같이 설정하고, BASE_GEO라는 이름이 붙은 지오메트리(구체)을 읽어들입니다.

Object 1: /obj/geo1/BASE_GEO

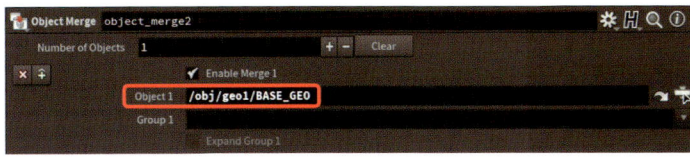

Object Merge 노드의 파라미터

Normal노드 Object Merge 노드와 연결함으로써 이 구체의 노말 정보도 정리해 놓겠습니다.

Color노드 방금 만든 Normal 노드와 연결하여 원하는 색상을 설정, 베이스 형상(구체)의 색상을 결정합니다.

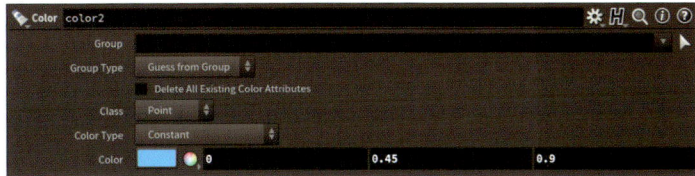

Color 노드의 파라미터

Merge노드 서리가지가 아웃풋되는 Normal 노드와 Color 노드를 연결해서 서리와 베이스의 형상을 하나로 정리합니다.

Null노드 FINAL이라는 이름으로 설정하고 Merge 노드 밑에 달아주면 완성입니다.

1 프레임에서 재생해 보면 서서히 서리가 성장하는 모습을 확인할 수 있을 것입니다. 이 서리 생성 시뮬레이션은 베이스가 구체가 아닌 어떤 형상이 입력되더라도 구현될 것입니다. 나머지는 CONTROLLER에 설정한 파라미터 값을 변경하여 다양한 베리에이션을 만들 수 있게 됩니다.

큰 이미지는 예제 폴더의 253_01.jpg를 참고!

제작과정 동영상 >> 서리성장효과.mp4

14
Edge Bundling
엣지 · 번들링

「낫또」를 보면 어떤 이미지가 떠오르나요? 필자는 끈적끈적한 실이 떠오릅니다. 낫또가 끈적끈적한 실처럼 늘어지는 모습을 한 번쯤은 본 적이 있을 것입니다. 자세히 보면 늘어진 실은 여러 개의 미세한 섬유다발로 되어 있어서 *다발끼리 가까워지면 결합하여 하나의 큰 다발이 되는 독특한 역학이 작용하고 있습니다. 실이 결합되어 다발이 되는 현상을 제일 먼저 연구한 사람은 1990년 초반에 건축가로 활동한 Frei Otto 였습니다. 그는 슈트가르트 대학의 경량구조 연구소에서 최적화된 패스의 시스템(최단경로 탐색) 연구에서 젖은 울의 직물을 사용한 실험을 했습니다. 최근 컴퓨터 그래픽스로 이 현상을 재현하는 몇 가지 방법이 제시되고 있으며, 주로 그래프 묘사에 활용되고 있습니다. 여기서는 3차원 공간상에서 실이 붙어 다발이 되는 현상을 재현 할 수 있는 알고리즘을 소개하고, 후디니에서 이를 구현해 보도록 하겠습니다.

Edge Bundling 엣지 번들링의 알고리즘

✹ Edge Bundling 엣지 번들링 알고리즘의 종류

Edge(섬유, 실, 라인 등)를 다발로 묶는 알고리즘이 있습니다. 낫또의 실이 다발처럼 되는 이 현상은 「엣지・번들링 (Edge Bundling)」이라는 이름으로 종종 소개됩니다. 또는 Frei Otto의 울실을 사용한 실험이 유명하고, 특히 건축이나 그래픽 업계에서는 「Frei Otto's wool thread」라고 부르기도 합니다.

Edge Bundling의 알고리즘은 이미 그 재현 방법에 관해서 몇 가지 논문이 발표되고 있습니다. 그중에서도 비교적 심플하고 재현하기 쉬운 알고리즘은 2009년에 발표된 대니 홀텐(Danny Holten)과 야크 J 반 바이크 (Jarke J. van Wijk)에 의해서 발표된 논문 「Force-Directed Edge Bundling for Graph Visualization」과, 2012년에 발표된 C・하터(C・Hurter), O・엘소이(O. Ersoy), A・테레아(A. Telea)에 의한 논문 「Graph Bundling by Kernel Density Estimation 」입니다. 각각 다른 방법으로 실을 다발로 묶는 알고리즘을 소개하고 있습니다.

전자는 스프링(용수철) 베이스의 시뮬레이션으로 2차원 혹은 3차원 공간에서 엣지 번들링을 재현하는 방법을 역학적으로 접근해서 설명하고 있습니다. 후자는 kernel 밀도 추정 방법을 사용해서 2차원 공간에서 엣지의 밀집 상태를 베이스로 밀도 맵을 만들고, 그 밀도를 계곡의 경사로 간주하여 (경사가 심할수록 엣지가 밀집됨) 엣지를 서서히 묶는 시뮬레이션을 하는 것입니다.

두 알고리즘은 전혀 다른 방법이지만, 공간을 2차원으로 한정한다면 어느 것을 사용해도 동일한 결과를 얻을 수 있습니다. 다만, 후자의 kernel 밀도 추정을 사용한 엣지・번들링 방법은 비교적 3차원에 적용하기가 어렵기 때문에 여기서는 전자의 스프링 기반의 엣지・번들링 방법을 설명하겠습니다.

✦ 스프링 베이스의 엣지·번들링 알고리즘의 흐름

Holten과 Jarke J. van Wijk의 논문에서 엣지 번들링은 대략 다음과 같은 절차로 재현됩니다.

1. 공간상에 라인을 여러 개 배치한다.

2. 각각의 라인을 같은 수 만큼 세분화한다.

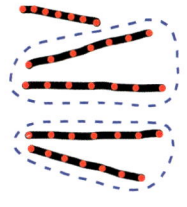

3. 공간에 배치된 각 라인에 끌려서 다발(묶음)이 될 가능성이 있는(호환성 있는) 다른 라인과 짝을 만든다.

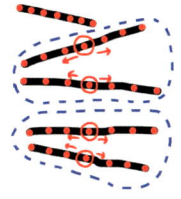

4. 라인을 구성하는 점에 스프링의 힘을 가한다.(Fs)

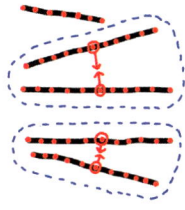

5. 공간상의 라인에 짝을 지어서 점끼리 끌어당길 수 있는 힘을 가한다.(Fe)

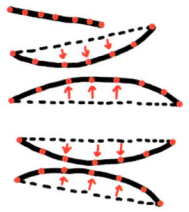

6. 라인에 가해진 힘을 사용하여 라인을 변형한다.

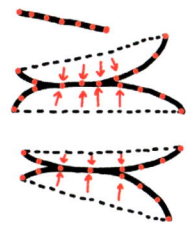

7. 4~6을 반복한다.

대략적인 흐름을 설명했지만, 비교적 사실적인 시뮬레이션을 하려면 Step 3~5에서 사용하는 계산식이나 제어할 수 있는 요소들을 추가할 필요가 있습니다. 좀 더 알아보겠습니다.

✦ 호환성에 따른 짝을 작성하기

Step 1~2에서 공간에 라인을 여러 개 배치하고 지정한 수로 세분화하면(라인을 구성하는 정점의 수를 늘리고, 라인이 휘도록 한다면) 다음 Step에서는 각 라인과 다발(묶음)을 만들 때 호환성이 있는 다른 라인을 찾아 짝을 만듭니다. 그리고 짝으로 된 라인끼리 끌어당기는 힘을 만들어서 결과적으로 라인이 다발(묶음)로 되는 시뮬레이션을 만들 수 있다는 것이 조금 전의 과정이었습니다.

여기서 중요한 것은 다른 모든 라인과 짝을 이루는 것이 아니라 다발(묶음) 가능성이 있는 라인하고만 짝을 만든다는 것입니다. 만일 다른 라인과 짝이 된다면, 모든 라인이 서로 끌어당겨서 한 줄이 되어버리기 때문입니다.

그러면 무엇을 가지고 호환성을 계산하는가?
크게 나누면 다음 그림처럼 4가지의 핵심이 있습니다. 이러한 모든 점에서 호환성을 충족하고 있는 라인이 최종적으로 짝으로 인정되는 것입니다.

[★]1 Danny Holten and Jarke J. van Wijk, 2009, "Force-Directed Edge Bundling for Graph Visualization" Eurographics/ IEEE-VGTC Symposium on Visualization 2009, Volume 28 (2009), Number 3

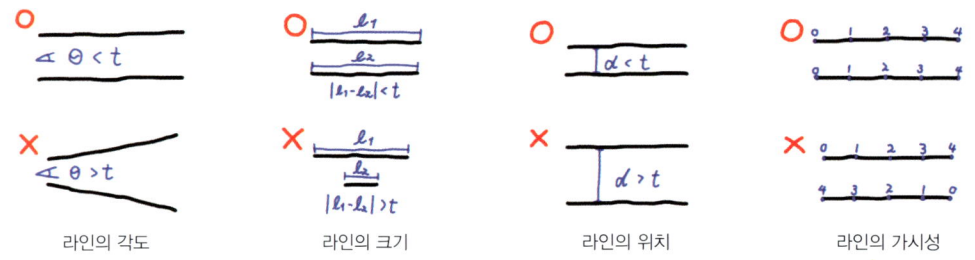

| 라인의 각도 | 라인의 크기 | 라인의 위치 | 라인의 가시성 |

각도 체크에서는 두 라인이 얼마나 평행하는가를 각도로 계산해서 체크합니다. 두 라인의 각도가 일정 각도 이하일 때 각도의 호환성을 받아들입니다. 그렇게하여 직각 등 극단적으로 각도가 클 경우에는 서로가 끌어당기지 않도록 합니다.

크기 체크에서는 두 라인의 크기 차이를 체크합니다. 만약 크기 차이가 임의의 임계값보다 작을 경우, 크기에 관해 호환성이 있다고 받아들이고 사이즈가 다른 라인끼리는 끌어당기지 않습니다.

위치 체크에서는 두 라인이 얼마나 떨어져 있는지를 체크합니다. 두 라인의 거리가 특정 임계값에 있을 때 위치 호환성을 충족한다고 받아들이고, 멀리 떨어져 있는 라인끼리는 끌어당기지 않습니다.

마지막으로, 가시성 체크에서는 각 라인의 시작점과 종점이 다른 라인의 시작점, 종점과 얼마나 떨어져 있는지를 체크합니다. 이 거리가 일정한 임계값 내에 있을 경우는 호환성이 있다고 받아들입니다. 예를 들면 1개의 라인에 대해서 다른 라인이 반대 방향을 향하고 있는 경우입니다. 그리고 힘을 더하는 과정에 문제가 없도록 하기 위해 체크를 합니다.

호환성을 확인하는 일련의 행위는 귀찮을 수도 있지만, 이 라인을 어떻게 해석하는지에 대한 관점 자체는 매우 범용성이 높아서 이번 레시피에 관계없이 다양한 장면에서 사용할 수 있을 것입니다.

☀ 라인에 추가하는 스프링 힘(Fs)

짝이 만들어지면, 각 라인을 구성하는 각 포인트에 스프링 힘(인장력)을 추가해서 탄력을 갖게 합니다. 여기서 말하는 스프링 힘은 직선에 외적인 힘을 가해 변형시켰을 때 그 라인이 원래대로 돌아가려는 힘을 말합니다. 라인의 각 포인트에 가하는 힘을 계산할 때는 다음의 계산식을 사용합니다.

$$F_{s1} = k_p \cdot \| p_1 - p_2 \|$$
$$F_{s2} = k_p \cdot \| p_2 - p_3 \|$$

F_{s1} : 엣지의 포인트에서 같은 엣지의 한쪽 방향으로 끌려가는 힘
F_{s2} : 엣지의 포인트에서 같은 엣지의 또 다른 한쪽 방향으로 끌려가는 힘
k_p : 엣지 P의 포인트를 위한 스프링 계수
p_1, p_2, p_3 : 엣지 P의 포인트

✹ 라인에 추가하는 서로 끌어당기는 힘(Fe)

Step 5에서 각 라인의 각 포인트에서 짝으로 된 라인을 향해 당기는 힘을 추가합니다. 이 힘에 의해 라인끼리 끌어당겨서 다발이 될 수 있습니다. 라인을 당기는 힘 계산에는 다음의 계산식을 사용합니다.

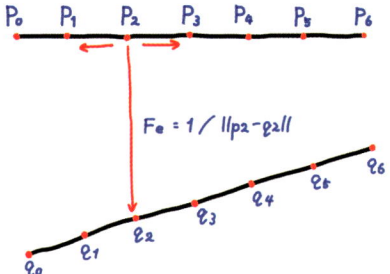

$$F_e = 1/\|p_2 - q_2\|$$

F_e : 엣지 P의 포인트에서 짝이 되는 엣지 Q의 번호가 대응하는 포인트에 끌려가는 힘.
p_2 : 엣지 P의 포인트
q_2 : 엣지 Q의 포인트

✹ 두 종류의 힘을 조합한 힘(FP)을 사용하여 라인을 변형

라인의 각 포인트에 추가하는 힘을 계산한 후, 모두 더해서 최종적으로 각 포인트에 걸려 있는 힘을 산출합니다. 각 포인트 번호 i에서의 힘을 조합하는 방법은 다음과 같은 식으로 나타낼 수 있습니다.

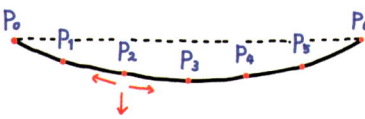 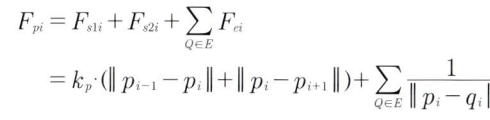

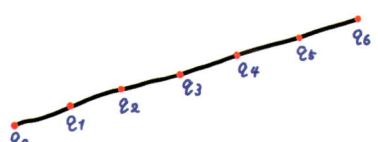

$$F_{pi} = F_{s1i} + F_{s2i} + \sum_{Q \in E} F_{ei}$$
$$= k_p \cdot (\|p_{i-1} - p_i\| + \|p_i - p_{i+1}\|) + \sum_{Q \in E} \frac{1}{\|p_i - q_i\|}$$

F_{pi} : 2개의 힘(Fs와 Fe)을 조합한 힘
k_p : 엣지 P의 정점을 위한 스프링 계수
p_i : 엣지 P의 각 포인트
p_{i-1}, p_{i+1} : 엣지 P의 각 포인트 옆의 포인트
q_i : 엣지 Q의 각 포인트

이들이 Step 4~6을 몇 번이나 반복하는 것으로 짝이 된 라인끼리 서로 끌어당기게 되어, 서서히 낫또와 같은 라인의 다발을 만들게 되는 것입니다. 이번 레시피에서는 후디니를 사용하여 이 과정을 재현해 보겠습니다.

Edge Bundling 엣지 번들링의 레시피

낫또의 실처럼 다발(묶음)이 되어 서로 끌어당기는 와이어 시뮬레이션을 만들어 보겠습니다. 와이어의 배치를 잘 다룰 수 있다면 다른 배치에서도 시뮬레이션이 가능합니다. 이번 레시피에서 방법을 터득하면 자신만의 스타일로 셋업해 보시길 바랍니다. 이 와이어가 서로 끌어당기는 시뮬레이션에는 스프링 같은 힘을 사용하고 있습니다만, 편의상의 이유로 후디니의 물리 연산계는 사용하지 않고 VEX 코드로 진행해 보겠습니다.

네트워크 다이어그램

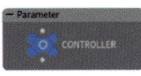

Step 1
베이스 와이어를 만든다.

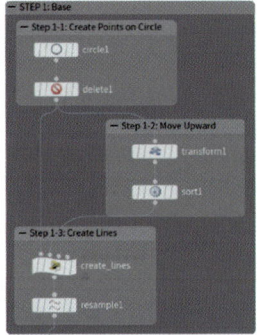

Step 2
엣지 · 번들링 설정을 한다.

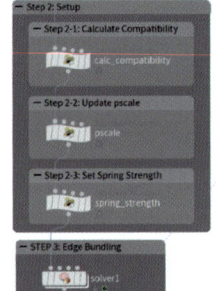

Step 3
엣지 · 번들링 계산을 한다.

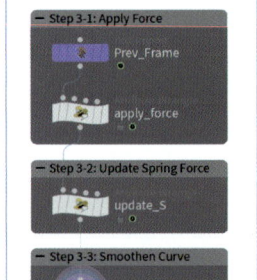

Step 4
엣지 · 번들링 표현을 한다.

메인 파라미터

이름	유형	범위	기본값	설명
division	Integer	10 – 1000	150	와이어의 수
size	Float	0 – 50	20	전체 크기
segments	Integer	0 – 100	29	와이어의 분할수
compatibility_thresh	Float	0 – 1	0.85	호환성의 임계값
max_pscale	Float	0 – 1	0.7	포인트의 최대 스케일값
min_pscale	Float	0 – 1	0.25	포인트의 최소 스케일값
spring_strength	Float	0 – 1	0.076	스프링의 강도
spring_strength_ratio	Float	0 – 1	1	스프링의 강도 보유율
stiffness	Float	0 – 1	0.1	스프링의 *강성

*강성 : 어떤 물체가 외부로부터 압력을 받아도 모양이나 부피가 변하지않는 단단한 성질

Step 1

1-1 원형 만들기

와이어를 만들 때의 시점이 되는 점의 군집(무리, 떼)을 만듭니다.

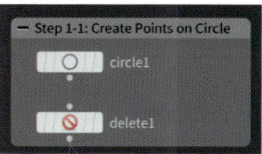

Circle노드 파라미터를 다음과 같이 설정해서 원형 폴리곤을 만듭니다. 또한 Uniform Scale와 Divisions는 아래와 같이 설정해서 메인 파라미터와 링크합니다.

Uniform Scale: `ch("../CONTROLLER/size")`
Divisions: `ch("../CONTROLLER/division")`

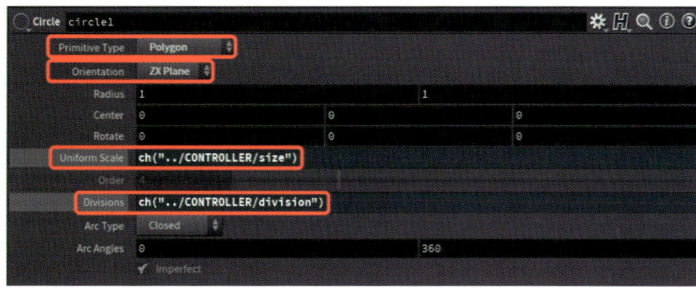

Circle 노드의 파라미터

Delete노드 Circle 노드와 연결합니다. Pattern의 파라미터는 *, Keep Points 체크박스는 on으로 하고 포인트를 남기고 프리미티브를 삭제합니다. 그 결과 원형의 바깥 둘레 포인트만을 얻을 수 있습니다.

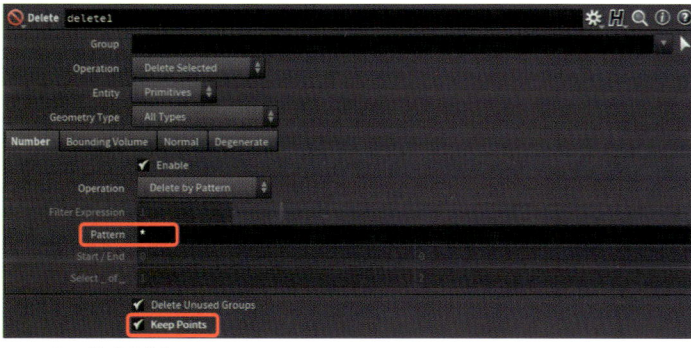

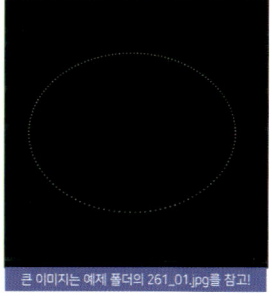

Delete 노드의 파라미터

1-2 서리의 베이스 포인트 만들기

이제 와이어의 종점이 되는 포인트를 만들겠습니다. 이번에는 단순히, 시점이 되는 포인트를 위쪽 방향(Y축)으로 이동하여 포인트의 순서를 랜덤하게 적용, 난잡하게 이어진 와이어 군집(무리,떼)을 만들겠습니다.

Transform노드 Delete 노드와 연결하고, Translate의 파라미터를 다음과 같이 설정하여 Y방향으로 임의의 값으로 이동합니다.

Translate(Y): `ch("../CONTROLLER/size")*3`

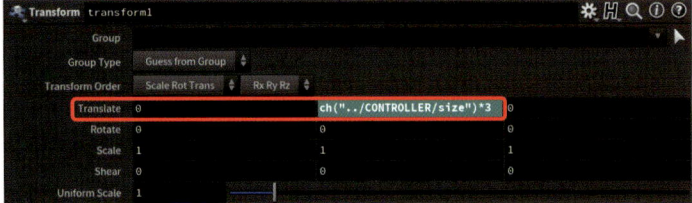

Transform 노드의 파라미터

Sort노드   Transform 노드와 연결하고, Point Sort의 파라미터를 Random으로 설정하고 포인트 순서를 랜덤하게 합니다.

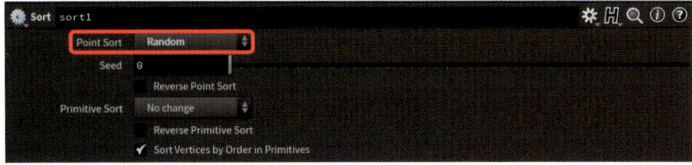

Sort 노드의 파라미터

1-3 2개의 원 사이에 선을 만들기

위아래로 배치된 포인트끼리 연결해서 와이어를 만듭니다.

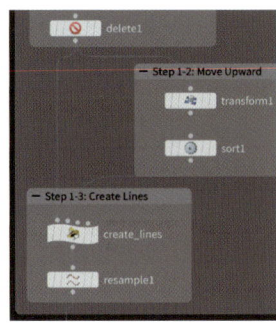

Point Wrangle노드   첫 번째 인풋에 Delete 노드를 연결하고, 두 번째 인풋에 Sort 노드를 연결합니다. 그리고 다음과 같은 VEX 코드를 입력합니다.

《Point Wrangle노드의 코드》

```
// 두 번째 인풋부터 첫 번째 인풋의 포인트 번호에 대응하는
// 번호의 포인트 위치를 취득한다.
vector npos = point(1, "P", @ptnum);
// 취득한 포인트 위치에 새로 포인트를 추가한다.
int pt = addpoint(0, npos);



// 첫 번째 입력에서 얻은 포인트와
// 새로 만든 포인트 사이에 라인을 만든다.
int line = addprim(0, "polyline", pt, @ptnum);
```

라인이 생기면 변형에 대응할 수 있도록 라인을 세분화합니다.

Resample노드   Point Wrangle 노드와 연결해서 다음과 같이 파라미터를 설정하고 라인을 임의의 분할수로 세분화합니다. 또한 segments의 파라미터는 메인 파라미터와 링크시켜 둡니다.

segments: ch("../CONTROLLER/segments")

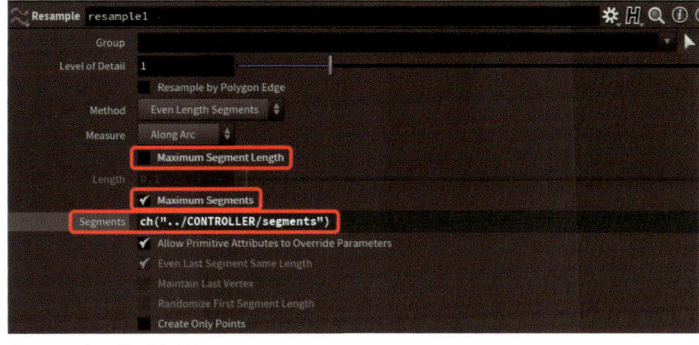
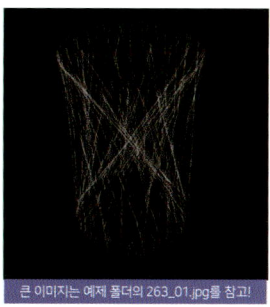

큰 이미지는 예제 폴더의 263_01.jpg를 참고!

Resample 노드의 파라미터

Step 2

2-1 호환성 계산하기

엣지·번들링의 시뮬레이션에서 중요한 와이어끼리의 호환성 계산을 실행합니다. 이 계산 결과로 호환성 있는 와이어끼리 짝을 만들도록 설정합니다.

`Primitive Wrangle노드` Resample 노드와 연결하여 다음과 같이 VEX 코드를 작성합니다.

먼저, 라인에 포인트의 최단 투영 위치를 계산하는 함수를 만듭니다.

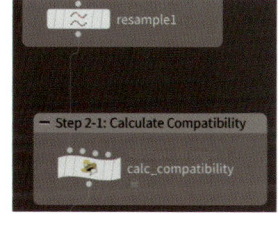

《Primitive Wrangle노드의 코드》

```
// 인수로
// a(라인의 시점 위치)
// b(라인의 종점 위치)
// p(프로젝션하는 포인트의 위치)를 갖는 함수를 만든다.
function vector getclosestpoint(vector a; vector b; vector p)

    vector atop = p - a; // a에서 p로 향하는 벡터를 만든다.
    vector atob = b - a; // a에서 b로 향하는 벡터를 만든다.
    float atob2 = pow(length(atob), 2); // atob의 벡터의 크기를 2승 한다.
    float dot = dot(atop, atob); // atop와 atob의 내적을 계산한다.
    float t = dot / atob2; // 내적의 결과를 atob2로 나눈다.

    // a의 값에 atob를 t로 곱한 값을 더함으로써,
    // a와 b를 연결하는 라인상에 p를 투영했을 때의 위치 정보를 얻을 수 있다.
    vector closestp = a + atob*t;
    // 투영된 p의 위치 정보를 돌려준다.
    return closestp;
}
......
```

이후 알고리즘 항목에서 설명한 호환성 계산을 실시하겠습니다. 우선은 각 라인에서 필요한 정보를 취득합니다.

```
......
// 각 라인의 프리미티브에 속하는 포인트 목록을 취득한다.
int pts[] = primpoints(0, @primnum);
// 라인의 시점인 리스트의 첫 번째 포인트 번호를 취득한다.
int ptS = pts[0];
// 라인의 종점인 리스트의 마지막 포인트 번호를 취득한다.
int ptE = pts[len(pts)-1];
// 라인의 시점의 위치를 취득한다.
vector posS = point(0, "P", ptS);
// 라인의 종점의 위치를 취득한다.
vector posE = point(0, "P", ptE);
// 라인의 중점의 위치를 계산한다.
vector posM = (posS + posE) * 0.5;
// 라인의 길이를 잰다.
float dist = distance(posS, posE);
......
```

그리고 알고리즘에서도 설명한 것처럼 각도, 크기, 위치, 가시성 이렇게 4개의 호환성 체크합니다.

```
......
// 자신의 라인과 짝을 이룰 수 있는 다른 라인의 번호를 저장할 리스트를 만든다.
int prims[] = {}; // prims라는 이름의 빈 배열
for(int i=0; i<nprimitives(0); i++){ // 라인의 수만큼 루프를 돌린다.
    // 현재 계산하고 있는 대상의 라인과 i 번째 라인이 다른경우
    if(@primnum != i){
        // i 번째 라인에서 필요한 정보를 취득한다.
        int npts[] = primpoints(0, i); // 포인트의 리스트를 취득한다.
        int nptS = npts[0]; // 시점의 번호를 취득한다.
        int nptE = npts[len(npts)-1]; // 종점의 번호를 취득한다.
        vector nposS = point(0, "P", nptS); // 시점의 위치를 취득한다.
        vector nposE = point(0, "P", nptE); // 종점의 위치를 취득한다.
        vector nposM = (nposS + nposE) * 0.5; // 중점의 위치를 취득한다.
        float ndist = distance(nposS, nposE); // 길이를 취득한다.

        // ・각도의 호환성 체크
        // 비교할 원래 라인과 루프 내에서 얻은 i 번째 라인의 각도를 0~1의 범위가 되도록 계산한다.
        // 1에 가까울수록 2개 라인은 평행하고, 0에 가까울수록 직각의 각도에 가까운 것을 의미한다.

        float angle_val = abs(dot(normalize(posE-posS), normalize(nposE-nposS)));

        // ・크기의 호환성 체크
        // 비교할 원래 라인과 루프 내에서 얻은 i 번째 라인의 평균치를 취득한다.

        float lavg = (dist + ndist) * 0.5;
        // 2개 라인의 크기의 차이를 0~1의 범위가 되도록 계산한다. 1에 가까울수록 2개 라인의
        // 길이가 가까운 것을 의미하며, 0에 가까울수록 라인 길이의 차이가 커짐을 의미한다.
        float scale_val = 2.0 / (lavg / min(dist, ndist) + max(dist, ndist) / lavg);

        // ・위치의 호환성 체크
```

```
            // 2개 라인의 중점으로부터 위치가 얼마나 떨어져 있는지를 0~1의 범위가 되게 계산한다.
            // 값이 1에 가까울수록 2개 라인이 가까운 것을 의미하며 0에 가까울수록 먼 것을 의미한다.
            float pos_val = lavg / (lavg + distance(posM, nposM));

            // ・가시성 호환성 체크
            // 비교할 원래 라인의 시점을 루프 내에서 얻은 i 번째 라인에 프로젝션 했을 때의 위치를 취득한다.
            vector iposS = getclosestpoint(nposS, nposE, posS);
            // 비교할 원래 라인의 종점을 루프 내에서 얻은 i 번째 라인에 프로젝션 했을 때의 위치를 취득한다.
            vector iposE = getclosestpoint(nposS, nposE, posE);
            // 프로젝션된 2개의 비교할 원래 라인의 포인트 중점의 위치를 계산한다.
            vector iposM = (iposS + iposE) * 0.5;
            // 루프 내에서 얻은 i 번째 라인의 시점을 비교할 원래 라인에 프로젝션 했을 때의 위치를 취득한다.
            vector inposS = getclosestpoint(posS, posE, nposS);
            // 루프 내에서 얻은 i 번째 라인의 종점을 비교할 원래 라인에 프로젝션 했을 때의 위치를 취득한다.
            vector inposE = getclosestpoint(posS, posE, nposE);
            // 프로젝션된 두 개의 i 번째 라인의 포인트 중점을 계산한다
            vector inposM = (inposS + inposE) * 0.5;
            // posM과 inposM의 거리에서 inposS와 inposE의 거리를 나누고, 2로 곱한 값을 만들고,
            // 1의 값으로부터 뺀 값을 최소값이 0이 되게 계산한다.
            float v1 = max(1.0 - 2*(distance(posM, inposM)) / distance(inposS, inposE), 0);
            // nposM과 iposM의 거리에서 iposS와 iposE의 거리를 나누고, 2에서 곱한 값을 만들고,
            // 1의 값으로부터 뺀 값을 최소값이 0이 되도록 계산한다.
            float v2 = max(1.0 - 2*(distance(nposM, iposM)) / distance(iposS, iposE), 0);
            // v1과 v2의 값에서 낮은 쪽의 값을 취득한다. 이 값이 1에 가까울수록 가시성이 좋은 것을
            // 의미하고, 0에 가까울수록 가시성이 나쁜 것을 의미한다.
            float vis_val = min(v1, v2);

            // ・호환성을 통합한다.
            // 4개의 모든 호환성의 값을 곱한 값이
            // 호환성의 임계값으로 읽어 들인 파라미터 값보다 큰 경우
            if(angle_val * scale_val * pos_val * vis_val > chf("threshold")){
                // 2개의 라인은 호환성이 있다고 판단하고, prims의 배열에 비교할 원래 라인에 대해서
                // 짝이 되는 라인의 번호 i의 값을 추가해 나간다.
                append(prims, i);
            }
        }
    }
}
// 비교할 원래 라인의 prims 정수 배열의 어트리뷰트에
// 그 라인과 짝이 되는 라인의 번호 리스트를 저장한다.
i[]@prims = prims;
```

threshold 파라미터는 아래와 같이 메인 파라미터와 링크시켜 둡니다.

threshold: ch("../CONTROLLER/compatibility_thresh")

| Threshold | ch("../CONTROLLER/compatibility_thresh") |

Primitive Wrangle 노드의 파라미터

2-2 와이어 두께를 계산하기

다음으로, 와이어의 표현을 함에 있어서 포인트에 스케일 값을 pscale로 저장합니다.

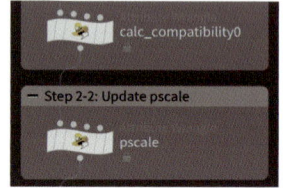

Primitive Wrangle노드 첫 번째 인풋에 Step 2-1에서 만든 Primitive Wrangle 노드를 연결해서 다음 VEX 코드를 입력합니다.

《Primitive Wrangle노드의 파라미터》

```
// 포인트의 최대 스케일 값을 나타내는 파라미터 값을 읽어들인다.
float maxscale = chf("max_scale");
// 포인트의 최소 스케일 값을 나타내는 파라미터 값을 읽어들인다.
float minscale = chf("min_scale");

// 라인을 구성하는 포인트 리스트를 취득한다.
int pts[] = primpoints(0, @primnum);
for(int i=0; i<len(pts); i++){ // 리스트 속의 포인트 수만큼 루프를 돌린다.
    // 개개의 포인트 번호를 취득한다.
    int pt = pts[i];
    // 포인트의 순서를 0~ Π의 범위에 리맵핑하고, ang 변수에 대입한다.
    float ang = fit(i, 0, len(pts)-1, 0, $PI);
    // sin 함수와 ang의 값을 사용하여 지정된 범위에서 스케일 값을 만들고, pscale의 변수에 대입한다.
    float pscale = fit(sin(ang), 0, 1.0, maxscale, minscale);
    // 얻어진 스케일 값을 포인트에 있는 pscale라는 이름의 어트리뷰트에 저장한다.
    setpointattrib(0, "pscale", pt, pscale);
}
```

max_scale와 min_scale는 다음과 같이 메인 파라미터와 링크시켜 둡니다.

max_scale: `ch("../CONTROLLER/max_pscale")`
min_scale: `ch("../CONTROLLER/min_pscale")`

Primitive Wrangle 노드의 파라미터

이 코드에서는 sin을 베이스로 해서 pscale의 값을 물결 모양으로 와이어의 각 포인트에 저장하고 있습니다.

2-3 스프링의 힘을 설정하기

어트리뷰트에 스프링(끌어 당기는 힘)을 저장합니다.

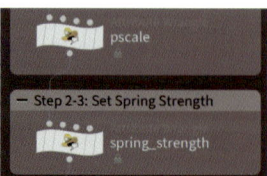

Attribute Wrangle노드 파라미터의 Run Over를 `Detail(only once)`로 설정한 다음, VEX 코드를 셋업합니다.

Attribute Wrangle 노드의 파라미터

《Attribute Wrangle 노드의 코드》

```
// 스프링의 강도를 나타내는 파라미터 값을 읽어서 디테일에 S라는 이름의 어트리뷰트에 저장한다.
f@S = chf("S");
// 스프링의 강도 보유율을 나타내는 파라미터 값을 읽어서,
// 디테일의 S_rate라는 이름의 어트리뷰트에 저장한다.
f@S_rate = chf("S_rate");
```

또한, S와 s_rate의 파라미터도 아래와 같이 설정해 둡니다.

S: ch("../CONTROLLER/spring_strength")
S_rate: ch("../CONTROLLER/spring_strength_ratio")

Attribute Wrangle 노드의 파라미터

이것으로 엣지·번들링 시뮬레이션에 필요한 준비는 끝났습니다. 그럼 이제 시뮬레이션을 해 보겠습니다.

Step 3

엣지·번들링도 재귀적인 계산이 필요하기 때문에 Solver를 사용합니다.

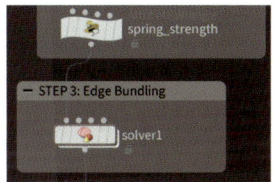

Solver노드 첫 번째 인풋과 Step 2-3에서 만든 Attribute Wrangle 노드와 연결합니다. Solver 네트워크로 들어가서 시뮬레이션 내용을 작성하겠습니다.

3-1 와이어에 힘을 추가해서 변형시키기

본 레시피 중에서 가장 중요한 단계인 엣지·번들링의 계산을 실시합니다.

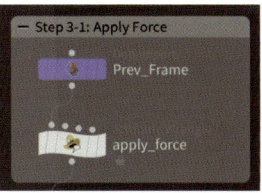

Primitive Wrangle노드 첫 번째 인풋에 Prev_Frame 라는 이름의 노드를 연결하고 다음과 같이 VEX 코드를 작성합니다

우선은 메인 파라미터를 읽어들입니다

《Primitive Wrangle 노드의 코드》

```
// 스프링의 강성을 나타내는 파라미터 값을 읽어들인다.
float K = chf("K");
......
```

K: ch("../../../../CONTROLLER/stiffness")

Primitive Wrangle 노드의 파라미터

필요한 어트리뷰트를 포인트, 프리미티브, 디테일에서 취득합니다.

......
```
// 디테일 어트리뷰트에서 스프링 강도의 어트리뷰트 값을 읽어들인다.
float S = detail(0, "S");
// 프리미티브에 저장되어 있는 짝이 될 라인의 번호가 들어간 리스트를 취득한다.
int prims[] = i[]@prims;
// 프리미티브를 구성하는 포인트 번호의 리스트를 취득한다.
int pts[] = primpoints(0, @primnum);
// 포인트 번호 목록의 맨 첫 번째 번호를 취득한다. 이것은 라인의 시작점(시점)을 의미한다.
int ptS = pts[0];
// 포인트 번호 목록의 마지막 번호를 취득한다. 이것은 라인의 종점을 의미한다
int ptE = pts[len(pts)-1];
// 시점의 위치를 취득한다.
vector posS = point(0, "P", ptS);
// 종점의 위치를 취득한다.
vector posE = point(0, "P", ptE);
// 라인의 길이를 잰다.
float dist = distance(posS, posE);
......
```

(알고리즘 항목에서 설명한) 커브가 원래의 라인으로 돌아가려고 하는 힘과 서로 당기는 힘을 만들어 포인트를 변형시킵니다.

```
......
// 커브를 구성하는 포인트의 리스트 수를 -2한 만큼 루프를 돌린다.
for(int n=1; n<len(pts)-1; n++){
    int pt = pts[n]; // n 번째 포인트 번호를 취득한다.
    int ptA = pts[n-1]; // n-첫 번째 포인트 번호를 취득한다.
    int ptB = pts[n+1]; // n+첫 번째 포인트 번호를 취득한다.
    vector pos = point(0, "P", pt); // n 번째 포인트 위치를 취득한다.
    vector posA = point(0, "P", ptA); // n-첫 번째 포인트 위치를 취득한다.
    vector posB = point(0, "P", ptB); // n+첫 번째 포인트 위치를 취득한다.

    // 한쪽으로 당겨지는 힘을 벡터로 만든다.
    vector f1 = (posA - pos) * K / dist * len(pts);
    // 다른 한쪽으로 당겨지는 힘을 벡터로 만든다.
    vector f2 = (posB - pos) * K / dist * len(pts);

    // 짝끼리 끌어당기는 힘의 변수를 만든다.
    vector f3 = {0,0,0};
    for(int i=0; i<len(prims); i++){ // 짝 라인 수만큼 루프를 돌린다.
        // 짝 라인을 구성하는 포인트 리스트를 취득한다.
        int npts[] = primpoints(0, prims[i]);
        // 짝 라인을 구성하는 라인의 n 번째 번호를 취득한다.
        int npt = npts[n];
        // n 번째의 짝 라인의 포인트 위치를 취득한다.
        vector npos = point(0, "P", npt);
        // 라인의 n 번째 포인트부터 짝 라인의 n 번째 포인트로 향하는 벡터를 만들고,
        // 그 벡터를 그 2개의 포인트의 거리로 나눈다.
        vector tf = (npos - pos) * 1.0 / distance(pos, npos);
```

```
            // 방금 만든 벡터 크기가 라인의 n 번째 포인트와
            // 짝인 라인의 n 번째 포인트 사이의 거리보다 작을 경우
            if(length(tf) < distance(pos, npos)){
                 f3 += tf; // 짝끼리 잡아당기는 힘 f3에 만든 벡터 tf을 더한다.
            }
        }
        // 라인으로 돌아가려고 하는 힘 f1, f2와  짝끼리 잡아당기는 힘 f3를 더해서,
        // 스프링의 강도로 힘을 조정한다.
        vector f = (f1 + f2 + f3) * S;
        // 만든 힘으로 포인트 위치를 움직여서 갱신한다.
        setpointattrib(0, "P", pt, pos + f);
}
```

3-2 스프링의 힘을 갱신하기

(경우에 따라) 시간의 경과에 따라서 스프링의 힘을 감쇠시키고 싶은 상황도 있을 수 있으므로 그에 따른 준비도 해 보겠습니다.

`Attribute Wrangle노드` 파라미터의 Run Over를 Detail(only once)로 하고, 다음과 같이 VEX 코드를 작성합니다.

《 Attribute Wrangle노드의 코드 》

```
// 디테일 어트리뷰트에 저장된 스프링의 강도 유지율을 업데이트한다.
f@S *= detail(0, "S_rate");
```

Attribute Wrangle 노드의 파라미터

이 코드에서는 디테일 어트리뷰트에 저장되어 있는 스프링의 힘의 감쇠율을 읽어서 스프링의 힘에 곱해서 힘을 약화시킵니다. 이것이 매 프레임마다 불러짐으로써 스프링의 힘이 서서히 약해진다는 치수입니다.

3-3 와이어를 매끄럽게 하기

이 상태로는 다소 와이어가 딱딱하게 보이기 때문에 Solver 안의 마지막 단계로 와이어를 부드럽게 합니다.

`Smooth노드` Attribute Wrangle 노드와 연결해서 와이어를 부드럽게 합니다.

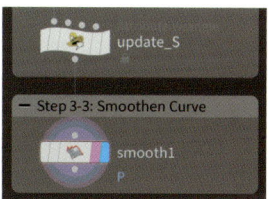

이상으로, Solver 네트워크 안에서의 처리는 끝입니다. Solver 네트워크를 빠져 나와서 재생해 보면, 서서히 짝이 된 와이어끼리 만나서 낫또 다발과 같은 시뮬레이션을 할 수 있게 됩니다.

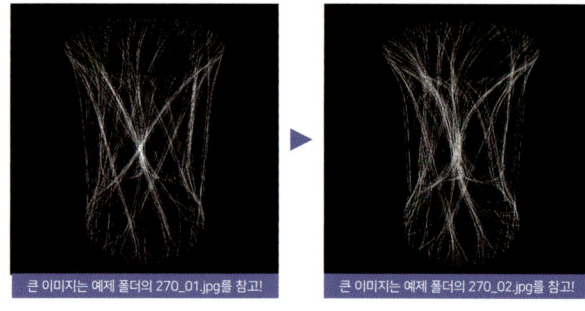

큰 이미지는 예제 폴더의 270_01.jpg를 참고! 큰 이미지는 예제 폴더의 270_02.jpg를 참고!

Step 4

4-1 와이어에 두께 주기

시뮬레이션은 완성했지만, 커브 상태로는 렌더링을 할 수 없기 때문에 커브에 두께를 줍니다.

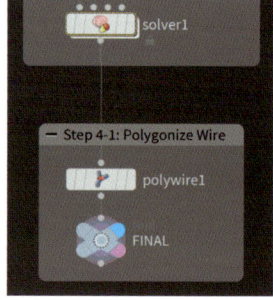

PolyWire노드 Solver 노드와 연결해서 Wire Radius와 Divisions의 파라미터를 다음과 같이 설정합니다.

Wire Radius: `point("../" + opinput(".", 0), $PT, "pscale", 0)`

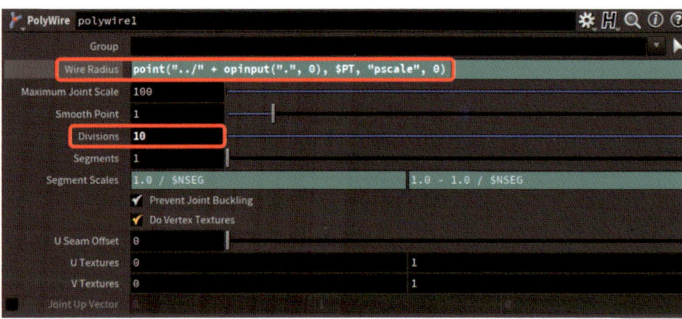

PolyWire 노드의 파라미터

이것으로 포인트에 저장된 pscale에 따라 와이어에 두께를 줄 수 있습니다.

Null노드 마지막으로 FINAL이라는 이름으로 Null 노드를 만들고, PolyWire 노드와 연결해서 완성합니다.

여기까지 됐다면, CONTROLLER의 파라미터를 컨트롤해서 와이어가 서로 끌어당길 때의 차이를 확인해 보세요. 예를 들면 compatibility_thresh라는 호환성의 임계값을 변화시키면 와이어끼리 짝이 만들어지는 방식이 변경됩니다. 그외에도 와이어 자체를 만들어서 배치하면서 엣지·번들링의 시뮬레이션을 응용해 보시기 바랍니다.

> 제작과정 동영상 >> 엣지번들링.mp4

큰 이미지는 예제 폴더의 270_03.jpg를 참고!

메인 파라미터
division: 257
size: 20
segments: 29
compatibility _thresh: 0.894
max_pscale: 0.596
min_pscale: 0.15
spring_strength: 0.076
spring _strength_ratio: 1
stiffness: 0.1

메인 파라미터
division: 981
size: 20
segments: 29
compatibility _thresh: 0.91
max_pscale: 0.068
min_pscale: 0.068
spring_strength: 0.076
spring _strength_ratio: 1
stiffness: 0.1

15
Snowflake
눈의 결정

Symmetry(좌우가 대칭되는) 형상은 오래 전부터 사람을 매료시켜 왔습니다. 그중에서도 하늘에서 내리는 눈의 결정은 자연계에 존재하는 Symmetry 형상으로 유명하고 그 종류와 아름다움은 사람들에게 많은 주목을 받고 있습니다. 눈의 결정의 형상은 다양하지만 모두 육각형 베이스로 되어 있는 것을 알 수 있습니다. 이 눈의 결정을 만드는 방법에 관해서는 다양한 연구가 진행되어 있고, 컴퓨터로 도 여러 개 발표되고 있습니다. 대부분의 많은 눈 결정 알고리즘은 2차원 베이스지만, 얀코 그라브너(Janko Gravner)와 데이비드 그리피스(David Griffeath)의 논문 「Modeling Snow Crystal Growth III」에서 눈 결정의 성장 과정을 3차원으로 재현하는 시뮬레이션 방법이 제안되었습니다. 이 논문의 알고리즘으로 생성된 눈의 결 정결과가 실제와 매우 흡사하기 때문에 이번 장에서는 이 알고리즘을 설명하고 보이나게 구현해 봅니다.

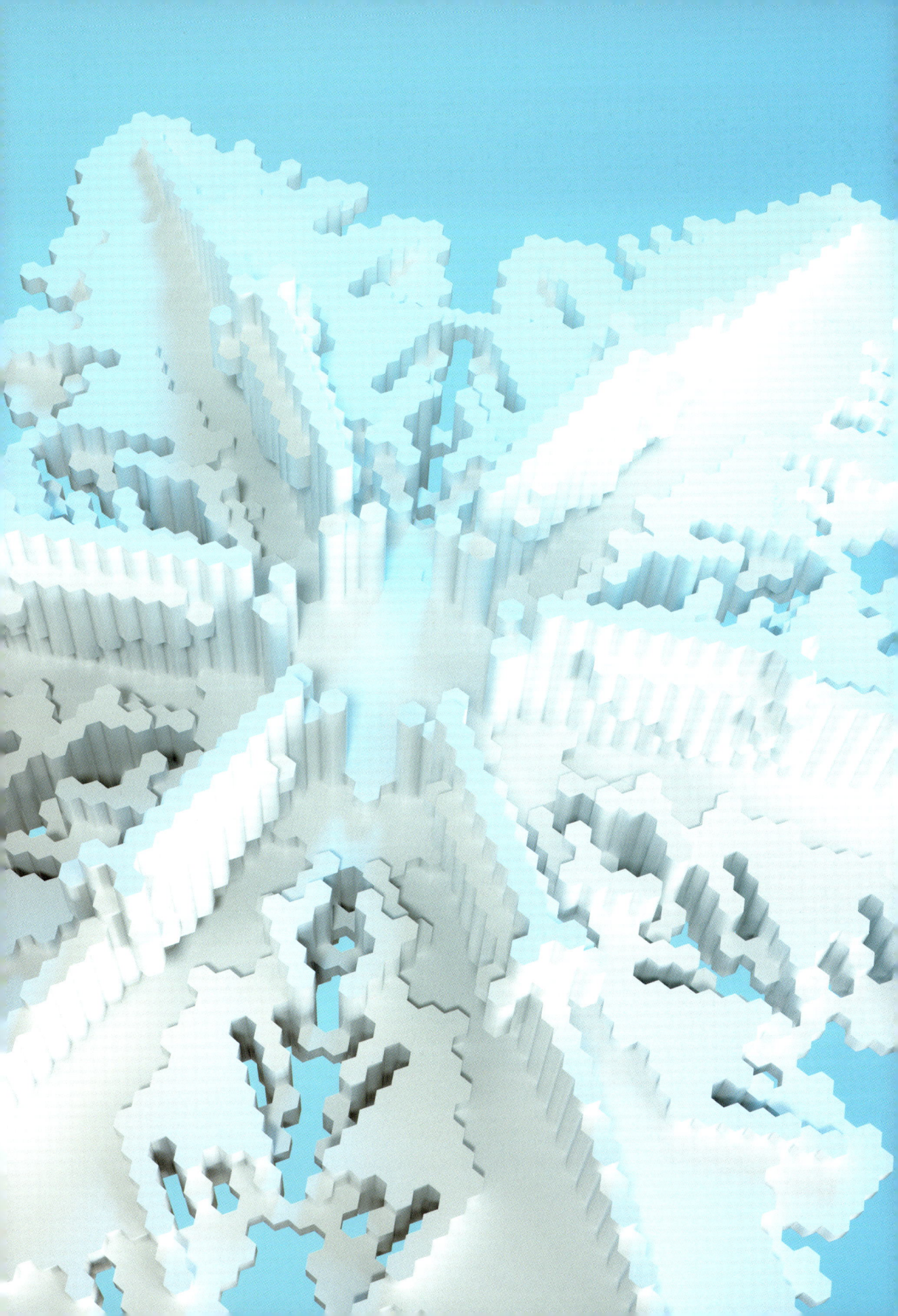

Snowflake 눈의 결정 알고리즘

❄ 눈의 결정 형상

눈의 결정의 베이스는 육각형이고, 확대해서 보면 Symmetry(좌우대칭)임을 알 수 있습니다. 성장 과정에서 기온이나 습도에 따라서 다양한 형상이 만들어지면서 여섯 방향으로 대칭적인 가지를 뻗어나갑니다.

눈의 결정[*1]

눈의 결정이 만들어지는 과정은 온도저하에 의해 수증기를 담은 공기가 냉각되면 기체가 응결되어 고체화되고 얼음 알갱이가 됩니다. 이렇게 새로 만들어진 얼음 알갱이는 이미 만들어져 있던 얼음 알갱이와 결합하는데 이것이 반복되면 마치 화학 반응처럼 서서히 결정이 만들어지는 것입니다.

얼음 알갱이끼리 결합할 때 수소결합이라 부르는 당기는 힘이 작용하며, 평면 방향, 수직 방향으로 성장합니다. 평면 방향으로 성장하는 경우의 결합 각도는 120도가 되어 결국 육각형 구조를 만들어 낼 수 있습니다.

❄ 눈의 결정 생성 알고리즘

이미 발표된 눈의 결정 알고리즘은 2차원을 베이스로 한 것이 많고 평면으로만 성장하는 것들이 대부분입니다. 그러나 이왕이면 3차원으로 결정을 만들어보고 싶어서 선행 연구를 찾아봤더니 Gravner와 Griffeath에 의한 논문 「Modeling Snow Grystal Growth Ⅲ」을 찾을 수 있었습니다. [*2].

이 논문에서는 수직 방향으로의 성장도 추가한 3차원 결정 성장의 시뮬레이션이 설명되어 있습니다. 이 논문으로 완성되는 형태도 실제 눈의 결정과도 매우 비슷하고, 파라미터를 조정하면 다양한 형상으로 만들어 낼 수 있기에 이번에 구현해 보려고 합니다. 본 논문에서는 눈의 결정 시뮬레이션을 진행할 때 다음과 같은 룰을 설정하고 있습니다.

★1 by Wilson Bentley (wea02082, NOAA's National Weather Service (NWS) Collection)

◎ 높이 방향으로 쌓아 올려진 육각형 그리드 위에 결정이 생성된다.
◎ 각 육각형의 셀은 결정화를 위한 메타데이터를 가지고 있다.
◎ 셀은 결정화된 셀과 수증기의 셀 2가지가 있다.
◎ 결정에 접해 있는 수증기의 셀 층을 경계층이라고 부른다.
◎ 경계층의 셀은 수증기의 확산·동결·결합(결정화)의 흐름 순으로 변화되어 결정이 된다.
◎ 결정 밖의 수증기는 *등방성으로 평면 방향으로 확산한다.
◎ 결정 밖의 수증기는 가끔 수직 방향으로 드리프트한다.
◎ 결정 경계의 볼록 상태와 방향(각도)에 따라 결정화 조건이 달라진다.
◎ 결정의 경계가 녹음으로써 경계층을 만든다.

*등방성 : 물질의 물리적 성질이 방향이 바뀌어도 일정한 성질

많은 룰이 있지만, 육각형 그리드 위의 각 셀에 인접하는 셀의 조건에 따라서 서서히 결정화시키는 구체적인 알고리즘은 다음과 같은 흐름으로 설명할 수 있습니다. (이 구조는 서로 인접하는 셀의 상황에 호응해서 각 셀의 상태를 변화시키는 「cellular automaton」이라 부르는 알고리즘이 베이스입니다.).

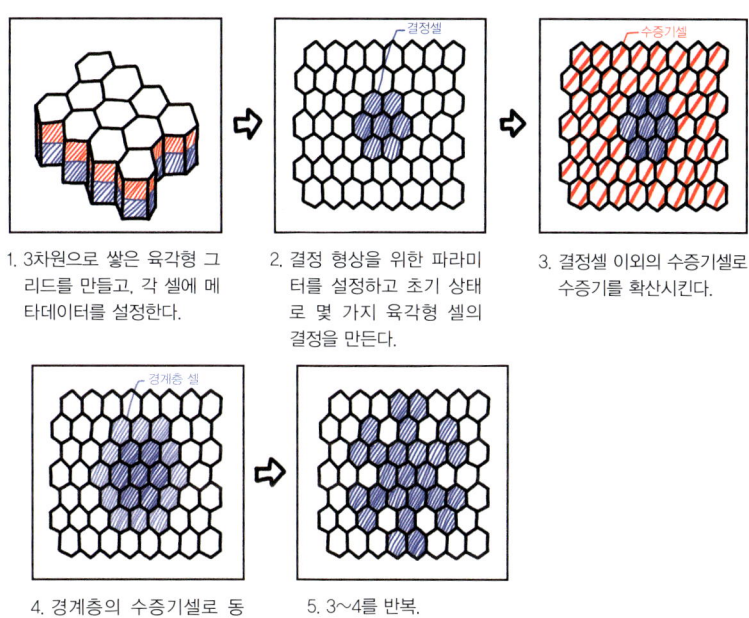

1. 3차원으로 쌓은 육각형 그리드를 만들고, 각 셀에 메타데이터를 설정한다.
2. 결정 형상을 위한 파라미터를 설정하고 초기 상태로 몇 가지 육각형 셀의 결정을 만든다.
3. 결정셀 이외의 수증기셀로 수증기를 확산시킨다.
4. 경계층의 수증기셀로 동결·결합·융해 계산을 실행한다.
5. 3~4를 반복.

이 과정들을 순서대로 설명해 보겠습니다.

✸ 1. 육각형 그리드의 각 셀이 가지는 메타 데이터에 대해서

눈의 결정 생성은 높이 방향으로 육각형 그리드가 쌓이는 형태로 진행됩니다. 그 다음, 각 셀에 다음과 같은 정보를 저장합니다. 이 정보를 사용하면 수증기가 서서히 결정화되는 시뮬레이션을 재현할 수 있습니다.

◎ 경계 질량(Boundary Mass) : 경계층 셀의 동결 상태를 나타내는 질량
◎ 확산 질량(Diffusion Mass) : 셀의 수증기 확산 상태를 나타내는 질량
◎ 경계층 플래그(Boundary Flag) : 셀이 경계층인지 아닌지의 플래그

★2   Janko Gravner and David Griffeath, 2008, "Modeling snow crystal growth: a three-dimensional mesoscopic approach" Phys. Rev. E 79, 011601, Published 6 January 2009

◎ 결정 플래그(Snowflake Flag): 셀이 결정인지 아닌지의 플래그
◎ 결정의 경계 플래그(Snowflake Edge Flag): 셀이 경계층과 인접하는 결정인지 아닌지의 플래그
◎ 평면방향 결정수(Horizontal Neighbour Count): 셀과 평면방향으로 서로 인접하는 결정의 수
◎ 수직 방향 결정수(Vertical Neighbour Count): 셀과 수직 방향으로 서로 인접하는 결정의 수

✹ 2-1. 서로 이웃하는 결정의 수에 따라서 변화하는 파라미터에 대해서

본 알고리즘에서는, 결정의 형상을 정하기 위해 경계층의 수증기가 결정화하는 속도와 관련된 여러 개의 파라미터를 사용합니다. 또, 경계층의 수증기셀이 평면 방향과 수직 방향으로 몇 개의 결정셀이 있는지에 따라 파라미터를 변화시킵니다. 많은 결정으로 둘러싸여 있는 수증기셀은 그만큼 결정화되는 속도가 빨라지고, 반대로 서로 이웃하는 결정이 적을 경우에는 결정화 속도도 떨어집니다. 옆에 있는 결정의 수에 따라서 파라미터를 다음의 7가지로 나눕니다.

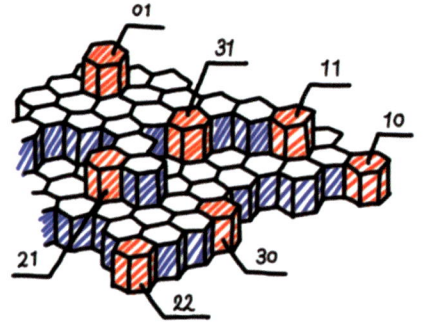

01 타입 : 평면 방향으로 0개, 수직 방향으로 1개 이상의 경우
10 타입 : 평면 방향으로 1개, 수직 방향으로 0개의 경우
11 타입 : 평면 방향으로 1개, 수직 방향으로 1개 이상의 경우
20 타입 : 평면 방향으로 2개, 수직 방향으로 0개의 경우
21 타입 : 평면 방향으로 2개, 수직 방향으로 1개 이상의 경우
30 타입 : 평면 방향으로 3개 이상, 수직 방향으로 0개의 경우
31 타입 : 평면 방향으로 3개 이상, 수직 방향으로 1개 이상의 경우

예를 들어, 동결에 관련된 경계층의 셀 파라미터(k)를 정할 때, 경계층의 수증기셀이 평면으로 2개의 결정이 접해 있고 수직으로 0개 접하고 있는 경우, k20 파라미터를 사용하고, 평면으로 1개 접해 있고 수직으로 1개 접해 있는 경우는 k11 파라미터를 사용합니다.

✹ 2-2. 초기 상태에 대해서

이 시뮬레이션에서는 결정셀에 접해 있는 경계층이 결정화되는 프로세스이기 때문에 처음부터 결정셀이 존재하고 있어야 합니다. 그래서 본래의 자연 현상과는 다르지만, 초기에는 (자의적으로) 육각형 그리드 위에 결정화된 셀을 몇 개 배치해 놓을 필요가 있습니다.

✹ 3. 수증기의 확산 알고리즘

먼저, 자연 현상으로 수증기가 확산되어 가는 현상을 컴퓨터상에서 재현합니다. 이번에 이용하는 컴퓨터 모델에서는 기본적으로 육각형 그리드의 결정셀 이외의 셀은 수증기셀로 되어 있으므로, 관련된 모든 셀을 확산시킵니다.

수증기 확산의 계산은 모두 3단계로 나뉘어 진행됩니다.
[1 단계] 각 수증기 셀에서, 셀의 평면 방향 T에서 이웃해 있는 수증기셀과 자신의 셀을 포함 총 7개 셀의 「확산 질량」을 사용하고, 새로운 「확산 질량 dt」을 계산합니다. 여기서 말하는 「확산 질량」이란, 각 수증기셀의 확

산 상태를 나타내는 것으로, 나중에 수증기셀을 결정화할 때 중요합니다.

$$d'_t(x) = \frac{1}{7}\sum_{y \in N_t^T} d_t^\circ(y)$$

$d'_t(x)$: 1개의 수증기 셀에 대해서 평행 방향의 주변의 확산 상황으로부터 계산된 확산 질량
$d_t^\circ(y)$: 주변 수증기 셀의 확산 질량
t : 현재 시간

[2단계], 직전에 얻은 확산 질량 dt와 각 셀의 수직 방향(Z)에서 인접한 2개 육각형 셀의 현재 확산 질량을 사용하여 새로운 확산 질량을 계산합니다.

$$d''_t(x) = \frac{4}{7}d'_t(x) + \frac{3}{14}\sum_{y \in N_t^Z, y \neq z} d'_t$$

$d''_t(x)$: 1개의 수증기 셀에 대한 수직 방향의 주변의 확산 상황으로부터 계산된 확산 질량

[3단계], 마지막으로 수직 방향으로 드리프트를 고려한 확산 질량을 계산합니다.

$$d'''_t(x) = (1 - \phi \cdot (1 - a_t(x - e_3))) \cdot d''_t(x) + \phi \cdot (1 - a_t(x + e_3)) \cdot d''_t(x + e_3)$$

$d'''_t(x)$: 갱신된 수증기 셀의 확산 질량
e3 : 수직 방향으로의 단위 벡터
z : 드리프트의 강도를 나타내는 파라미터
a : 결정인지 아닌지의 플래그
t : 현재 시간

이 결과 얻어진 값이 수증기의 확산 질량으로 확정됩니다. 이 계산들은 시간 단위로 반복적으로 이루어집니다.

✳ 4-1. 경계층의 동결 알고리즘

수증기 확산 후에는 동결이라는 현상에 주목합니다. 수증기가 확산된 후 결정의 경계층에 있는 수증기셀은 서로 인접하는 결정의 영향을 받아 동결됩니다. 이 동결 상태는 후에 수증기셀이 결정화되느냐에 관한 중요한 현상입니다. 이번에는 이 동결 현상을 계산식에 의해서 재현해 봅니다.

구체적으로는, 경계층의 각 수증기셀에서 서로 인접하는 결정의 수에 따라 확산 질량을 줄이고, 동결 상태를 나타내는 경계 질량은 증가하게 됩니다. 경계 질량의 증가율은 먼저 계산한 확산 질량과 동결에 관한 파라미터 k에 의해 영향을 받습니다. 이 파라미터는 평면 및 수직 방향으로 접하는 결정의 수에 따라 달라집니다. 계산식은 다음과 같고, 이 계산에 의해 경계층 셀의 경계 질량과 확산 질량을 갱신합니다.

$$b'_t(x) = b_t^\circ(x) + (1 - k(n_t^T(x), n_t^z(x)))d_t^\circ(x)$$
$$d'_t(x) = k(n_t^T(x), n_t^z(x))d_t^\circ(x)$$

$b'_t(x)$: 경계층의 수증기 셀의 갱신된 경계 질량
$b_t^\circ(x)$: 경계층의 수증기 셀의 현재의 경계 질량
$d_t^\circ(x)$: 경계층의 수증기 셀의 현재의 확산 질량
$k(n_t^T(x), n_t^z(x))$: 동결에 관련된 파라미터(인접하는 결정의 수에 따라 변화)
$d'_t(x)$: 갱신된 확산 질량

✴ 4-2. 경계층의 결합 알고리즘

이제는 본 알고리즘에서 중요한 결합의 현상입니다. 이것은 경계층에 있는 수증기가 결정으로 승화하는 단계가 됩니다. 알고리즘에서는 경계층에 있는 수증기셀의 경계 질량에 따라 결정화 여부 계산을 합니다.

구체적으로는, 먼저 계산한 경계 질량과 결합하기 쉬움에 관련된 파라미터 β를 이용함으로써 현재 경계층의 수증기셀이 결정화될지 여부를 결정합니다.

$$a_t^{\iota}(x) = (b_t^{\circ}(x) \geq \beta(n_t^T(x), n_t^T(x)))\,?\,1:0$$

$a_t^{\iota}(x)$: 경계층의 셀이 결정될지 여부에 대한 플래그
$b_t^{\circ}(x)$: 현재의 경계 질량
$\beta(n_t^T(x), n_t^T(x))$: 결합하기 쉬움과 관련된 파라미터(인접하는 결정의 수에 따라 변화)

계산 결과 플래그가 1이면 결정화하고 0이면 결정화하지 않습니다.

✴ 4-3. 경계층의 융해 알고리즘

눈 결정 생성 과정의 마지막은 융해 현상입니다. 이 현상에서는 결정화되지 않은 수증기셀의 동결 상태가 줄어드는(기체상태로 돌아간다) 현상이 일어납니다. 여기서는 이 융해 현상을 계산식으로 나타냅니다.

$$b_t^{\iota}(x) = (1 - \mu(n_t^T(x), n_t^Z(x)))\,b_t^{\circ}(x)$$
$$d_t^{\iota}(x) = d_t^{\circ}(x) + \mu(n_t^T(x), n_t^Z(x))\,b_t^{\circ}(x)$$

$b_t^{\iota}(x)$: 경계층의 수증기 셀의 갱신된 경계 질량
$d_t^{\iota}(x)$: 경계층의 수증기 셀의 갱신된 확산 질량
$\mu(n_t^T(x), n_t^Z(x))$: 융해와 관련된 파라미터(인접하는 결정의 수에 따라 변화)
$b_t^{\circ}(x)$: 경계층 수증기 셀의 현재 경계 질량

이 계산식에서는 수증기셀이 동결한 상태에서 수증기로 되돌리기 위해 융해와 관계가 있는 파라미터 μ를 사용하여 경계 질량의 값을 낮추고 확산 질량의 값을 늘립니다.

여기까지 설명한 확산, 동결, 결합, 융해의 프로세스를 시간 단위로 몇 번이나 반복함으로써 서서히 육각형 그리드가 결정의 셀로 채워지면서 결과적으로는 눈의 결정이 성장하는 모습을 시뮬레이트 할 수 있게 됩니다. 이후 레시피 편에서는 후디니로 일련의 과정을 모두 다 재현하여 3차원 공간에서 눈의 결정을 만들어 볼 것입니다.

Snowflake 눈의 결정 레시피

이번 레시피에서는 Gravner와 Griffeath의 논문에 기초하여 3차원으로 성장하는 눈의 결정 시뮬레이션을 만들어 보겠습니다. 코드 분량이 많아서 비교적 복잡한 편이지만 완성되는 결과는 매우 사실적인 눈의 결정 구조를 얻을 수 있으며, 파라미터를 조정하면 실로 다양한 결정도 만들 수 있습니다. 논문의 내용에 맞추어 시뮬레이션이 되어 있기 때문에 응용하기엔 다소 아쉬울 수 있지만, cellular automaton적인 시뮬레이션 방법 자체에서 다양한 응용 힌트를 얻어보시기 바랍니다.

네트워크 다이어그램

Step 1
눈 결정의 베이스를 만들기

Step 2
눈 결정을 성장시키기

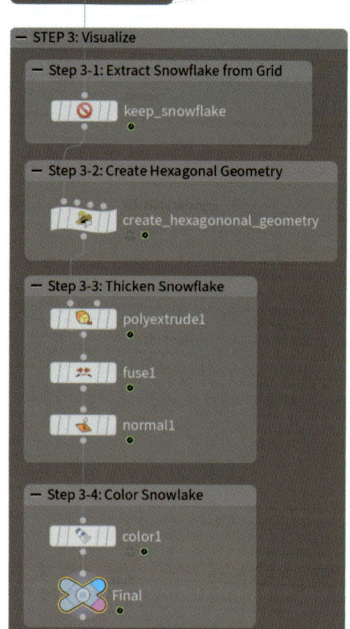

Step 3
눈 결정을 가시화하기

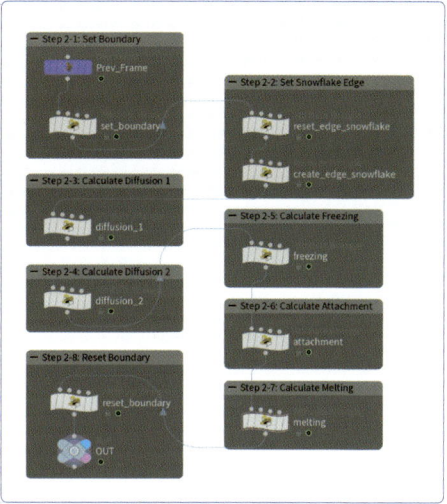

메인 파라미터

이름	유형	범위	기본값	설명
size	Integer	0 – 200	95	육각형 그리드의 사이즈
beta01	Float	0 – 10	1.73	결합용 파라미터(평면 방향 0, 수직 방향 1이상)
beta10	Float	0 – 10	1.34	결합용 파라미터(평면 방향 1수직 방향 0)
beta11	Float	0 – 10	1.0	결합용 파라미터(평면 방향 1수직 방향 1이상)
beta20	Float	0 – 10	1.34	결합용 파라미터(평면 방향 2, 수직 방향 0)
beta21	Float	0 – 10	1.0	결합용 파라미터(평면 방향 2, 수직 방향 1이상)
beta30	Float	0 – 10	1.0	결합용 파라미터(평면 방향 3이상 수직 방향 0)
beta31	Float	0 – 10	1.0	결합용 파라미터(평면 방향 3이상 수직 방향 1이상)
mu01	Float	0 – 10	0.001	소화용 파라미터(평면 방향 0, 수직 방향 1이상)
mu10	Float	0 – 10	0.001	소화용 파라미터(평면 방향 1수직 방향 0)
mu11	Float	0 – 10	0.001	소화용 파라미터(평면 방향 1수직 방향 1이상)
mu20	Float	0 – 10	0.001	소화용 파라미터(평면 방향 2, 수직 방향 0)
mu21	Float	0 – 10	0.001	소화용 파라미터(평면 방향 2, 수직 방향 1이상)
mu30	Float	0 – 10	0.001	소화용 파라미터(평면 방향 3이상 수직 방향 0)
mu31	Float	0 – 10	0.001	소화용 파라미터(평면 방향 3이상 수직 방향 1이상)
kappa01	Float	0 – 10	0.1	동결용 파라미터(평면 방향 0, 수직 방향 1이상)
kappa10	Float	0 – 10	0.1	동결용 파라미터(평면 방향 1수직 방향 0)
kappa11	Float	0 – 10	0.1	동결용 파라미터(평면 방향 1수직 방향 1이상)
kappa20	Float	0 – 10	0.1	동결용 파라미터(평면 방향 2, 수직 방향 0)
kappa21	Float	0 – 10	0.1	동결용 파라미터(평면 방향 2, 수직 방향 1이상)
kappa30	Float	0 – 10	0.1	동결용 파라미터(평면 방향 3이상 수직 방향 0)
kappa31	Float	0 – 10	0.1	동결용 파라미터(평면 방향 3이상 수직 방향 1이상)
rho	Float	0 – 10	0.1	수증기 셀의 초기 확산 질량
phi	Float	0 – 10	0	모양의 촘촘함(밀도)

Step 1

1-1 육각형 그리드 만들기

우선은 육각형의 중심점으로 구성된 3차원의 육각형 그리드를 1으로 만듭니다

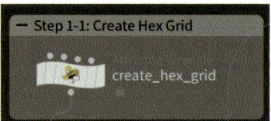

Attribute Wrangle 노드 파라미터의 Run Over를 Detail(only once) VEX 코드를 다음과 같이 작성합니다.

Attribute Wrangle 노드의 파라미터

우선은, CONTROLLER로 설정한 각종 파라미터를 읽어들입니다.

《 Attribute Wrangle노드의 코드 》

```
// 수증기 셀의 초기 확산 질량을 나타내는 파라미터 값을 읽어들인다.
float rho = chf("rho");
// 육각형 그리드의 전체 크기를 나타내는 파라미터 값을 읽어들인다.
int size = chi("size");
……
```

rho: ch("../CONTROLLER/rho")
size: ch("../CONTROLLER/size")

Attribute Wrangle 노드의 파라미터

평면의 육각형 그리드를 수직 방향으로 쌓도록 배치하고, 육각형 그리드를 만들어 갑니다. 아래의 진행 과정은 알고리즘 항목에서 설명한 처음 단계에 해당합니다.

```
……
// 그리드의 크기를 결정한다.
int sizeX = size * 0.82; // 그리드의 X방향의 수를 계산한다.
int sizeY = size * 0.3; // 그리드의 Y방향의 수를 계산한다.
int sizeZ = size; // 그리드의 Z방향의 수를 계산한다.
float lengthX = 1.0; // 1개의 육각형 셀의 X방향의 크기를 정한다.
float lengthZ = 1.0 * cos($PI * 30.0 / 180.0); // 1개의 육각형 셀의 Z방향의 크기를 정한다.

// 사이즈에 따라서 육각형 그리드를 만든다.
for(int j = 0; j < sizeZ; j++){ // Z방향 셀의 수만큼 루프를 돌린다.
    // Z방향 셀의 홀수,짝수 번째에 따른 X방향 오프셋 값을 만든다.
    float shift_x = ((j+1) % 2) * 0.5 * lengthX;
    // Z방향 셀 위치를 만든다.
    float shift_z = j * lengthZ;
    for(int i = 0; i<sizeX; i++){ // X방향 셀의 수만큼 루프를 돌린다.
        for(int t = 0; t<sizeY; t++){
            // 육각형 그리드 위치를 만든다.
            vector pos = set(i * lengthX + shift_x, t, shift_z);
            // 육각형 그리드의 위치에 포인트를 추가한다.
            int pt = addpoint(0, pos);
```

```
                // 그리드 전체의 중심점 번호를 취득한다.
                int midX = int(sizeX / 2.0); // X방향
                int midY = int(sizeY / 2.0); // Y방향
                int midZ = int(sizeZ / 2.0); // Z방향

                // 그리드 가운데 1개의 셀을 결정으로 한다.
                // 셀 번호가 그리드 전체의 가운데 위치해 있을 때
                if(i == midX && t == midY && j == midZ){
                        // 포인트에 결정 셀임을 나타내는 snowflake라는 그룹을 설정한다.
                        setpointgroup(0, "snowflake", pt, 1);
                        // 또 포인트 경계에 있는 결정 셀임을 나타낸다.
                        // edge_snowflake라는 그룹을 설정한다.
                        setpointgroup(0, "edge_snowflake", pt, 1);
                        // 포인트를 수증기 셀임을 나타낸다.
                        // non_boundary라는 그룹에서 제외한다.
                        setpointgroup(0, "non_boundary", pt, 0);
                        // 포인트 수증기 확산 질량의 어트리뷰트에 0을 저장한다.
                        setpointattrib(0, "diffusion_mass", pt, 0);
                // 셀 번호가 그리드 전체 한가운데 이외에 위치해 있을 때
                }else{
                        // 포인트를 결정셀임을 나타내는 snowflake라는 그룹에서 제외한다.
                        setpointgroup(0, "snowflake", pt, 0);
                        // 포인트를 경계에 있는 결정 셀임을 나타낸다.
                        // edge_snowflake라는 그룹에서 제외한다.
                        setpointgroup(0, "edge_snowflake", pt, 0);
                        //포인트에 수증기 셀임을 나타낸다.
                        // non_boundary라는 그룹을 설정한다.
                        setpointgroup(0, "non_boundary", pt, 1);
                        // 포인트의 diffusion_mass라는 어트리뷰트에
                        // 초기 확산 질량의 값을 저장한다.
                        setpointattrib(0, "diffusion_mass", pt, rho);
                }

                // 포인트를 경계층임을 나타내는 boundary 그룹에서 제외한다.
                setpointgroup(0, "boundary", pt, 0);
                // 포인트의 수평 인근의 셀 수의 값 어트리뷰트에 0을 저장한다.
                setpointattrib(0, "horizontalNeighbourCount", pt, 0);
                // 포인트의 수직 인근의 셀 수의 값 어트리뷰트에 0을 저장한다
                setpointattrib(0, "verticalNeighbourCount", pt, 0);
        }
    }
}
```

여기서 주의 할 점은 그리드의 셀 간 사이즈는 1에 고정되어 있다는 것입니다. 그래서 나중에 서로 인접하는 셀을 카운트하기가 쉬워집니다.

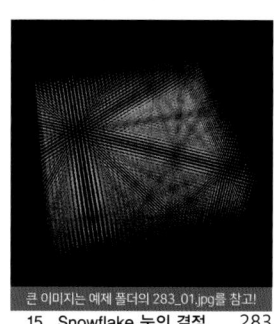

1-2 셀에 정보를 부가하기

각 육각형 셀의 포인트를 초기 설정합니다. 알고리즘에서 설명한 대로, 처음에 결정셀이 없으면 결정화 계산을 할 수 없기 때문에 미리 만들어 놓은 그리드의 중심 포인트로부터 결정화된 셀을 만듭니다.

Point Wrangle노드 첫 번째 인풋과 Step1-1에서 만든 Attribute Wrangle과 연결합니다. 파라미터의 Group에 snowflake라고 입력하고, 결정셀에 대해서만 계산이 이루어지도록 하겠습니다. VEX 코드는 다음과 같이 작성합니다.

《Point Wrangle노드의 코드》

```
// 결정의 셀을 중심으로 한 반경 2의 범위에 있는 셀의 리스트을 취득한다.
int npts[] = nearpoints(0, @P, 2 + 0.01);

// 발견된 주변의 셀을 결정으로 변경한다.
foreach(int npt; npts){ // 셀의 리스트 크기만큼 루프를 돌린다.
    // 셀마다 포인트 위치를 취득한다.
    vector nptPos = point(0, "P", npt);
    // 결정 셀 높이(Y축 방향 값)와 주변 셀이 같은 높이에 있는(수평 위치에 있는) 경우
    if(abs(@P.y - nptPos.y) < 0.01){
        // 셀 포인트에 snowflake 그룹을 설정한다.
        setpointgroup(0, "snowflake", npt, 1);
        // 셀 포인트에 edge_snowflake의 그룹을 설정한다.
        setpointgroup(0, "edge_snowflake", npt, 1);
        // 셀 포인트를 non_boundary 그룹에서 제외한다.
        setpointgroup(0, "non_boundary", npt, 0);
        // 셀 포인트를 boundary 그룹에서 제외한다.
        setpointgroup(0, "boundary", npt, 0);
        // 셀의 포인트 diffusion_mass의 어트리뷰트에 0을 저장한다.
        setpointattrib(0, "diffusion_mass", npt, 0.0);
        // 셀의 포인트의 경계 질량을 나타내는 boundary_mass의 어트리뷰트에 1을 저장한다.
        setpointattrib(0, "boundary_mass", npt, 1.0);
    }
}
```

Point Wrangle 노드의 파라미터

이 코드는 알고리즘 항목에서 설명한, 초기 상태를 설정하는 단계에 해당하는 과정이고, 그리드의 중심으로부터 거리가 2인 범위에 있는 육각형이 모두 결정화가 되도록 snowflake 그룹을 설정하고 있습니다. 그 결과 19개의 셀이 결정됩니다.

1-3 인접한 셀을 카운트하기

그리드 위의 모든 포인트에 대해서 인접한 셀의 개수 정보를 어트리뷰트에 저장합니다.

Point Wrangle노드 첫 번째 인풋과 Step 1-2에서 만든 Point Wrangle 노드를 연결하고, 다음과 같이 VEX 코드를 작성합니다.

《Point Wrangle노드의 코드》
```
// 각 셀에 인접한 셀의 리스트(목록)를 취득한다.
int npts[] = nearpoints(0, @P, 1.01);
// 셀 포인트인 neighbourCount라는 어트리뷰트에
// 자신을 포함한 인접하는 셀의 수를 저장한다.
i@neighbourCount = len(npts);
```

여기서 주의 할 점은 그리드의 셀 간 거리는 1로 설정했기 때문에 이보다 큰 값을 탐색 반경으로 해서 포인트의 리스트를 취하고 있다는 점입니다.

여기까지로 눈 결정의 성장 시뮬레이션을 위한 설정은 끝입니다. 다음 단계부터 실제 시뮬레이션을 시작해 보겠습니다.

Step 2

cellular automaton의 방식에 근거하여 계산하기 전에, 재귀적인 계산이 필요합니다. 또 한 번의 계산이 비교적 무겁기 때문에, 여기서는 Solver로 매 프레임을 계산하여 결정의 성장을 애니메이션으로 보여 줄 것입니다.

Solver노드 첫 번째 인풋에 Step 1-3에서 만든 Point Wrangle 노드를 연결하고 다음과 같이 파라미터를 설정합니다.

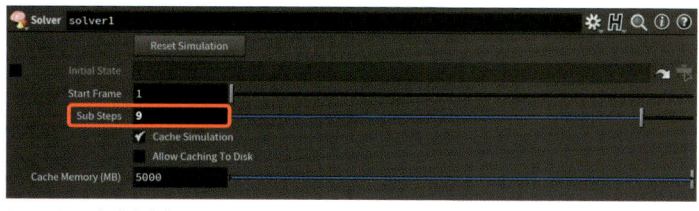

Solver 노드의 파라미터

그 다음, Solver 노드를 더블 클릭해서 Solver 네트워크로 들어갑니다. 이 Solver 네트워크에서 눈 결정 시뮬레이션을 실행합니다.

2-1 경계층을 설정하기

결정셀에 접해 있는 수증기셀을 찾아내서 경계층의 셀로 설정합니다.

Point Wrangle노드 첫 번째 인풋과 Prev_Frame라는 이름의 노드와 연결합니다. 파라미터의 Group을 edge_snowflake로 설정하는 것으로 엣지 부분에 있는 결정에 대해서만 코드가 적용됩니다. 그리고 다음과 같이 VEX 코드를 작성합니다.

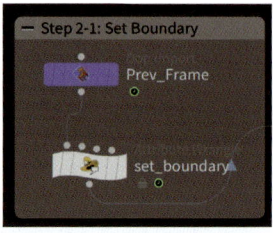

《 Point Wrangle노드의 코드 》

```
// 수평과 수직 방향의 인접 셀의 수를, 어트리뷰트 값을 0으로 해서 리셋한다.
i@horizontalNeighbourCount = 0; // 수평 방향의 가까운 셀
i@verticalNeighbourCount = 0; // 수직 방향의 가까운 셀

// 수평 셀 사이의 거리보다 조금만 더 큰 값을 만든다.
float dist = 1.01;
// non_boundary그룹에 속해 있는(수증기셀의) 인접하는 셀 리스트(목록)를 취득한다.
int hnpts[] = nearpoints(0, "non_boundary", @P, dist);
for(int i=0; i<len(hnpts); i++){ // 취득한 셀 리스트 크기만큼 루프를 돌린다.
    // 취득한 셀의 개개의 번호를 취득한다.
    int npt = hnpts[i];
    // 취득한 셀의 위치를 취득한다.
    vector nptPos = point(0, "P", npt);
    // 취득한 셀이 탐색원 셀과 같은 높이에 있을 때
    if(abs(nptPos.y - @P.y) < 0.01){
        // 취득한 셀 포인트를 non_boundary 그룹에서 제외한다.
        setpointgroup(0, "non_boundary", npt, 0);
        // 취득한 셀 포인트에 boundary 그룹을 설정한다.
        setpointgroup(0, "boundary", npt, 1);

        // 취득한 셀의 포인트가 가진 수평 방향으로 인접 셀 수 어트리뷰트에 1을 더한다
        setpointattrib(0, "horizontalNeighbourCount", npt, 1, "add");
    }
}

// non_boundary그룹에 속해 있는(수증기셀의) 인접한 셀 리스트를 취득한다.
int vnpts[] = nearpoints(0, "non_boundary", @P, dist);
for(int i=0; i<len(vnpts); i++){ // 취득한 셀 리스트의 크기만큼 루프를 돌린다.
    // 취득한 셀의 개개의 번호를 취득한다.
    int npt = vnpts[i];
    // 취득한 셀의 위치를 취득한다.
    vector nptPos = point(0, "P", npt);
    // 취득한 셀이 탐색원의 셀과 다른 높이에 있을 때 (수직 방향으로 서로 인접함)
    if(abs(nptPos.y - @P.y) >= 0.01){
        // 취득한 셀 포인트를 non_boundary 그룹에서 제외한다.
        setpointgroup(0, "non_boundary", npt, 0);
        // 취득한 셀 포인트에 boundary 그룹을 설정한다.
        setpointgroup(0, "boundary", npt, 1);
```

```
        // 취득한 셀의 포인트의 수평 방향의 인접 셀 수 어트리뷰트에 1 더한다.
        setpointattrib(0, "verticalNeighbourCount", npt, 1, "add");
    }
}
```

Point Wrangle 노드의 파라미터

이 코드에서는 엣지에 있는 결정 옆에 존재하는 수증기셀에 boundary라는 그룹을 경계층으로 설정하고 있습니다. 그외의 수증기셀에는 non_boundary 그룹을 설정하고 있습니다. 또 동시에, 경계층의 셀에 수평 및 수직 방향으로 몇 개의 결정셀이 있는지도 저장하고 있습니다. 이 개수는 나중에 계산할 때 필요합니다.

2-2 엣지에 있는 결정을 마크하기

결정의 엣지로 지정해 놓은 셀을 일단 edge_snowflake에서 뺍니다.

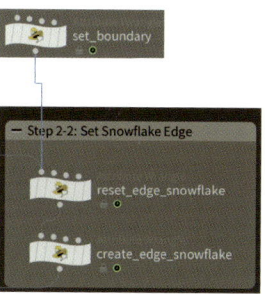

Point Wrangle노드 첫 번째의 인풋과 Step 2-1에서 만든 Point Wrangle 노드를 연결합니다. 파라미터의 Group을 edge_snowflake를 설정함으로써 엣지에 있는 결정들에 대해서만 계산합니다. VEX 코드는 다음과 같이 입력합니다.

《Point Wrangle노드(reset_edge_snowflake)의 코드》

```
// 경계층의 셀에서 edge_snowflake 그룹을 일단 뺀다.
setpointgroup(0, "edge_snowflake", @ptnum, 0);
```

Point Wrangle 노드(reset_edge_snowflake)의 파라미터

그 다음, 경계층에 접해 있는 결정을 edge_snowflake 그룹으로 설정합니다.

Point Wrangle노드 첫 번째 인풋과 직전에 만든 Point Wrangle 노드를 연결합니다. 파라미터의 Group을 boundary로 설정하고 경계층의 셀에 대해서만 계산되도록 합니다. VEX 코드는 다음과 같이 작성하고, 경계층의 셀에 근접하는 결정셀을 엣지에 있는 결정임을 나타내는 그룹에 넣습니다.

《Point Wrangle노드(create_edge_snowflake)의 코드》

```
float dist = 1.01; // 수평 셀 사이의 거리보다 조금만 더 큰 값을 만든다.

// 수평 방향으로 옆에 있는 snowflake 그룹에 속한 결정 셀 리스트를 취득한다.
int npts[] = nearpoints(0, "snowflake", @P, dist);

for(int i=0; i<len(npts); i++){ // 취득한 리스트의 크기만큼 루프를 돌린다.
    // 수평으로 인접하는 각 결정의 셀 번호를 취득한다.
    int npt = npts[i];

    // 취득한 셀 포인트에 edge_snowflake의 그룹을 설정한다.
    setpointgroup(0, "edge_snowflake", npt, 1);
}
```

Point Wrangle 노드(create_edge_snowflake)의 파라미터

2-3 수증기의 확산 계산 실행하기 (1)

여기서부터 눈의 결정을 성장시키는 계산을 합니다. 우선은 알고리즘의 항목에서 설명한 수증기의 확산 1단계와 2단계의 계산을 합니다

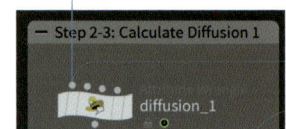

Point Wrangle노드 첫 번째 인풋과 Step 2-2에서 만든 Point Wrangle 노드를 연결합니다. 파라미터의 Group 「boundary non_boundary」로 설정하고, 모든 수증기 셀에 대해 계산이 이루어지도록 하고, 다음과 같이 VEX 코드를 작성합니다.

우선은 수평 방향의 확산 계산을 실시합니다.

《Point Wrangle노드의 코드》

```
// 자신을 포함한 인접 셀들이 수평 수직 합쳐서 9개 있을 때
if(i@neighbourCount == 9){

    float dist = 1.01; // 수평 방향으로 서로 인접한 셀 크기보다 조금 더 큰 값을 만든다.
    float diffusion_mass = 0; // 확산 질량을 나타내는 변수를 만든다.

    // 포인트로부터 인접한 거리에 있는 셀 리스트를 취득한다.
    int npts[] = nearpoints(0, @P, dist);
    // 수평 방향의 확산 질량을 나타내는 변수를 만든다.
    float h_diffusion_mass = 0;

    for(int i=0; i<len(npts); i++){ // 취득한 리스트 크기만큼 루프를 돌린다.
        // 취득한 리스트의 셀 포인트 번호를 취득한다.
        int npt = npts[i];
        // 셀 포인트 위치를 취득한다.
        vector nptPos = point(0, "P", npt);
        // 셀이 수평 위치에 있을 때
        if(abs(nptPos.y - @P.y) < 0.01){
            // 셀의 확산 질량을 취득한다.
            float dm = point(0, "diffusion_mass", npt);
            // 수평 방향의 확산 질량 변수에 취득한 셀의 확산 질량을 더한다.
            h_diffusion_mass += dm;
        }
    }

    // 합쳐진 수평 확산 질량을, 자신을 포함한 수평으로 인접한 셀의 합계 7로 나눈다.
    h_diffusion_mass /= 7.0;
    ……
```

수직 방향의 확산 계산도 합니다.

```
......
        // 수직 방향의 확산 질량을 나타내는 변수를 만든다.
        float v_diffusion_mass = 0;
        for(int i=0; i<len(npts); i++){ // 취득한 리스트 크기만큼 루프를 돌린다.
            // 취득한 리스트의 셀 포인트 번호를 취득한다.
            int npt = npts[i];
            // 셀 포인트 위치를 취득한다.
            vector nptPos = point(0, "P", npt);
            // 셀이 수직 위치에 있을 때
            if(abs(@P.y - nptPos.y) > 0.01){
                // 셀의 확산 질량을 취득한다.
                float dm = point(0, "diffusion_mass", npt);
                // 수직 방향의 확산 질량 변수에 취득한 셀의 확산 질량을 더한다.
                v_diffusion_mass += dm;
            }
        }
......
```

계속해서, 이 계산으로 얻은 값으로 2단계인 수증기의 확산을 계산하고 확산 질량을 얻습니다.

```
......
        // 알고리즘의 항 d_t^"(x) 에 해당하는 계산식
        diffusion_mass = h_diffusion_mass * 4.0 / 7.0 + v_diffusion_mass * 3.0 / 14.0;
        // 얻은 확산 질량을 포인트 어트리뷰트에 저장한다.
        f@diffusion_mass = diffusion_mass;
}
```

Point Wrangle 노드의 파라미터

주의할 점은 수증기에 인접하는 셀들이 자기 자신을 포함한 9개 있을 때만 확산 계산을 한다는 점입니다. 즉, 그리드의 끝에 있는 셀에서는 확산 계산을 하지 않습니다. 그래서 그리드가 너무 작아서 결정이 엣지에 너무 가까우면 본래 얻어야 할 결과를 얻을 수 없게 되므로 그리드는 크게 만들어 두는 것이 좋습니다.

2-4 수증기의 확산 계산 실행하기 (2)

수증기 확산의 알고리즘 항목에서 설명하는 3단계 계산식으로, 수증기의 확산값을 업데이트 합니다.

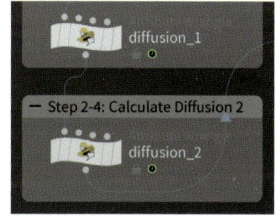

Point Wrangle 노드 첫 번째의 인풋과 Step 2-3에서 만든 Point Wrangle을 연결합니다. 이 노드에 대해서도 Step 2-3처럼 파라미터의 Group을 boundary non_boundary로 설정하고, 모든 수증기셀에 대해 계산하도록 하겠습니다. 그리고 다음 VEX 코드를 입력합니다.

《Point Wrangle노드의 코드》

```
// 자신을 포함한 인접 셀이 수평 수직 합쳐서 9개 있을 때
if(i@neighbourCount == 9){
```

```
    // 아래 방향(Y축 마이너스 방향)에 인접하는 포인트의 번호를 취득한다.
    int dpt = nearpoint(0, @P + (0, -1, 0), 0.01);
    // 위쪽 방향(Y축 플러스 방향)에 인접하는 포인트 번호를 취득한다.
    int upt = nearpoint(0, @P + (0, 1, 0), 0.01);
    // 무늬의 세세함(밀도)를 나타내는 파라미터 값을 읽어들인다..
    float phi = chf("/obj/geo1/CONTROLLER/phi");

    // 아래 방향으로 인접하는 셀이 snowflake의 그룹에 속해 있는지(결정셀인지 아닌지)를 확인한다.
    // 속한 경우는 1, 속하지 않는 경우는 0을 얻을 수 있다.
    int ad = inpointgroup(0, "snowflake", dpt);
    // 위 방향으로 인접하는 셀이 결정셀인지 확인한다.
    int au = inpointgroup(0, "snowflake", upt);

    // 포인트의 확산 질량을 취득한다.
    float dmx = point(0, "diffusion_mass", @ptnum);
    // 포인트 위쪽 방향의 확산 질량을 취득한다.
    float dmxu = point(0, "diffusion_mass", upt);

    // 알고리즘 항의 d_t^n(x)에 상응하는 계산식
    float diffusion_mass = (1 - phi * (1 - ad)) * dmx + phi * (1 - au) * dmxu;

    // 얻은 확산 질량을 포인트 어트리뷰트에 저장한다.
    f@diffusion_mass = diffusion_mass;
}
```

Point Wrangle 노드의 파라미터

2-5 동결 계산을 실행하기

경계층의 수증기셀에 대해 동결 계산을 합니다.

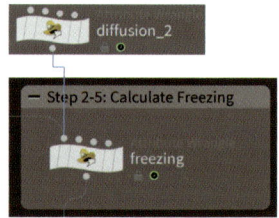

Point Wrangle 노드 첫 번째의 인풋과 Step 2-4에서 만든 Point Wrangle 노드를 연결합니다. 파라미터의 Group을 boundary로 설정하고, 경계층에 있는 수증기 셀에 대해서만 계산이 이루어지도록 하고, 다음 VEX 코드를 입력합니다.

우선은 수평, 수직의 근접하는 셀의 수에 따른 k의 파라미터를 취득하는 함수를 만듭니다.

《Point Wrangle 노드의 코드》

```
// 인수로써
// h (수평 방향으로 인접하는 결정의 수)
// v (수직 방향으로 인접하는 결정의 수)
// 를 갖는 함수를 만든다.
float getKappa(int h; int v){
    // 수평 방향 0, 수직 방향 1 이상일 때의 파라미터 값을 읽어들인다.
    float kappa01 = chf("/obj/geo1/CONTROLLER/kappa01");
```

```
        // 수평 방향 1, 수직 방향 0 일 때의 파라미터 값을 읽어들인다.
        float kappa10 = chf("/obj/geo1/CONTROLLER/kappa10");
        // 수평 방향 1, 수직 방향 1 이상일 때의 파라미터 값을 읽어들인다..
        float kappa11 = chf("/obj/geo1/CONTROLLER/kappa11");
        // 수평 방향 2, 수직 방향 0 일때의 파라미터 값을 읽어들인다.
        float kappa20 = chf("/obj/geo1/CONTROLLER/kappa20");
        // 수평 방향 2, 수직 방향 1 이상일 때의 파라미터 값을 읽어들인다
        float kappa21 = chf("/obj/geo1/CONTROLLER/kappa21");
        // 수평 방향 3이상, 수직 방향 0 일 때의 파라미터 값을 읽어들인다.
        float kappa30 = chf("/obj/geo1/CONTROLLER/kappa30");
        // 수평 방향 3이상, 수직 방향 1 이상일 때의 파라미터 값을 읽어들인다.
        float kappa31 = chf("/obj/geo1/CONTROLLER/kappa31");

        if(h == 0 && v == 1){ // 수평 방향 0, 수직 방향 1 이상일 때
            return kappa01;
        }else if(h == 1 && v == 0){ // 수평 방향 1, 수직 방향 0 일 때
            return kappa10;
        }else if(h == 1 && v == 1){ // 수평 방향 1, 수직 방향 1 이상일 때
            return kappa11;
        }else if(h == 2 && v == 0){ // 수평 방향 2, 수직 방향 0 일 때
            return kappa20;
        }else if(h == 2 && v == 1){ // 수평 방향 2, 수직 방향 1 이상일 때
            return kappa21;
        }else if(h == 3 && v == 0){ // 수평 방향 3이상, 수직 방향 0 일 때
            return kappa30;
        }else if(h == 3 && v == 1){ // 수평 방향 3이상, 수직 방향 1 이상일 때
            return kappa31;
        }else{
            return 999;  // 조건에 맞는 것이 아니면 999를 반환한다.
        }
    }
```

......

계속해서 알고리즘 항목에서 설명한 경계층 셀의 동결 계산을 실행합니다.

......

```
float bm = f@boundary_mass; // 포인트에서 경계 질량을 취득한다.
float dm = f@diffusion_mass; // 포인트에서 확산 질량을 취득한다.

// 포인트의 수평 방향으로 인접 셀의 수를 최대 3로 클램프한다.
int h = min(3, i@horizontalNeighbourCount);
// 포인트의 수직 방향으로 인접 셀의 수를 최대 1로 클램프 한다.
int v = min(1, i@verticalNeighbourCount);
// 수평과 수직에 인접하는 셀의 수에 따른 동결에 이용하는 파라미터 값을 취득한다.
float kappa = getKappa(h,v);

// 알고리즘 항의 $b_i'(x)$(동결 시)에 상응하는 경계 질량 계산식
float boundary_mass = bm + (1- kappa) * dm;
// 알고리즘 항의 $d_i'(x)$(동결 시)에 상응하는 확산 질량 계산식
float diffusion_mass = kappa * dm;
```

```
// 포인트 어트리뷰트에 경계 질량을 저장한다.
f@boundary_mass = boundary_mass;
// 포인트 어트리뷰트에 확산 질량을 저장한다.
f@diffusion_mass = diffusion_mass;
```

Point Wrangle 노드의 파라미터

이 코드에서는 경계 질량을 늘리고 확산 질량을 줄이고 있습니다. 여기서 주목해야 할 것은 경계층에 인접하는 수평 방향과 수직 방향 결정의 수에 따라 kappa(동결용 파라미터)의 값을 변경하고 있다는 점입니다.

2-6 결합 계산을 실행하기

다음은 경계층의 수증기셀에 대해 결합 계산을 합니다.

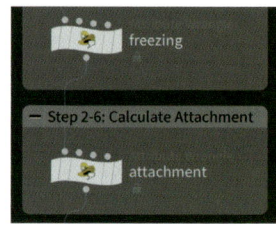

Point Wrangle노드　첫 번째 인풋과 Step 2-5에서 만든 Point Wrangle 노드를 연결합니다. 파라미터의 Group을 「boundary」로 설정하고, 경계층에 있는 수증기셀에 대해서만 계산되도록 합니다. 다음의 VEX 코드를 입력합니다.

우선 수평, 수직의 근접 셀 수에 따른 beta 파라미터를 취득하는 함수를 만듭니다.

《Point Wrangle노드의 코드》

```
// 인수로써
// h(수평 방향으로 인접하는 결정의 수)
// v(수직 방향으로 인접하는 결정의 수) )
// 를 갖는 함수를 만든다
float getBeta(int h; int v){
    // 수평 방향 0, 수직 방향 1 이상일 때의 파라미터 값을 읽어들인다.
    float beta01 = chf("/obj/geo1/CONTROLLER/beta01");
    // 수평 방향 1, 수직 방향 0 일 때의 파라미터 값을 읽어들인다.
    float beta10 = chf("/obj/geo1/CONTROLLER/beta10");
    // 수평 방향 1, 수직 방향 1 이상일 때의 파라미터 값을 읽어들인다
    float beta11 = chf("/obj/geo1/CONTROLLER/beta11");
    // 수평 방향 2, 수직 방향 0 일 때의 파라미터 값을 읽어들인다
    float beta20 = chf("/obj/geo1/CONTROLLER/beta20");
    // 수평 방향 2, 수직 방향 1 이상일 때의 파라미터 값을 읽어들인다
    float beta21 = chf("/obj/geo1/CONTROLLER/beta21");
    // 수평 방향 3 이상, 수직 방향 0 일 때의 파라미터 값을 읽어들인다
    float beta30 = chf("/obj/geo1/CONTROLLER/beta30");
    // 수평 방향 3 이상, 수직 방향 1 이상일 때의 파라미터 값을 읽어들인다
    float beta31 = chf("/obj/geo1/CONTROLLER/beta31");

    if(h == 0 && v == 1){ // 수평 방향 0, 수직 방향 1 이상일 때
        return beta01;
    }else if(h == 1 && v == 0){ // 수평 방향 1, 수직 방향 0 일 때
        return beta10;
    }else if(h == 1 && v == 1){ // 수평 방향 1, 수직 방향 1 이상일 때
        return beta11;
```

```
        }else if(h == 2 && v == 0){  // 수평 방향 2, 수직 방향 0 일 때
            return beta20;
        }else if(h == 2 && v == 1){  // 수평 방향 2, 수직 방향 1 이상일 때
            return beta21;
        }else if(h == 3 && v == 0){  // 수평 방향 3이상, 수직 방향 0 일 때
            return beta30;
        }else if(h == 3 && v == 1){  // 수평 방향 3이상, 수직 방향 1 이상일 때
            return beta31;
        }else{
            return 999;   // 조건에 맞는 것이 아니면 999를 반환한다.
        }
    }
```

......

계속해서 알고리즘 항목에서 설명한 경계층 셀의 통합 계산을 실시합니다.

......
```
// 포인트의 경계 질량을 취득한다.
float boundary_mass = f@boundary_mass;
// 포인트의 수평 방향으로 인접하는 셀의 수를 취득한다.
int h = i@horizontalNeighbourCount;
// 수평 방향의 셀 수를 최대치 3에서 클램프한다.
int hm = min(3, h);
// 포인트의 수직 방향으로 인접하는 셀의 수를 취득한다.
int v = i@verticalNeighbourCount;
// 수직 방향의 셀 수를 최대치 1 로 클램프한다.
int vm = min(1, v);

// 경계 질량이 수평,수직으로 인접하는 셀의 수에 따라 얻어진 파라미터보다도 클 때
if((boundary_mass >= getBeta(hm, vm)) || (h >= 4  && v >= 1)){
    // 포인트에 snowflake 그룹을 설정한다.
    setpointgroup(0, "snowflake", @ptnum, 1);
    // 포인트를 boundary 그룹에서 제외한다.
    setpointgroup(0, "boundary", @ptnum, 0);
    // 포인트를 non_boundary 그룹에서 제외한다.
    setpointgroup(0, "non_boundary", @ptnum, 0);
    // 포인트에 edge_snowflake 그룹을 설정한다.
    setpointgroup(0, "edge_snowflake", @ptnum, 1);
    // 포인트 어트리뷰트에 확산 질량을 저장한다.
    setpointattrib(0, "diffusion_mass", @ptnum, 0);
}
```

Point Wrangle 노드의 파라미터

이 코드에서는 먼저 계산한 경계 질량을 이용하여 경계층 셀을 결정으로 변환할지를 판정하고, 조건에 있는 수증기를 결정으로 변환하고 있습니다. 여기서 주목해야 할 것은 경계층에 인접하는 수평 방향과 수직 방향의 결정 수에 따라 beta(결합용 파라미터)의 값을 변경하고 있다는 점입니다.

2-7 융해 계산을 실행하기

이제 결정화되지 않은 경계층의 수증기 셀에 대해 융해 계산을 실시합니다.

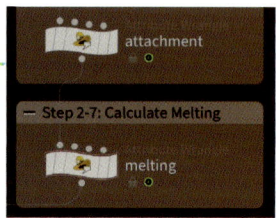

Point Wrangle노드 첫 번째의 인풋과 Step 2-6에서 만든 Point Wrangle 노드를 연결합니다. 파라미터의 Group을 boundary로 설정하고, 경계층에 있는 결정화되지 않은 수증기 셀에 대해서만 계산이 이루어지도록 하고, 다음과 같이 VEX 코드를 입력합니다.

수평, 수직의 근접 셀 수에 따른 mu의 파라미터를 취득하는 함수를 만듭니다.

《Point Wrangle노드의 코드》

```
// 인수로서
// h( 수평 방향으로 인접하는 결정의 수 )
// v( 수직 방향으로 인접하는 결정의 수 )
// 를 갖는 함수를 만든다.
float getMu(int h; int v){
    // 수평 방향 0, 수직 방향 1 이상일 때의 파라미터 값을 읽어들인다.
    float mu01 = chf("/obj/geo1/CONTROLLER/mu01");
    // 수평 방향 1,수직 방향 0 일 때의 파라미터 값을 읽어들인다.
    float mu10 = chf("/obj/geo1/CONTROLLER/mu10");
    // 수평 방향 1, 수직 방향 1 이상일 때의 파라미터 값을 읽어들인다..
    float mu11 = chf("/obj/geo1/CONTROLLER/mu11");
    // 수평 방향 2, 수직 방향 0 일 때의 파라미터 값을 읽어들인다.
    float mu20 = chf("/obj/geo1/CONTROLLER/mu20");
    // 수평 방향 2, 수직 방향 1 이상일 때의 파라미터 값을 읽어들인다..
    float mu21 = chf("/obj/geo1/CONTROLLER/mu21");
    // 수평 방향 3 이상, 수직 방향 0 일 때의 파라미터 값을 읽어들인다..
    float mu30 = chf("/obj/geo1/CONTROLLER/mu30");
    // 수평 방향 3 이상, 수직 방향 1 이상일 때의파라미터 값을 읽어들인다.
    float mu31 = chf("/obj/geo1/CONTROLLER/mu31");

    if(h == 0 && v == 1){ // 수평 방향 0, 수직 방향 1 이상일 때
        return mu01;
    }else if(h == 1 && v == 0){ // 수평 방향 1, 수직 방향 0 일 때
        return mu10;
    }else if(h == 1 && v == 1){ // 수평 방향 1, 수직 방향 1 이상일 때
        return mu11;
    }else if(h == 2 && v == 0){ // 수평 방향 2, 수직 방향 0 일 때
        return mu20;
    }else if(h == 2 && v == 1){ // 수평 방향 2, 수직 방향 1 이상일 때
        return mu21;
    }else if(h == 3 && v == 0){ // 수평 방향 3 이상, 수직 방향 0 일때
        return mu30;
    }else if(h == 3 && v == 1){ // 수평 방향 3 이상, 수직 방향 1 이상일 때
        return mu31;
    }else{
        return 999;   // 조건에 맞는 것이 아니면 999를 반환한다.
    }
}
……
```

계속해서, 알고리즘 항목에서 설명한 경계층 셀의 융해 계산을 실시합니다.

```
……
float bm = f@boundary_mass; // 포인트의 경계 질량을 취득한다.
float dm = f@diffusion_mass; // 포인트의 확산 질량을 취득한다.
// 포인트의 수평 방향의 셀 수를 최대치 3으로 클램프 한다.
int h = min(3, i@horizontalNeighbourCount);
// 포인트의 수직 방향의 셀 수를 최대치 1로 클램프 한다.
int v = min(1, i@verticalNeighbourCount);
// 융해 계산에 사용할 파라미터를 수평,수직에 인접하는 셀 수에 따라 취득한다.
float mu = getMu(h, v);

// 알고리즘 항의 $b_i'(x)$ (융해시)에 해당하는 경계 질량의 계산식
float boundary_mass = (1 - mu) * bm;
// 알고리즘 항의 $d_i'(x)$ (융해시)에 해당하는 확산 질량의 계산식
float diffusion_mass = dm + mu * bm;

// 포인트 어트리뷰트에 경계 질량을 저장한다.
f@boundary_mass = boundary_mass;
// 포인트 어트리뷰트에 확산 질량을 저장한다.
f@diffusion_mass = diffusion_mass;
```

Point Wrangle 노드의 파라미터

이 코드에서는 알고리즘 항목에서 설명한 동결의 계산식을 사용하여 경계 질량의 값을 낮추고 확산 질량의 값을 늘리고 있습니다. 수증기의 셀을 동결된 상태에서 증기의 상태로 되돌리고 있는 것이 됩니다. 여기서 주목해야 할 것은 경계층에 인접하는 수평 방향과 수직 방향 결정의 수에 따라 mu(융해용 파라미터)의 값을 변경하고 있다는 점입니다.

2-8 경계층을 리셋하기

Solver 네트워크에서 실행하는 마지막 순서로, 경계층에 속해 있는 포인트를 그 그룹에서 제외합니다. 이는 Solver 네트워크 처음에 경계층을 다시 계산하기 때문입니다.

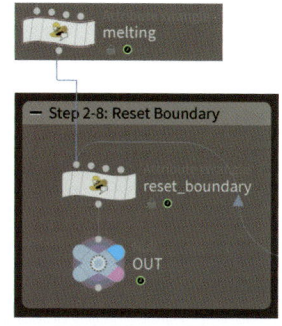

Point Wrangle 노드 첫 번째의 인풋과 Step2-7에서 만든 PointWrangle 노드를 연결합니다. 파라미터의 Group을 boundary로 설정하고, 경계층에 있는 결정화되지 않은 수증기셀에 대해서만 계산하고, 다음과 같이 VEX 코드를 작성합니다.

《Point Wrangle 노드의 코드》
```
// 포인트의 수평 방향으로 인접하는 셀 수의 어트리뷰에 0 을 저장한다.
i@horizontalNeighbourCount = 0;
// 포인트의 수직 방향으로 인접하는 셀 수의 어트리뷰에 0 을 저장한다
i@verticalNeighbourCount = 0;
```

```
// 포인트에 non_boundary 그룹(수증기셀)을 설정한다.
setpointgroup(0, "non_boundary", @ptnum, 1);
// 포인트를 boundary 그룹(경계층)에서 제외한다.
setpointgroup(0, "boundary", @ptnum , 0);
```

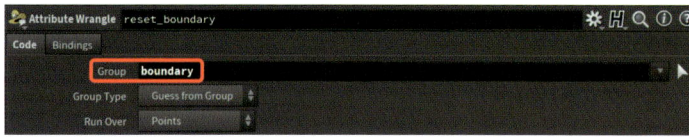

Point Wrangle 노드의 파라미터

이상으로, Solver 네트워크 안에서 하는 처리는 끝입니다. Solver 네트워크를 빠져나와 재생해 보면 눈의 결정 성장을 시뮬레이트 할 것입니다.

Step 3

3-1 결정 이외의 포인트를 삭제하기

이대로라면 모든 그리드의 포인트가 표시된 채로 있으므로, 실제 결정이 성장하고 있는지를 확인할 수 없습니다. 그래서 결정 이외의 포인트는 삭제합니다.

Delete노드 Solver 노드와 연결합니다. Group 파라미터는 `snowflake` 설정하고 그 외의 파라미터도 결정셀을 나타내는 snowflake 그룹 이외의 포인트를 삭제합니다. 이것으로 인해 결정의 포인트만 남습니다.

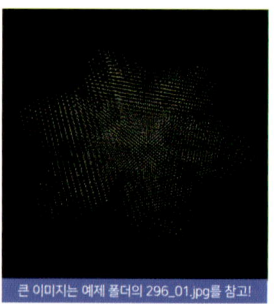

큰 이미지는 예제 폴더의 296_01.jpg를 참고!

3-2 육각형 면 만들기

결정의 포인트를 표시할 수 있게 되었지만, 포인트 자체로는 눈의 결정으로 보이지 않습니다. 그래서 포인트를 육각형의 폴리곤으로 변환합니다.

Point Wrangle노드 Delete 노드와 연결하여 다음과 같이 VEX 코드를 작성합니다.

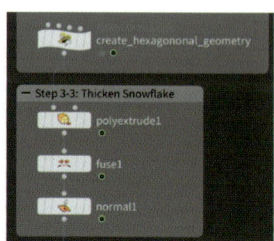

《Point Wrangle노드의 코드》
```
int prim = addprim(0, "poly"); // 빈 폴리곤을 만든다.
```

```
        float length = 1.0 / sqrt(3);  // 육각형의 반경을 만든다.

for(int i=0; i<6; i++){  // 6회 루프를 돌린다.
        // 60도씩 오르는 회전각을 만든다.
        float angle_deg = 60 * i + 30;
        // 각도를 라디안으로 변환한다.
        float angle_rad = $PI / 180.0 * angle_deg;
        // 육각형의 정점 위치를 만든다.
        vector pos = set(@P.x + length * cos(angle_rad), @P.y, @P.z + length*sin(angle_rad));

        int pt = addpoint(0, pos);  // 포인트를 육각형의 정점 위치에 추가한다.
        addvertex(0, prim, pt);  // 폴리곤의 프리미티브에 정점을 추가한다.
}

removepoint(0, @ptnum);  // 육각형의 중심 포인트를 삭제한다.
```

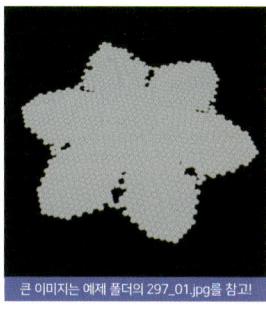

큰 이미지는 예제 폴더의 297_01.jpg를 참고!

3-3 결정에 두께를 주기

육각형의 폴리곤은 아직 평평한 면이므로, 입체적으로 만들어 보겠습니다.

PolyExtrude노드 Step 3-2에서 만든 Point Wrangle 노드와 연결합니다. Distance 의 파라미터는 1, Output Back의 체크 박스는 켜둡니다.

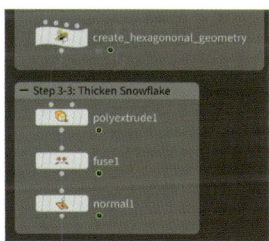

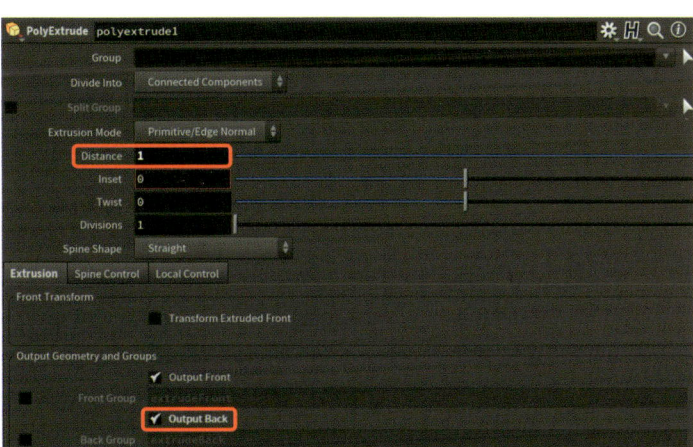

PolyExtrude 노드의 파라미터

큰 이미지는 예제 폴더의 297_02.jpg를 참고!

이제는 모델을 다듬어 줍니다.

`Fuse노드` PolyExtrude 노드와 연결해서 같은 위치에 겹치고 있는 포인트를 1개로 정리합니다.

`Normal노드` Fuse 노드와 연결해서 노말을 정리합니다.

3-4 결정에 컬러입히기

마지막으로 두께를 준 결정에 컬러를 입힙니다.

`Color노드` Normal 노드와 연결해서 원하는 색상으로 설정합니다.

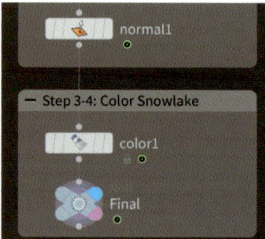

Color 노드의 파라미터

`Null노드` FINAL 이라는 이름으로 설정하고, Color 노드와 연결하면 완성입니다.

이 시뮬레이션은 특히 beta, kappa, mu와 같은 파라미터를 바꾸어 주면서 다양한 형상의 결정을 만들 수 있습니다. 그리드의 크기에 따라서는 포인트의 수가 방대해져서 계산시간이 걸리지만 그리드의 해상도가 높으면 높을수록 세밀한 디테일이 살아나므로, 반드시 고해상도에서 테스트해 보시길 바랍니다.

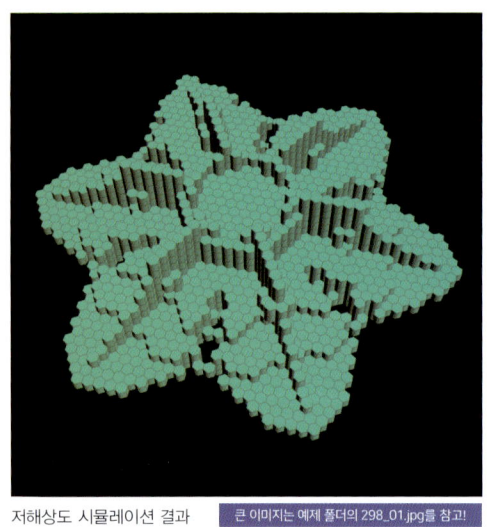
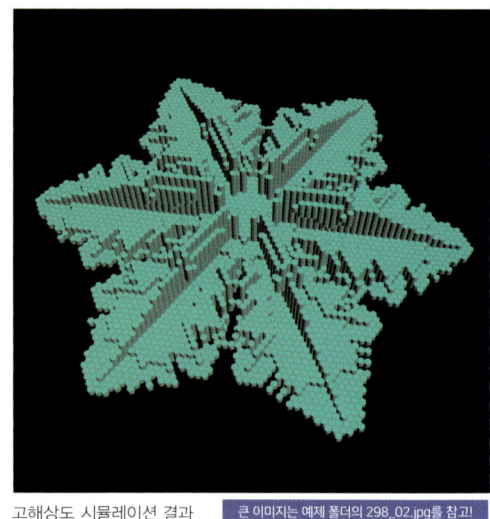

저해상도 시뮬레이션 결과 `큰 이미지는 예제 폴더의 298_01.jpg를 참고!` 고해상도 시뮬레이션 결과 `큰 이미지는 예제 폴더의 298_02.jpg를 참고!`

`제작과정 동영상 >> 눈의결정.mp4`

메인 파라미터
size: 90
beta01: 1.6
beta10: 1.5
beta11: 1.4
beta20: 1.5
beta21: 1
beta30: 1
beta31: 1
mu01: 0.008
mu10: 0.008
mu11: 0.008
mu20: 0.008
mu21: 0.008
mu30: 0.008
mu31: 0.008
kappa01: 0.1
kappa10: 0.1
kappa11: 0.1
kappa20: 0.1
kappa21: 0.1
kappa30: 0.1
kappa31: 0.1
rho: 0.1
phi: 0

메인 파라미터
size: 88
beta01: 1.75
beta10: 1.5
beta11: 1
beta20: 1.5
beta21: 1
beta30: 1
beta31: 1
mu01: 0.001
mu10: 0.002
mu11: 0.001
mu20: 0.002
mu21: 0.001
mu30: 0.001
mu31: 0.001
kappa01: 0.1
kappa10: 0.1
kappa11: 0.1
kappa20: 0.1
kappa21: 0.1
kappa30: 0.1
kappa31: 0.1
rho: 0.1
phi: 0

16

Thermoforming

진공 성형

현대의 제조 기술 중에서 「진공 성형」이라는 성형 기법이 있습니다. 이것은 가열해서 연하게 만든 판 모양의 플라스틱 재료를 진공흡입하여 틀에 밀착시킨 후 변형하는 방법입니다. 열가소성을 가진 플라스틱 판이 한 순간에 틀에 밀착되어 변형되는 모습은 매우 흥미롭습니다. 현재는 이 진공 성형 기법을 시뮬레이트하는 방법이 많이 발표되고 있습니다. 이번 장에서는 널빤지 같은 형태의 지오메트리가 흡착되어 서서히 원하는 형태의 지오메트리로 변형되는 시뮬레이션을 해볼 것입니다. 정확성보다는, 일단 비주얼적으로 진짜 진공 성형처럼 구현되는 알고리즘을 만들어보겠습니다.

Thermoforming 진공 성형의 알고리즘

✹ 진공 성형의 구조

진공 성형도 용도에 따라 다양한 종류가 있는데 여기서는 가장 심플한 진공 흡착만으로 시트 모양의 플라스틱판을 성형하는 진공 성형 구조에 대해 설명하겠습니다. 진공 성형은 다음과 같은 흐름으로 이루어집니다.

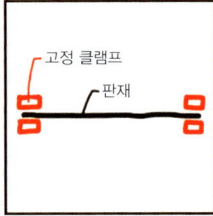
1. 플라스틱 *판재의 경계

2. 플라스틱 판재를 히터로 위아래 가열하여 연화시킨다.

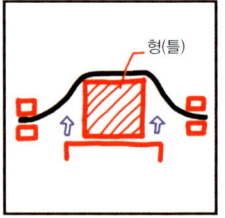
3. 형(틀)을 아래에서 위로 올려서, 연해진 판재를 눌러서 늘여 준다.

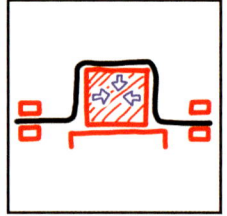
4. 형(틀)의 표면에 있는 작은 구멍에서 공기를 흡착하고, 판재(재료)를 형(틀)에 밀착시킨다.

5. 냉각시켜서 형태가 굳어지도록 한다.

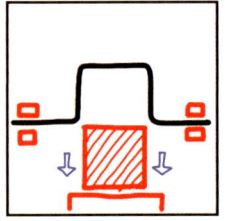
6. 형(틀)을 아래로 내린다.

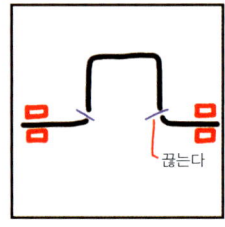
7. 성형된 제품의 윤곽을 끊고 완성.

이번 알고리즘은 이 단계의 3~4 부분입니다. 평평하게 펴진 판재 밑에 형(틀)을 위아래로 올리고 내리면서 판재를 늘여 주고, 마지막에 *흡착하여 형(틀)에 밀착하는 공정을 컴퓨터상에서 시뮬레이트하는 것이 이번 레시피의 목적입니다.

✹ 진공 성형의 알고리즘 개요

본 알고리즘에서 물리연산은 사용하지 않고 기하학적인 조작만으로 진공 성형을 시뮬레이트하려고 합니다. 왜냐하면, 이미 준비되어 있는 물리 연산의 알고리즘을 이용하면, 구체적인 계산 방법을 몰라도 사용할 수 있지만, 정작 중요한 현상에 대한 기술적 이해는 하기 어렵기 때문입니다. 또 천 같은 재료를 당기는 현상(당겨지면 주름이 생기는 부분까지)은 물리 시뮬레이션을 이용하면 간단하게 재현할 수 있지만, 플라스틱 판재의 열가소성에 의한 당김 현상은 좀처럼 재현이 어렵기 때문이기도 합니다.

*판재 : 인쇄판에 쓰는 재료, 즉 판의 재료. 〉 여기선 변형시킬 지오메트리 (ex. 그리드)
*형(틀) : 틀, 거푸집, 모형. 〉 여기서는 최종적으로 원하는 모형의 지오메트리

그래서 이러한 부분들을 염두에 두고 진공 성형 과정을 알고리즘화 한다면, 구체적으로 다음과 같은 흐름을 생각해볼 수 있습니다.

   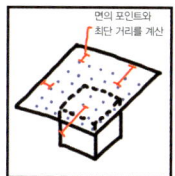 

1. 판재(직사각형 면) 만들기.
2. 판재 밑에 형(틀)을 배치하기.
3. 면과 형(틀)의 해상도를 설정하기.
4. 면의 포인트와 판자 경계와의 최단 거리를 계산하기.
5. 형(틀)을 아래에서 위로 조금 이동하기.

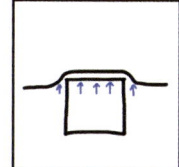 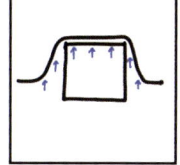 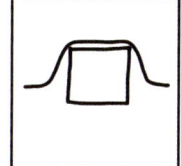 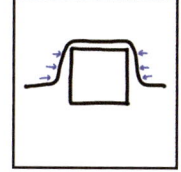 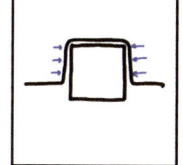

6. 판재를 형(틀)로 눌러서 편다.
7. 스텝 5~6 반복.
8. 어느 타이밍에 형(틀)을 멈춘다.
9. 형(틀)에 판재가 밀착되도록 조금씩 흡착하기.
10. 9를 반복하기.

이 중에서 Step 1~4까지 초기 설정 단계, Step 5~8까지 재료를 누르고 늘리는 단계, 그리고 Step 9~10까지 재료를 흡착하고 형(틀)에 밀착하는 단계입니다. 각 단계에 관해서 하나씩 자세히 살펴보도록 하겠습니다.

✹ 1~4. 초기 설정

초기 설정 단계에서는 주로 판의 재료(그리드)와 형(틀) 지오메트리의 셋업입니다.

먼저, Step 1에서는 평면 방향에 형(틀) 지오메트리보다 큰 직사각형의 면(그리드)을 만듭니다.

Step 2에서는 형(틀)이 되는 지오메트리를 판재(그리드) 아래로 배치합니다. 이것이 나중에 위로 이동해서 판재(그리드)를 밀어늘이게 됩니다.

Step 3에서는 판재(그리드)와 형(틀) 지오메트리의 해상도를 설정합니다.(세세하게 삼각 분할한다) 여기서 설정한 해상도가 높으면 높을수록 계산 시간은 걸리지만, 진공 성형을 했을 때 디테일하게 잘 나옵니다.

그리고, 마지막 Step4에서는 삼각 분할된 판재(그리드)의 각 포인트가 판재(그리드)의 경계선과 얼마나 떨어져 있는지를 계산합니다. 그리고 그 계산 결과를 각 포인트에 저장합니다. 이 정보는 나중에 판재(그리드)가 위로 올라갈 때 판재를 고정시키는 경계 정보가 됩니다.

✱ 5~8. 판재(그리드)를 눌러서 늘이는 알고리즘

Step 5에서 형(틀)의 지오메트리를 조금씩 올려줍니다. 여기서 단번에 올려버리면, 판재(그리드)를 눌러서 늘이는 형태가 예뻐지지 않습니다.

그리고 Step 6에서 형(틀) 지오메트리에 의해서 판재(그리드)를 누르고 늘이는 것인데, 이 Step은 본 알고리즘에서도 중요한 핵심 부분입니다. 구체적으로는 다음과 같은 순서로 세분화할 수 있습니다.

> A : 형(틀) 지오메트리 일부가 판재(그리드) 보다 위로 이동하면, 판재(그리드)의 해당 부분을 형(틀) 지오메트리보다 위에 위치하도록 포인트를 이동시킨다.
> B : 이동하지 않던 판재(그리드)의 포인트는 주변의 당겨진 포인트의 평균 이동값으로 위로 이동시킨다. 이때, 고정되어 있는 판재(그리드)의 경계선에 가까운 경우는 이동시키지 않는다.

Step A에서 형(틀) 지오메트리 일부가 판재(그리드)보다 위로 올라오는지 아닌지는 판재(그리드)의 각 포인트에서 위 방향으로 Ray(몇 개에 부딪힐 때까지 계속 날아가는 광선)를 날려서 판정할 수 있습니다. 만약 Ray가 형(틀)지오메트리에 부딪히면 판재(그리드)의 포인트가 형(틀) 지오메트리보다 아래에 있는 것이고, 만약 Ray에 아무것도 부딪히지 않는다면 판재(그리드)의 포인트는 형(틀)지오메트리보다 위에 있는 것입니다. 이동량에 대해서는 다음 식에서 계산하겠습니다.

$$\Delta h'(x) = i(x)$$

$\Delta h'(x)$: 판재(그리드)의 각 포인트의 시간 단위에서의 위방향으로의 이동량
$i(x)$: 형(틀)과 부딪혔을 때의 거리

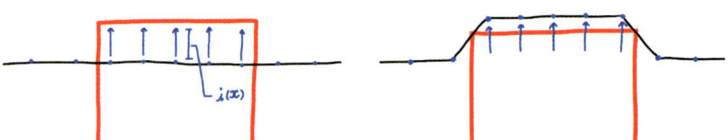

판재(그리드)의 포인트에서 Ray를 위로 쏘고, 형(틀) 지오메트리와 부딪히는 곳을 찾는다.

레이가 부딪힌 위치로 판재(그리드)의 포인트를 이동시킨다.

Step B에서 이동하지 않던 포인트, 즉 형(틀) 지오메트리보다 아래에 있는 포인트가 이동하지 않다고 해서 좋은 것은 아닙니다. 플라스틱의 성질상 이동한 포인트에게 영향을 받아서 올라가게 됩니다. 주변 포인트의 높이에 따라 포인트를 이동시킬 때의 이동량은 다음과 같은 식으로 구할 수 있습니다.

$$\Delta h''(x) = \frac{1}{N} d(x) \sum_{n=1}^{N} \Delta h(n)$$

$\Delta h''(x)$: 판재(그리드)의 각 포인트의 시간 단위에서의 위로의 이동량
$d(x)$: 초기 상태(변형되기 전)의 판재(그리드)의 각 포인트에서 판재(그리드)의 경계선으로의 최단 거리
N : 각 포인트 주변의 포인트 수
$\Delta h(n)$: 주변 포인트의 이동량

여기서는 주변 여러 포인트의 평균 이동값을 내고, 포인트의 이동량을 계산하고 있습니다. 그 값을 0~1로 리맵핑된 각 포인트의 평면에 대한 최단 거리를 곱하여 평면의 경계에 가까울수록 이동량이 작고, 평면 한가운데로 갈수록 이동량이 커지도록 값을 조정하고 있습니다. 미리 말해두지만 이는 물리적으로 정확한 동작을

보여준 수식이 아니고, 어디까지나 비주얼적으로 실제처럼 보이도록 만드는 계산식입니다.

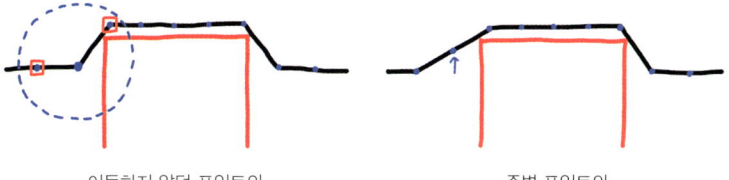

이동하지 않던 포인트의
주변에 있는 포인트를 찾는다.

주변 포인트의
이동량 평균값으로 위로 이동시킨다.

❋ 9~10. 판재(그리드)를 형(틀) 지오메트리에 밀착시키는 흡착 알고리즘

형태를 얻고 싶은 위치까지 형(틀) 지오메트리가 상승되었다면, 형(틀) 지오메트리의 움직임을 멈추고 판재(그리드)가 눌려서 늘이는 계산도 멈춥니다. 그러면 판재(그리드)가 형(틀) 지오메트리에 흡착되는 단계로 넘어갑니다.

흡착의 구체적인 방법은, "눌러 펴진 판재(그리드)의 각 포인트로부터 안쪽으로 향하는 노말방향으로 Ray를 쏘고, 형(틀) 지오메트리와 부딪히기 전까지 서서히 포인트를 움직이게 한다"는 심플한 방법입니다. 이때 이동한 포인트가 판재(그리드)의 경계선보다도 아래로 갔을 경우는 포인트를 경계선의 높이로 교정합니다.

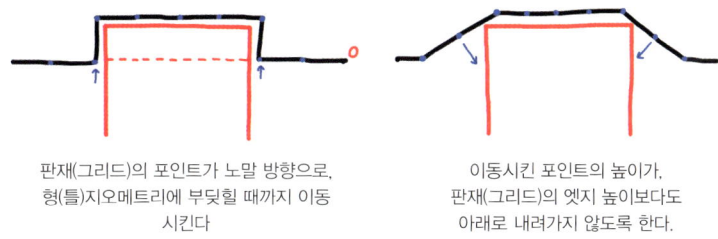

판재(그리드)의 포인트가 노말 방향으로,
형(틀)지오메트리에 부딪힐 때까지 이동
시킨다

이동시킨 포인트의 높이가,
판재(그리드)의 엣지 높이보다도
아래로 내려가지 않도록 한다.

이상의 진행 과정을 거치면 진공 성형의 시뮬레이션을 해볼 수 있습니다. 이번 레시피에서는 실제 이 알고리즘을 후디니로 구현하고 비주얼적으로 재현해 보겠습니다.

Thermoforming 진공 성형의 레시피

독자적인 알고리즘으로 진공 성형 시뮬레이션을 해 보겠습니다. 이번에는 형(틀) 지오메트리의 샘플에 스탠포드 버니를 이용하고 있지만, 어떤 모델이든 형(틀) 지오메트리로 이용할 수 있도록 시뮬레이션을 만들 것입니다. 주의할 점으로는 물리적인 계산을 하는 것이 아니라 비주얼적으로 진공 성형처럼 만들 수 있는 시뮬레이션을 한다는 것입니다. 하지만 비교적 실제에 가까운 비주얼 시뮬레이션 방법이고, 그 밖에도 다양하게 응용할 수 있는 기하학적인 방식도 있으니 반드시 만들어 보시기 바랍니다.

네트워크 다이어그램

Step 1
변형되는 면의 베이스를 만든다.

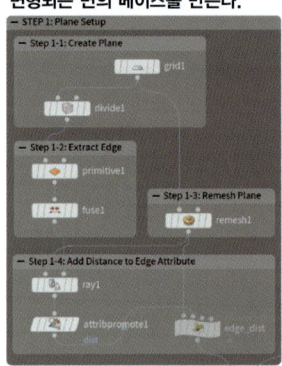

Step 2
형(틀) 지오메트리를 만든다.

Step 3
진공 성형의 시뮬레이션을 실시한다.

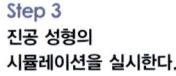

Step 4
진공 성형의 결과를 묘사한다

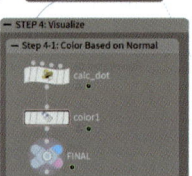

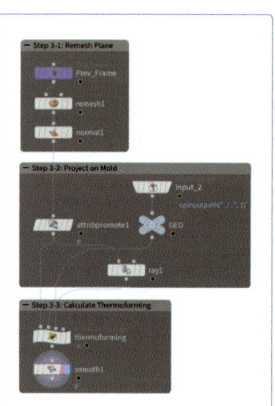

메인 파라미터

이름	유형	범위	기본값	설명
gird_res	Float	0 – 1	0.15	평면의 해상도
base_res	Float	0 – 1	0.1	형(틀) 지오메트리의 해상도
target_y	Float	0 – 10	5	형(틀) 지오메트리를 상승시킬 때의 최종적인 높이
move_frame	Integer	0 – 300	200	형(틀) 지오메트리를 상승시키는 프레임의 최대값
absorb_speed	Float	0 – 1	0.2	흡착 속도
clamp_size	Float	0 – 10	4	흡착 힘에 관계 있는 평면과 형(틀)지오메트리의 거리 클램프 값
move_along_rad	Float	0 – 2	2	주변의 포인트에 끌어당겨질 때의 영향 범위

사용하는 파일

stanford_bunny.stl

Step 1

1-1 평면을 만들기

첫 번째는 진공 성형으로 사용할 평면을 만듭니다.

Grid노드 이 노드를 배치해서 평면을 만듭니다.

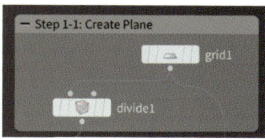

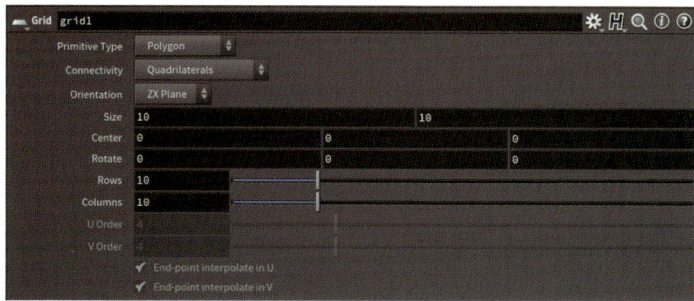

Grid 노드의 파라미터

평면의 엣지 정보도 필요하기 때문에 폴리곤 안쪽의 엣지를 지우기 위해서 Divide 노드를 생성해서 연결합니다.

Divide노드 Grid 노드와 연결해서 Remove Shared Edges에 체크박스를 on으로 합니다.

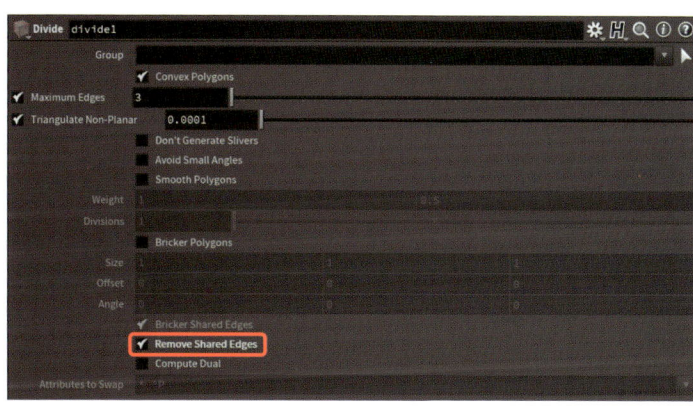

Divide 노드의 파라미터

1-2 경계선을 취득하기

안쪽의 엣지를 제거한 폴리곤으로부터 다시 엣지만을 추출하기 위해 Primitive 노드를 생성해서 연결합니다.

Primitive노드 Divide 노드와 연결하고 파라미터를 다음과 같이 설정합니다.

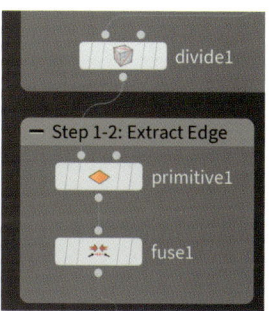

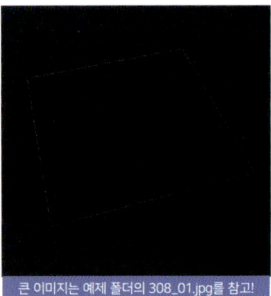

Primitive 노드의 파라미터

이것으로 평면의 엣지를 커브로 추려낼 수 있습니다. 다음은 중복된 점을 정리하겠습니다.

Fuse노드   Primitive 노드와 연결합니다.

1-3 경계선을 취득하기

평면을 변형시킬 수 있도록 면을 적당히 세분화해 둡니다.

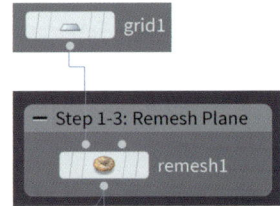

Remesh노드   Step 1-1로 만든 Grid 노드와 연결하고 다음과 같이 파라미터를 설정하여 면을 잘게 분할합니다. 또한, Target EdgeLength의 파라미터는 메인 파라미터와 링크시켜 둡니다.

Target Edge Length: `ch("../CONTROLLER/grid_res")`

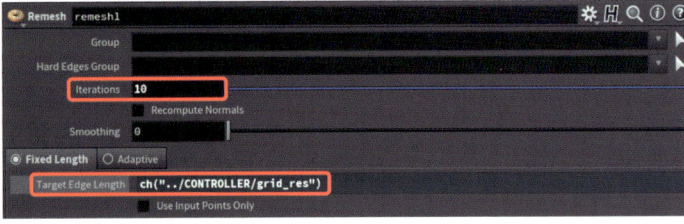

Remesh 노드의 파라미터

1-4 포인트에 경계선까지의 거리를 저장하기

앞 단계에서 세분화한 면의 각 포인트에서, (Step 1-2에서 만든) 평면의 엣지까지 최단 거리를 산출합니다.

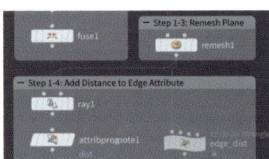

Ray노드   첫 번째 인풋에 Step 1-3의 Remesh 노드를, 두 번째 인풋에 Step 1-2의 Fuse 노드를 연결합니다. Method의 파라미터는 `Minimum Distance`로, Point Intersection Distance의 체크박스는 on으로 합니다. 이 정보는 평면의 포인트를 변형할 때의 감쇠율로 이용합니다. (엣지에 가까우면 가까울수록 포인트가 변형되지 않게 됩니다.)

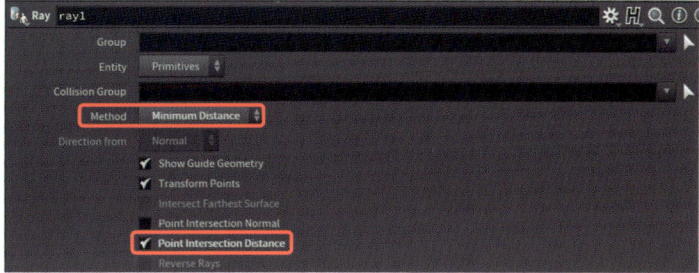

Ray노드의 파라미터

Ray 노드를 사용하면 포인트의 dist라는 어트리뷰트에 거리 정보가 저장되기 때문에 모든 포인트의 dist 값은 최대값으로 취득해 놓습니다.

Attribute Promote노드 Ray 노드와 연결해서 Original Name을 `dist`라고 하고, 다음과 같이 파라미터를 설정합니다.

Attribute Promote 노드의 파라미터

이대로라면 포인트 위치가 엣지에 프로젝션되어 버리므로, 프로젝션하기 전 폴리곤의 각 포인트에 엣지까지의 거리 정보를 저장합니다.

Point Wrangle노드 첫 번째 인풋에 Remesh 노드를 연결하고, 두 번째 인풋에 Attribute Promote 노드를 연결합니다. 그리고 다음과 같은 VEX 코드를 작성합니다.

《Point Wrangle노드의 코드》

```
// 평면상의 포인트에서 엣지까지 최단 거리를 0~1의 범위로 만들어 저장한다.
f@edge_dist = point(1, "dist", @ptnum) / detail(1, "dist");
```

이 코드에서는 Remesh 노드로 만든 세분화된 면의 각 포인트에 0~1의 범위를 리맵핑한 거리 값을 edge_dist라는 어트리뷰트에 저장하고 있습니다.

Step 2

2-1 형(틀) 지오메트리를 가져오기

이제 진공 성형에 필요한 형(틀) 지오메트리를 준비합니다.

File노드 Geometry File의 파라미터를 다음과 같이 설정하고, HIP 파일과 같은 계층에 있는 스탠포드 버니의 모델을 임포트 합니다.

Geometry File: `$HIP/stanford_bunny.stl`

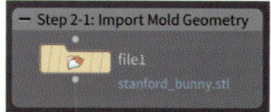

File 노드의 파라미터

큰 이미지는 예제 폴더의 310_01.jpg를 참고!

2-2 형(틀)의 위치를 조정하기

임포트한 모델을 형(틀)로 사용할 수 있는 위치와 사이즈를 조정합니다.

Transform노드   File 노드와 연결하여 각각의 파라미터를 설정합니다.

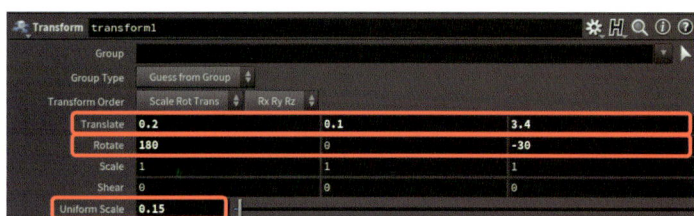
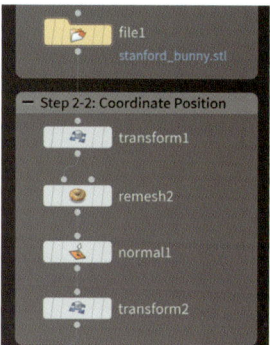

Transform 노드의 파라미터

이 파라미터는 임포트하는 모델에 따라 달라지므로, 변형되는 평면의 가운데에 배치해서 평면보다 조금 작도록 크기를 조정해 주세요.

임포트한 모델의 밀도가 너무 크거나 작으면 진공 성형 계산에 차질이 생기기 때문에 메쉬의 밀도를 적당히 조정합니다.

Remesh노드   Transform 노드와 연결해서 다음과 같이 설정합니다. 또한 Target Edge Length는 다음과 같이 설정해, 해상도를 CONTROLLER의 파라미터로 조정할 수 있도록 합니다.

Target Edge Length: `ch("../CONTROLLER/base_res")`

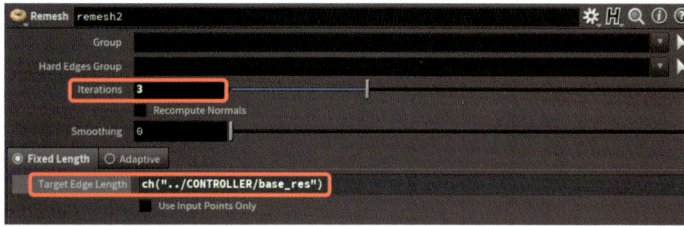

Remesh 노드의 파라미터

Normal노드   Remesh 노드와 연결하여 Add Normals to의 파라미터를 `Primitive`로 설정하고 각 프리미티브에 노말정보를 저장합니다.

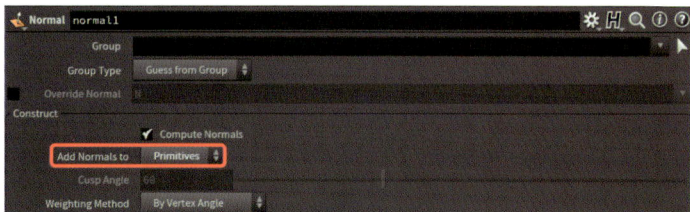

Normal 노드의 파라미터

다시, Normal 노드 밑에 Transform 노드를 연결하고, 모델을 평면보다 아래 방향(Y축 방향)으로 이동합니다.

Transform노드 Normal 노드와 연결하여 Translate의 Y축 파라미터를 다음과 같이 설정합니다.

Translate(Y): `-$GCY-$SIZEY/2`

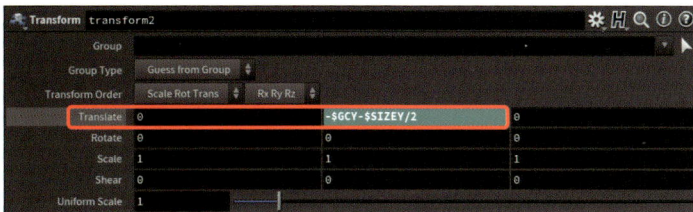

Transform 노드의 파라미터

진공 성형 시뮬레이션을 할 때, 이 위치에서부터 서서히 올라가게 됩니다.

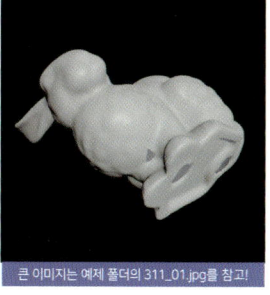

큰 이미지는 예제 폴더의 311_01.jpg를 참고!

2-3 형(틀)을 상승시키기

타임 프레임에 따라 형(틀) 지오메트리가 서서히 상승하도록 설정합니다.

Point Wrangle노드 Step 2-2에서 만든 Transform 노드와 연결하고 다음과 같이 VEX 코드를 작성합니다.

우선은 CONTROLLER로 설정한 각종 파라미터를 읽어들입니다.

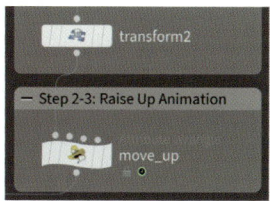

《Point Wrangle노드의 코드》

```
// 형(틀)을 상승시킬 때 최종 높이를 나타내는 파라미터 값을 읽어들인다.
float target_y = chf("target_y");
// 형(틀)을 상승시키는 프레임의 최대치를 나타내는 파라미터 값을 읽어들인다.
int move_frame = chi("move_frame");
......
```

target_y: `ch("../CONTROLLER/target_y")`
move_frame: `ch("../CONTROLLER/move_frame")`

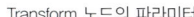

Point Wrangle 노드의 파라미터

지정된 프레임보다 타임 프레임이 작을 경우에 상승하고, 지정된 프레임을 넘으면 모델이 정지하도록 설정합니다.

```
......
// 현재 프레임이 프레임의 최대값 파라미터 값보다 작을 때
if(@Frame < move_frame){
    // 조건을 충족했을 때 포인트를 프레임 값에 따라 상승시킨다.
    @P.y += target_y / float(move_frame) * @Frame;
// 현재 프레임이 프레임의 최대치의 파라미터 값을 넘었을 때
}else{
    // 포인트 위치를 파라미터로 읽어 들인 최종 파라미터 값으로 고정한다.
    @P.y += target_y;
}
```

Step 3

진공 성형 과정을 애니메이션으로 표현할 수 있도록 Solver를 사용합니다.

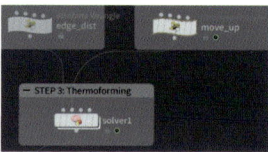

`Solver노드` 첫 번째 인풋에는 Step 1-4에서 만든 Point Wrangle 노드를, 두 번째 인풋에는 Step 2-3에서 만든 Point Wrangle 노드를 연결합니다. Solver 노드를 더블 클릭해서 Solver 네트워크로 들어가서 시뮬레이션 내용을 작성합니다.

3-1 변형하는 면을 리메쉬하기

먼저, 매 프레임의 시작에 변형되는(된) 평면을 리메쉬하고 면을 균등 분할합니다.

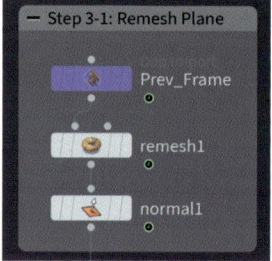

`Remesh노드` Prev_Frame와 이름이 붙은 노드와 연결해서 다음과 같이 파라미터를 설정합니다. 또한 Target Edge Length는 메인 파라미터와 링크시킵니다.

Target Edge Length: `ch("../../../../CONTROLLER/grid_res")`

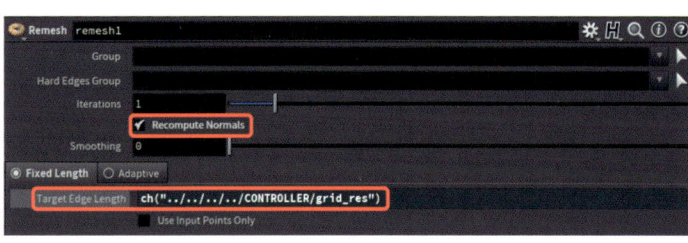

Remesh 노드의 파라미터

`Normal노드` Remesh 노드와 연결해서 노말 방향을 정리합니다. Add Normals to의 파라미터는 `Points`로 합니다.

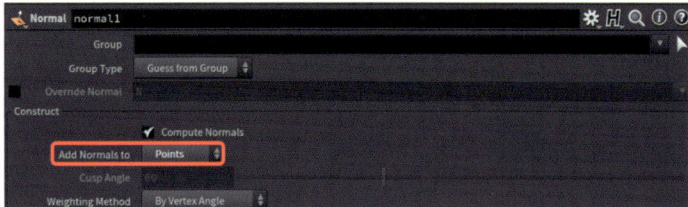

Normal 노드의 파라미터

3-2 변형하는 면을 형(틀) 지오메트리에 프로젝션하기

평면을 변형하기 전 준비 단계로, 평면을 이동하는 형(틀)에 최단 거리로 프로젝션하고 그 거리를 잽니다.

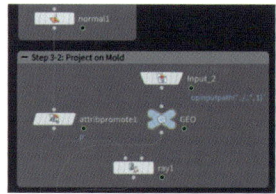

`Attribute Promote노드` Normal 노드와 연결합니다. Original Name은 `P`로 하고, 또 New Class는 `Detail`로 설정해서 포인트 위치 최대값을 디테일에 저장합니다.

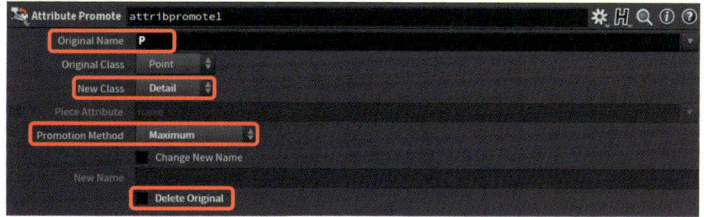

Attribute Promote노드의 파라미터

평면을 형(틀) 지오메트리에 프로젝션할 형(틀) 모델을 준비합니다.

`Null노드`　GEO라는 이름으로 이 노드를 작성합니다. 그리고 Input_2이름의 Object Merge 노드 밑에 연결합니다.

`Ray노드`　첫 번째 인풋에 Attribute Promote노드를 연결하고, 두 번째 인풋에 GEO 이름의 Null 노드를 연결합니다. 다음과 같이 파라미터를 설정하고, 변형되는 면을 형(틀) 지오메트리에 최단 거리로 프로젝션합니다.

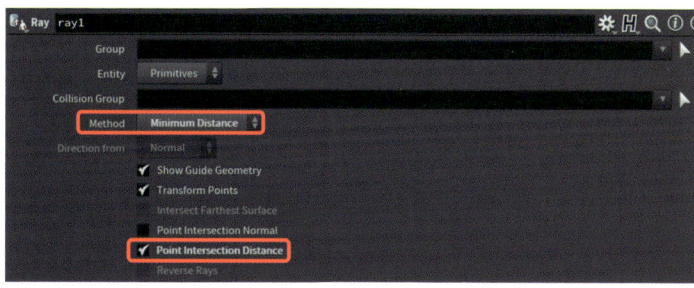
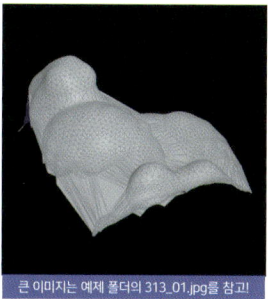

Ray 노드의 파라미터

큰 이미지는 예제 폴더의 313_01.jpg를 참고!

3-3 진공 성형의 밀어냄과 흡착 계산하기

이제 진공 성형 계산에 필요한 정보는 갖추어졌기 때문에 드디어 본 레시피의 핵심으로 꼽는 계산을 실행하겠습니다.

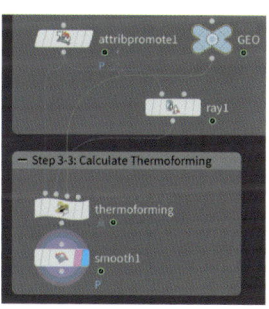

`Point Wrangle노드`　첫 번째 인풋에는 Attribute Promote 노드를 연결하고, 두 번째 노드에는 Ray 노드를, 그리고 세 번째 인풋에는 GEO 이름의 Null 노드를 연결합니다. 그 다음 VEX 코드를 다음과 같이 작성합니다.

우선은 CONTROLLER로 설정한 각종 파라미터를 읽어들입니다.

《Point Wrangle노드의 코드》

```
// 흡착 속도를 나타내는 파라미터 값을 읽어들인다.
float absorb_speed = chf("absorb_speed");
 // 형(틀) 지오메트리를 상승시키는 프레임의 최대치를 나타내는 파라미터 값을 읽어들인다.
int absorb_frame = chi("absorb_frame");
// 주변 포인트에 끌어당겨질 때의 영향 범위를 나타내는 파라미터 값을 읽어들인다.
float move_along_rad = chf("move_along_rad");
// 흡착의 힘에 관련된 평면과 형(틀) 지오메트리의 거리 클램프 값을 나타내는 파라미터 값을 읽어들인다.
float clamp_size = chf("clamp_size");
……
```

absorb_speed: ch("../../../../CONTROLLER/absorb_speed")
move_along_rad: ch("../../../../CONTROLLER/move_along_rad")

clamp_size: ch("../../../../CONTROLLER/clamp_size")
absorb_frame: ch("../../../../CONTROLLER/move_frame")

```
Absorb Speed   ch("../../../../CONTROLLER/absorb_speed")
Move Along Rad ch("../../../../CONTROLLER/move_along_rad")
Clamp Size     ch("../../../../CONTROLLER/clamp_size")
Absorb Frame   ch("../../../../CONTROLLER/move_frame")
```

Point Wrangle 노드의 파라미터

변형되는 평면을 구성하는 각 포인트의 노말 방향에 형(틀) 지오메트리가 있는지 체크합니다. 노말 방향에 형(틀) 지오메트리가 있다는 것은 즉, 형(틀) 지오메트리가 평면을 뚫고 위로 튀어나와 있다는 것이므로, 그렇게 되지 않도록 형(틀) 지오메트리가 평면 밑으로 올 때까지 포인트 위치를 이동합니다. 또한 만약 노말 방향에 형(틀) 지오메트리가 없는 경우는 주변 포인트의 높이를 참조해서 끌어당겨지도록 자신의 높이를 올립니다.

```
......
// 평면의 각 포인트에서 형(틀)까지의 최단거리를 취득한다.
float min_dist = point(1, "dist", @ptnum);

vector int_pos; // 교차용 벡터 변수를 만든다.
float u, v; // 교차용 변수를 만든다.

// intersect 함수를 사용해서, 평면의 각 포인트 노말방향으로 Ray를 쏘고
// 형(틀)과 부딪히는 여부를 체크한다. -1이외의 값이 돌아오면 부딪혔다는 것을 의미한다.
int inter = intersect(2, @P, @N, int_pos, u, v);
// 교차 체크에서 부딪힌 경우, 평면을 형(틀)에 싸는 것과 같은 형태로 변형한다.
if(inter != -1){
    // 형(틀)에 부딪힌 위치에서의 노말 값을 취득한다.
    vector primN = prim(2, "N", inter);
    // 평면의 포인트 위치와 형(틀)에 부딪힌 위치 사이의 거리를 잰다.
    float int_dist = distance(@P, int_pos);

    // 형(틀)에서 얻은 노말과 평면 포인트의 노말의 내적을 계산한다.
    float dot = dot(primN, @N);
    if(dot > 0){ // 만약 내적 계산 결과가 플러스인 경우 (평면 포인트가 형(틀) 안쪽에 들어 있는 경우)
        // 조건을 충족하는 경우, 먼저 잰 거리를 move_scale 변수에 대입한다.
        float move_scale = int_dist;
        // 포인트 위치를 노말 방향으로 move_scale 값을 곱하고 이동한다.
        @P += @N * move_scale;
        // 포인트의 prev_move라는 어트리뷰트에 move_scale의 값을 저장한다.
        f@prev_move = move_scale;
    }
// 부딪히지 않는 경우는 이미 움직인 평면 위의 포인트에 끌어당겨지도록 한다.
}else{
    // 평면의 포인트에서 볼 때 move_along_rad 범위 내에 있는 포인트 리스트를 취득한다.
    int pts[] = nearpoints(0, @P, move_along_rad);
    // move_scale 이름의 변수를 만든다.
    float move_scale = 0;
    for(int i=0; i<len(pts); i++){ // 포인트 리스트의 크기만큼 루프를 돌린다.
        // 각 포인트 번호를 취득한다.
        int pt = pts[i];
        // 취득한 포인트의 prev_move라는 어트리뷰트에 저장된 값을
```

```
                // move_scale에 보탠다.
                move_scale += point(0, "prev_move", pt);
        }
        // move_scale를 포인트 리스트의 수로 나누어 평균을 얻는다
        move_scale /= len(pts);
        // 포인트를 노말 방향으로 move_scale 크기로 이동시킨다. 또한 포인트에 저장되어 있는
        // 엣지로부터의 거리 비율을 곱해서 평면의 엣지에 가까울수록 변형이 적어지도록 한다.
        @P += @N * move_scale * f@edge_dist;
        // 포인트의 prev_move라는 어트리뷰트에 move_scale를 저장한다.
        f@prev_move = move_scale;
}
......
```

그리고 어떤 지정된 프레임을 넘어가면, 이번에는 형(틀) 지오메트리에 흡착되도록 설정합니다. 흡착 때에는 평면의 각 포인트에서 노말 방향과 반대 방향에 형(틀) 지오메트리가 있는지를 확인합니다. 만약 형(틀) 지오메트리가 있다면 그때의 프로젝션 거리를, 만약 없다면 Step 3-2에서 계산한 최단 프로젝션 거리를 이용하여 평면의 포인트를 형(틀) 지오메트리에 흡착시킵니다.

```
......
if(@Frame > absorb_frame){  // 프레임이 absorb_frame의 값을 넘었을 때
        // 포인트 높이(Y축의 값)이 0이상의 경우 평면의 노말 방향과 반대로 Ray를 쏘고
        // 형(틀)과 부딪혀도 형(틀) 안쪽으로 들어가지 않도록 이동량을 설정한다.
        if(@P.y > 0){
                // 교차 결과용 벡터를 만든다.
                vector self_int_pos;
                // 평면의 노말 방향과 반대로 Ray를 쏴서 형(틀)과 부딪히는 여부를 체크한다.
                int self_inter = intersect(0, @P-@N* 0.1, -@N, self_int_pos, u, v);
                // dist라는 이름의 변수를 만든다
                float dist = 0;

                // self_inter의 값이-1이외이었을 때(평면의 노말 방향에 형(틀)이 있을 때)
                if(self_inter != -1){
                        // 평면의 포인트 위치와 형(틀) 지오메트리에 부딪힌 위치 사이의 거리를 잰다
                        dist = distance(@P, self_int_pos);
                        if(dist < 1.0){ // 만약 dist이 1.0 이하이면
                                dist = 0.0; // dist의 값을 0으로 한다
                        }
                // Ray가 형(틀) 지오메트리에 부딪히지 않았을 때
                }else{
                        // dist에 평면의 포인트에서부터 형(틀)까지의 최단거리를 대입한다.
                        dist = min_dist;
                }

                // · 평면 포인트를 흡착 방향으로 이동
                // dist의 값을 클램프한다.
                float d = clamp(dist, 0, clamp_size);
                // d의 값을 clamp_size로 나누고 그것을 흡착의 힘으로 한다.
                float mult = d / clamp_size;
```

```
            // 포인트가 형(틀) 지오메트리에 흡착되도록 노말 방향으로 absorb_speed와 mult를 곱하고,
            // 다시 한번 포인트에 저장되어 있는 edge_dist의 제곱을 곱하여,
            // 평면의 엣지에 가까울 경우 흡착력이 떨어지도록 한다.
            @P -= @N * absorb_speed * mult * sqrt(f@edge_dist);
        }
    }
```

……

그 다음은 평면의 포인트가 원래의 높이(Y=0)보다 아래 방향으로 나가지 않도록 제한을 줍니다.

……

```
if(@P.y < 0) { // 만약 포인트의 높이가 0보다 낮은 경우
    @P.y = 0; // 포인트의 높이를 0으로 한다.
}
```

이상과 같은 조건을 걸어줌으로써 무언가 의학적인 진공 성형 시뮬레이션을 만들어 낼 수 있습니다.

이렇게 포인트를 이동시켰을 때에는 면을 부드럽게 해 줍니다.

Smooth노드 PointWrangle 노드 밑에 연결합니다.

여기까지가 Solver 네트워크에서 만든 시뮬레이션 내용입니다. Solver 네트워크를 빠져나와서 재생해 보면 형(틀) 지오메트리가 서서히 상승하면서 평면이 변형되고, 형(틀) 지오메트리의 상승이 정지되면 흡착에 의해 평면이 형(틀) 지오메트리에 붙으면서 평면이 형(틀) 지오메트리의 형태로 변화되는 결과를 볼 수 있을 것입니다.

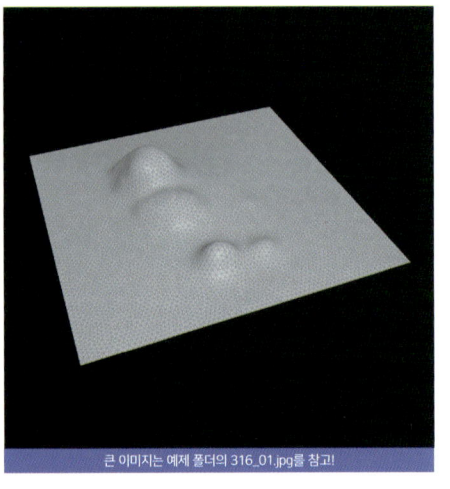
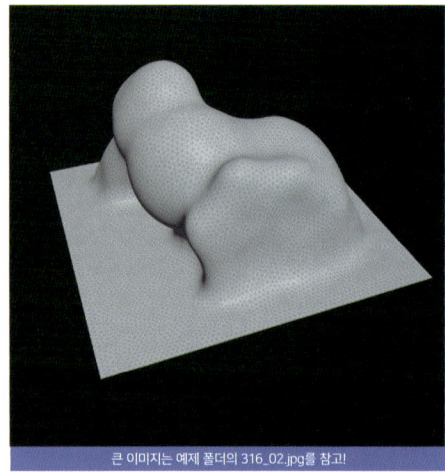

Step 4

4-1 변형한 지오메트리에 컬러 입히기

마지막으로, 컬러를 입혀 완성시킵니다. 이번에는 평면의 노말 방향에 따라 컬러를 변경시키겠습니다.

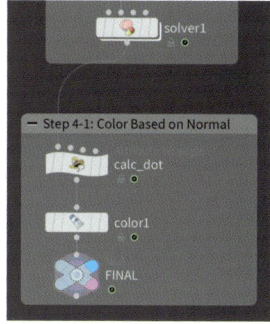

`Point Wrangle노드` Solver 네트워크와 연결하여 VEX 코드를 작성합니다.

《 Point Wrangle노드의 코드 》

```
// 노말과 위쪽 방향 (Y축의 플러스 값)의 내적을 계산하고,
// col 이름의 어트리뷰트에 저장한다.
f@col = dot(@N, set(0, 1, 0));
```

`Color노드` Point Attribute 노드와 연결합니다. Color Type은 `Ramp from Attribute`로, Attribute에는 col이라고 입력하고, col 어트리뷰트에 따라 컬러를 결정할 수 있도록 합니다. Attribute Ramp 컬러 분포는 원하는 대로 설정해 주세요. 왼쪽에 가까운 컬러일 수록 면이 아래를 향하고, 오른쪽에 가까운 색일 수록 면이 위를 향하게 됩니다.

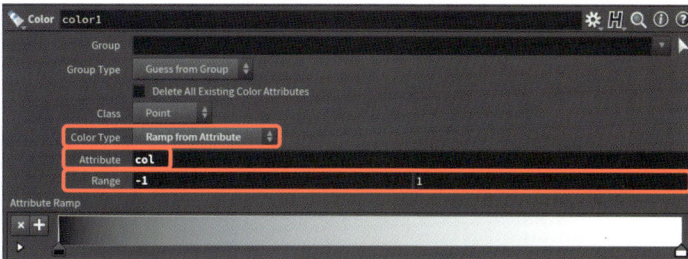

Color 노드의 파라미터

`Null노드` FINAL이라는 이름으로 하고, Color 노드와 연결하면 완성입니다.

이 레시피에서 형태에 크게 변화를 주는 파라미터는 임포트하는 형(틀)의 모델입니다. 다양한 모델들을 읽어서 꼭 Thermoforming(진공 성형)을 해 보시기 바랍니다. 또한 진공 성형할 때 모델이 직선으로 상승했지만 그것은 어디까지나 여기서의 시뮬레이션 과정이었습니다. 모델을 비틀면서 상승시켜 보는 등의 새로운 방법들을 시도해 보면 흥미로운 결과를 얻을 것입니다. 다양한 방법을 시도해 보시기 바랍니다.

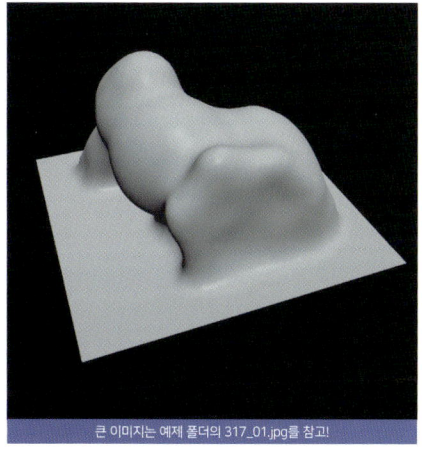

큰 이미지는 예제 폴더의 317_01.jpg를 참고!

제작과정 동영상 >> 진공성형.mp4

레퍼런스

01 Mandelbulb 만델벌브
◎ Wikipedia, "Mandelbrot set," https://en.wikipedia.org/wiki/Mandelbrot_set
◎ Wikipedia, "Mandelbulb," https://en.wikipedia.org/wiki/Mandelbulb

02 Chladni Pattern 클라드니 패턴
◎ Pain H. J., 2005. "The physics of vibrations and waves", 6th Edition. John Wiley Sons, Ltd., England.
◎ Rossing T.D. and Fletcher N. H. 1995. "Principles of vibration and sound". Springer-Verlag New York Inc.
◎ Reddy J. N. 1999. "Theory and analysis of elastic plates".Taylor Francis, Philadelphia.
◎ Anarajalingam P, Duch langpap S and Holm J. 2007. "Chladni mønstre - Chladni patterns". Gruppe 12, hus 13.2, 2 semester, for˚aret 2007, Natbas RUC.
◎ Wikipedia, "Chladni figure," https://ja.wikipedia.org/wiki/Chladni figure
◎ Wence Xiao. 2010 "Chadni Pattern," https://core.ac.uk/download/pdf/12517675.pdf

03 Reaction Diffusion 반응확산 시스템
◎ Abelson, Adams, Coore, Hanson, Nagpal, Sussman, "Gray Scott Model of Reaction Diffusion," https://groups.csail.mit.edu/mac/projects/amorphous/GrayScott
◎ Karl Sims, "Reaction-Diffusion Tutorial," http://www.karlsims.com/rd.html.
◎ "Reaction-Diffusion by the Gray-Scott Model: Pearson's Parametrization," https://mrob.com/pub/comp/xmorphia
◎ John E. Pearson, "Complex Patterns in a Simple System," Science, Volume 261, 9 July 1993.
◎ K.J. Lee, W.D. McCormick, Qi Ouyang, and H.L. Swinney, "Pattern Formation by Interacting Chemical Fronts," Science, Volume 261, 9 July 1993.

04 Diffusion-Limited Aggregation 확산율속응집(확산제한집합)
◎ Wikipedia, "Diff usion-limited aggregation," https://en.wikipedia.org/wiki/Diffusion-limited_aggregation
◎ Paul Bourke "DLA-Diff usion Limited Aggregation," http://paulbourke.net/fractals/dla
◎ "Coding Challenge #34: Diffusion-Limited Aggregation," https://www.youtube.com/watch?v=Cl_Gjj80gPE&t=220s

06 Magnetic Field 자기장
◎ Wikipedia, "Magnetic Field," https://en.wikipedia.org/wiki/Magnetic_field

07 Space Colonization 공간 군체
◎ Wikipedia, "Algorithmic Boany," http://algorithmicbotany.org
◎ Adam Runions, Brendan Lane, and Przemyslaw Prusinkiewicz. 2007. "Modeling Trees with a Space Colonization Algorithm" Eurographics Workshop on Natural Phenomena (2007)
◎ HONDA H. "Description of the form of trees by the parameters of the tree-like body: Effects of the branching angle and the branch length on the shape of the tree-like body." Journal of Theoretical Biology 31 (1971), 331-338.

08 Curve-based Voronoi 커브 기반의 보로노이
◎ Wikipedia, "Voronoi diagram," https://en.wikipedia.org/wiki/Voronoi_diagram
◎ Wikipedia, "Worley noise," https://en.wikipedia.org/wiki/Worley_noise

09 Coral Growth 분화(차등) 성장
◎ Nervous System, "Floraform," https://n-e-r-v-o-u-s.com/projects/sets/floraform
◎ Inconvergent, "Differential Line," https://inconvergent.net/generative/differential-line

◎ Inconvergent, "Differential Mesh 3D," https://inconvergent.net/generative/differential-mesh-3d
◎ Haiyi Liang and L. Mahadevan. 2009. "The shape of a long leaf" PNAS December 29, 2009 vol. 106 no. 52
◎ Haiyi Liang and L. Mahadevan. 2011. "Growth, geometry, and mechanics of a blooming lily" PNAS April 5, 2011 vol. 108 no. 14

10 Strange Attractor 스트레인지 어트랙터

◎ Wikipedia, "Attractor," https://en.wikipedia.org/wiki/Attractor
◎ "Math:Rules Strange Attractors," https://www.behance.net/gallery/7618879/MathRules-Strange-Attractors

11 Fractal Subdivision 프랙탈 서브디비전

◎ Wikipedia, "Fractal." https://en.wikipedia.org/wiki/Fractal
◎ Wikipedia, "Koch snowflake," https://en.wikipedia.org/wiki/Koch_snowflake
◎ Wikipedia, "Subdivision surface," https://en.wikipedia.org/wiki/Subdivision_surface
◎ "Digital Grotesque," http://digital-grotesque.com

12 Swarm Intelligence 군집 지능

◎ Wikipedia, "Swarm Intelligence," https://en.wikipedia.org/wiki/Swarm_intelligence
◎ "Boids," https://www.red3d.com/cwr/boids
◎ Craig W. Reynolds. 1987. "Flocks, Herds, and Schools: A Distributed Behavioral Model" Computer Graphics, 21(4), July 1987, pp. 25-34. (ACM SIGGRAPH '87 Conference Proceedings, Anaheim, California, July 1987.)

13 Frost 서리 성장 효과

◎ Wikipedia, "Frost," https://www.behance.net/gallery/7618879/MathRules-Strange-Attractors
◎ Anton Grabovskiy, "후디니 frost solver base algorithm," https://vimeo.com/141890771

14 Edge Bundling 엣지 번들링

◎ 후디니 Gubbins, "EDGE BUNDLING," https://후디니gubbins.wordpress.com/2017/05/01/edge-bundling
◎ Danny Holten and Jarke J. van Wijk. 2009. "Force-Directed Edge Bundling for Graph Visualization" Eurographics/ IEEE-VGTC Symposium on Visualization 2009, Volume 28 (2009), Number 3
◎ C. Hurter, O. Ersoy and A. Telea. 2012. "Graph Bundling by Kernel Density Estimation" Eurographics Conference on Visualization 2012, Volume 31 (2012), Number 3

15 Snowflake 눈의 결정

◎ Wikipedia, "Snowflake," https://en.wikipedia.org/wiki/Snowflake
◎ Janko Gravner and David Griffeath. 2008. "Modeling snow crystal growth: a three-dimensional mesoscopic approach" Phys. Rev. E 79, 011601, Published 6 January 2009

16 Thermoforming 진공 성형

◎ Wikipedia, "Thermoforming," On the web: https://en.wikipedia.org/wiki/Thermoforming
◎ Christian Schuller, Daniele Panozzo, Anselm Grundhofer, Henning Zimmer, Evgeni Sorkine, and Olga Sorkine-Hornung. 2016. "Computational Thermoforming" ACM Trans. Graph. (2016)
◎ http://www.daiichiplastic.co.jp/technology/vacuum.html
◎ http://www.yodapla.co.jp/equipment

저자. 호리카와 준이치로

메이지대학교 대학원 건축학과 수료 후에 미국 컬럼비아 대학 AAD를 마쳤다. 건축설계사무소의 Noiz Architects에서 건축 설계와 건축이나 프로덕트 설치의 알고리즘·디자인이나 디자인 지원 툴 등을 개발하고 있다. 2014년 이시즈 유코와 Orange Jellies라는 유닛을 결성, 현재는 건축계 프로그래머이자 프리랜서로 활동 중이다. 프로그래밍을 통한 건축이나 프로덕트의 가상, 피지컬에 불문한 조형 디자인·시뮬레이션을 중심으로 소프트웨어를 개발하고 있으며, (주)gluon의 테크니컬 디렉터를 겸임. 도쿄예술 대학교와 와세다 대학교에서 강의하고 있다. 저서로는 [건축/제품디자인을 위한 Parametric Design with Grasshopper], [Grasshopper 증보 개정판(이시즈 유우코와 공저, 2018년)]가 있다.

2021 년 07 월 20 일 1 판 1 쇄 인쇄
2021 년 07 월 30 일 1 판 1 쇄 발행

저자 _ 호리카와 준이치로
옮김 _ 박민수 / 송창현 / 곽민경
일본어 감수 _ UE ASUKA
펴낸이 _ 김종원
펴낸곳 _ 비엘북스
주소 _ 경기도 고양시 일산서구 킨텍스로 240, 203 -1101 비엘북스
전화 _ 070- 7613-3606
팩스 _ 02-6455-3606
등록 _ 2009 년 5 월 14 일 제 313-2009-107 호
출판사 홈페이지 _ http://www.vielbooks.com
ISBN_ 979-11-86573-43-3 (13000)
도서문의 _ vielbooks@vielbooks.com

Algorithmic Design with Houdini ではじめる 自然現象の デザイン
Copyright @2019 Junichiro Horikawa
Originally published in Japan in 2019 by BNN. Inc.
Korean translation rights arranged through Eric Yang Agency.

이 책의 한국어판 저작권은 EYA (Eric Yang Agency)를 통해 BNN. Inc. 와 독점 계약한 '비엘북스'에 있습니다.
저작권법에 의하여 한국 내에서 보호를 받는 저작물이므로 무단전재 및 복제를 금합니다.